여권의 발명

The Invention of the Passport

여권의 발명

존 토피 지음 — 이충훈·임금희·강정인 옮김

후마니타스

조와 조라에게,

그들이 어디든 원하는 곳에 닿기를 바라며

부랑자들은, 정의상, 의심스러운 자들이다

대니얼 노드먼

차례

일러두기

> 각주는 옮긴이의 주이고 미주는 지은이의 주이다.
> 별도의 표시가 없는 한 인용문에 있는 대괄호([ ])는 모두 저자의 첨언이며, 나머지 본문의 것은 모두 옮긴이의 첨언이다.
> 책에서 인용되거나 거론된 문헌들 가운데 국역본이 존재할 경우, 국역본의 서지 사항과 쪽수를 대괄호 안에 밝혔다. 단, 번역은 본문의 맥락에 맞춰 일부 수정했으며 별도의 표시는 하지 않았다.
> 국립국어원의 외래어 표기법을 따랐다. 다만 관행적으로 굳은 고유명사나 국역본 인용 등은 기존의 표기를 따르기도 했다.
> 단행본·간행물에는 겹낫표(『 』)를, 논문·기사에는 홑낫표(「 」)를, 영화·온라인 매체에는 홑화살괄호(〈 〉)를, 처음 나온 법령에는 큰따옴표(" ")를 사용했다.

제2판 서문

여권의 역사를 살펴보겠다는 생각을 처음 한 것은 1990년대 초반이었다. 그것은 소련과 유고슬라비아가 붕괴한 이후 국제 무대에서 벌어지고 있던 변화에 관해 숙고해 보는 하나의 방법이었다. 이 같은 붕괴를 배경으로, 국가가 해체된 지역의 사람들 또는 전쟁과 분쟁의 결과로 떠돌아다니게 된 사람들의 '국적'에 관한 문제가 또 다시 발생하고 있었다. 제1차 세계대전의 발발과 더불어 나타난 과정들이 반복되고 있었다. 한나 아렌트는 유럽 대륙에서 제국들이 붕괴한 이후, 역사에 의해 버림받았던 사람들의 지위를 이해하기 위해 이에 대해 서술한 바 있다. 국민[민족]*과 관련지어 말하면, 이 사람들은 "무엇"이었는가? 그들은 어떤 국가에 연고가 있었고, 그들이 국가에 빚진 것은 무엇이었으며, 국가는 그들을 위해 무엇을 해야 했는가? 이 같은 쟁점들을 숙고하는 과정에서, 나는 이 문제들이 인류의 역사에서 오래전에 나타난 획기적인 변화를 반영하고 있다고 생각했다. 나는 이 같은 변화를 국가에 의한 "합법적인 '이동 수단'의 독점"이라고 명명했다. 국가에 의한 이런 메커니즘의 시행은 국가가, 자신이 적절하다고 보는 시점이나 장소에서, 사람들을 정치 질서 속에 묶어 두고 그들의 이동을 제한하거나 촉진하기 위한 것이었다.

---

* 이 글에서 nation은 국민으로, nationalism은 민족주의로, national은 국민적, 일국적, 전국적 등으로 문맥에 따라 옮겼다.

여권 — 세계의 문을 여는 힘을 지닌 소책자 — 은 근대 국민국가의 가장 중요한 몇 가지 특징들을 살펴볼 수 있는 완벽한 수단인 것처럼 보였다. 이 연구에 착수할 즈음에 나는 이주•에 관한 문헌에 거의 지식이 없었지만, 그 당시에 빠르게 성장하고 있던 이주를 둘러싼 논의에 싫든 좋든 참여하게 되었다. 그다지 교조적이지 못한 마르크스주의자였던 나는 결국 근대국가의 의미와 국적nationality에 대한 근대국가의 집착을 객관적이자 주관적인 의미 모두에서 이해하려고 노력하는 골수 베버주의자가 되었다. 이 책의 부제에 "감시"라는 용어가 들어간 것은 다소 즉흥적인 것이었다. 이는 나의 대학원 시절과 그 이후(1985~92년)에 미국 학계에서 지배적인 영향력을 행사했던 푸코에게 보내는 일종의 찬가였다.

그러나 여전히 이 책은 근대(그리고 탈근대)에 신원identification을 확인하는 관행과 그런 관행의 확산에 관해 급증하고 있는 연구 문헌의 일부로 판명되었다. 이 같은 결과는 부분적으로 이 책의 초판이 나온 지 1년 후에 출간된 『개인 정체성의 문서화: 근대 세계에서 국가 관행의 발전』Documenting Individual Identity: The Development of State Practices in the Modern World(2001)의 산물이기도 하다. 이 책에서 제인 캐플런과 나는 신원 확인의 관행, 문서[서류]를 통한 이동의 통제, 그리고 전 세계적으로 다양한 시공간에 걸쳐 퍼져 있던 이와 유사한 것들에 관해 고찰했다. 거의 10년이 지난

• 이 글에서 migration은 이민 또는 이주로 방향을 명시하지 않는 중립적인 표현으로 옮겼으며, immigration은 이입 이민, emigration은 이출 이민으로 구분해 옮겼다. 통상적으로 이민은 국가의 경계를 넘는 인구 이동인 국제 이주인 반면 이주는 이민보다 포괄적인 의미로 국외뿐만 아니라 국내에서 단기 체류나 영구 정착을 위해 거주지를 변경하는 모든 형태의 이동을 가리킨다. 한국학중앙연구원, 한국민족문화대백과사전 누리집 "이민" 항목 참조.

후 『개인 정체성의 문서화』의 후속으로 출간된 글에서 [제인 캐플런은] 역사적이고 지리적인 의미에서 그런 연구의 범위를 보다 확장하고, 그간 이뤄진 이 분야의 연구를 조망하려 했다(About, Brown and Lonergan 2013).

　　"합법적인 '이동 수단'을 독점"하기 위해 국가가 활용했던 수단인 문서에 대한 이 책의 강조는 정치학자인 마크 솔터나 미디어 역사가인 크레이그 로버트슨 등과 같은 학자들에 의해 유용한 것으로 밝혀졌다. 로버트슨은 여권이 신원을 확인하고 증명하는 데 사용되었던 방식에 좀 더 큰 관심을 기울였던 반면(Robertson 2010), 솔터는 그것이 국가 간 이동을 규제하는 국가의 역할을 연구하는 데 유용한 방법임을 발견했다(Salter 2003; 2008). 솔터는 『여권의 발명』이 "유럽의 여권에 대한 기념비적인 연구"라며 찬사를 보냈지만, "식민지 현장"에서는 "일국적 공간과 국제적 공간"이라는 나의 구분이 "문제를 복잡하게 만든다"고 지적했다(Salter 2003: 55-56). 제국들에 관해 좀 더 알게 된 후에, 나는 근대 세계에서 국가가 이동을 규제했던 방식에 관해 사유하며 내가 식민주의를 적절하게 고려하지 못했다는 점(Barkey 2008; Burbank and Cooper 2010)을 깨닫게 되었다. 이번에 새로 출간되는 2판에서 이 같은 결함을 바로잡으려 하지는 않을 것이다. 그러나 최근에 출간된 『경합된 장악: 20세기 한국에서 국경을 횡단하는 멤버십의 정치』 *Contested Embrace: transborder membership politics in twentieth-century Korea*에서 여권을 비롯한 다양한 문서들의 역할에 관해 훌륭하게 서술한 김재은은 이 같은 결함을 바로잡는 데 중요한 공헌을 했다. 김재은의 책은 일본의 제국주의, 중국 혁명, 그리고 제2차 세계대전 이후 분단된 한국에서 국민국가 건설이라는 다양한 맥락에서, 중국의 한국인, 일본의 한국인, 한반도의 한국인의 이동을 규제하고, 이들의 국적을 귀속시키기 위해 문서들이 사용되었던 방식을 심도 깊게 분석한다(Kim 2016). 여권을 살펴보는 것은 국가가 이전에는 통제하지 못했던 이동을 통제하기 위한 역량을 어떻게 확장했는가에 관해 생각해 보는 생산적인 방식이라는 것이 입증된 것으로 보인다.

동시에, 여권 및 여타 신원 확인의 다른 측면들에 초점을 맞춘 다양한 연구도 이 책의 통찰력을 확장해 왔다. 우선 브레킨리지와 스레터의 연구(Breckinridge and Szreter 2012) 및 캐플런과 힉스의 연구(Caplan and Higgs 2013)는 여권과 같은 신원 확인 문서가, 국가가 통제를 부과하는 수단일 뿐만 아니라, 그것을 소지한 사람들에게 **유용한** 혜택을 주는 것이기도 한다는 점을 강조했다. 이 학자들이 주목했던 점은 공공서비스나 사회복지 서비스의 이용이 해당 업무를 담당하는 부서에 자신의 신원을 입증할 수 있는 사람들의 능력에 달려 있다는 것이다. 만일 어떤 이가 해외 여행을 원한다면, 그에게 여권은 모든 경우에 반드시 필요하지는 않다 손 치더라도 매우 유용한 것임에 틀림없다. 국내의 경우 신분증은 공공재를 취득하기 위해 필요한 것일 수 있다. 대표적인 사례로 인도의 아드하르 카드•를 들 수 있다. 이는 수백만의 인도인들의 공인된 신원 확인 정보를 담고 있어 그들이 국가로부터 복지 혜택을 받을 수 있도록 한 것이다(Government of India 2016).

다음으로, 신원 확인의 관행을 연구한 학자들은 신원 확인이 국가에게만이 아니라, 상업적으로도 점차 중요해졌음을 강조했다. 근대적 감시 기술에 관한 가장 저명한 분석가인 데이비드 라이언은 다수의

• 아드하르(Aadhaar card)는 인도인의 신분을 식별·관리하는 인도 정부의 관리시스템이다. 미국 사회보장번호(SSN)를 모델로 만들어졌지만, SSN과 달리 지문, 홍채 등 생체 정보를 포함하고 있는 것이 특징이다. 12자리의 고유 번호로 이뤄져 있으며, 한국의 주민등록증처럼 신분증으로 사용된다. 현재 아드하르에 등록된 인도인 수는 11억 명 이상이다. 생체 정보 기반 신분 인증 프로그램으로는 세계 최대 규모다. 「개인 정보 유출 스캔들로 홍역 앓는 인도」, 『주간경향』(2020/09/14).

저작에서 이 점을 강조했다(Lyon 1994). 시민들을 확인하고 그들을 시민이 아닌 사람들과 구분할 수 있는 능력이 없다면, 국가는 기능할 수 없을 것이다. 이와 마찬가지로 상업 활동 역시 만일 대금을 지불하거나, 상품을 배달하기 위해 소비자의 신원을 확인할 수 없다면 작동할 수 없을 것이다. 더군다나 그런 신원 확인이 점차 컴퓨터를 통해 이뤄진다는 사실은 그것을 점점 더 피할 수 없는 것으로 만든다. 여권의 화폐적 등가물이라 할 수 있는 현금에 대한 필요 역시 그에 따라 — 누군가가 어둠 속에서 현금을 운용할 이유가 없다면 — 점점 더 감소한다. 또한 그럴수록, 온라인상에서 이뤄지는 신원 확인을 피하기는 점점 더 어려워지고 있다.

　　여권과 여타의 신원 확인에 관한 최근 연구의 세 번째 측면은 어떻게 이런 문서들이 차이를 만들어 내는 방식으로 신원을 구분하는지를 강조한다. 즉, 사전 승인을 받은 승객들은 "적절한" 여권을 소지하고 있다면 신속하게 이동할 수 있는 반면, 신원 확인 문서의 사전 심사를 거치지 않은 사람들은 공항이나 여타의 제한 구역에서 [출입국 수속을 밟기 위해] 길게 늘어 선 줄을 따라 천천히 이동해야만 한다. 데이비드 라이언이 강조했듯이, 오늘날의 세계에 필요한 이동성은, 한편으로는 재화와 사람의 유통을 위해 **매끄럽게** 이뤄지면서도, 다른 한편으로는 원치 않는 요소들의 이동이 **걸러져** 규제될 수 있는 것이어야만 한다(Lyon 2008). 이와 유사하게, 아엘레트 샤하는 "우리가 점점 더 목격하는 것은 …… 과거에 비해 더욱 개방적이면서 동시에 더욱 폐쇄적인 국경"이라고 말했다(Shachar 2009: 810).[1] 그리고 우리가 살펴보게 될 것처럼, "국경"은 언제나 지도에 그어진 선 위에서만 발견되는 것이 아니다. 그것은 가변적인 것이다. 더욱이 현실적으로 국경을 넘을 기회가 전혀 없는 많은 사람들이 있는데, 여권이 있더라도, 그들이 소지한 여권은 사증이 없다면 국경을 넘을 수 없다. 이럴 경우, 그들이 사증을 받는 데 소요되는 돈과 시간을 비롯한 여타의 비용 등은 엄두조차 내지 못할 만큼 올라간다. 새롭게 추가된 제6장에서 살펴봤듯이, 9·11 이후 시대의 특징은 보안에 대한 우려가 크게 강화되었다는 사실이다. 이에 따라 매우 까다로운 보안 검색 과정이 만들어졌다. 어느 누구도 폭탄 테러범이 여객기에 탑승하도록 방치했다는 말을 듣고 싶지는 않을 것이다. 그러나 미국에서 글로벌 엔트리Global Entry, 넥서스NEXUS, 티에스에이 사전체크TSA Pre-Check와 같은 프로그램들이 등장한 것처럼, 사전에 승인받은 사람들의 신속한 이동을 위한 간편 출입국 수속 프로그램들도 눈에 띄게 확대되었다. 확실히 여권은 사람들에 대한 정보가 심사되는 입국장에서 이동을 제한하기 위해 여전히 사용되고 있다. 반면 점점 더 많은 사람들이 그들이 누구인지를 말해 주고, 받아들일 만한 사람이라는 것을 알려주는 공식적인 사전 접수 방식을 통해 길게 늘어선 줄을 피해 출입국 심사장을 신속하게 지나갈 기회를 이용하고 있다.

　　이 책의 초판이 2001년 9월 11일 이전에 출간되었던 것은 전적으로 우연한 일이었다. 그러나 말할 필요도 없이 그날은 국경을 보호하고 추가적인 테러리스트 공격을 미연에 방지하기 위한 정부 활동에 중요한 분수령이었다. 앞에서도 언급했지만, 이 제2판에는 테러리스트 공격 이후 국제 이동에 관한 문서 통제에서 나타난 발전을 검토하는 완전히 새로운 장章이 포함되었다. 더불어, 이를 통해 초판에 있었던 상대적으로 사소한 오류들을 수정하고 바로잡을 수 있었다. 이 제2판을 통해, 내가 근대 세계에서 국제적 이동성을 규제하기 위해 여권이 어떻게 사용되어 왔는지에 관한 매혹적인 이야기를 쇄신할 수 있었기를 바란다.

　　이 기회에 나는 이 책에 대한 한 비평가의 견해를 논평하고자 한다. 저명한 정치학자인 제임스 스콧은 『근대사』Journal of Modern History에 게재된 서평에서, 전반적으로는 이 책에 관해 호의적인 입장을 취하면서도, 내가 이동에 관한 문서 통제의 효력을 과장했다고 주장했다. 그에 따르면, "헤게모니적 여권 제도는 작금의 국가가 '딱딱한 껍질'의 국가라는 점을 시사한다. …… 그게 사실이기는 하지만" "적어도 주목할 만한 점은 그것에 구멍이 많으며 효과적이지 않다는 점이다. …… 모든 국경, 상이한 법을 지닌 사법권들, 관세, 가격 구조, 그리고 기회들은 장애물이라기보다는 기회에 가깝다." 이런 지적은 "약자의 무기"와 그들의 "저항의 예술"에 대한 스콧의 오랜, 그리고 분명한 집착을 반영한다. 그러나 이런 지적은 그의 보다 최근 저작인 『농경의 배신: 초창기 국가의 심층적 역사』Against the Grain: A Deep History of the Earliest States에서 발견할 수 있는 국가의 출현에 대한 신랄한 비판과는 부합하지 않는 것 같다. 이 저작에서, 스콧은 곡물 경작에 기반을 두고, 그 과정에서 개인들을 그들의 일과 국가에 대한 서비스에 속박시키는 경제에 의존했던 국가의 발전을 비판했다. 『농경의 배신』에서의 스콧과 마찬가지로, 1600년경 이후의 시기는 내게도 인간 이동의 규제에서 신기원을 이룩한 것처럼 보인다. 스콧 역시 국가와 국가의 세금 징수관들이 온 세계를 뒤덮었다는 점에서 이 시기를 신기원으로 파악했다. 물론 "합법적인 '이동 수단'의 독점"은 결코 전적으로 효과적인 것은 아니었으며, 이 책에서 언급하듯이 보행자의 이동을 제한하는 것은 특히나 어려운 일이었다. 그러나 [대형 선박], 기차, 비행기, 그리고 자동차 등과 같은 수송 기관의 발명과 더불어, 여행자를 통제하는 것이 좀 더 쉬워지게 되었다. 이제 국경을 넘는 사람들은 일반적으로 이 같은 수송 기관을 이용하고, 따라서 도보 여행자에 비해 쉽게 통제될 수 있다. 이에 따라 그런 수송 기관으로 국경을 가로지르는 수백만 명의 사람들을 대상으로 여권 제도의 유효성은 훨씬 강화되었고, 심지어 도보로 이동하는 사람들 역시 이동을 통제하는 보다 발전된 기반 시설과 대면하게 되었다. 국가별 차이는 국가마다 상이한 관료적 역량의 결과다. 마치 실질적인 주권이 국가마다 다르듯이 말이다(Krasner 1999). 요약하면, 나는 15년 전에 스콧이 했던 일반적인 비판에 동의하지 않는다(그리고 이 시점에서 스콧 역시 자신의 비판에 동의하지 않을 수도 있는 것처럼 보인다). 그러나 규정과 현장에서의 실상 사이에는 의심할 바 없이 차이가 있고, 그런 차이가 얼마나 큰지는 특정한 사례에 달려 있는 경험적 문제다. 여전히 이런 법들에서 허점만을 보는 것은 그런 법들이 구성하는 숲보다는 오직 나무만을 바라보는 것이다.

마지막으로, 이 개정판을 준비하는 데 도움을 준 뉴욕시립대 대학원CUNY Graduate Center 박사과정 학생 마리안 마도레와 캄란 모시레프에게 감사한다. 특히 마리안은 본문을 개선하기 위해 몇 가지 제안을 하기도 했다. 그중 몇 가지는 받아들였고, 몇몇은 그렇게 하지 않았다. 어느 경우든, 원고에 대한 최종 책임은 분명히 내게 있다.

뉴욕시립대 대학원은 지난 10여 년 이상 나에게 가장 적합하고 고무적인 학문적 환경을 제공해 주었다. 나는 대학원과 동료들에게 말로 다 할 수 없는 고마움을 표한다. 2014년부터 랠프 번치 국제학연구소Ralph Bunche Institute for International Studies를 맡을 기회를 가졌던 것은 특히나 기쁜 일이었다. 연구소의 동료들, 특히 명예 소장인 토머스 와이스, 오랫동안 행정 이사를 맡았던 낸시 오카다, 신임 행정 이사인 엘리 카레트니, 그리고 유럽연합연구센터European Union Studies Center의 부소장인 패트리지아 노베에게 특별한 감사를 표한다. 그들은 날마다 연구소를 진정한 즐거움으로 채워 주었다.

서론

미국 정부는 1996년에 채택된 이민 개혁 패키지 법안의 잘 알려지지 않은 한 조항에서, "모든 비시민의 출입국을 추적할 수 있는, 그리하여 사증에 명시된 허용 기간을 초과해 체류하고 있는 이민자들의 신원을 확인할 수 있는 수단을 제공하는 자동 시스템"을 개발하겠다고 천명했다. 이 법은 즉각 시행될 예정이었지만, 이 조치가 수백만 명에 달하는 월경자들에게 지나치게 복잡한 문제를 야기할 것이라고 생각했던 정부 내 몇몇 관료들 덕택에 법의 시행은 2년 반 동안 유예되었다. 이런 유예는 또한 부분적으로 그와 같은 체계를 구축할 권한을 위임받은 이민국 Immigration and Naturalization Service이 "연방 의회 도서관에 축적된 모든 데이터를 1년 만에 훌쩍 넘어설 것으로 예상되는 방대한 양의 정보를 처리하기 위한"[1] 기술을 갖추고 있지 못했기 때문에, 현명한 조치로 간주되었다. 분명, 이 계획은 전대미문의 엄청난 일이었을 것이다.

　이 책에서는 외국인들의 이동을 확인하고 추적하려는 그와 같은 활동이 등장하게 된 몇 가지 배경을 살펴볼 것이다. 이 연구는 여권을 통한 이동의 통제가 역사적으로 어떻게 발전해 왔는지에 집중하는데, 이는 점차 동질적이게 될 종족문화적 단위로서 "국민국가"라는 관념의 제도화 과정을 조명하는 하나의 방법이다. 이 같은 제도화는 필연적으로 인간의 이동을 규제하기 위한 활동을 수반하는 프로젝트였다. 그러나 국민국가는 영토적 조직이자 국민을 그 구성원으로 하는 조직이기 때문에, 국경뿐만 아니라 그 국경 안에 있는 사람들 사이에 국민과 비국민의 경계를 세우고 유지해야 한다.2 국적이라는 법적인 범주에 근거를 두고 있는 인간들 사이의 경계는 개인의 국적을 표시하는 문서를 통해서만 유지될 수 있다. 왜냐하면 이런 사실[어느 개인의 국적]을 달리 파악할 방도가 없기 때문이다. 따라서 어떻게 현대의 여권 레짐passport regime이 발전했고, 어떻게 국가가 이동을 통제하기 위해 문서를 사용했는가에 대한 질문들로 시작했던 이 연구는 일단의 시민에 대한 포함과 배제, 특정 영토에 들어오는 것에 대한 허가 및 거부와 관련된 다른 유형의 문서들에 대한 연구로 불가피하게 확대될 수밖에 없었다.

　　이 글이 주장하는 바는 지난 수 세기 동안에 걸쳐 국가가 교회나 민간 기업 같은 경쟁 상대로부터 "합법적인 '이동 수단'에 대한 독점권"을 성공적으로 빼앗았다는 것이다. 즉, 국가로서의 발전은 시민/신민 citizens/subjects과 잠재적인 침입자를 효과적으로 구분하고, 이들 각각의 이동을 규제하는 데 달려 있었다. 이와 같은 "독점화" 과정은 국가가 시민들로부터 자신을 재생산하는 데 필요한 자원을 추출하기 위해 시민을 "장악"embrace할 수 있는 역량을 발전시켜야만 한다는 사실과 관련되어 있다. 자신의 신민을 "장악하고", 국민과 비국민을 구별하며 (국경에서 건 또는 국경 내에서건) 이 두 집단 사이의 경계를 유지하기 위해, 개인의 이동을 추적할 수 있는 국가의 역량은, 이와 관련된 차이를 인식하고 이를 강제할 수 있도록 해주는 문서의 창출에 크게 의존한다. 문서를 통한 이동과 신원에 대한 통제는 국가별로 정도의 차이가 있고, 다양한 시간에 걸쳐 발전했고 시행되었지만, 다양한 종류의 신분증뿐만 아니라 여권이 이 같은 과정에서 중심적인 역할을 했다.

　　이 연구는 프랑스혁명부터 상대적으로 최근에 이르기까지 서유럽과 미국에서 문서를 통해 인간의 이동을 통제했던 방식이 어떻게 변화해 왔는지에 초점을 맞추고 있다. 프랑스혁명에서 시작하는 이유는 통상 프랑스혁명을 계기로 "국민국가가 탄생"한 것으로 간주되기 때문이다. 그러나 프랑스혁명에 의해 시작된 국가의 전환은 종족적으로 "순수한" 프랑스 인구의 구성보다는 광범위한 사회계층을 정치 질서에 포함하는 점진적인 과정과 좀 더 관련되어 있었다. 정치적 의사 결정에 대중을 광범위하게 통합하고자 하는 방향으로의 움직임은 이 책 2장에서 상술한 논쟁들에 반영되어 있다. 이 장에서 나는 어떻게 프랑스 혁명가들이 유럽 역사상 최초로 여권을 통해 이동을 통제하는 문제에 관해 공개적으로 논의하게 되었는지를 상술할 것이다. 나는 다양한 맥락에서 누가 문서를 통해 인구 이동을 통제하는 것을 지지했는지, 또 누가 반대했는지, 그리고 그들은 왜 그랬는지 같은 문제에 흥미를 느꼈다. 이후 이와 비슷한 문제를 둘러싼 논쟁이, 내가 관련 자료들을 찾을 수 있었던, 다른 국가들에서는 어떻게 전개되었는지도 검토했다. 이 책은 제2차 세계대전 직후까지 이 국가들에서 여권을 통한 이동의 통제와 관련된 법률의 역사에 초점을 맞추고 있다. 전후 시기에 대해서는 상대적으로 거의 논의하지 않았는데, 그 주된 이유는 다른 이들이 이미, 내가 하고자 했던 바 이상으로, 상당히 상세하게 유럽 통합 과정과 그에 수반되는 문서를 통한 규제의 완화에 관해 분석했기 때문이다.[3] 대신에 나는 전후 시대와 관련해 몇몇 비평가들이 최근에 제안하고 있듯이,[4] 우리가 이미 "탈국민국가적 구성원 자격"의 시대로 접어들었는지와 관련해, 몇 가지 의구심을 제기해 두었다. 마지막으로 이 이야기는 2001년 9월 11일 미국에서의 테러 공격에 뒤이은 서유럽과 북미에서의 여권 통제에 대한 매우 실질적인 발전을 다루면서 마무리될 것이다.

이 연구의 지리적 범위[를 유럽과 미국으로 한정한 이유]는, 서구 국가들의 지배가 상대적으로 뚜렷하고, 나머지 세계들에 서구적 방식이 강요되었다는 점이 이 연구가 다루고 있는 분석 시기의 가장 주목할 만한 특징 가운데 하나였다는 나의 생각에 기인한다. 이 같은 생각은 근대에 서구의 부상과 지배에 관한 일반적인 지식을 반영하고 있을 뿐, 비서구 문화를 모독하려는 것이 결코 아니다. 그런 사회들이 세계에 자신들의 방식을 강요하기에 충분할 만큼 힘이 없었다는 점을 인정하는 것뿐이다. 만일 이 연구가 세계의 다른 지역과 다른 시대에서 이동 및 신원에 대한 문서상의 통제 체계에 관한 연구를 자극할 수 있다면 나로서는 더할 나위 없이 기쁠 것이다.5 그러나 우선 전 세계적으로 여권을 통한 통제 체계가 생겨난 과정들을 이해하는 것으로 시작하는 것은 가치 있는 일일 것이다. 이는 지난 두 세기에 걸쳐 유럽과 미국에서 국가 장치의 점진적인 강화로부터 발생했다.

　　여권 제도는 19세기에 존재했던 상대적으로 초기 단계의 국제 체계에서 발생했기 때문에, 이 글에서는 한 국가를 다른 국가와 확실하게, 체계적으로 비교하지는 않았다. 이 글에서는 여권의 등장 및 이와 관련된 이동에 대한 통제의 출현이 국가의 "국가성"state-ness에 핵심적인 측면이라고 주장한다. 따라서 [이 시기의] 국가들을 마치 "단단하고" "실제로 존재하는" 유형의 실체인 것인 양 비교할 수 있다고 추정하는 것은 본말이 전도된 것처럼 보인다. 국가들은 제1차 세계대전 이후에야 이 같은 유형의 실체에 거의 근접하게 되었다. 더욱이 오늘날 여권을 통한 통제 체계와 관련해 주목할 만한 점은, 그것이 "국제사회"뿐만 아니라 개별 국가들 역시 따라야만 하는 일련의 중요한 규범이자 규정이라는 것을 입증하고 있다는 것이다.6 이는 일부가 생각하는 것처럼 "주권"과 같은 것이 없다는 것을 의미하는 것이 아니라, 국가들이 주권을 자신이 만들지 않은 환경들 속에서 **주장하는** 것임을 의미한다. 마르크스의 말로 바꿔 말하면, 국가는 자신의 정책을 만든다. "그러나 자신이 원하는 대로 만드는 것은 아니다. 국가는 스스로 선택한 환경 속에서가 아니라," **외부**

로부터 "이미 존재하는, 주어진, 물려받은 환경 속에서 만든다."•

    이 글에서는 프랑스혁명 이래 이동과 신원 확인에 대한 여권 및 여타 문서를 통한 통제가 국가가 합법적인 "이동 수단"을 독점하는 데 핵심적이었다는 점과, 이 같은 독점 과정이 그 시기에 나타난 국가들의 국가로서의 발전에서 주요한 특징이었다는 점을 입증하고자 한다. 이 연구를 수행하게 된 동기는 국가에 관한 수많은 사회학적 저술들이 너무나도 추상적이어서, 국가가 실제로 스스로를 어떻게 구축하고 유지하는가에 관해 우리에게 말해 주는 바가 없다는 아쉬움에서 비롯되었다. 국가 형성의 웅장하고 화려한 모습에 초점을 맞추기보다는 푸코가 어디선가 권력의 "비루한 양상들"로 묘사했던 것에 초점을 맞춤으로써, 나는 국가가 지난 두 세기 동안 우리의 삶에 침투하기 위해 축적해 온 역량을 좀 더 적절히 이해하는 데 이바지하고자 한다.

• 카를 마르크스 지음, 임지현 옮김, 「루이 보나빠르뜨의 브뤼메르 18일」, 『프랑스혁명사 3부작』, 소나무, 1991, 162쪽.

1장 왕래

: 합법적인 "이동 수단"의 국가 독점에 관하여

카를 마르크스는 자신의 저서에서 자본주의적 발전 과정이 자본가가 노동자로부터 "생산수단"을 빼앗는 과정을 수반한다는 점을 보여 주고자 했다. 이 과정의 결과로 노동자는 스스로 생산할 수 있는 역량을 박탈당하고 생존을 위해 생산수단의 소유자가 제공하는 임금에 의존하게 되었다. 이 같은 수사법을 차용해, 마르크스의 위대한 계승자이자 비판가인 막스 베버는 근대의 주된 특징이 국가가 개인으로부터 "폭력 수단"을 성공적으로 빼앗은 것이라고 주장했다. 중세 유럽을 비롯한 여타 지역의 많은 역사적 경험과는 달리, 근대 세계에서는 오직 국가만이 "합법적으로"폭력을 사용할 수 있게 되었다. 폭력을 행사하려는 자들은 그러기 위해 국가의 허가를 받아야만 한다. 따라서 그런 허가를 받지 못한 자들은 다른 이들에게 폭력을 행사할 자유를 빼앗기게 되었다. 마르크스와 베버가 사용했던 수사법을 따라, 이 책은 근대국가들과 그들이 한 부분을 이루고 있는 국제 국가 체계가 개인과 사적 단체들로부터 합법적인 "이동 수단"을 빼앗아 왔다는 점을 보여 주고자 한다. 비록 그런 이동 수단이 국가 간 경계를 가로지르는 것에 국한된 것은 결코 아니지만 말이다.

　이 과정의 결과로 사람들은 특정한 공간을 가로질러 이동할 수 있는 자유를 박탈당하게 되었고, 그러기 위해서는 허가 권한을 갖게 된 국가들과 국가 체계에 의존할 수밖에 없게 되었다. 이 과정의 중요한 측면은 사람들 역시 '신원'identity을 보유하기 위해 국가에 의존하게 되었다는 것이다. 사람들은 신원으로부터 좀처럼 벗어날 수 없으며, 신원은 다양한 공간에 사람들이 들어가는 데 상당히 중요한 영향을 미칠 수 있다. 물론 이 같은 체계에도 장점 — 본성상 주로 안보에 관한 것이긴 하지만 — 이 있었다. 마치 자본가에 의한 노동자들의 수탈이 재산이 없는 노동자들을 [어쨌든 자유로운] 임금노동자들로 생존하도록 하고, 국가에 의한 폭력 수단의 수탈이 일상생활에 평화를 가져오는 경향이 있는 것처럼 말이다. 그러나 이 각각의 전환 과정에서, 노동자, 공격자, 그리고 여행자는 그들이 이전에는 경험해 보지 못했던 형태의 종속에 예속되었다.

나는 국가와 국가 체계가 개인의 모든 이동을 **효과적으로** 통제하고 있다고 주장하는 것이 결코 아니다. 내가 주장하는 바는 국가와 국가 체계가 사적인 경제 단체나 종교 단체와 같은 여타의 잠재적인 권리 요구자들에 맞서 이동을 제한할 권한을 독점해 왔다는 것뿐이다. 물론 오늘날에도 그런 단체들이 이동을 통제하는 역할을 할 수도 있다. 하지만 이는 국가의 요청에 따른 것이다. 또한 합법적인 이동 수단의 국가 독점이 모든 시기와 장소에 유효한 일반론이라고 주장하는 것도 아니다. 국가에 의한 이 권한의 독점은 오직 중세 이후에 점진적으로 나타났고, 합법적인 폭력 수단의 국가 독점과 나란히 이뤄졌다. 내 주장은 새롭게 출현하고 있는 "세계 정체"[세계사회]에서 국민국가 이외의 다른 조직적 형태들이 정당성을 상실하고 있는 현상을 다뤘던 존 마이어의 주장과 상당히 유사하다. 그에 따르면, 다양한 비국가 단체들은

사적 군대를 유지하지 못하도록 되어 있고, 그들이 소유한 영토와 재산은 국가의 징발 대상이며, 그들이 인구를 통제하려 할 경우 여기에는 노예제라는 오명이 붙는다. 반면 국가들은 거의 아무런 문제 제기도 받지

않은 채 그런 통제를 일상적으로 행사하고 있다. 국가는 노동자들이 국경을 넘지 못하도록 적절하게 저지할 수 있고, 심지어는 회사의 경계를 넘지 못하도록 저지할 수 있지만. 회사는 그렇게 할 수 없다.[1]

좀 더 정확하게 말하자면, 회사는 노동자가 회사의 경계를 넘지 못하도록 할 수는 있지만, 이는 국가가 회사에 부여한 권한을 가지고 그렇게 하는 것이다.

국가가 합법적인 이동 수단을 독점하는 과정을 이해하는 것은 근대국가가 실제로 어떻게 작동하는지를 적절히 이해하는 데 중요하다. 이제까지 국가 형성에 관한 대부분의 분석들은 사회에 침투하는 국가의 역량에 초점을 맞추어 왔다. 그러나 이 분석들은 국가가 **어떻게** 이 같은 침투를 달성하는지에 관해 분명하게 말해 주지 않았다. 이 분석들은 성공적인 국가의 경우 다양한 종류의 자원을 추출하기 위해 사회에 침투하는 능력을 개발했다고 가정했지만, 국가가 이 같은 목적을 달성하기 위해 선택했던 수단에 관한 구체적인 논의를 제시하지는 못했다. '통치성'과 근대적 거버넌스 기술에 관한 푸코의 저술들은 이 같은 전통에 대한 중요한 수정이었다. 그러나 치안, 인구, 그리고 "사목 권력"에 관한 커다란 관심에도 불구하고, 이 문제들에 관한 푸코의 고찰에는 시민/국민과 외국인 사이의 구분을 근거로 근대적인 영토 국가가 발전하는 데 핵심적인 역할을 수행한 신원 확인 기술들에 대한 정확한 논의가 결여되어 있다.[2]

한편, 이민과 이민정책에 관한 분석들은 국가의 존재를 당연한 것으로 간주하고, 대개의 경우 이민을 다양한 사회경제적 과정("배출-흡인"push-pull* 과정, "연쇄 이주"chain migration**, "초국적 공동체"transnational communities*** 등)의 탓으로 돌리는 경향이 있다. 그러나 이런 분석들은 영토적 국가가

"현장에서" 상이한 인구 집단들을 구분해야 한다는 점이나, 국가의 활동—특히 전쟁 수행과 국가 형성—이 어떻게 인구 이동으로 이어지는지에 대해서는 충분한 주의를 기울이지 않았다. 이 같은 일반화의 주된 예외로는 아리스티드 졸버그의 저술들을 들 수 있다. 그는 지난 수십 년에 걸쳐 국가 형성(그리고 국가 파괴) 활동이 인간의 이동이나 그것의 부재에 관한 연구에서 중심적인 역할을 차지해야 한다고 주장해 왔으며, 이와 함께 좀 더 정기적으로 국가의 이민 정책을 조사해 왔다.3 이민정책에 관한 연구들은 국가의 역할을 무시하기보다는 국가를 기정사실로 받아들였고, 이동에 대한 규제가 국가의 바로 그 "국가성"state-ness을 구성하는 데 이바지하는 방식들을 이해하지 못했다.

이런 접근들은 근대국가의 발전이나 이민 패턴을 이해하는 데 부적절하다. 이하의 장에서 나는 이런 불완전한 관점들을 대체하고, 근대 초 유럽에서 절대주의가 성장한 이래 이동을 허가하고 규제할 수 있는 권리를 국가가 독점한 것이 바로 국가 건설에 본질적인 것이었다는 점을 보여 줄 것이다. 나는 또한 개인의 신원을 확인하기 위한 절차와 메커니즘이 이 과정에서 본질적이었음을 증명하려 하며, 나아가 국민

• 공급과 수요라는 경제학의 기본 원리에 입각해 국제 이주가 발생한다고 가정한다. 이 이론에 따르면, 저임금, 높은 실업률, 경제적 저발전이나 빈곤 등과 같은 개발도상국의 경제적 조건은 이런 국가들에서 국제 이주자를 배출하는 요인으로 작동한다. 반면 상대적으로 높은 임금, 고용의 기회, 보다 나은 복지 체계 등과 같은 선진국의 경제적 조건은 개발도상국에서 발생하는 국제 이주자를 흡인하는 요인으로 작동한다.

•• 특정 지역이나 마을 출신의 사람들이 동향 사람들의 이주 패턴을 따라 다른 특정 지역으로 이주하는 사회적 과정을 가리킨다. 이런 과정에서 이주자들은 동향 출신의 기존 이주자들로부터 이주하는 지역의 정보를 취득하고, 교통수단이나 숙소를 제공받으며, 고용의 기회를 얻는다.

••• 출신 국가 이외의 다른 국가에 살지만 출신국과 관계를 맺고 살아가는 이주자 공동체를 가리킨다. 최근의 지구화와 정보 기술의 발전은 이런 관계를 구조적으로 발전시켜 왔다.

적 공동체라는 관념이, 실제로 실행되기 위해서는 단지 "상상되는 것"[4] 만이 아니라 문서상으로 성문화되어야만 한다는 점 역시 증명하고자 할 것이다.

이 장의 나머지 부분에서 나는 다음과 같은 네 가지 과제를 다룰 것이다. 우선 나는 어떻게 그리고 왜 국가가 "합법적인 '이동 수단'"을 독점하려고 했는지 — 다시 말해, 왜 국가가 이동을 허가하고 규제할 수 있는 배타적인 권리를 자신의 수중에 집중하려 했는지 — 를 보여 줄 것이다. 다음으로 나는 이 같은 독점화와 관련된 과정들이 사회학적인 주류 국가 이론들이 묘사한 근대국가의 본성을 재고하도록 한다고 주장할 것이다. 특히, 나는 국가가 시간이 지나감에 따라 사회에 "침투"한다는 관념이 국가 발전의 본성을 적절하게 특징짓는 데 한계가 있음을 보여 주고자 할 것이다. 대신에 우리는 시간이 지나감에 따라 국가가 그 시민 전체를 성공적으로 "장악"하는 것으로 간주하는 편이 나을 수도 있다고 주장할 것이다. 다음으로 나는 국가가 그 구성원들을 좀 더 효과적으로 "장악"하기 위해, 그리고 원치 않는 불청객들을 배제하기 위해, 누가 [자신에게] 속하고 누가 그렇지 않은지를 분명히 확인할 필요가 있었다는 점에 대해 분석할 것이다. 마지막으로 나는 근대 초 유럽 국가들이 문서를 통해 이동을 규제하고, 이를 통해 인구를 장악하기 위해 기울인 다양한 노력들을 검토할 것이다.

합법적인 "이동 수단"을 독점하기

국가는 사람들의 이동을 허가할 수 있는 권한을 독점하고, 이를 행사하기 위해 사람들의 신원을 명확하게 확정하고자 했다. 여기에는 매우 다양한 이유가 있는데, 이런 이유들은 보호하면서 동시에 지배하는 근대국가의 양가적 본성을 반영한다. 그 이유에는 다음과 같은 목적들이 포함되어 있다. 곧 병역, 세금, 노동 등의 추출, 법 집행의 촉진, "두뇌 유출"의 통제(예를 들어, 특별한 가치가 있는 숙련 기술을 지닌 노동자의 손실을 미연에 방지하기 위한 출국의 제한), "안전보장"의 이유에서든 예기치 못한 또는 잠재적인 위해로부터 사람들을 보호하기 위해서든, 국가에 의해 "출입금지" 지역으로 간주된 곳에 대한 출입 제한, 그리고 종족적, 문화적, 국민적, 인종적, 경제적, 종교적, 이데올로기적, 또는 의학적 특성을 기반으로 국가가 "원치 않는 부류들"을 배제, 감시, 봉쇄하기 위해, 또한 영토 내에서 이뤄지는 인구의 성장과 공간적 분포, 그리고 사회적 구성 등을 관리하기 위해서이다.

국가가 합법적인 이동 수단을 독점하기 위해 펼친 활동들에는 다수의 상보적인 측면들이 포함된다. 즉, 모든 곳에서 국가들을 — 적어도 국제 체계의 관점에서 — "국적"(예를 들어, 국민으로 간주되는 성원들로 구성된 "국민국가들")으로 (점진적으로) 정의. 어떤 유형의 사람들이 국경 내에서 또는 국경을 가로질러 이동할 수 있는지, 그리고 어떻게, 언제, 어디서 그렇게 할 수 있는지를 규정하는 법의 성문화. 지구상에 있는 모든 사람을 빠짐없이 요람에서 무덤까지 고유하게 그리고 분명하게 확인하기 위한 기술의 전 세계적 발전 촉진. 이 같은 신원 확인 제도를 운영하고, 신원 확인을 위해 개인과 문서를 면밀히 검토하도록 고안된 관료제의 구성. 그리고 특정한 공간과 영토에 입국하려는 개인들을 심사하도록 설계된 일련의 법적 규범의 창설 등이 그와 같은 상보적인 활동들이다. 오직 최근에 이르러서야 국가들은 이동을 규제하기 위한 권한을 독점하는 데 필요한 역량을 실제로 발전시켜 왔다.

물론 근대 이전에도 전제정은 대체로 이동을 통제해 왔지만, 일반적으로 그런 규제를 체계적인 방식으로 구석구석 시행하는 데 필요한 대규모의 행정 기반을 갖추고 있지는 않았다. 국가와 국가 체계에 의한 합법적인 이동 수단의 **성공적인** 독점(비록 완전한 독점은 아니라 해도)은 점진적으로 발전했던 정교한 관료제와 기술을 필요로 했는데, 이 같은 발전의 속도는 19세기 말에 이르러 극적으로 빨라졌다. 이 과정은 제라르 누아리엘이 "신원 확인의 혁명"이라고 명명했던 것에 결정적으로 의존했는데, 이는 사람들을(거의) 명확하게 식별하고 행정적인 목적을 위해 그들을 구분했던 "카드"와 "코드"의 발전을 의미하는 것이었다.5 물론 그런 문서들은 이전에도 존재했지만, 그런 문서들이 모든 사회들에 일제히 유포되었던 것은 (우리에게 익숙한 여권이 전 세계로 확산되었던 것은 말할 필요도 없을 것이다) 얼마 후의 일이었다. 그러나(거의)모든 사람이 이 같은 문서들을 이용할 수 있게 되자, 이 문서들은 영토적 공간을 가로지르는 합법적인 이동을 위해 필요한 요건이 되었다.

상황이 언제나 이런 식으로 진행된 것만은 아니었다. 만약 그렇지 않았더라면, 거대한 이민의 물결이, 곧 전 세계적으로 수많은 지역에 사람들이 거주할 수 있도록 했던 이민이, 불가능하지는 않았겠지만, 커다란 방해를 받았을 것이다. 근대적인 국가 체계가 자리 잡기 이전에는 (그리고 그런 체계가 형성되고 난 이후에도 오랫동안), 특정 사회집단이 이동을 허가할 권한을 통제하고 있었는데, 이런 집단들은 정치적으로 구성된 권위체도 있었지만, 또한 사적인 집단도 있었다. 예를 들어, 고용[계약] 하인들indentured servants의 이동권은 주인의 통제 하에 있었다. 농노제 하에서, 농노가 이동할 수 있는 법적인 권한은 그들에 대한 관할권을 지니고 있었던 영주의 수중에 있었다. 노예가 이동할 수 있도록 승인하는 권력은, 노예가 쇠고랑을 차고 있지 않을 때조차도, 노예 소유자의 수중에 있었다.6

그러나 근대국가가 발전하고 노예제나 농노제 같은 강제 노동 체계가 쇠퇴함에 따라, 국가와 국제 국가 체계는 이동을 허가하고 금지할 권력을 사적인 집단들로부터 박탈하고 그 권력을 자신에게로 집중시켰다. 이렇게 함으로써, 그들은 근대국가의 특징인 영토 지배의 필요성은 물론, 개인의 자유가 진전됨에 따라 생겨난 "주인 없는 사람들"masterless men[7]의 문제에 대해서도 상당한 정도로 대응할 수 있었다. 이 현상은 근대 초 영국에서 하나의 독특한 집단으로서 출현한 "빈민"에 관한 칼 폴라니의 논의에 잘 나타나 있다.

처음에 이들이 눈에 띄게 된 것은 장원이나 '어떤 봉건적 상급자에게도' 귀속되지 않은 개인들이라는 새로운 현상으로서였다. 그리고 이들이 자유노동자들이라는 단일 계급으로 서서히 형성된 것은 부랑 행위를 잔혹하게 처벌하게 된 것과 동시에 대외무역이 지속적으로 팽창한 덕분에 국내 산업이 성장한 것이 합쳐져서 나타난 결과였다.[8]

이동에 대한 사적 통제에서 국가 통제로의 이행은 봉건제에서 자본주의로의 이행에서 핵심적인 측면이었다.

국가가 합법적인 이동 수단을 독점하는 과정이 결실을 맺는 데는 이처럼 수백 년이 필요했다. 이는 근대 초 유럽 지도상에 산재해 있던 각양각색의 제국, 소규모 도시국가, 공국들이 "국민적인" 국가로 발전했던 것과 더불어, 지역적 수준에서 "국가적"[국민적] 수준으로의 방향 전환을 따라 이뤄졌다. 또한 이 과정은 빈민 구제의 합리화 및 국영화와 병행되었는데, 이는 빈민 구제를 제공해야 할 공동체의 의무가 이동을 통제하고자 하는 열망의 중요한 원천이었기 때문이다. 민간 조직 또는 종교 조직의 영역에서 떠맡았던 빈민 구제 사업은 점차 사라지고, 국가 행정이 이를 떠맡게 되었다. 유럽 국가들의 수가 줄어들고, 그 규모가 성장함에 따라, 그리고 이 국가들이 지방자치체들이 부과하는 전통적인 제약에 맞서 토지 소유자의 관할권 밖에 임금노동 시장을 대규모로 육성함에 따라, 빈민 구제의 제공 역시 지방에서 국가로 이동하게 되었다.9 결국 이 과정들은 개인이 허가 없이 자유롭게 이동하는 것을 기대할 수 있는 범위가 '국가적인' 경계를 '향해' 확대되는 데 도움이 되었다. 궁극적으로, 주된 경계가 되었던 것은 지역 자치체들의 경계가 아니라 국민국가의 경계였다.

　　이 과정은 다양한 장소에서 불균등하게 발생했는데, 근대국가가 비영토적 형태의 정치조직을 대체하고10 "자유로운" 임금노동이 다양한 형태의 노예 노동을 대체했던 곳을 따라 이뤄졌다. 모든 사회계층의 사람들이 국가 앞에서 평등에 가까운 지위를 획득하게 되자, 국가가 영토 내에서의 이동을 통제하는 경우는 줄어들었으며, "국가의" 외부 경계에 관한 통제로 대체되었다. 궁극적으로 이동을 규제할 권한은 국가 간 체계 전체, 다시 말해 서로 협력해 왕래하는 사람들을 통제하는 데 관심이 있는 국민국가들의 권한이 되었다. 오늘날 한 국가 내에서 이동에 대한 분명한 통제가 작동하는 경우, 특히 이런 통제가 특정한 신분 집단에 불리하게 이뤄질 경우, 그 국가는 권위주의적 국가이거나 그보다 더 나쁜 국가일 것이라고 확실히 예상할 수 있다. 소련, 나치 독일, 아파르트헤이트 시대의 남아프리카공화국, 그리고 (적어도 1980년대 이전의) 공산주의 중국의 사례는 이 같은 일반화에 부합한다.11

　　근대적인 여권 제도의 창설과 다양한 국가들 내에서 이와 유사한 제도의 사용 — 이는 오랜 기간 동안 천천히 진척된, 관료제를 구축하기 위한 노력의 산물이다 — 은 인류 역사에서 새로운 시대의 도래를 알리는 것이었다. 개별 국가들과 국제 국가 체계는 그들의 관할권 안팎에서 그것을 가로지르는 이동을 허가할 수 있는 합법적인 권한을 독점하는 데 성공한 것이다. 여기서 요점은 허가받지 않은 (국제) 이동이 전혀 없다는 것이 아니라, 그런 이동이 이제는 명확히 "불법적"인 것이 되었다는 점이다. 다시 말해, 국가가 합법적인 이동 수단을 독점한 결과, 우리는 "불법적인" (실제로는 대체로 "문서[서류]를 갖추지 못한") 이민에 대해 이야기하게 되었다는 사실이다. 우리가 현재 "내부" 이동으로 생각하는 것 — 이는 근대국가와 국가 체계가 발전하기 이전에는 무의미하고 시대착오적인 개념이었다 — 은 국내에서의 또는 "국민국가" 내에서의 이동을 의미하게 되었다. 역사적 증거에 따르면, 19세기까지 줄곧 사람들은 다른 "나라들"로부터 온 사람들만큼이나 바로 이웃 지방에서 온 사람들도 통상 "이방인"foreign으로 간주했다.

지금까지 서술한 내용 가운데 그 어느 것도, 오늘날에는 사적[민간] 행위자들이 이동을 규제하는 역할을 전혀 하지 않는다고 말하는 것이 아니다. 오히려 그 반대다. 그러나 사적 단체들은 국가의 명령에 따라 이동을 규제하는 데 참여하는 "치안 대리인"sheriff's deputies의 지위로 강등되었다. 예를 들어, 19세기부터 20세기에 걸쳐, 유럽의 정부들은 증기선 회사들로 하여금 이동하는 사람들을 감독하도록 압박했다. 항공 여행이 발달한 이후에, 항공사들은 동일한 의무를 지게 되었다. 그러나 해운 회사와 항공사들은 종종 치안 대리인의 역할을 하는 데 저항해왔다. 그런 준정부적 활동에 참여하는 것이 그들의 수익을 떨어트릴 것으로 우려했기 때문이다. 그러나 그들은 자신들이 탐욕스럽게 보이는 것을 원치 않았기에, 자신들은 이동을 규제하는 일이 국가가 담당하는 고유 업무라고 생각한다고 말했을 것이고, 실제로도 그러했다.[12]

만일 근대국가들이 합법적인 폭력의 사용을 독점하기 위해 노력하고, 이와 더불어 합법적인 이동 수단 역시 독점하고자 한다면, 그들은 이 같은 규제를 **실행**할 수 있는 수단이 있어야만 한다. 그러자면, 근대국가들은 국가를 구성하는 여러 부서들과 국가가 지배하는 개인이나 잠재적인 침입자 사이에 영속적인 관계를 구축할 수 있어야만 한다. 이런 사실에 따라 우리는 근대국가가 발전해 온 방식에 관한 사회학적 논증의 주요 노선을 재고해야만 한다.

근대국가: "침투"인가 "장악"인가?

근대국가의 발전에 관한 기존의 사회학적 논의는 대체로 국가가 사회에 "침투"penetrate하거나 사회로 "진출"reach into하여 자신이 살아남기에 필요한 것을 사회로부터 추출할 역량을 늘리는 데 초점을 맞추었다. 근대국가의 본성에 관한 최근의 거의 모든 사회학적 논의에서 발견할 수 있는 것은 근대 시기에 국가가 좀 더 효과적으로 사회에 "침투"할 수 있게 되었다는 논의들이다.13 위르겐 하버마스는, 국가 이론가들보다 한발 더 나아가, "침투"라는 비유를 근대 관료제 국가와 자본주의 경제 모두의 활동을 특징짓는 것으로 확장했다. 요컨대 하버마스는 화폐와 권력이라는 "조종 매체"steering media에 의한 "생활 세계의 식민화"에 관해 이야기한다.14 그러나 하버마스의 분석은 국가론의 "침투주의적" 패러다임이 지닌 단점을 공유하는데, "화폐"는 사회적 선택을 가능케 하거나 제약하기 위한 메커니즘으로서 "권력"에 비해 좀 더 구체적이기 때문이다. 그러나 우리는 다양한 종류의 신원 증명서들이 화폐의 관료적 등가물을 구성한다고 이해함으로써 화폐의 그것과 비교해 "권력"의 추상성을 바로잡을 수 있을 것이다. 말하자면, 신원 증명서들은 근대국가 행정의 통화라는 것이다.

그러나 국가가 사회에 "침투"한다는 전통적인 (그리고 분명히 성적인) 이미지는 근대국가의 본성에 대한 우리의 분석적 시각을 불필요하게 그리고 오해의 소지가 있을 정도로 제한한다. 특히 "침투주의적" 접근은 국가와 국가 재생산의 "사회적 기반"인 국민 사이의 지속적인 관계를 구성하고 유지하기 위해 국가가 채택하고 사용하는 메커니즘에 관해 거의 말해 주는 바가 없다. 따라서 국가가 사회에 "침투"한다는 비유는 국가와 사회가 분리되어 있고, 국가가 사회 위로 "솟아올라" 그 위에 얹혀 있다는 관념에 초점을 맞추도록 한다. 이를 통해 국가가 사회적 삶을 재구성하기 위한 역량을 축적해 온 과정의 본성을 왜곡하는데, 이 비유에서 사회는 국가 밑에 납작하게 엎드려 있는 것처럼 보이기 때문이다. 싫든 좋든 간에, 오늘날의 표준적인 침투의 이미지는 얼마간 약한 사회가 얼마간 강한 국가의 접근을 받아들인다고 제안한다. 국가에 의해 침투된 사회는 정도의 차이는 있지만 국가가 자신에게 요구하는 것을 내어 준다. 그러나 이런 일은 실제로 어떻게 발생하는가? "사회"를 구성하고 있는 사람들은 "카이사르의 것을 카이사르에게 바치도록" 어떻게 강제되는가?

자원을 추출하고 정책을 시행하기 위해 국가는 사람과 재화의 정확한 위치를 찾아내고, 이들에 대한 자신의 권리를 주장할 수 있는 지위에 있어야만 한다. 이 같은 사실은 근대국가가 하부구조적 역량을 어떻게 축적하는지를 이해하기 위해 "침투"라는 이미지와는 다른 대안적인 이미지가 필요함을 시사한다. 물론 푸코는 근대사회에서 "감시"의 중요성을 강조했지만, 이 같은 감시가 어떤 특별한 목적에서 이뤄지는지에 대해서는 그의 저술에 명료하게 남겨 놓지 않았다. 나는 국가가 사회에 침투하려 할뿐만 아니라 사회를 장악하고자 한다고 간주하는 것이 훨씬 온당할 것으로 생각한다. 다시 말해 그 규모가 점점 더 커지고, 행정적으로 능숙해짐에 따라, 국가는 자신의 구성원들을 "둘러싸"고 "붙잡아 두려"할 것이다. 더 나아가 국가는 사회에 효과적으로 침투하기 위해 사회를 장악해야만 한다. 국가가 장악하고 있는 범위 너머에 있는 개인들은 필연적으로 국가가 침투할 수 있는 한계를 나타낸다. 다른 말로, 국가의 범위는 국가가 파악하고 있는 범위를 넘어서지 못한다. 이 점에서 "근대국가의 특이한 힘은 하부구조적인 것"[15]이라는 마이클 만의 말은 정확한 것이다.• 국민을 장악하고 원치 않는 타자를 배제하는 국가의 역량이 이 하부구조적 권력infrastructural power의 본질이다.

내가 사용하는 '장악하다'라는 용어는 독일어인 erfassen으로부터 나왔다. 이는 "파악하다" 또는 "등록의 의미에서 수중에 넣다"는 것을 의미한다. 예를 들어, 외국인청Ausländerbehörde에 등록된 외국인들은 "등록 외국인"ausländerbehördlich erfasst으로 불린다. 즉, 감시, 행정, 규제를 목적으로 그 기관에 등록되었다는 것이다. 사람들은 인구센서스에 의해서도 "등록"된다. 이는 유럽 대륙과 앵글로-아메리카 세계의 국가 형성 과정에서 나타나는 차이에 관해 뭔가 중요한 점을 말해 주고 있다. 영어에는 (프랑스어 동사 surveiller뿐만 아니라) 독일어의 "erfassen"에 해당하는 말이 없다. 그러나 우리의 언어가 이런 현실을 적절하게 반영하고 있건 그렇지 않건 간에, 국가가 인구를 "장악하는" 활동들은 근대 시기에 국가의 생산과 재생산에서 필수적인 것이 되었다.

사회 위에 얹혀서 사회에 "침투하는" 국가의 남성화된 이미지와

• 마이클 만은 국가권력을 전제적 권력(despotic power)과 하부구조적 권력으로 구분하는데, 전제적 권력이란 국가 엘리트가 시민사회 집단들과의 제도화된 협력이나 협상 없이 실행할 수 있는 행위의 범위를 뜻하는 반면, 하부구조적 권력은 시민사회에 침투해 시민사회에서의 행위들을 조정하고 정치적 결정을 실행해 내는 능력을 의미한다.

는 반대로, 국가가 사회를 "장악한다"는 비유는 국가가 그 손아귀에 움켜지고 있는 사회를 속박했던 — 그리고 어떤 의미에서는 심지어 "육성했던" — 방식들로 우리의 관심을 이끈다. 이와 관련해, "장악하는" 국가라는 이미지는 국가가 내부의 사회적 행위를 "가두어 놓는" 방식에 관한 마이클 만의 생각과 유사하다. 이는 특히 국민국가들의 성장이 정치적 활동의 방향을 지역이나 지방 수준에서 국가적 수준으로 변화시키는 방식에서 그러하다.16 그러나 마이클 만의 "우리에 가두어 놓는다"caging는 비유는 국가가 자신의 목표를 완수하기 위해 전체 사회와 개별적인 사람들 모두를 "파악하는"grasp 방식에 도달하지 못한다. 국가가 그 인구를 "장악한다"는 나의 비유는 국가가 사회를 "알아볼[읽을] 수 있게"legible, 따라서 통치에 좀 더 손쉽게 이용할 수 있도록 만들려고 한다는 제임스 스콧의 생각과 훨씬 유사하다.17

그러나 국가가 개인을 "장악한다"는 관념은 더 나아가 국가가 **특정** 개인들을 그 통제 내에 유지하고, 다른 이들을 배제한다는 사실을 상기시킨다. 이 같은 고찰은 국민국가들 — 즉, 국민으로 간주되는 구성원들로 이뤄진 국가 — 로 정의되며, 합법적인 이동 수단을 독점하는 데 관심이 있는 국가들의 세계에서 특히나 중요하다. 반대로 "침투"의 이미지는 국가가 침탈하는 사회의 특성들을 보지 못한다. 확실히 "장악"이라는 은유는 상호 배타적인 시민 집단들로 이뤄져 있으며, 그 자체로 이들의 이동이 제한되어 있는 국가들로 이뤄진 세계를 좀 더 잘 이해하는 데 도움이 된다.

등록과 인구센서스 같은 체계들은 여권이나 신분증 같은 문서와 더불어 이런 목적들을 달성하기 위한 국가의 노력에 핵심적이었다. 여기서 여권과 신분증 등의 문서는 국가가 자국 국민에 관한 지식을 저장하기 위해 사용하는 "파일"의 휴대용 판본에 해당했다. 물론 결함이나 허점이 없는 것은 아니지만, 이런 등록 체계는 국가가 인구를 성공적으로 "장악하고," 따라서 국가가 생존하는 데 필요한 자원을 그들로부터 획득할 수 있도록 해주었을 뿐만 아니라, 국가부조의 수혜자들 가운데 그런 혜택을 받을 자격이 없는 것으로 간주되는 집단들을 배제할 수 있게 하는 방향으로 오랫동안 지속되었다.

근대 "국민국가"와 그 국가들이 배태되어 있는 국가 간 체계는 점차 상호 구분되는 시민 집단들을 구별할 수 있는 능력뿐만 아니라, 어떤 특정 집단을 "특별하게 처우"하기 위해 자국민들 내에서도 서로 다른 집단들 사이의 경계를 구획하고 구분할 수 있는 능력에 의존해 성장했다. 국가가 국경을 넘나드는 이동을 규제하고자 할 때, 특히 중요한 것은 "누가 누구"인지, 그리고 좀 더 중요하게는 "그 사람이 어떤 사람"인지를 선별하는 것이 되었다. 메리 더글러스가 몇 해 전에 서술했듯이, 이는 "모든 주변부는 위험하다 …… 그 어떤 사상의 구조도 그 주변부는 취약하기"[18] 때문이다. 시민권 개념의 근간을 이루는 소속이라는 관념은 사람들이 자신이 "소속해" 있는 공간을 떠나 그렇지 않은 공간에 진입하는 국경을 가로지를 때 위협받는다.

그러나 국민국가는 단순한 "관념들의 구조"를 훨씬 넘어서는 것이다. 그것은 또한 — 우리의 목적상 좀 더 중요하게는 — 어느 정도 일관된 **제도들**의 네트워크다. 이 점에서, 국가는 어떻게 자신이 지배하고자 하는 사회들을 실제로 장악하는지, 나아가 구성원과 비구성원을 어떻게 구분하는지를 이해하고자 할 경우, 사회학에서 나타난 최근의 발전이 우리의 사유에 도움이 된다. 특히, "신제도주의"가 시사하는 바는, 제도가 우리의 일상 세계를 형성할 뿐만 아니라, "이해관계들과 행위자들이 모두 제도적으로 구성된다"[19]는 점에 우리가 관심을 기울이도록 한다.

이 점은 정체성과 특히 관련이 있다. 최근의 학술 논문들에서 정체성은, 그것이 어떻게 법과 정책에 단단한 기반을 두고 있는지에 대한 언급 없이, 순전히 주관적인 용어로 너무나도 자주 논의되어 왔다. 베네딕트 앤더슨의 개념인 "상상된 공동체"에 대한 광범위하고 충분히 가치 있는 관심이 이 같은 주관주의적 접근법을 강력하게 추동해 왔다. 그러나 이런 주관주의적 접근법은 정체성이 사회적으로 특별한 의미가 있는 것이 되기 위해서는 성문화되고 제도화되어야만 한다는 점을 간과하는 경향이 있다. 누아리엘은 이민자들과 관련해 이 점을 다음과 같이 강력히 지적한다. 즉, "궁극적으로 이민자의 '정체성'을 결정하는 것은 법적 등록, 신원 확인 문서(신분증), 그리고 법이라는 사실이 종종 간과된다."[20]

그러나 이 점은 좀 더 일반적인 것과도 관련되어 있다. 여기서 특히 관련이 있는 사례는, "히스패닉"(예를 들면, 카리브해인이나 남아메리카인, 또는 중앙 아메리카인이 아니라)이나 "아시아계 아메리카인"(일본계 미국인, 한국계 미국인 등이 아니라)이라는 범주들인데, 이런 범주들은 인구 조사원과 정책 입안자가 사용하기 위해 [편의적으로] 고안한 것들로, 미국에서 만들어질 당시 주관적으로 자신을 그런 범주와 관련지어 인식하는 사람은 거의 없었다. 오늘날 얼마나 많은 사람들이 스스로 그와 같은 범주에 속하는 것으로 생각하는지는 열려 있는, 경험적으로 따져 볼 문제다. 그러나 만약 그와 같은 범주에 대한 법적 성문화 같은 제도적 기반이 없었다면, 사람들은 그와 같은 용어로 자신들의 정체성을 표현하지 않았을 것이라는 점도 분명하다.

국민국가 — 상호 배타적인 시민 집단들로 정의되는 특정한 "사람들"로 구성되고, 그들을 위해 존재하는 국가[21] — 인 근대국가는 전형적으로 자신의 인구를 장악하고 자신들이 바라는 국경 내에서 그리고 그 국경을 가로질러 사람들이 이동하는 것을 규제하고자 했다. 이 같은 규제를 시행하려는 국민국가의 노력은 인간 개개인을 그들이 자국민이든 아니든 다른 개인들과 뚜렷하게 구분하고 명확하게 확인하기 위한 수단을 만들어 내도록 추동해 왔다. 합법적인 "이동 수단"을 독점하기 위해, 국가들과 국가 체계는 누가 속하고 누구는 속하지 않는지, 누가 왕래할 수 있고 누구는 그렇지 않은지를 정의하고, 이런 구분들을 명료하게 시행할 수 있도록 해야만 했다. 여권이나 신분증과 같은 문서들은 이런 목적을 달성하는 데 핵심적인 것이었다. 정체성과 관련된 정의와 범주를 분명히 밝혀 놓는 것을 넘어, 국가는 이 같은 구별을 **실행**해야만 하며, 개별적인 사례들에서 이 같은 구별을 실행하기 위해서는 문서들이 필요했다.

파악하기: 국민국가의 제도화

국가가 오늘날 일반적으로 "국민"으로 이해되는 "특정한 사람들로 구성되고 그들을 위해" 존재한다는 관념을 이해하기 위해, 우리는 우선 "국민"이란 무엇인지 생각해 보아야만 한다. 베버에 따르면, 국민이라는 개념은 "구성원으로 간주되는 사람들이 그들 사이에 공통된 어떤 실증적인 자질을 갖고 있는 것은 아니지만, 다른 집단들과 마주했을 때 일정한 집단들로부터 연대라는 특수한 감정을 기대할 수 있"음을 수반한다.22 베버를 따라, 로저스 브루베이커 역시 "국민 됨의 우연적이고, 국면에 따라 유동적이며, 불안정한" 특성을 강조했는데, 이에 따라 그는 "우리는 '국민이 무엇인가'를 질문하기보다는 정치적이고 문화적인 형태로서 국민성이 국가 내부와 국가들 사이에서 어떻게 제도화되었

는가를 질문해야 한다"고 지적했다.23 브루베이커의 제도적 구성주의
는 무엇보다도 "국민"을 실재적이고 영속적인 역사적 실체로 제시하는
견해들(전형적으로는 그 누구보다 민족주의자들이 품고 있는 견해)을 바로잡는 데 기
여한다. 제도화에 실패할 경우, "국민들"은 덧없고 불분명한 상태로 남
을 수밖에 없다.

　　실제로 국민성은 어떻게 제도화되는가? 좀 더 구체적으로 보면,
국가, 국민, 그리고 잠재적인 침입자들 사이의 관계는 정확히 어떻게
발생하고 지속되는가? 생존에 필요한 자원을 추출하고, 필요하다면 국
민을 억압적인 군대에 강제로 징집하기 위해, 국가는 자신이 그런 자원
을 추출하려는 사람들을 장악 — 즉, 국가는 그들의 신원을 확인하고,
그들에게 지속적으로 접근할 수 있어야 — 해야만 한다. 다른 한편, 국
가는 자신의 영토에 들어오려는 사람들이 입국 승인 기준에 부합하는지
여부를 확인할 수 있는 지위에 있어야만 한다. 찰스 틸리에 따르면 프랑
스혁명에 의해 [지방의 유력자에게 권력과 재량권을 남겨 주지 않는] "직접 통치[지
배]"가 창시되었는데, 지배자들은 "가사에 대한 세금 부담, 대규모의 징
병, 인구조사, 치안 체계, 그리고 소소한 범위의 사회적 삶에 대한 다양
한 침략을 통해 시민과 그들이 통제했던 자원을 이용"할 수 있게 되었
다.24 그러나 이 목록들은 너무나 막연했고, 따라서 국가가 실제로 어떻
게 소소한 범위의 사회적 삶에 "침략했"으며 어떻게 국민을 장악하려고
했는지를 충분히 이해하기 어렵다.

　　특히 침략에 관한 틸리의 목록은 조세와 징집 메커니즘이 어떻게
인구센서스, 가구 등록 시스템, (국내외적) 여권을 비롯한 다양한 신원 문
서 등과 같은 감시 메커니즘에 결정적으로 의존해 성장했는지를 명쾌하
게 보여 주지 못하고 있다. 근대국가의 성장과 결부된 고전적인 활동들
은, 국가가 이 같은 목적의 활동들을 수행하기 위해 인구를 성공적으로

장악할 수 있을 경우에만 체계적으로 가능해진 것이다. 신분증, 인구센서스, 여행증명서 등과 같은 것들의 고안은 국가 형성의 요소로서 징집 및 조세와 동등한 수준에 있는 요소들일 뿐만 아니라 실제로 징집 및 조세를 성공적으로 실시하는 데 핵심적이었고, 시간이 지남에 따라 다른 활동들을 가능케 하거나 적어도 시행할 수 있도록 했던 행정 도구로서, 조세 및 징집보다 상위의 것으로 성장했다.

최근 들어 국가에 대해 연구하는 사회학자들은 어떻게 국가가 자신이 추구하는 목적을 달성하기 위해 그 자신과 국민/시민 사이의 영속적인 관계를 구성하는지에 관한 문제를 좀 더 적절하게 다룰 수 있게 되었다. 여기에 대한 관심은 특히 앤서니 기든스의 저술에서 두드러졌다. 그의 중요한 연구인 『민족국가와 폭력』*The Nation-State and Violence*에서, 기든스는 "직접 통치"가 발전하는 과정에서 감시가 수행하는 역할이 지속적으로 증가했던 점에 상당한 관심을 기울였다. 기든스에 따르면, "전통적인 국가"와는 달리, 근대국가는 질서정연한 행정을 전제하고 있으며, 근대국가가 필요로 하는 행정 역량 가운데 많은 부분이 **글쓰기**에 뿌리를 두고 있다. 근대적인 국가 행정에 필요한 감시의 상당 부분은 신분증명서와 같은 기록된 문서를 통해 수행되었다. "행정 권력은 체계화된 정보 자료가 인간 활동을 감시하는 직접적인 방식으로 활용될 수 있을 때에만 구축될 수 있다."[25] 물론 막스 베버는 일찍이 관료제의 중요한 요소로서 "문서 파일"의 중요성에 대해 언급했지만, 국가가 시민들을 영속적으로 장악하는 데 있어서 문서 파일이 수행하는 중요한 역할을 적시한 것은 아니었다. 그러나 국가 역량의 발전에 관한 최근의 저술에서 국가와 신민/시민 사이의 관계에 대한 관심이 고조되었음에도 불구하고, 우리는 여전히 이 관계가 실제로 어떻게 구성되고 유지되었는지에 관해 아는 바가 거의 없다.

문제의 핵심은 국가가 자신의 인구를 장악하고 그들을 다른 이들과 구별할 필요가 있다는 것이다. 인구와 그 이동을 추적하는 것을 국가의 관심이라는 관점에서 보면, 사람들은 행정상의 사용 목적을 위해 적절하게 가공된 "낙인"[이 찍힌 존재들]일 뿐이다. 비공식적인 상호작용에서 낙인의 작동과 그것에 대한 대응은 어빙 고프먼의 고전인 『낙인』 *Stigma*에서 발견할 수 있다.26 여기서 고프먼이 분석하고자 했던 것은 "손상된 정체성"의 관리였다. 그러나 낙인의 문제는 고프먼이 지적했던 것보다 훨씬 더 다양한 범위에 만연해 있는데, 이는 그가 관료 기관들의 작동에 더 많은 관심을 기울였더라면 그에게도 분명해 보였을 법한 사실이다.

고프먼은 공식적인 제도적 환경에 대해서는 거의 다루지 않았다. 이 점에서 『수용소』*Asylums*에 실려 있는 "총체적 시설"에 관한 글은 매우 귀중한 글이다.27 이 글에서 고프먼은 그런 환경에서 수감자를 통제하려는 시도가 수감자의 "정체성"— 자아 — 을 완전하게 제압하려는 체계적인 시도들로 시작한다는 점을 보여 주었다. 총체적 시설에서 요점은 수감자들이 자신들이 처한 상황에 맞서 자신들을 방어하는 데 사용할 수도 있을 법한 인격 자원을 박탈하는 것이다. 그러나 "시설 밖에서" 개인의 정체성이 소멸되는 것은 국가에 파괴적인 결과를 초래할 것이다. 이는 행정적인 목적을 위해 개인의 신원을 확인하는 것과 같은 중요한 과정들을 방해할 것이기 때문이다. 그 결과는 국가를 구성하고 (국가가 일관되게 계속해서 기능할 것이라는 전제하에) 유지하는 행정적·억압적 기관들을 강화하기 위해 국민으로부터 자원을 추출하는 국가의 보편적이면서도 필수적인 활동을 방해하는 것이 될 것이다.

미셸 푸코는 이 같은 기본적인 통찰들로부터 근대사회에 대한 비전을 추론했다. 이런 근대사회는 악몽 같고, 암울하며, 심지어는 부조리한 세계로, "개별화된 시선"이라는 감시의 눈초리 아래에서, 그리고 그런 눈초리를 통해 수행되는 "온화한" 훈육과 통제 수단이 만연한 "감옥과도 같은" 세계였다.28 푸코는 벤담의 "판옵티콘"을 통해 이 같은 직관을 극적으로 표현했다. (실제로 지어진 적이 없는) 이 판옵티콘에서 죄수 개개인은 그들이 볼 수 없는 중앙에 위치한 감시자에 의해 감시될 수 있는데, 이 판옵티콘이 근대적인 사회 조직화의 기본 모델이 되었다. 어떤 의미에서 푸코는 관료제적 합리화를 통해 비대해지는 힘에 대한 베버의 끊임없는 공포로부터 그것의 논리적인 결과를 이끌어 냈을 뿐이다. 그러나 권력과 지식 사이의 밀접한 연계와 근대 행정 체계에서 개별화된 감시의 핵심적인 중요성에 대한 푸코의 강조는 대단히 시사적인 것이었다.

실제로, 캘리포니아주가 발행한 운전면허 시험을 위한 안내서에 들어 있는 아래의 구절은 확실히 신원 확인의 관행이 근대 세계에서 매우 중요함을 보여 주는 주목할 만한 증거이다.

> 신원 확인: 신원 확인ID의 문제 ─ 그 신뢰성, 완전성, 기밀성 등 ─ 는 정부의 모든 수준에서 가장 중요한 관심사입니다. 이는 민간 부문에서도 마찬가지입니다. 정부가 제공하는 서비스를 받을 수 있는 자격, 다양한 면허증의 발행, 세금의 산정, 투표권 등은 모두 부분적으로 당신이 제시하는 신원 확인 문서에 기반을 둔 평가를 통해 결정됩니다. 각 개인의 신원을 분명히 그리고 고유하게 확인하기 위해서는 신원 확인 문서와 체계가 전적으로 신뢰할 수 있고 또 정확해야 한다는 것이 중요해지게 되었습니다.29

국가의 입장에서 보면, 그 가장 근본적인 업무를 수행하기 위해 개인의 고유한 신원을 명확히 확인할 필요가 있다.[30] 개인에게 새겨진 낙인에 대한 검사, 즉 모든 근대적 신원 확인 체계의 중심에 있는 본질적인 형식은 "개인을 감시의 영역에 두고, [또한] 그들을 문서들의 네트워크에 위치시킨다. 즉 개인을 포획하고 고정하는 서류 뭉치들 안으로 개인들을 끌어들이는 것이다."[31] 이처럼 "신원 확인"을 위해 개인들이 지니고 있는 문서는 이동, 경제적 거래, 가족 관계, 병력, 그리고 그 밖의 다른 많은 것들을 연대기 순으로 기록한 일련의 파일 전부에 해당된다. 이는 권력/지식의 격자grid로서, 개인들은 이 안에서 국가 행정의 대상으로 처리되고 구성된다.

이 같은 행정적 지식이 완성되기까지는 오랜 시간이 걸렸지만, 더욱 많은 인구를 장악하기 위한 목적으로 국가가 주도했던 신원 확인 작업은 시간이 지남에 따라 상당할 정도로 진화했다. 예를 들어, 프랑스 혁명 이전에 프랑스에서 (여권을 통한 통제를 위해) 신원을 확인할 수 있는 적절한 지표로 간주되었던 것은 한 개인의 사회적 지위 ─ 일반적으로 거주지, 직업, 가족의 지위 등과 같은 ─ 에 관한 묘사였다.[32] 프랑스혁명 이후, 감시에 대한 관심이 증가하고, 근대 과학이 진보함에 따라 초기의 소박한 관행은 불충분한 것이 되었다. 국가는 거주자들을 좀 더 확실히 장악하고 그들을 이방인과 더욱 분명하게 구분할 수 있기를 원했다. 그러나 동시에 개인의 자유와 불가침성을 선언했던 자유주의와 자연법사상이 성장함에 따라, 낙인을 찍거나, 피부에 상처를 내거나, 문신을 새기는 것과 같이 "신체에 기술記述하는" 오랜 관습은, 개인의 신원을 확인하기 위한 수단으로서의 복장 규정과 마찬가지로, 탐탁하지 않은 수단으로 간주되기에 이르렀다(물론, 이런 표식의 방법들이 자발적으로 나타나는 경우를 제외하곤 말이다).

그 결과, 인구를 장악하는 데 큰 관심을 기울였던 국가는 사람들을 확인하기 위해 신체에 해가 되지 않는 수단을 발전시켜야만 했다. 즉 한 사람의 신체를 그 인물의 신원을 확인하기 위한 증거로 사용하는 것이다. "신체를 읽어 내는" 이 같은 기술은 시간에 지남에 따라 점차 정교해졌다. 신뢰할 수 없는 주관적인 묘사나 인체 측정 방식들로부터 사진(처음에 경찰은 사진 역시 그 자체로 신뢰할 수 없는 것으로 간주하기도 했다), 지문, 전자 스캔 팜프린트palm prints, DNA 지문, 그리고 최근에는 (영화<미션 임파서블>에 등장하는) 망막 스캔으로까지 이동했다. 이런 기술들이 끊임없이 발전했다는 사실은 국가(물론, 다른 단체들 역시)가 자국민과 외국인을 식별하는 데 강력하면서도 지속적인 이해관계를 갖게 되었음을 시사한다. 시간이 지남에 따라, "자국민"이건 외국인이건, 개인을 각자 고유하게, 그리고 분명하게 확인하는 국가의 능력은 국가와 국제 국가 체계가 근대 세계의 합법적인 이동 수단을 성공적으로 독점해 왔던 과정의 중심에 놓이게 되었다.

이런 배경에서, 근대 초 유럽에서 여권을 통해 이동을 제한하는 방식이 도입된 일에 대해 간략히 살펴보도록 하자. 이는 통치자들이 점차 영토와 사람들에 대한 무제한적인 권리를 확립하고자 함에 따라 이뤄진 것이었다. 그러나 통치자들은 비록 의도하지는 않았다손 치더라도 "풀기 어려울 정도로 중첩되어 뒤엉켜 있고, 다양한 법적 요구들이 지리적으로 얽히고 또 층을 이루고 있으며, 복수의 상위자에게 바치는 충성과 비대칭적인 종주권, 비정상적으로 다른 나라 한가운데 존재하는 고립된 영토 등이 무수히 존재했던 중세의 정치 지도"33에서 벗어나려고 하기 시작했다. 그렇게 하면서, 그들은 그들과 국민국가 사이에 서 있던 중세의 몇몇 덤불을 치워 버리게 되었다.

유럽에서 여권을 통한 이동의 통제가 발명된 것은 최근의 일이 아니었다. 근대 초 유럽의 국가들은 지배의 필요성 때문에 신민들의 왕래를 규제할 수 있는 힘을 기르는 데 상당한 관심을 두게 되었다. 이 국가들이 추구했던 중상주의 정책들에 따르면, 인구는 부나 군사력과 거의 등가물이거나, 적어도 부나 군사력으로 언제든 전환될 수 있는 것이었다. 따라서 지배자들은 신민의 이동을 확인하고 통제하는 데 커다란 관심을 갖게 되었다. 그들은 다양한 방식으로 이동을 제한하고자 했으며, 문서는 대체로 그와 같은 제한을 시행하기 위한 수단에 포함되어 있었다.

예를 들어, 1548년 프로이센 제국 경찰 칙령Imperial Police Ordinance of 1548에 따르면, 거지와 부랑자는 "국내의 평화와 법, 그리고 질서에 대한 위협으로서 금지되었다." 바로 직후, 제국의회는 "걸시와 부랑자들"에게 "통행증" 발급을 금지하는 포고령을 반포했다. 이 같은 사실은 이 두 집단에 대한 사회적 평판이 좋지 않았으며, 하층민들이 한 장소에서 다른 장소로 이동하기 위해서는 정식 절차가 필요했다는 점을 시사한다.34 17세기까지 독일의 통치자들은 하인을 그 주인에게 보다 확고하게 묶어 두고, 그렇게 함으로써 관료 집단이 우려했던 부랑과 편력을 억누를 의도로 법을 제정했다.35

한편, 영국해협 너머에서도, 얼마 동안 유사한 발전들이 진행되었다. 마그나카르타Magna Carta•는 영국 신민의 떠날 자유를 보장했지

• 1215년에 영국의 귀족들이 영국의 국왕 존(John)에게 강요하여 왕권의 제한과 제후의 권리를 확인한 문서. 흔히 '대헌장'으로 불린다. 영국 헌법의 근거가 된 최초의 문서로, 국왕의 전제로부터 국민의 권리와 자유를 지키기 위한 전거(典據)로 받아들여지고 있으며, 권리 청원, 권리 장전과 더불어 영국 입헌제의 기초가 되었다.

만, 1381년 법은 귀족, 저명한 상인, 군인을 제외한 모든 사람들이 허가 없이 왕국을 떠나는 것을 금지했다.[36] 근대 초 영국의 지배자들은 출국을 통제하지 않을 경우, 종교적 일탈이 특히 조장될 수도 있다고 우려했다.[37] 영국 시민전쟁 이후 오래지 않아, 찰스 2세는 한 교구에서 다른 교구로의 이동을 엄격하게 제한하는 법을 채택했다. 이는 극빈자들이 보다 후한 빈민 구제를 시행하는 곳을 찾아 이리저리 옮겨 다니는 것을 막기 위해서였다. 1662년 "왕국 빈민의 보다 나은 구제를 위한 법"[38]은 지방 당국들에게 "교구에 부담이 될 것 같은" 사람 — 이를 나중에 미국 이민법의 친숙한 표현으로 바꿔 쓰면, "생활보호 대상자가 될 가능성이 있는 자"이다 — 을 법적 정착지에서 몰아낼 권한을 부여했다. 동시에 이 법은 개인(들)이 그들의 합법적 거주지를 증명하는 "증명서를 휴대" 할 경우 계절노동이나 여타의 일시적인 노동을 목적으로 한 이주를 허용했는데, 이 증명서는 "교구의 목사, 교구 위원 가운데 한 명, 그리고 빈민 감독관 가운데 한 명으로부터 인정을 받은 것"이어야 했다. 그리고 그들은 일을 마친 후 그들이 왔던 곳으로 되돌아가야 했다. 이동을 좌지우지하는 법들은 "현지" 빈민과 "외지인" 빈민 사이의 구분을 성문화하고, 이를 실제로 시행하는 데 도움을 주었으며, 특히 불법 정착자들을 되돌려 보내야 했던 장소를 그들의 "원래" 거주지로 지칭했다. 따라서 출생지에서 벗어나는 행위는 이례적인 일로 간주되었던 것처럼 보이고, 실제로 적절한 문서가 없다면 법을 위반한 것으로 간주될 수 있었다.

동쪽에서는 러시아의 표트르 대제가 문서를 통해 이동을 더욱 철저히 통제하려는 추세를 강력하게 지지했다. 표트르 대제는 대륙의 열강들 사이에서 러시아의 위상을 높이고 싶은 마음이 간절했고, 그가 추진했던 근대화 개혁은 주로 러시아의 군사적 역량을 강화하려는 열망으로부터 나타난 것이었다. 이 근대화 개혁은 놀라울 정도로 성공적이었다. 1725년에 그는 유럽에서 가장 큰 규모의 상비군을 창설했다.[39] 이 같은 대규모의 상비군을 유지하기 위해서는 대규모의 징병이 필요했고, 결과적으로 이를 위해서는 젊은 남성들을 체계적으로 활용할 수 있어야 했다. 국가의 수단 가운데 하나는 이동 및 거주에 관한 문서를 요구함으로써 이동을 제한하는 것이었다. 이 같은 목적에서 18세기 초 표트르 대제는 러시아 신민의 거주지와 여행을 규제하는 일련의 칙령들을 공포했다. 1719년 칙령은 한 도시나 마을에서 다른 도시나 마을로 이동하는 사람에게 시장이나 이장이 발급한 통행증을 소지할 것을 요구했다.[40] 그러나 사실 이 칙령은 1649년 법 조항을 확대한 것에 지나지 않았는데, 1649년 법은 애초 러시아식 농노제를 공고화하기 위한 것으로, 그 핵심은 농민의 이동을 통제하는 것이었다.[41] 통제 메커니즘으로 문서를 사용함에 따라 농민의 이동을 규제하는 농노제의 법적 규제들이 좀 더 용이하게 시행될 수 있었다.

이런 사례들은 개인의 자유로운 이동에 대한 규제가 급속히 성장하는 근대국가가 직면하고 있던 두 가지 중요한 질문과 관련되어 있다는 점을 분명하게 보여 준다. (1) 일자리든 빈민 구제에 접근할 기회든 특정 지역에서 얻을 수 있는 경제적 이익을 어떻게 분배할 것인가, 그리고 (2) 누구에게 병역을 부과할 것인가, 그리고 이를 어떻게 그들에게 강제할 것인가. 다시 말해서, 문서를 통한 이동의 통제는 권리 및 의무와 분명하게 관계를 맺고 있었는데, 이는 궁극적으로 국민국가의 구성원 자격(시민권)과 관련을 맺게 될 권리와 의무 들이었다.

그러나 19세기 유럽에서 자본주의와 국민국가가 궁극적으로 승리를 거둘 때까지, 이동에 대한 통제는 대부분 "국내" 문제로 남아 있었다. 이런 사실은 인간의 삶과 법이 지역적 성향을 강하게 띠고 있었고, 인구를 부富로서 바라보는 중상주의적 사고 역시 지속되고 있었으며,

국가 및 국가 체계 역시 상대적으로 초보적인 상태에 머물러 있었다는 점을 반영하는 것이었다. 점차적으로, 국가 간 경쟁은 중앙 집중화 과정에 시동을 걸었고, 이 같은 중앙 집중 과정은 다수의 경쟁자들을 걸러내는 결과를 초래했다. 결국 군사적·경제적 자원을 충분히 동원할 수 있는 국가만이 살아남게 되었다.[42]

이 같은 발전 과정에서, 영토와 인구에 대한 장악력을 확대하고자 했던 지배자들은 점차 누가 그들의 영토를 왕래할 수 있는지를 결정할 권한을 확고히 했다. 예를 들어, 중세 후기에 프랑스에서는 "이방인"의 법적 개념이 지역 수준에서 "전국적"(이 시점에서는 아직 이 용어를 사용하는 것이 시대착오일 수 있다) 수준으로, 그리고 사적 영역에서 국가의 영역으로 이동했다. 이는 왕이 영주가 지배하는 지역으로부터 이방인 재산의 몰수권을 빼앗은 결과였는데, 여기서 이방인은 영주가 지배하는 지역 밖에서 태어난 사람이었다.

> 이 같은 [전환]으로 말미암아 왕국 차원에서 외국인이라는 신분이 처음으로 만들어졌고, 이에 대응하여, 프랑스 시민이나 국민이라는 초기의 법적 신분이 탄생했다. 따라서 프랑스 시민과 외국인 사이의 법적 구분은 중세 말 영주의 권리를 희생하여 왕의 권한을 강화하고자 한 시도로부터 비롯되었다.[43]

국가에 의한 합법적 이동 수단의 독점은 누가 "속하고" 누구는 그렇지 않은가를 결정할 권한을 국가가 성공적으로 행사할 수 있게 되었음을 함의했다. 물론 이동을 허가할 권력을 완전하게 몰수하기까지는 어느 정도 시간이 필요했지만, 국가는 이 같은 독점을 실현해 나아가는 길로 순항하고 있었다.

이처럼 다분히 정치적인 고찰에 더해, 근대국가들이 지역 시장을 전국 시장으로 확장시키는 과정에서 수행한 결정적 역할에 대한 칼 폴라니의 설득력 있는 묘사를 덧붙일 필요가 있다. 이 과정은 격렬한 지방의 저항에 대한 중앙정부의 승리를 수반하는 것이었다. 이런 점진적인 전환은 영토 "내부"와 "외부"에 대한 관점[개념화], 따라서 왕래할 수 있는 사람에 대한 규제의 본성, 그리고 그와 같은 권한이 누구에게 부여되는지 등에 현저한 변화를 일으켰다.[44] 특히 노동력 시장이 "전국화"되자, 국가는 누가 어떤 조건 아래에서 이동할 수 있는지를 결정할 권리에 대한 지배권을 확고히 하게 되었다. 이 과정은 일반적으로 다음과 같은 결과를 초래했다. 지방의 경계는 국가의 경계에 의해 대체되었고, 인간의 이동과 결부된 주요 난제는 출국이 아니라 입국이 되었다. 여권과 같은 신원 확인 문서의 확산은 합법적인 이동 수단의 국가 독점에 핵심적인 것이었다. 그러나 이것이 실제로 달성되기까지는 얼마간의 시간이 소요될 것이었다. 그리고 이는 프랑스혁명의 자유주의적 분파들로부터 제기된 신랄한 도전에 직면하기 시작했다. 이제 전형적으로 "국민국가의 탄생"으로 간주되는 격동의 사건들로 관심을 돌려 보자.

2장 "조국의 아르고스·'"

: 프랑스혁명과 여권 문제

구체제 말의 여권 문제

이저 월로치는 프랑스 혁명가들이 건설한 국가의 역사에 관한 최근 글에서 "징집이 삶의 일부가 됨에 따라 여권과 거주 증명서는 매우 중요한 문서가" 되었으며, 징집이 이뤄지는 "전체 과정에서 핵심은 출생신고"였다고 언급했다. 월로치는 이 과정을 혁명가들이 이룩한 가장 중요하고 영속적인, 그러나 전혀 예상치 못했던, 제도적 성취로 간주했다.[1] 월로치가 올바르게 언급한 것처럼 징집의 성공 여부는 시민의 이동을 확인하고 규제하기 위해 고안된 관료제적 메커니즘에 달려 있었지만, 국가 행정에 대한 이 같은 접근은 정작 혁명에 참여했던 상당수의 사람들이 그와 같은 수단에 대해 품고 있던 격렬한 반감을 극복해야 했다.

특히 여권을 통한 통제는 구체제의 프랑스에서 지배의 핵심 메커니즘이었으며, 18세기 후반 혁명을 일으켰던 혁명가들 역시 그렇게 생각했다. 프랑스 혁명가들이 반대했던 수많은 규제들 가운데 하나는 루이 14세의 1669년 칙령이었다. 이 칙령은 그의 신민들이 프랑스 영토를 떠나는 것을 금지했을 뿐만 아니라, 왕국을 떠나려는 사람은 이를 승인하는 여권을 의무적으로 소지하도록 했다.[2] 게다가 18세기 프랑스 **내**에서 이동 중인 평민들은 다음의 두 가지 문서 가운데 하나를 소지해야만

• 그리스신화에 나오는 괴물로, 100개의 눈을 가진 거인이다. 흔히 파수꾼을 상징한다.

했다. 즉, 여행자의 출생 마을이 속한 시청이 발급한 여권 또는 지역 교구에서 올바른 사람이라는 것을 보증하는 이른바 인정서aveu였다.

이 같이 문서를 반드시 소지하도록 한 주된 목적은 달갑지 않은 자들이 도시, 특히 파리로 이주하는 것을 미연에 방지하기 위한 것이었다. 이런 조치는 적어도 가끔씩은 그 목적을 달성하는 데 효과적이었다. 그러나 리처드 코브가 지적한 것처럼, "프랑스 인구의 대다수는 걸어서 다녔고, 보행자를 통제하는 것보다 어려운 일은 없었다."3 이런 상황에서는 문서를 발급하는 것보다 단순히 마을의 문을 닫아 버리는 것이 보행자를 통제하는 훨씬 성공적인 수단이었다. 빅토르 위고의 『레미제라블』을 각색한 영화를 관람한 사람들이라면 떠올릴 수 있는 것처럼 말이다. 배나 마차와 같은 운송 수단을 이용하지 않는 사람들은 규제하기 어렵고, 보행자들을 통제하려는 노력은 지역 자체를 봉쇄하는 결과를 초래할 수 있다.

프랑스 구체제에서 시행되던 문서 소지 의무에도 불구하고, 여권을 "잃어버리는" 경우가 다반사였는데, 이런 경우 여행자는 자신이 여행 중인 지역에서 대체물을 제공받았다(이는 국경을 넘기에 충분한 문서를 소지하지 않은 사람들이 대부분 입국을 거부당하거나, 출발지로 즉각 되돌려 보내지는 오늘날의 상황과는 전혀 다른 처리 방식이었다). 심지어 가장 흉악한 사람조차도, 출생지 당국이 그에게 문서를 발급해 주지 않았다 해도, 그가 필요로 하는 문서를 수중에 넣을 수 있었다. 올웬 허프튼이 말했듯이, "따라서, 여권을 소지하고 있다는 것이 무죄의 결정적인 증거는 아니었으며, 그것을 가지고 있지 않다고 해서 유죄를 입증하는 것도 아니었다."4 여권을 통한 제약은 분명히 많은 이들에게 성가신 것이었지만, 느슨한 행정과 다양한 후원자들의 선의의 도움으로 말미암아 이동을 규제하기 위한 수단으로 문서를 사용하는 국가들은 쉽게 조롱거리가 되었다.

여권 소지 의무가 상대적으로 쉽게 회피될 수 있었음에도 불구하고, 1789년 초 베르사유에서 소집된 전국신분회[삼부회]의 진정서cahiers de doléances에 제시되었던 왕실 정부와 봉건 조직에 관한 다양한 불만 사항들 가운데에는 이동에 대한 통제에 관한 것이 있었다. 뇌이쉬르마른 교구의 진정서 제2항은 다음과 같이 주장했다.

　　신 앞에 모든 인간은 평등하고, 현세에 머무는 모든 사람은 특히 자연적이고 정치적인 삶을 영위하는 과정에서 자신의 정당한 소유물이 침해받지 않아야 하듯, 모든 프랑스인에게 개인의 자유가 보장되어야 하며, 따라서 각자가 시민의 자유를 저해하기 쉬운 허가증이나, 여권 또는 그 밖의 절차 없이 왕국의 안팎을 자유롭게 이동할 수 있어야 한다는 것이 이 회의의 바램이다.[5]

이 견해에 따르면 여권을 통한 통제 및 물리적인 이동과 결부된 여타의 "절차들"은 프랑스인의 자연권과 시민적 권리를 침해하는 것이었다.

　　그러나 혁명 기간 및 그 이후에도 이어진 논쟁에서, 다른 청원자들은 공공 안전을 더 많이 확보하기 위해 여권을 통한 통제 방식을 더욱 엄격하게 시행할 것을 요구했다. 예를 들어, 몽타르지 대법관 관할구의 귀족계급은 진정서에서 공공 안전을 책임지는 사람들이 "부랑자들이 소지한 증명서들과 여권, 그리고 이런 인정서가 없는 사람들을 가장 주의 깊게 감독"해야 한다고 강조했다.[6] 그러나 대법관 관할구의 진정서들은 신분이 높은 사람들이 "불편하게 느끼거나 관심 없는 요구들을 원래의 목록에서 아예 삭제했던" 경우가 더러 있었기 때문에,[7] 거기서 표출된 불만은 다른 관구들 — 이미 농민들의 목소리를 작게 줄이는 경향이 있었던 — 이 표현한 불만에 비해 민의가 훨씬 덜 반영된 것이었다는 조르주 르페브르의 평가에 유념해야 한다. 여권과 인정서는 주로 하층민을 괴롭히는 사회통제의 수단이었기 때문에, 몽타르지 귀족들의 요구는 특권층의 견해에 호의적인 편견을 잘 반영했을 것이다.

　따라서 전국신분회의 대표자들은 증명서 없이 프랑스 내에서 이동할 수 있는 인민의 자유에 대해 격론을 벌였고, 바스티유 함락 이후 이 문제를 둘러싼 논의가 제헌국민의회[국민의회]•에서도 이어졌다. 1789년 6월 말 혁명 세력들이 새로운 헌법이 제정될 때까지 파리를 떠나지 않겠다고 선언한 테니스 코트 서약8의 결과로, 1789년 10월 9일 국민의회는 얄궂게도 의원 자신들의 이동할 자유에 관해 토론하게 되었다. "10월 행진"••이 시작되면서, 당시 국민의회는 평민들이 행동에 나서도록 했던 식량 부족 문제를 해결해야 한다는 강한 압력을 받고 있었다.

　이 논쟁은 국민의회의 여러 의원들이 의장에게 여권 발급을 요청하고, 의장이 이에 대한 가부를 결정할 수 있는 권한을 요구한 이후 시작되었다. 논쟁을 양분시킨 문제 가운데 하나는 의원들이 요청한 여권 발급을 거부함으로써 그들의 자유를 제한할 수 있느냐의 문제였고, 다

• 프랑스혁명 발발 직전인 1789년 6월 중순, 루이 16세가 소집한 전국신분회의가 결렬되고, 제3신분 평민 의원들이 독자적으로 결성한 회의를 가리킨다. 1789년 6월 17일에 창설되어, 국민의회(Assemblée nationale)로 불리다, 7월 9일 제헌국민의회(Assemblée nationale constituante)로 개칭했다. 베르사유 궁전의 테니스 코트인 쥐드폼에서 첫 모임을 가졌고, "헌법을 제정하고 사회질서를 회복할 때까지 해산하지 않는다"는 내용의 선언문을 발표했는데, 이를 흔히 '테니스 코트 서약'이라고 부른다.

•• 프랑스혁명 발발 당시의 프랑스에서는 흉작과 대공포(Great Terror)로 인한 농촌 지역의 혼란 때문에 곡물의 판매가 제대로 이뤄지지 않았고, 빵을 비롯한 식료품 가격이 폭등하면서 파리 시민들이 고통을 받았다. 이런 상황에서 1789년 10월 5일 수천 명의 파리 여성들은 시청에서 만나 빵을 요구했고 거절당하자 왕실에게 이를 요구하기 위해 베르사유 궁전까지 약 20킬로미터를 행진했다. 10월 6일에는 궁에 난입한 시민들의 요구로 왕실이 파리로 돌아왔다. 이 이틀 동안의 행진을 "10월 행진" 또는 '베르사유 행진'이라 부른다.

른 하나는 국가가 필요로 하는 시기에, 특히 보병들은 그렇게 할 수 없음에도, 의원들이 그들의 자리를 떠날 수 있는지에 관한 것이었다. 결국 의회는 의장에게 의원들의 여권을 발급할 수 있는 권한을 부여했는데, 이는 국내적으로 정치적 긴장이 실질적으로 존재한다 해도, 이동을 제약하기보다는 이동의 자유를 선호하는 자유주의적 선택을 한 것이었다.9 게다가 자유로운 이동을 지지하는 세력이 일반적으로도 좀 더 우위를 점하고 있었던 것처럼 보인다. 혁명기의 이출 이민emigration에 관한 저명한 역사가인 도널드 그리어에 따르면, "1789년부터 1792년까지 대부분의 시기에 프랑스인들은 그들이 원하는 대로 자유롭게 왕래했다."10

그러나 그리어의 판단은 최소한 두 가지 점에서 오해의 소지가 있다. 첫째, 현대의 우리가 기대할 수 있을 법한 것과는 달리, 그리어가 언급한 왕래의 자유는 프랑스인들에게 한정된 것이 아니었다. 혁명의 발발과 더불어 프랑스는 프랑스 태생이 아닌 상당수의 사람들을 반갑게 받아들였는데, 그들 가운데 상당수는 귀족 지배 국가 출신의 정치적 망명자들이었고, 혁명 이데올로기에 호의적인 사람들이었다.11 그런 "자유의 친구들"은 혁명 세력의 세계시민주의에 흠뻑 빠져 있었다. 둘째로 더욱 중요하게는 이 시기가 곡물 폭동, 농촌 봉기, 그리고 궁극적으로는 외국의 침략과 전쟁의 위협이 있었던 시기였다는 것을 염두에 두어야 한다. 구체제의 특징인 이동에 대한 제한에 오랫동안 익숙해져 있던 많은 사람들은 떠돌이 약탈자들과 가난한 부랑자들이 자유롭게 돌아다니고 마음껏 왕래한다는 생각에 여전히 불안해하고 있었다. 따라서 그리어의 평가는 오해의 여지가 있다. 왜냐하면 그의 평가는 왕국 **내에서** 맘껏 이동할 수 있는 자유보다는 프랑스인이 자국에 들어오고 나가는 것에 초점을 두고 있기 때문이다. 이 시점에서 대부분의 프랑스인들에게 여전히 매우 생생한 쟁점이자 최우선적인 문제는 왕국 내에서 이동할 수 있는 자유에 관한 것이었다.

이 시기 프랑스인들 사이에서 이동의 자유에 대한 그리어의 낙관적 견해는, 예를 들어 1790년 5월 30일부터 6월 13일까지의 국민의회 법령들과 잘 들어맞지 않는다. 이 조치들은 의회가 "상당수의 외국인 탁발 수도사들"이 궁핍한 현지 주민들에게 해를 입히면서 파리의 빈민 구제 혜택을 받고 있다는 것을 알게 되었을 때 취해진 것이었다. 여기서 "외지인"이라는 말은 주로 수도인 파리 밖에서 온 프랑스인들에게 적용되었다. 프랑스의 주요 도시에서 빈민 구제를 받을 수 있는 자격에 대한 통제를 확고히 하기 위해, 이 법령은 모든 비프랑스인 거지, 최소 1년 이상 파리에 거주하지 않은 모든 비프랑스인 방랑자(인정서 미소지자), 그리고 파리에 거주한 지 6개월 이하의 프랑스인 탁발 수도사들에게 파리를 떠날 것을 요구했고, 왕국을 떠나거나 출생지로 되돌아가는 경로가 표시되어 있는 여권을 구비하도록 명했다. 여권에 표시된 경로에서 벗어난 사람들이나 경로 상에서 장시간 동안 머물렀던 사람들은 방위군이나 경찰에 의해 체포되고 해명을 요구받게 되었다.[12]

이런 종류의 규제가 지속되자 이는 곧 "푀셰"라 불리는 논평가의 분노를 불러일으켰다. 푀셰는 혁명을 둘러싼 논쟁이 벌어지는 주요 통로 가운데 하나였던 『르모니퇴르』*Le Moniteur*의 필진으로, 1790년대 중반에 "여권 노예제"slavery of passports를 통렬하게 고발한 바 있다. 푀셰는 프랑스 국가가 개인의 이동과 행위를 위험하리만치 광범위하게 감시하고 있다고 주장하며, 모든 사람은 "자신의 권리를 부정하는 주인의 허가를 구하지 않고서도 자신이 선택한 공기를 들이마실 수 있도록" 자유로워야 한다고 주장했다. 푀셰는 여권이 "정의와 이성의 모든 원칙에 반하는 것"이라고 선언하며 그것의 폐지를 요구했다. 또한 그는 앞서 언급한 법 조항들이 제시하듯이, 여권 소지 의무가 보여 주는 자유에 대한 제약이 "가난하고 미천한 계급의 사람들"에게 특히나 가혹하다고 지적했다.13 푀셰의 자유주의적 관점에서 볼 때, 여권을 통한 통제는 자유를 옥죄는 구체제의 전제적 속박의 일부였다. 푀셰를 비방했던 이들은 여권을 폐지하면 범법자들이 법망을 유유히 빠져나갈 수 있을 것이라는 이유로 그의 견해를 "범법자에게 이로운 것"으로 해석했다. 이에 푀셰는 자신에 대한 이 같은 비판이 기본적인 인권인 왕래할 권리와 관련된 자신의 의도와는 무관한 것이라고 응수했다. "사람들이 여행하는 것을 허용한다는 것은, 애당초 그 누구에게도 거부할 권리가 없는 어떤 행위를 허용하는 것이나 매한가지다. 즉, 그것은 사회적 부정의다."14

국왕의 도피와 여권 통제의 부활

이동의 자유를 제약하는 것에 대한 비판에도 불구하고, 프랑스 내에서의 자유로운 이동에 대한 태도는 1791년 6월 21일 국왕 루이 16세의 도피 시도와 함께 극적으로 바뀌었다. 이는 이미 이전 몇 달 동안 자유로운 이동에 반대하는 반동 세력이 만반의 준비를 하고 있던 시기였다. 2월에 국왕의 숙모들이 출국한 일은 급진파 계열 언론의 분노를 야기했고, 비록 무산되기는 했지만 망명을 더욱 강력히 통제하기 위한 제헌국민의회의 노력을 불러일으켰다.15 이후 3월과 4월에 교황 비오 6세Pius VI는 혁명의 원칙과 성직자공민헌장Civil Constitution of the Clergy•

• 1790년 7월 12일에 제정된 법률. 프랑스 내에 있는 가톨릭교회를 국가에 종속시키려고 했다. 이 법은 각 교구의 범위를 국가 행정의 경계와 일치시키고, 시민이 성직자를 선출하

모두를 공식적으로 비난했고, 이를 "엄중한 행위"로 간주하며, "인간과 시민의 권리 선언 및 그 교의에 반대했다."[16] 교회의 이 같은 입장은 반혁명 활동에 호의적이었던 사람들을 크게 고무했다. 이런 상황에서 루이 16세가 시종으로 변장한 채 바렌으로 도주했다. 이에 국민의회는, 국왕의 탈출 시도에 충격을 받고 불안한 상태에서, 왕국을 떠나는 행위를 전면 금지하며, 왕국을 떠나고자 하는 모든 이들을 체포하라고 명령했다.[17]

국왕 일행이 여행할 때 소지한 여권을 승인한 것에 대한 책임을 두고 의회에서 벌어진 논쟁은, 여권 발급과 관련해 행정적 혼란이 심각했음을 보여 주었다. 국왕의 수행원들이 도피를 시도했던 상황을 명확히 밝히기 위해 의회는 루이 16세의 외무장관인 몽모랭을 의회로 소환해, 그들이 어떻게 여권을 소지하게 되었는지를 설명하도록 했다. 그는 여권을 가명으로 발급해 줌으로써 국왕의 탈출 시도에 협력한 혐의를 받고 있었다. 의회의 추궁에 맞서, 몽모랭은 "[외무장관은] 엄청나게 많은 수의 여권에 서명하기에, 여권을 신청한 사람들의 이름이 진짜인지 가짜인지를 일일이 확인하는 것은 불가능하다"고 언급했다. 오늘날이라면 가명으로 여권을 발급받기가 매우 어렵고, 이를 위해서는 정교한 조작 기술이 필요하겠지만, 이 같은 상황에 도달하기 위해서는 상당한 수준으로 행정이 합리화되어야 했을 것이다.

최종적으로 몽모랭은 여권을 가명으로 부정 발급한 혐의를 벗었다. 국왕은 시종으로 변장한 채 탈출을 시도했다. 하지만 그가 그렇게 할 수 있었던 것은, 귀족이 사용하는 여권에는 귀족을 수행하는 사람들

며, 신부들과 평신도들로 구성된 주교 자문단과 더불어 국가기관의 행정관이 주교를 지명하도록 규정했다. '성직자기본법'으로도 많이 옮긴다.

에 대한 상세한 설명 없이 단지 직분(예컨대, "시종")만 표기되는 경우가
일반적이었기 때문이지, 외무장관이 방조했기 때문은 아니었다. 그의
혐의가 무죄라는 판결은 때마침 국왕의 도피를 도운 책임이 몽모랭에게
있다고 생각한 군중들이 그의 저택을 포위한 상황에서 나왔다. 의회는
즉각 네 명의 대표자들을 보내 그 판결을 공표하고, 성난 군중들이 몽모
랭의 사람들과 재산에 해를 입히지 않도록 했다.18

국왕의 탈출 시도 여파로 프랑스 전역은 분노와 불안으로 들끓고
있었다. 조르주 르페브르에 따르면, "국왕의 도피가 침략의 전조라고
의심하지 않을 사람은 없었고", 이에 따라 국민의회는 출국 금지에 덧붙
여 국민 방위군 가운데 169개의 보병 대대를 동원했고, 국경 수비대는
침략에 대비했다. "거대한 공포"가 온 나라를 휩쓸었고, 귀족과 혁명에
반대하는 성직자들에 대한 폭력적인 응징과 그들의 재산에 대한 공격이
유발되었다.19

귀족의 음모라는 유령이 활보하는 가운데, 국왕의 도피 시도는
제헌국민의회 의원들이 국경을 봉쇄하도록 했다. 나아가 이에 격앙된,
그리고 [혁명 당국의] 통제에서 벗어난 대중들은 자신들의 승인 없이는 그
누구도 파리를 떠나지 못하도록 했던 것으로 보인다. 1791년 6월 22일
파리 시장은 파리 시민들에게 여권을 소지한 사람은 파리를 떠날 수
있도록 허용하라는 포고령을 내리며, "신중하고 분별 있게" 여권을 발
급할 것이라고 약속했다.20 이 같은 상황에서 여권은 여권 소지자의 이
동을 혁명정부가 승인해 주었음을 증명하는 것이었다. 따라서 여권은
일종의 "안전 통행증"으로 기능했는데, 훗날 여권의 이 같은 기능은 적
어도 평화 시에는 오직 다른 주권국가로의 이동에만 관련될 것이었다.
이것이 이동을 승인하는 합법적 권리에 대한 국가의 독점에 대해 초법
적 세력들[예컨대, 혁명 당국의 통제를 벗어난 파리의 대중들]이 저항했던 마지막 사

례는 아닐 것이다. 실제로 국가가 혁명을 겪거나 해체된 상황에서는 "합법적인 이동 수단"에 관한 대중들의 이 같은 침탈이 전형적으로 나타났다.

국왕의 탈출 시도에 대한 대응으로 국경을 봉쇄하는 조치가 취해지기는 했지만, 파리 시당국과 마찬가지로 혁명기의 의회 역시 국내에서 이동의 자유를 보장하는 문제로 시달려야 했다. 이에 따라, 제헌국민의회는 불과 사흘 후에 적어도 국경에서 40킬로미터 떨어진 거리에서는 "사람과 물건이 자유롭게 이동"할 수 있는 권리를 옹호할 필요가 있으며, 모든 행정 당국과 시 당국, 그리고 군대가 이 같은 자유를 보장하는 데 협력해야 한다고 포고했다. 이 포고령의 지지자들은 무엇보다도 행정적인 이유로 그것을 옹호하면서, "만일 이 포고령을 전하는 특사들이 그들이 통과하는 모든 시에서 여권 조회를 위해 발이 묶여야 한다면" 왕국을 방어하기 위한 의회의 다양한 조치들 역시 무용지물이 될 것이라고 언급했다.[21] 적어도 이 시점에서, 혁명 지도자들은 행정, 상업, 자유를 근거로 프랑스 영토 내에서 자유로운 이동이 보장될 수 있기를 원했다. 그러나 국경은 "위태로운" 곳으로 간주되었고, 여기에 대해서는 행정 기관과 시 당국이 "주의 깊게 감시"해야 할 것이었다.[22]

프랑스 시민이 프랑스로부터 출국할 수 있는 문을 닫아 버린 지 불과 일주일 만에, 의회는 외국인과 프랑스인 상인들이 왕국을 자유롭게 떠날 수 있게 될 것이라고 포고했다. 그러나 그러기 위해서 외국인들은 자국의 대사나 프랑스 외무부가 발급한 여권을 소지해야만 했고, 프랑스 상인들은 자신의 출신지 수도나 거주지에서 가장 가까운 지역의 수도가 발급하는 여권을 취득해야만 했다. 포고령 제7조는 국왕처럼 변장한 채 도피하는 사례가 재발하는 것을 방지하기 위해, "모든 여권에 취득자의 수와 이름, 나이, 인상착의, 거주 교구를 기재하고 취득자는 여권 등록부와 여권 모두에 서명하도록"요구했다.23 이 같은 규정은 국민의회 의원 가운데 한 명이 프랑스 영토에서 출국할 때 필요한 여권에 관한 요건이 불충분하다고 지적한 직후, 최종 법령에 추가된 것이었다. 이 의원은 인상착의를 묘사한 문서가 없다면 나라를 슬그머니 빠져나가려는 사람들이 별다른 어려움 없이 그렇게 할 것이라고 경고했다.24

1791년 8월 초, 제헌국민의회는 혁명이 발발한 이후 공포와 환멸 때문에 출국했던 망명자들에게 귀국을 독려함으로써 프랑스의 국력을 강화하고자 했다. 그리어가 언급했듯이, 이는 프랑스를 떠난 이민자와 망명자에게 "나중에 뒤따를 가혹한 입법에 대한 감미로운 전주곡"이었다. 이 법은 출국 금지를 유지하고 1789년 7월 1일 이후 프랑스를 떠난 사람들에게 한 달 내로 돌아오도록 명했다. "이에 따르는 자들은 아무런 처벌을 받지 않을 것이고, 거역하는 자들은 그들의 부재에 상응하여 세 배의 세금을 부과할 것이다."그러나 이 법은 유명무실했고, 의회가 폐지할 때까지 불과 한 달가량만 시행되었다.25 의회가 이 법에서 망명자들에게 명백히 유화적인 태도를 표명했음에도 불구하고, 혁명이 시작된 직후 프랑스를 떠났던 사람들에게는 훨씬 더 가혹한 일이 기다리고 있었다.

오늘날의 관점에서 볼 때, 이동에 대한 이 모든 규제와 관련해 주목할 만한 점은 혁명의 방어자들이 주로 자신들의 동료 시민을 규제하는 데 관심을 기울였다는 것이다. 그럴 만한 이유가 없었던 것은 아니었지만, 혁명 지도부는 망명자들을 자신의 생존에 심각한 위협으로 간주했다. 국왕, 반동적 성직자, 귀족, 그리고 외국 세력 등과 작당하는 혁명의 잠재적인 적으로서 말이다.26 물론 의심의 여지가 충분히 있고, 감시와 세심한 통제가 필요한 사람들도 다수 있었다. 이 같은 태도에는 "외래성[외지성]"foreignness이라는 관념이 깔려 있었지만, 이는 오늘날에나 익숙한 자아도취적인 국민국가들 사이의 경쟁을 반영한 그런 관념과는 다른 것이었다. 1789년 1월의 유명한 팸플릿인 "제3신분이란 무엇인가?"에서 시에예스는 귀족에 대해 다음과 같이 말했다. "아무 일도 하지 않고 게으른 이 계급은 확실히 이 국민에게 외래적이다."27 외국인[외지인]에 대한 이 같은 "정치적" 정의는, "국민"을 다른 나라에서 온 사람들이라기보다는 주로 나태하고 기생적인 귀족을 배제하는 방식으로 정의함으로써 프랑스혁명이 세계사의 무대에 돌연 등장했다는 사실 덕분이었다.

    적어도 이 시점에서 "외국인"[외지인]이라는 용어는 그들이 태어난 "국가"와는 무관하게 대체로 혁명에 반대하는 사람들에게 적용되었다. 이 같은 세계시민적 관점을 반영해, 현대의 한 논평가는 "프랑스에서 유일한 외국인은 나쁜 시민들뿐"이라고 재치 있게 논평한 바 있다.28 법적인 의미에서 외국인성은 모호하게 남아 있었다. 외국인에 대한 법적 개념을 명확히 하는 것은 외국인의 이동을 규제한다는 것을 의미했는데, 이는 우선 상당히 열띤 논의와 관료제의 발전을 필요로 하게 될 터였고, 궁극적으로는 군사적 갈등의 포화 속에서 구축될 것이었다.29 제라르 누아리엘의 서술에 따르면, 근대적인 "외국인" 개념은 1789년 8월 4일에 봉건적 특권이 폐지되어, 모든 프랑스 시민들의 국민적 공동체를 창출한 프랑스혁명의 결과로 탄생했다.30 그러나 이 법은 모든 개인의 평등을 선포하고 따라서 외국인의 권리를 장려하는 경향이 있었던 인간과 시민의 권리 선언Declaration of the Man and Citizen과는 내재적이고 해결할 수 없는 긴장 관계에 있었다. 그 이후로 정치는 이와 같은 긴장에서 비롯된 동학에 의해 추동되었다.

    이 시기 동안 프랑스 혁명가들은 재화와 사람이 자유롭게 순환(유통)되는 동질적 국가 공간을 제도화하기 위한 조치를 취했는데, 이는 새롭게 선포된 프랑스 시민들 사이의 평등에 이바지했다. 혁명 지도자들이 국가를 통합하고 지역주의를 제거하기 위해 택했던 첫 조치 가운데 하나는 프랑스를 전통적으로 구분해 왔던 오래된 지방들을 대체할 새로운 데파르트망départements을 창설하는 일이었다. 이 과정에서, 83개의 새로운 행정구역의 이름이 지리적 특색에 기반을 두고 정해졌고, 구체제의 공간적 잔재를 일소하기 위해 36개의 왕실 관할구역이 새로운 데파르트망의 수도로 대체됐다. 프랑스에서 데파르트망의 이런 설치는 시에예스가 1789년에 설계했던 목표를 성취하기 위해 고안된 것이었다. "프랑스는 모든 부분들이 하나의 법과 하나의 공통된 행정[체계]에 단일하게 종속된 하나의 전체이자 그렇게 되어야만 한다."31 이 목표를 촉진하기 위해, 의회는 재화에 대한 관세 장벽을 점차 "국경"으로 밀어냈다.32 조르주 르페브르는 국내의 경계들을 부숴 버린 것을 혁명의 중요한 결과 가운데 하나로 인정했다. 적어도 이론적으로는 각각의 모든 프랑스 시민을 평등하게 다루는 통합된 행정이 만들어졌고 "커뮤니케이션 수단이 허용하는 한에서 전국적 시장이 구현되었다."33 그러나 제약 없이 국내를 이동할 수 있는 자유에 대한 권리는 여전히 성취해야 할 것으로 남아 있었다.

1791년 헌법과 여권 통제의 폐지

국왕의 도피와 그에 수반한 프랑스인의 이동에 대한 규제가 촉발했던 소동이 있은 지 얼마 되지 않아, 의회는 2년 반 동안의 작업 끝에 새로운 헌법을 완성했다. 이때, 이동에 대한 통제를 둘러싼 문제는 헌법에 대한 심의에서 핵심적인 사안이었다. 의회가 선포한 최초의 세 가지 "자연권과 시민권"은 법 앞의 평등을 다루는 상대적으로 일반적인 규정들이었다. 그 다음으로 1791년 9월 3일~14일자 헌법이 보장한 최초의 구체적인 "자연권과 시민권"은 "이동하고, 머물며, 떠날" 자유에 관한 것이었다.34 조항들의 순서가 다소 자의적일 수는 있지만, 이 조항은 헌법의 목록에서 최소한 미국인들이 통상적으로 기본적이라고 생각하는 권리인 언론과 결사의 자유에 선행하는 것이었다.35

의회가 이동의 자유를 옹호한다는 점은 9월 13일에 좀 더 분명해졌다. 이날 심의 과정에서 라파예트 후작은 시민의 이동에 대한 통제, 특히 여권에 의한 통제를 비롯한 모든 규제를 폐지할 것과 출국을 금하는 6월 11일 법령에 따라 망명자를 추적해 체포하도록 지시한 명령을 폐지할 것을 제안했고, 의회는 이 제안에 박수갈채로 화답했다.36 채택된 법령은 "모든 프랑스 시민들이 영토 내에서 자유롭게 여행하고 마음대로 떠날 수 있는 권리를 방해하는 그 어떤 장애물도 더는 없을 것"이며, 특히 여권을 폐지할 것이라고 밝혔다. 모든 프랑스 시민이 법 앞에 평등함을 인정하는 문서를 공표했다는 만족감으로 상기된 혁명 세력은 포용적인 분위기에 젖어 있었고, 이는 심지어 망명자들에 대한 용서로 이어졌다. 의사록에 따르면, 의원들은 여권을 통해 프랑스 인민의 자유로운 이동을 통제했던 관행을 자신들이 폐지함에 따라 인류의 자유라는 대의에 자신들이 크게 공헌한 것으로 믿고 있었다. 그들은 여권을 통한 [자유로운 이동의] 규제를 구체제가 행사한 자의적인 권력에 핵심적인 것으로 보았다.37

그러나 곧바로 이처럼 떠들썩하게 선전된 자유화의 실제 함의가 분명하게 드러나기 시작했다. 그리어는 다음과 같이 그 결과를 묘사했다.

그 결과는 불길했다. 어제의 망명자들은 국경으로 향하는 길에서 오늘의 망명자들을 만났고, 후자의 수는 전자를 능가했다. 사면 조치가 화해의 국면을 열어 줄 것이라고 기대했던 사람들은 환상에서 깨어나 경악했다.[38]

경악한 데에는 충분한 이유가 있었다. 적대적인 망명자들의 군대와 그 동맹 세력이 라인 지역 너머에 집결하고 있었다.

이에 대응하여, 기존의 의회와는 완전히 다른 구성원과 관점에 입각해 새롭게 구성된 입법의회•는 1791년 11월 9일 하나의 법령을 통과시켰는데, 이는 왕국의 국경 밖에 모여 있는 프랑스인은 모두 조국에 반하는 음모를 꾸미고 있다는 의심을 살 것이라고 선포했다. 나아가 1월 1일 이후에도 여전히 모여 있는 사람은 유죄로 간주되고, 사형에 처해질 것이었다.[39] 그러나 당시에 의회에서 통과된 법안이 법으로 제정되기 위해서는 국왕의 승인이 필요했는데, 국왕이 이를 거부함에 따라 효력을 발휘하지 못했다. 그럼에도 불구하고, 이 법안은 9월 내내 열광적이었던 분위기에 극적인 변화가 있었다는 것을 반영했다. 자크 피에르 브리소••나 피에르 베르니오••• 등의 지도력 아래에서 지롱드파가 두각을 나타내고, "좌파적" 조치들이 입법의회에서 점점 더 많이 울려 퍼

• 입법의회(Assemblée nationale législative)는 프랑스혁명 시기인 1791년 10월 1일부터 1792년 9월 5일까지 있었던 프랑스 왕국의 입법의회이다. 프랑스 최초의 입헌군주제 정권하의 회의였다. 정식 명칭은 입법국민의회로, 입법의회는 약칭이다.

•• 프랑스혁명 당시 급진 민주적인 자코뱅에 반대한 온건 부르주아 분파의 지도자. 1793년 지롱드파와 더불어 반혁명 혐의로 체포돼, 단두대 형장에서 생을 마감했다.

••• 프랑스혁명 당시 온건 지롱드파의 지도자. 입법의회 의장을 역임했다. 자크 피에르 브리소와 마찬가지로 반혁명 혐의로 체포되어 단두대 형장에서 생을 마감했다.

지게 된 것도 바로 이 시기였다.[40]

　　동시에, 국내의 분위기가 바뀌고 외부로부터의 침략에 대한 두려움이 증가하면서, 특히 국경 지역에 위치한 데파르트망에서 여권을 통해 외국인의 이동을 통제하는 것과 같은 다양한 규제들이 강화되었다. 예를 들어, 노르Nord 데파르트망은 1791년 12월 중순에 노르 데파르트망 내의 마을과 도시로 들어가는 외국인들(이방인들)에게 당국에 출두해 여권을 검사받은 뒤 체류 허가(혹은 거부)를 받도록 요구하는 규제를 공표했다. "지방자치체들이 외국인의 결집을 막기 위해 취한 조치들"을 데파르트망 위원회에 고지하고, "외국인들에 관해 가장 정확한 감시 활동을 보증"할 수 있도록 인구조사 역시 계속되었다.[41] 국경 지역에 위치한 데파르트망들만이 자신들의 필요에 따라 의회의 선언을 폐지했던 것은 아니었다. 1792년 초 여권을 통한 통제의 재도입을 둘러싸고 입법의회에서 벌어진 논쟁에서 한 의원은 방데 북동부의 멘에루아르 데파르트망 역시 수개월 전부터 여권을 통한 통제를 재개하기로 결정한 바가 있다고 언급했다.[42]

　　이 같은 작은 단계들을 거치면서, 혁명 기간 동안 "외국인"에 대한 정의는 오늘날 우리가 당연한 것으로 받아들이는 개념을 향해 서서히 이동했다. 즉 외국인은 신뢰하기 어려운 다른 국가로부터 온 사람이라는 것이다. 실제로 소피 와니히에 따르면, 이 법령과 함께 외국인에 대한 감시가 제도화되었는데, 이는 "단지 평상시의 경찰 활동뿐만 아니라, 서면으로도 그러했으며, …… 이 같은 신원 확인 과정은 사람의 자유로운 이동과 갈등을 빚게 되었다."[43] 국가 관료들은 선험적으로 정의된 — 그들이 실제로 저질렀을지 모르는 행동과 무관하게 — 신뢰할 수 없는 특정 부류의 사람들에 대한 감시가 문서로 체계를 갖춰야 한다고 인식하기 시작했다. 이 이외에는 "외국인"을 확인할 방도가 없기 때문이다.

그러나 혁명 세력이 외국인을 환대할 것인지를 둘러싼 문제가 확실히 결정된 것은 아니었다. 노르 데파르트망의 법령이 선포된 지 2주 만에 철학자 콩도르세는 프랑스가 심지어 전쟁의 와중에서도 편협한 민족주의에 결코 굴복하지 않을 것이라고 연설했다.

> [프랑스가] 외국인에게 개방한 피난처는 우리로 하여금 어쩔 수 없이 공격하도록 강요하고 있는 군주들의 나라에 살고 있는 주민들에게도 결코 닫히지 않을 것이며, 그들은 프랑스 내부에서 안전한 은신처를 찾을 수 있을 것입니다. [프랑스는]그 이름으로 약속한 것들에 충실하도록, 고결하면서도 세심하게 그것을 이행하기 위해 서두를 것입니다. 당면한 위험 때문에 프랑스의 영토가 전적으로 자유에 귀속되며, 평등의 법이 보편적이어야 한다는 것을 잊도록 놔두지는 않을 것입니다. 전쟁의 회오리에 휘말려 들지라도, 정의의 규칙에 복종하며, 언제 어디서든 모든 인간에 대한 동일한 권리를 존중하는 진정으로 자유로운 국가라는 새로운 모습을 세계에 보여 줄 것입니다.[44]

그러나 콩도르세의 혁명적인 세계시민주의는 곧 시험대에 오를 것이었다. 12월 31일 브리소는 "새로운 운동, 보편적 자유를 위한 운동의 시점이 도래했다"고 선언했다.[45] 그러나 이 멋진 운동이 인간의 자유가 자리 잡도록 하기 위한 것이었는지, 아니면 프랑스가 진격했던 영토에서 프랑스의 지배가 자리 잡도록 하기 위한 것이었는지는 보는 사람의 시각에 달려 있었다. 어떤 경우든, 상당수의 프랑스인들은 전쟁이 목전에 다가오자 콩도르세가 주창했던 외부인들—법적으로 외국인이든 아니면 그저 "이방인"이든—에 대한 개방성을 공유하지 않았다.

예를 들어, 이 무렵 파리 시정부는 개인들을 "장악하기" 위해 국가가 사용하던 또 다른 유형의 문서인 "거주 증명서"를 둘러싼 혼란 속에서 그것을 통제할 필요가 있다고 생각했다. 이 증명서의 발급을 책임진 집행관들은 파리시의 지도자들에게 이 중요한 문서들이 "무한정 복제되고" 있다고 보고했다. 이 이후로 누군가 거주 증명서를 요청할 경우시 당국이 즉각 발급해 주는 방식 대신, 서로 다른 두 기관에 증명서 발급을 신청, 서명, 등록하도록 했고, 신청 후 이틀이 경과한 후에야 발급받을 수 있도록 했다.[46] 시정부는 발급 절차를 늦추고, 이를 더욱 복잡하게 함으로써, 이 귀중한 문서가 자격이 없는 사람들에게 발급될 여지를 줄이기로 결정했다. 이는 혁명적 대격변으로 말미암아 격렬해지고 있는 요구들로 시달리고 있던 도시의 몇 가지 주요 관심사 가운데 하나였다.

특정 장소에 거주하는 것을 허가하는 것 외에도, 거주 증명서는 공공복지, 특히 연금제도와 밀접하게 연관되어 있었다. 1791년 12월 입법의회가 공포한 법령은, 다양한 형태의 공공 재정의 지원을 받는 모든 사람들 — 지방 당국이 적절한 방식으로 보증한 상인을 제외하고 — 은 자신들이 현재 프랑스에 거주하고 있다는 사실을, 그것도 6개월 이전부터 계속해서 거주하고 있었다는 사실을 입증하는 증명서를 제출하도록 요구했다. 거주 증명서는 그 사람이 실제로 거주하고 있는 지방 당국에서 발급할 예정이었고, 8일 이내에 구역 위원회로부터 사증을 받아야 했다.[47] 입법의회는 국가의 이전 지출에 대한 자격 요건과 문서 증명을 강화함으로써 정부 재원에 대한 부담을 완화하고자 했는데, 이는 복지국가가 전국적인 규모로 자리 잡기 시작하면서 아주 흔한 일이 될 터였다. 비록 법령 속에 조문으로 언급되지는 않았지만, 이 조치는 명백히 망명자들을 겨냥한 것이었는데, 그들은 지난 6개월 동안, 그것도 조국이 필요로 할 때, 스스로 조국을 떠남으로서 공적 부조를 받을 자격이 없는 존재로 간주되었다.

입법의회 의원들은 대체로 이동의 자유 전반에 역행하는 방향으로, 특히 여권을 통한 통제와 관련해 기존의 방침과는 반대되는 방향으로 나아가는 경향이 있었는데, 이 같은 경향은 전쟁의 먹구름이 짙어지는 것에 비례하여 더욱 커졌다. 따라서 1792년 초에 전쟁의 기운이 고조됨에 따라, 입법의회는 여권을 통한 규제의 재도입 여부를 둘러싼 논쟁으로 떠들썩하게 되었다. 1월 7일에, 브르타뉴의 일에빌렌 데파르트망 주교였던 르 코즈 의원은 의회가 프랑스 전역의 데파르트망으로부터 꾸준히 제기되고 있는 청원에 대해 대책을 마련할 것을 요구했다. 적어도 그의 주장에 따르면, 이는 여권을 통한 통제를 철폐함에 따라 약탈 행위가 급증한 것에 대해 불평하는 것이자, 여권을 통한 통제를 복원하기 위해 그의 동료들에게 간청하는 것이었다.[48]

르 코즈는 여권을 통한 규제의 복원을 바라는 사람들 편으로 많이 기울어 있었다. 그의 요청에 따라 의회에서 논쟁이 벌어졌다. 상당한 열정과 감동 속에 수일간 지속된 논쟁에서 르 코즈는 여권을 "조국의 아르고스"라는 별칭(고대 신화에서 아르고스는 여러 개의 눈을 가졌기에 매우 뛰어난 감시자로 간주되던 괴물이었다)으로 불렀다.[49] 한 가지 특기할 만한 일은, 르 코즈가 이 같은 문구를 만들어 냈던 시기가, 제러미 벤담이 판옵티콘 Panopticon을 제안했던 1790년대 초반이었다는 것이다(칼 폴라니는 이를 벤담의 "지극히 개인적인 유토피아"라고 불렀다).[50]

프랑스혁명 기간 동안 여권을 통한 통제의 재도입을 두고 벌어진 논쟁에 참여한 이들은 다양한 주제들을 다뤘는데, 이 주제들은 훗날 여권을 통한 규제를 둘러싼 또 다른 입법 논쟁에서 다시금 부각될 특징들이었다. 따라서 이 논쟁을 어느 정도 상세히 살펴볼 필요가 있다. 그러나 우선 이 논쟁에서 양측 모두는 여행자가 여권을 소지해야 한다는 요건이 여행자가 죄를 범할 것이라는 추정 — 여행자들이 나쁜 일을 꾀하고, 혁명정부가 용인할 수 없는 것들을 하기 위해 위장한 채 이동할 수도 있다는 전제 — 을 수반하고 있다는 점을 인정했다.

그러나 프랑스 시민에 대한 여권 통제의 재도입을 옹호하는 사람들에게 이 같은 요건은 혁명을 통해 획득한 보다 광범위한 성과를 방어하기 위해서라면 감내할 수 있을 정도의 자유에 대한 침해였다. 브르타뉴의 모르비앙 데파르트망 출신 의원이자 혁명의 충실한 지지자였던 조제프 프랑수아 르말리오는51 모르비앙의 검찰총장이 보낸 격정적인 편지에 대한 그의 논평에서 이 같은 견해를 분명하게 표명했는데, 이 편지는 그 지역의 "거리를 활보하는 도둑들"을 단속하기 위해 여권의 재도입을 요구하는 것이었다. 르말리오에 따르면, 여권 소지 의무는 "아마도 나쁜 시민들을 괴롭힐 것이다. 반면 자유의 참된 친구들은 그에 따른 약간의 불편을 기꺼이 감수할 것이다." 즉, 진정한 애국자라면 혁명이 성취한 좀 더 큰 자유를 방어하기 위해, 그들의 자유가 다소간 축소되는 것을 받아들일 수 있다는 것이다. 혁명이 성취한 자유들은 국내의 반혁명 세력, 망명자들, 그리고 외국의 전제 권력에 의해 위협받고 있었다. 혁명을 통해 성취한 위대한 자유를 진정으로 옹호하는 자들에게 이처럼 사소한 규제들은 지나친 것이 아니었다.

르말리오의 제안을 제청했던 또 다른 의원은 멘에루아르(앙주) 인근 지역의 경우 이미 여권 통제를 재개해야 한다고 느꼈고, 브르타뉴와 앙주 사이의 "국경에서는 도둑과 방랑자(인정서가 없는 사람들)들로 이뤄진 상당한 규모의 부대가 형성되고 있다"고 지적했다. 이런 시각에서 볼 때, 인정서가 없다는 것은 그 자체로 반혁명적 의도를 갖고 있다는 증거였다. 이에 대한 분명한 해결책은 이동을 승인하고 규제할 수 있는 국가의 권한을 재확인하고 강화하는 것이었다. 이들 지역 출신 혁명가들이 여권을 통해 이동을 다시 통제하려는 시도를 열정적으로 지지했다는 사실은 그들이 이 기간 동안 대중 소요에 시달렸다는 사실에서 비롯되었다. 8월에는 멘에루아르 바로 남서쪽에 있는 방데에서 귀족과 (혁명에 반대하는) 성직자들이 소요를 일으켰고, 이후 수개월 동안 우파들이 그 지역에서 폭동을 조장했다.[52] 의원 가운데 한 명은 의회의 입법 위원회에서 이 문제를 논의하지 않고 여권을 단순히 재도입하는 것에 반대했으나 의회는 여권 소지 의무가 부활했다고 선언하고 다음날 입법 위원회에 "어떻게 이 조치들을 효과적으로 시행할 것인지"에 관해 보고하도록 지시했다.[53]

일에빌렌 출신으로 르말리오의 동료였던 코데Codet라는 입법 위원회 조사관은 "한시적으로" 여권을 통한 통제를 재도입하는 법률을 제안함으로써 의회의 요청에 응했다.[54] 입법위원회는 "이 같은 위기의 순간에" 외국인들에 대해 "행정 기관들이 각별한 주의를 기울이는 것은" 불가피하다고 주장했다. 확실히, 일부 외국인들의 마음은 "전적으로 프랑스적"이다. 하지만 다른 이들은 수상쩍은 자들이거나 "신성한 환대의 권리를 배신할" 준비가 되어 있는 반역자들이다. 따라서 위원회는 "외국인들을 지나치게 괴롭히지는 않으면서도" "그들의 행로를 추적하고, 음모를 분쇄할 수 있도록 …… 지극히 면밀한 주의를 기울여 감시할 것"을 촉구했다. 이 같은 목표를 쉽게 달성하기 위해 프랑스 내의 모든 여행자들은 지역 당국으로부터 사증을 받은 여권을 소지하도록 하고, 왕국을 떠나는 사람들은 그들이 통과하게 될 국경 데파르트망의 위원회에 이를 제출하도록 했다. 이런 관료적 업무를 시행하기 위해, 위원회는 모든 헌병대와 국민 위병에게 여권을 검사할 수 있는 권한을 부여하고, 헌병대의 모든 관리들이 유효한 여권을 소지하지 않은 사람들에게 체포 영장을 발급할 수 있도록 제안했다. 이 법안은 신원을 밝히기를 거부한 사람들을 국가가 처벌할 수 있도록 했는데, 신원을 밝히지 않는다는 것은 "비난할 만한 것이고, 불순한 의도를 드러낸 것이며, 법을 위반하는 것"이기 때문이었다.

의회에 법안을 제출하면서, 코데는 위원회가 제헌국민의회의 초기 법령들, 특히 1791년 7월 19일자 "지역 치안에 관한 법"에서 그 법안의 주요 근거를 발견했다고 언급했다.[55] 이 법은 지역 당국이 모든 거주자에 대한 인구조사를 수행해야 할 뿐만 아니라, 거주자들이 제출한 신고서를 등록하도록 했는데, 이 신고서에는 이름, 나이, 출생지, 이전 거주지, 직업, 생계 수단 등 다양한 개인 정보가 포함되어 있었다. 그런 개인 정보를 누락한 사람들은 그들을 보증해 줄 해당 지역 거주자의 이름을 표시해야 했다. 생계 수단이나 후원자가 없는 노동자들은 인정서 미보유자로 등록됐다. 이전 거주지를 표기하지 못한 사람들은 "의심스러운 자"로 등록됐고, 거짓 신고를 한 것으로 드러난 사람들은 "불순한 자"로 표기됐다.

그 후 위원회는 모든 여권에 여권의 소지자가 지방 당국에 신고한 신고서의 주요 내용을 "필수적으로" 기재하도록 했다.

> 만일 여행자가 정직하다면, 그의 여권은 그에게 이로운 문서가 될 터이고, 그를 돋보이게 할 것입니다. 만일 그가 정직하지 않다면, 여권을 통해 그가 왕국 내에서 감시를 받도록 할 필요가 있습니다. …… [여권과 거주자들이 지방에 등록한 정보를] 일치시킴으로써, 여권법은 영토의 안전을 위해 취해진 다른 모든 기존 조치들을 보완할 것입니다.[56]

여권 소지 의무가 이동의 자유에 대한 반자유주의적 규제라는 인식이 일반적이었음에도 불구하고, 사실상 코데는 이 문서가 "정직한" 사람을 보호하고, 정치적으로나 도덕적으로 의심스러운 자들을 쫓아내는 데 도움이 될 것이라고 주장하고 있던 셈이다.

논쟁의 와중에, 자코뱅 선동가 장 프랑수아 들라크루아[1753~94]•는 이 같은 생각에 대해 부연하며, 여권은 결코 유죄 추정을 함의하는 것이 아니며, 실제로는 프랑스에서 여행하는 사람들의 안전을 보장하는 "정직함의 증명서"라고 주장했다.57 들라크루아와의 견해에는 무언가 중요한 내용이 들어 있었다. 즉, 코데가 주장한 것처럼, 국가 당국에 개인의 신원과 소재지를 증명하고 그 근거를 제시하도록 요구할 권리가 있다면, 그런 내용을 증명하는 문서를 가지고 여행하는 사람은 어느 정도 안전을 확보할 수 있게 될 것이라는 것이다. 그가 누구이며 어떤 사람이든 간에 왕래할 자유가 완전하게 보장된 조건 아래서만, 여권은 사소한 규제에 불과할 것이다. 사람을 식별하고 사람의 이동을 승인하는 국가 당국이라는 요정이 일단 병 밖으로 나오면, 그것을 다시 돌아오게 하는 것은 어려운 일이다. 그리고 구체제 하에서의 오랜 경험으로부터 대부분의 프랑스인들은 그 요정이 세상에 풀려 나와 있다는 것을 당연하게 여겼다. 아마도 그들 가운데 많은 이들이 항상 그랬다고 생각했을 것이다. 그러나 점차 신원 확인 문서와 여행을 승인하는 여권 사이에 구분이 생겨났고, 이는 국가가 문서로 신원을 확인하는 관행을 통해 개인을 "장악"할 수 있는 핵심적인 역량을 포기하지 않으면서도 여권을 폐지할 수 있는 가능성을 열어 놓았다.

여권을 통한 통제의 부활에 반대한 사람들은 그 결과에 관해 확연

•　프랑스의 정치가이자 프랑스 혁명기에 공공안전위원회의 위원으로 활동했다. 변호사 출신으로 주로 전쟁 및 국가 안보 문제를 담당했고, 1794년 국민회의를 전복시키려 했다는 혐의로 체포되어 사형되었다.

히 다른 입장을 취했다. 이 비판자들은 여권을 통한 통제의 재도입을 혁명을 통해 획득한 더 큰 성과를 방어하기 위해 치러야 할 작은 대가로 간주하지 않았다. 이는 구체제의 특징이었던 사회통제 기법의 부활을 의미했고, 혁명이 선언했던 새로운 자유의 전복이자, 혁명에 대한 대중의 지지를 잠식하게 될 것이었다. 이 같은 견해는 우아즈 데파르트망(파리 북부)의 스타니스라스 지라르댕[1762~1827]에 의해 표명되었는데, 그는 한때 장-자크 루소의 제자였고, 혁명의 과정에서 좌파에서 우파로 이동했던 인물이었다. 새로운 여권법을 가장 열정적으로 비판한 사람 가운데 하나인 지라르댕은 동료 의원들에게 "종교재판 같은" 이런 법률을 채택해서는 안 된다고 호소했다.

> 헌법을 가지고 있다고 주장하는 국가는 그 시민들의 자유에 여러분들이 제안하는 수준의 족쇄를 채울 수 없습니다. 여권의 폐기와 함께 시작한 혁명은 위기 순간에서도 여행의 자유를 보장하기 위한 충분한 조치를 강구해야 합니다.

확실히 모든 사람들이 혁명의 기원에 관한 지라르댕의 묘사에 동의하는 것은 아니었지만, 그의 성명은 상당수의 의원들이 여권[을 통한 통제의] 문제 및 그것의 함의를 혁명의 운명과 결부 짓고 있었다는 점을 시사한다. 센에마른에 인접한 데파르트망 출신의 왕당파 부블랑[1756~1845]•은 "종교재판 같은" 법률의 개별 조항들에 대한 심의를 주말 이후로 지연시키려는 지라르댕의 발의를 지지했는데, 경솔한 결정이 프랑스를 "허울

• 빈센트-마리 비에노 부블랑. 프랑스 왕당파 정치가. 나폴레옹의 부관, 루이 16세의 내무 장관을 역임했고, 프랑스혁명에 대한 지지자였다가 급진적 반혁명주의자로 변화했다.

뿐인 자유의 수도원"으로 만들지도 모른다고 주장하자 방청석에서 고성이 흘러나왔다.58 여권을 통한 통제의 부활에 대한 부블랑의 반대는 그에게 놀라운 선견지명이 있었음을 보여 준다. 1792년 8월 10일 혁명 이후 그는 몸을 숨긴 채 도보로 프랑스를 횡단해야 했다.59

새로운 여권법에 대한 상세한 검토

1월 27일 월요일 의회가 재개되었을 때 여권법 문제는 의회의 중차대한 관심사였고,60 격렬한 논쟁이 사흘간 지속되었다. 브르타뉴 출신의 코데는 새로운 여권법을 혁명이 가져온 보다 큰 자유를 방어하기 위한 자유의 작은 희생으로 방어하면서 논의를 시작했다. 그는 이 법이 어떤 경우든 실제로 여행을 하는 사람들 가운데 소수에게만 영향을 미친다고 의회를 설득했다. 대다수의 여행자들은 정직한 사람들인데, 여권이 없다면 이를 증명할 방도가 없고 길에서 마주치는 사람들도 그들이 호의적인 사람들인지 확신할 수 없다는 것이다. 한마디로, 코데에 따르면 여행에 필요한 여권 소지 의무에 반대하는 사람은 극소수의 '의심스러운 자'와 '불순한 자'뿐이었다.

　여권 소지 의무에 대한 이 같은 옹호에 대해, 피에르 에두아르 레몽테이[1762~1826]• 의원은 이를 옹호하는 데파르트망들의 요구에 굴복하는 것은 커다란 재앙을 초래할 것이라고 응수했다. 그는 혁명에 강한 반감을 가진 외국인들이 있는 것은 사실이고, 원칙상 그들을 감시

• 　프랑스의 변호사, 정치가, 역사가. 1793년 스위스로 망명한 후 1795년 프랑스로 되돌아와 1804년에는 연극 검열위원회의 책임자가 되었다. 왕당파 신문을 편집하기도 했다.

하는 것에 대해 반대하지 않는다고 밝혔다. 레몽테이는 자신이 여권 규제를 지지하지 않는 것은 아니지만, 그 통제가 '자의적이지 않고, 유럽의 관점에서 우리의 명예를 훼손하지' 않을 경우에만 지지할 것이라고 주장했다. "제안된 법안은 허약함과 불신, 내환의 징후입니다. 그어떤 외국 세력이 내분으로 난파되고 당장의 필요와 격정에 따라 원칙을 희생시키는 정부와 우호 관계를 맺으려 하겠습니까?" 레몽테이는 그가 느끼기에 무한정하고 자의적인 권력, 즉 그가 "영구 독재"라고 불렀던 것에 반대했는데, 이런 권력이 지방 당국의 손으로 넘어가고 있었던 것이다. 그 이전에 지라르댕과 마찬가지로, 레몽테이는 혁명 지도부 가운데 일부의 이 같은 움직임이 단지 [혁명] "반대 세력의 수를 늘릴" 뿐이라고 우려했다. "국가의 안녕은 이 말에 담겨 있습니다. 헌법을 사랑하게 하십시오. 그것은 불멸의 것입니다." 레몽테이는 새로운 여권법이 상황이 악화되더라도 언제든 프랑스를 떠날 수 있을 것으로 생각해 남아 있는 "허약하고 두려움에 찬" 사람들을 자극해 대규모의 망명 사태가 빚어질 수 있다고 주장하며 결론을 맺었다. 물론 이 주장에는 궤변의 요소가 있었지만, 여권법의 반대자들은 자신들이 수세에 몰려 있다는 것을 감지하고 있었다.

또 다른 의원은 부랑자와 떠돌이에 대한 공격을 토지 재분배를 정당화하는 명분으로 전환함으로써 제안된 법안에 대한 좀 더 건설적인 반응을 보였다. 그는 장원과 교회의 토지를 대거 몰수해, 이를 국유화된 휴경지를 떠돌아다니는 빈민들에게 나눠 줄 수는 없는지 물었다. 그렇게 되면 땅이 없는 빈민은 일과 생활 수단을 갖게 될 터이고, 따라서 그들이 궁핍할 때 통상 그러하듯이 거리를 떠돌아다녀야 할 이유가 사라질 것이다. 그러나 이 의원은 혁명에 적대적인 이들과 외국인의 이동을 통제하는 문제에 대해서는 원칙상 반대하지 않았다. 오히려 그 반대였다. 실제로 그는 프랑스를 여행하는 외국인들은 어디가 되었든 그들이 머무는 곳의 지역 당국에 신고할 필요가 있다고 제안했고, '인정서 미소지자' '의심스러운 자' '불순한 자'로 반복해서 지목된 경우 추방할 수 있는 장치가 마련되어야 한다고 주장했다. "이는 전국 각지에서 과열되고 발작적인 이동을 야기하는 그런 인간쓰레기들을 우리의 정치체에서 제거할 수 있는 유일한 수단입니다."

이에 맞서, 일에빌렌 데파르트망 주교 르 코즈는 여권을 통한 통제의 필요성을 방어하기 위해 다시 연단에 올랐다. 르 코즈의 발언은 고전적인 비자유주의적 가정을 무심코 드러내는 것이었는데, 이런 가정은, 예를 들어 [오늘날] 약물 검사 제안에 협력하지 않는 사람을 유죄로 보는 것과 같은 것이었다. 르 코즈 주교는 계속해서 이 법이 "우리의 데파르트망들 사이에서 일련의 관계와 감시망을 확립할 것인데, 이는 악당들에게 끔찍할 만큼이나 선의의 사람들에게는 우호적일 것"이라는 교묘한 주장을 펼쳤다. 다시 말해, 이 같은 [여권소지] 의무화는 행정의 통일과 국가의 통치를 용이하게 할 것이었다. 더욱이 여권을 통한 통제는 헌병들이 낯선 여행자에게 법의 이름으로 "당신은 누구인가?"라고 묻도록 허용하는 것이었다. 누아리엘이 지적한 것처럼, 여기서 가장 근본적인 것은 "문서가 원거리에서 이뤄지는 의사소통에 본질적인 수단"이었고,[61] 이런 수단은 통합된 국가 발전의 필수적인 요소라는 점이다. 이런 국가 앞에서 모든 개인들은 그들이 어디에서 왔는지 상관없이 평등했다.

제안된 여권법을 열렬히 지지하며, 르 코즈는 큰소리로 다음과 같이 반문하며 마무리했다. "여권이 처음부터 계속 의무화되었더라면, 현재 우리는 귀족의 책략, 광신주의라는 독, 반혁명가들의 범죄들로 인한 시름을 얼마나 많이 덜어낼 수 있었겠습니까?"

혁명가들이 의회 토론에서 일상적으로 과장법을 사용했었다는 점을 감안하더라도, 여권을 통한 통제 문제를 둘러싼 논쟁에 참여한 사람들은 마치 혁명의 명운이 여권 문제의 결과에 달려 있는 것처럼 발언했다.

르 코즈의 발언이 끝나자, 의회는 입법위원회가 제출한 법안을 조항별로 심의하는 절차에 착수했다. 여권을 통한 규제를 완강하게 비판했던 지라르댕이 즉각 공세에 나섰다. 그는 이미 되돌릴 수 없다는 점과 그 시점에서 할 수 있는 최선은 그 법이 초래할 피해에 대처할 수 있는 방법을 찾는 것이라고 인정했다. 특히 지라르댕은 "종교재판과 같은 법들은 언제나 행정 권력에 유리하다"는 점을 우려했다. 따라서 그는 여행자들이 여권을 소지해야 한다는 기본 의무를 적시한 제1조의 개정을 제안했는데, 이는 이 법의 효력을 1년으로 제한하도록 하는 것이었다. 그는 만일 그 법이 명시적으로 시간에 제한을 두지 않는다면, "그것을 폐지할 수 없게 될 위험이 있다"라고 우려했다. 그러나 그의 주장에 귀 기울이는 사람은 아무도 없었다. 지라르댕의 제안은 기각되었고, 의회는 제2조에 대한 심의에 착수했다.

제2조는 모든 여권에 소지자의 이름, 연령, 직업, 인상착의, 주소지, 국적 등을 표기하도록 요구하고 있었다. 여기서 소지자의 인상착의 문제에 반대가 제기되었다. 앞서 살펴본 바와 같이, 1791년 중반 루이 16세의 바렌 도주 사건으로 말미암아 도입된 여권을 통한 규제는 국왕의 일행처럼 위장한 채 이동하는 것을 방지할 목적으로 당국이 발행하는 문서에 여행자의 인상착의가 기재되도록 했다. 그 이전까지만 해도 대체로 사회적 신분이나 출신 지역 등과 같은 것으로 사람의 신원을 확인하는 것이 적절하다고 간주되었다. 그러나 [여권법을 다시 제정하면서] 여권에 인상착의를 기재하도록 요구하는 것은 여행자의 자유를 자의적으로 침해하

는 결과를 초래할 것이라는 반대가 제기되었다. 왜냐하면 이 같은 통제를 시행하는 데 관련된 여러 국가 요원들의 "정보가 부족하고" "인상착의에 관한 묘사들을 정확하게 구별할 수 없을" 수도 있기 때문이다. 반세기 후, 정확하게는 이 같은 반대를 극복하기 위해 사진이 여권 문서에 사용될 것이었다. 비록 사진 그 자체도 처음에는 그 신빙성을 의심하는 경찰 관계자들로부터 동일한 반대에 직면할 터였지만 말이다.[62]

의사이자 박물학자이며, 지라르댕의 동조자였던 피에르 마리 오귀스트 브루소네[1761~1807]는 그 법에 표준적인 여권 양식을 첨부해서 각각의 여권에 담겨 있는 정보에 모호함의 여지를 남겨 두지 말자는 제안으로 대항했다. 그는 "왕국에서 머리카락과 눈의 색깔을 구별할 수 없는 지방 행정 당국은 없다"고 주장했다. 나아가 브루소네는 여권 발급 기준에 중요한 사항을 추가하자고 제안했다. 곧 여권이 모두 **개인**들에게만 발급되어야 한다는 것이다. 물론 왕이 바렌까지 도주할 수 있었던 부분적인 이유는 그가 다른 사람(코프 남작부인)에게 발급된 여권에 포함된, 인상착의가 묘사되어 있지 않은, 시종 행세를 했기 때문이었다. 브루소네에 따르면, 여권을 집단에 발급하는 관행은 "나쁜 국민들에게 완전한 자유를 부여하는" 것이었다. 입법의회는 그의 주장에 설득력이 있다고 보았고 그가 제안했던 개정안에 더불어, 여권은 오직 지방 당국이 교부한다는 수정안도 함께 채택했다. 이 같은 수정은 들라크루아가 강력하게 권고했던 것으로, 그는 이런 권한이 성직자들의 손아귀에서 제거되어야 한다고 주장했다. 그가 보기에 성직자들은 망명자들이 혁명의 적에게 가담하기 위해 코블렌츠•로 남몰래 빠져

• 프랑스혁명 당시, 혁명에 반대하는 오스트리아, 프로이센 등의 동맹군들이 집결했던 독일의 도시.

나갈 수 있도록 여권을 발급하고 있었다.

제3조는 제2조에서 요구하는 정보와 더불어, 각각의 여권에 지방 당국에 제출했던 신고서의 사본을 첨부하도록 했다. 이는 앞서 언급한 1791년 7월 19일자 지역 치안에 관한 법에 부합하는 것이었다.63 이 조항에 대해, 모든 업무들이 지나치게 불필요하고 순환적일 것이라는 반대가 제기되었다. "한 시민이 나이와 특징 등을 담고 있는 증명서의 소지자라면, 지방 당국에 제출한 신고서 사본을 제시하는 것은 전혀 쓸모없는 일입니다. 신고서는 애초에 지방 당국이 여권을 발급하기 위한 기초 자료로 사용된 것이기 때문입니다. 이런 일은 담당자들에게 불필요한 부담이 될 것입니다." 1789년 바스티유 습격을 주도한 사람들 가운데 한 사람이며, 반혁명 움직임을 좌절시키기 위한 노력에서 두각을 나타냈던 자코뱅파 자크 알렉시스 튀리오 [1753~1829]는64 핵심을 포착했다. 이는 정확히 이 문서들의 순환적 통합, 즉 그런 문서들을 국가가 보증하는 신원 확인서에 상응하는 것으로 만드는 것이었다. 그리고 그는 이 요건(각각의 여권에 지방 당국에 제출했던 신고서의 사본을 첨부하도록 하는 것)이 최종 법안에 포함되어야 한다고 주장했다. 그러나 이 규정의 실행 가능성에 관한 이의가 제기되었고, 의회는 이 제안을 기각했다.

제4조는 각각의 지방자치 당국이 '인정서 미보유자' '의심스러운 자' '불순한 자'로 등록한 사람들에게 그런 사항을 여권에 기재하지 않으면 여권 발급을 금지하는 것이었다. 이 같은 단서 조항은 너무나도 지나친 것이었고, 여권 소지 의무가 인구 중에서도 "가난하고 미천한" 부류에 가장 가혹한 부담을 지우게 될 것이라는 뢰셰의 주장을 상기시킬 수밖에 없었다. 이 수정안은 지롱드파의 "최고 연설가"인 베르니오를 비롯한 여러 의원들의 즉각적이고 분노에 찬 반대를 불러

일으켰다.[65] 이에 대해 베르니오는 "지방 당국이 명예를 훼손하는 언급을 여권에 기재하도록 의회가 허용하는 것은 지극히 부도덕하고 부적절한 것"이라고 지적했다. 베르니오는 계속해서 이런 종류의 명예훼손이 대체로 정당한 동기보다는 비방하기 위한 악의나 욕망에 뿌리를 두고 있음에도 불구하고 "당국에 의해 공인됨으로써 법적인 지위"를 갖게 될 것이라고 주장했다. 이와는 다른 맥락에서, 폴 퍼셀이 적시했듯, 여권에 직업을 표기하도록 하는 요건은 한편으로 "명백한 사기는 물론이거니와 직업을 속이고 사회적 신분을 속일 수 있는 빌미를 제공하는 것"[66]이면서도, 다른 한편으로 사회적으로 주변부에 놓여 있는 상태를 관료적으로 체계화하는 일은 그 대상자들에게 심각한 위험을 안겨 주는 것이었다. 입법의회는 이 제안을 가난한 사람들의 자유를 자의적으로 제약하는 것으로 인식했고, 이에 법에서 삭제했다.

　　법안 제6조는 모든 프랑스 여권 소지자들이 그들이 거주하는 구역 내에서만 방해받지 않고 이동할 수 있도록 허용하는 것이었다. 그러나 그 구역을 떠나기 위해서는 지방 당국이 위치한 구역이나 데파르트망 위원회가 사증한 여권이 있어야 했다. 이 조치에 대해 들라크루아는 "그런 조항을 심의에 부치는 것은 의회의 명예를 훼손하는 것이 될 것"이라고 간단히 답했고, 이 문제는 폐기되었다. 실제로 채택된 법안은 프랑스를 떠나는 사람—프랑스인이든 외국인이든—은 이 같은 의사를 그들이 살고 있는 지역 당국에 알리고, 이를 여권에 기재해야 한다는 것이었다.[67] 따라서 이 법은 지역의 경계를 국가적 경계로 대체하고, 프랑스의 정치적 공간을 "전국화"하려는 전반적인 경향과 조화를 이루고 있었다.

　　다음으로 입법위원회는 프랑스를 떠나고자 하는 모든 외국인들에게 여권을 소지할 것과 이에 덧붙여 구역이나 국경 데파르트망의 위원회로부터 여권에 사증을 받도록 요구했다. 지라르댕을 비롯한 몇몇 의원들은 이런 규정이 국경에 이미 도달한 사람들로 하여금 사증을 받기 위해 내륙으로 되돌아가게 만드는 경우가 흔하며, 전반적으로 상당한 불편을 야기한다는 이유로 반대했다. 대신에 이들은 사증 발급의 권한을 지방 당국에 부여해야 한다고 주장했다. 온건파인 루이 베케이[1760~1849]*는 이 조항(과 그 다음 조항 역시)을 기각해야 한다고 주장했는데, 왜냐하면 "우리의 목적은 국내 혼란을 방지하고, 개인의 안전과 일반적인 자유를 보장하기 위한 것이지" 이출 이민을 제한하려는 것이 아니기 때문이다. 또 다른 의원은 스페인을 여행하던 프랑스인이 지방 당국에서 발급한 여권을 인정받지 못해 어려움을 겪는 것을 보고, 보다 상위의 당국에서 여권에 사증을 내주도록 해야 한다고 주장했다.

　　여권을 통한 통제를 열렬히 지지했던 튀리오는 프랑스를 떠나는 사람들 가운데 망명자들과 합류하려는 자가 누구인지를 알아내기 위해 사람들이 언제 프랑스를 떠났는지 의회가 알 수 있어야 한다고 주장했다. 실제로 그는 입법가들이 원하는 것은 국내용 여권과 출국용 여권을 구분하는 것이라고 말하면서, 출국하는 사람들은 그 목적이 적절히 기재된 여권을 소지해야 한다고 제안했다. 이 제안은 사람들이 거주지에서 떨어져 있다가 출국할 일이 생겼을 때 사증을 받기 위해 다시 그들의 거주지로 되돌아가야 하는 번거로움이 있다는 반대에 부딪혔다. 베르니오는 튀리오의 제안을 뒷받침하면서 중요한 점은 "왕국을 떠나고자" 하는 사람과 "조국을 버리려는" 사람을 구분하는 것이라고 지적했다. 즉, 이 조치의 목적은 이민을 제한하는 것이 아니라, 떠나는 사람들을 이념적으로 구분할 수 있도록 하는 데 있다는 것이다.

　　한 의원은 "누가 감시자를 감시할 것인가"라는 질문을 제기하면

---

* 판사이자 정치가. 정치적으로는 프랑스혁명에 반대하고 입헌군주제를 옹호했다.

서, 출국하는 사람들이 자신들이 목적지라고 말했던 곳으로 갔는지를 확인할 책임이 있는 국경 당국의 행위 역시 규제하는 경우에만 튀리오의 제안을 지지할 것이라고 말했다. 그렇지 않다면, 이 출국자들이 처음 여권을 발급받을 때 그들의 동기를 숨기고 코블렌츠에 집결해 있는 적국의 군대에 가담하러 갈지도 모른다고 주장했다. 다수의 의원들은 그런 조항을 받아들일 수 없다고 소리쳤다. 베케이가 말한 바대로, [의회에는] 사람들이 가야 할 곳을 결정할 "그 어떤 권한도 없기" 때문이었다. 국가가 국경 밖에서 이뤄지는 이동을 통제하기는 어렵지만, 이런 난점으로 말미암아, 국가가 그와 같은 통제를 시행하지 않은 것은 아니었다. 게다가 사실 국가는 매우 효과적으로 국경 밖에서 이뤄지는 이동을 통제할 수 있는데, 이는 대체로 여행자가 국내로 돌아왔을 때, 보상과 처벌을 집행할 능력을 가지고 있기 때문이다.

당시 의회는 격렬한 논쟁으로 들끓었는데, 튀리오의 수정안을 박수로 채택하자는 제안이 나오자 흥분 상태로 빠져들었다. 왕국을 떠나려는 사람들은 의무적으로 그 목적을 기재한 여권을 소지해야만 한다는 그의 제안은 의회를 대혼란으로 몰아넣었다. 한 의원은 이 조항을 "잔인한 처사"라고 부르면서 호명 투표를 주장했다. 또 다른 의원은 그것을 "상업과 산업을 파괴하고, 국민의 이익에 반하는 행위"라고 비난했다. 여권을 통한 통제를 변함없이 반대했던 지라르댕은 의회가 "토의 없이 상업과 자유를 파괴하는 것을 허용해서는 안 될 것"이라며 공세를 재개했다.[68]

튀리오는 처음부터 혁명을 옹호해 온 사람들이 "공공선을 지키기 위해" 취해진 조치를 "피에 굶주린 것"으로 간주하는 것에 경악한다고 말했다. 그러나 그는 여권 수령인의 거주 지역에 있는 지방 당국이 여권을 발급하고 여기에는 출국 목적이 기재되어야 한다는 취지로 자신

의 제안을 수정했다. 1792년 2월 1일부터 3월 28일 사이에 여권법 제5
조로 최종 채택된 것은 바로 이 수정안이었다. 여권을 통한 규제와 관련
된 불편함을 둘러싸고 약간의 사소한 말다툼이 있었고, 의회는 곧 휴회
에 들어갔다. 이로써 여권을 통한 새로운 규제의 세부 사항들을 둘러싸
고 벌어졌던 떠들썩했던 하루 동안의 논쟁은 끝이 났다. 최종 결과가
나오기 전까지는 격한 대치를 드러낼 논쟁의 시간이 이틀이나 더 남아
있었다.

결국, 논쟁 도중 수많은 의원들이 환기했던 심리, 곧 자신들이
적들에게 포위되어 있다는 심리로 말미암아 의회는 불과 몇 달 전 들뜬
상태에서 주저 없이 내렸던 결정을 뒤집었다. 의회가 이처럼 결정을
뒤집는 과정에서 나타난 분위기는 1792년 1월 30일 열광적인 갈채를
받았던 튀리오의 발언에 가장 잘 드러나 있다. "지금 이 순간, 우리는
스스로를 속일 수 없습니다. 우리를 향해 온갖 음모들이 벌어지고 있는
지금, 우리의 경계심은 지나친 것이 될 수 없습니다." 통제의 부활을
선호하는 세력(대부분 혁명 좌파였다)이 승리를 거두었고 여권을 통한 규제
가 재도입되었다. "제국의 안녕은 가장 적극적인 감시를 필요로 한다"
는 선언과 함께 의회는 프랑스인이든 외국인이든 왕국을 여행하는 모든
사람은 여권을 소지해야 한다고 선언했다. 프랑스 영토를 떠나고자 하
는 사람은 거주지 당국이 여권에 기재한 출국 의사표시가 있어야 했다.
왕국에 입국하는 사람들의 경우, 여권이 없다면 그들이 통과한 국경
지역 당국에서 여권을 취득해야만 했다.[69] 실제로 이 시기에는 감시가
일상적 풍조가 되었다.

그해 여름까지, 프로이센 및 오스트리아와의 전쟁이 격화되고,
망명 문제가 지속되자, 의회는 7월 28~29일에 프랑스를 떠나는 데 필
요한 서류의 발급을 전면 중단(상업적인 목적으로 해외에 나갈 필요가 있는 특정 집단

만은 예외로 했다)하는 여권에 관한 법령Decree on Passports을 추가로 채택했다.70 프랑스 내에서의 이동은 또다시 엄격히 통제되었고, 나라를 떠나는 것은 거의 모든 사람에게 불법이 되었다.

이 조치들의 채택은 새로운 출발점이 되었다. 프랑스 시민뿐만 아니라 외국인들에게도 여권 소지를 의무화함으로써, 이동에 대한 새로운 제약은 유럽 국가들 사이에서 외국인의 법적 지위 상에 몇 가지의 중요한 변화를 가져왔다. 중상주의 하에서, 외국인은 비록 법적인 용어로는 국민과 마찬가지로 취급되었지만, 통상 본국 태생 국민보다 이민을 떠날 수 있는 더 큰 자유를 향유하고 있었다.71 [그러나] 이제 외국인들은 프랑스를 떠나는 문제에서 점점 더 프랑스인과 동일한 제약을 받게되었다. 더욱이 외국인들은 조국에 대한 위협으로 간주되는 경향이 있었다. 이런 경향은 국제분쟁이 발발할 경우 더욱 그러할 것이라고 예상할 수 있다. 여권을 통한 통제를 둘러싼 1792년 초반의 의회 논쟁에서 몇몇 주역들은 외국인들이 다른 곳에서 태어나긴 했지만 "자유의 참된 친구"이며, 따라서 별도의 법적 부담을 부과해서는 안 된다고 주장했다. 이들의 견해는 받아들여지지 않았다. 외국인[이방인]foreigner은 점차 지역이 아니라 국가에 의해 배타적으로 정의되었고, 외국인이라는 사실 때문에 점점 더 수상쩍은 자로 간주되었다.

프랑스가 국내외에서 강도 높은 적대에 직면함에 따라 1792년 초 의회에서 통과된 여권을 통한 이동의 규제는 수개월 동안에 걸쳐 시행되었다. 그러나 1792년 말에 이르러서, 최소한 프랑스 내에서만큼은 이동에 대한 규제가 역효과를 가져올 것이라는 방향으로 의원들의 견해가 모아져 가고 있었다. "인력과 물자의 유통"에 대한 제한으로 파리의 물자 조달이 큰 곤란을 겪고 있다는 주장에 대응해, 의회는 9월 초에 "자유로운 유통"을 복원하는 법령을 채택했고, 여권 소지를 의무화했던 1792년 2월 1일부터 3월 28일까지의 법 조항들을 국경으로부터 40킬로미터 이내나 적의 점령지를 제외한 지역에서는 폐지했다.[72] 이는 주목할 만한 반전으로서, 베르됭이 함락되고 "조국이 위험에 처해 있다"는 현수막이 파리 시청사 정면에 걸린 지 겨우 며칠만의 일이었다. 그러나 채 2주도 못 되어 의회는 사람과 물품의 유통을 방해한 죄가 있는 사람들을 그들이 방해한 기간만큼 억류하도록 하는 포고령을 발표함으로서 이 조항들을 보강했다.[73]

자유로운 이동에 대해 논의할 때 "인력과 물자"를 동일하게 취급하는 경향은 당시 의회에서 진행된 심의의 두드러진 측면이었다. 이 같은 경향은 오래전부터 있었던 것으로 보이는데,[74] 아마도 국내를 여행했던 많은 사람들이 이러저러한 형태의 자유롭지 못한 노동에 예속되어 있었고, 따라서 그들이 스스로 움직일 수 있는 재산 정도로 치부되던 시기에 나왔을 것이다. 그 기원이 무엇이든, 자유로운 이동이 자유와 번영 모두에 기여한다고 보는 성향은 이후 여권을 통한 규제에 관한 논의에서 되풀이된 주제였고, 19세기 유럽에서 부상하고 있던 경제적 자유주의의 전망과 함께 우세해졌던 사유의 상징이었다.

의회는 1791년 9월 새로운 헌법을 채택하면서 자유로운 이동을 보장하기 위해 용단을 내렸지만, 프랑스에서 새로운 정권을 수립하는 데 관련된 사람들은 필요시 자신들이 신민을 "장악"할 수 있는 위치에 있어야 한다고 인식했다. 따라서 당시까지 교구 성직자들이 관리하고 있던 출생 등록을 국가가 통제할 필요가 있었다. 특히 당시 가톨릭교회는 주로 자신의 신도들을 보살피는 데 관심을 기울였기 때문에, 교회의 출생 등록부에는 유대인, 개신교도 등의 출생을 무시하는 경우가 흔했다. 그러나 교회와는 달리, 구성원과 비구성원, 영토에 접근할 권리가 있는 사람과 그렇지 못한 사람들을 구분할 수 있어야만 하는, 영토적인 조직이자 구성원 자격 조직인 근대국가는 그렇게 하지 않을 것이었다.

따라서 1792년 9월 20일에 정부는 구성된 정치 질서 내에서 "지위"를 나타내는 시민적 지위[신분등록]l'état civil의 창설을 명령했다. 누아리엘은 "그 순간부터, 전 영토에 걸쳐 동일한 규정에 따라, 그 또는 그녀의 신원이 지역 당국에 의해 등록되어야만 개인은 시민으로 존재할 수 있게 되었다"고 서술했다.75 이렇게 함으로써, 프랑스 국가는 그 시민을 "장악"하고, 자신이 설정한 목적을 성취하기 위해 그들을 계속해서 추적할 수 있는 역량을 향상시켰다. 얄궂게도, "오늘 이 장소에서 세계 역사의 새로운 시대가 열렸다"는 괴테의 유명한 선언76이 있던 바로 그날이었다. 꾀죄죄한 모습으로 무기를 든 프랑스의 "국민군"nation in arms이 발미전투에서 대단히 잘 훈련된 프로이센 군대를 물리친 이후에 말이다. 국민을 향한 열정과 국가가 정의하는 바로서의 국민은[신분증을 통해 자국의 국민임을 증명하는 관행을 가리킨다]는 괴테가 말했던 새로운 시대를 특징짓게 될 것이었다.

국민공회에서 여권과 이동의 자유

이동의 자유에 대한 법률의 운명과 여권 소지 의무가 여행자들의 이동에 지장을 주는 정도는 도처에서 적을 쫓고 찾아냈던 혁명 공회의 법령에 상응하여 부침을 겪었다. 1792년 10월 말에 국민공회는 프랑스 영토를 떠난 망명자들을 "영구히" 추방하고 이 법을 준수하지 않는 사람들에게는 사형을 선고했다.77 곧이어 당시 프랑스 영토에 있던 망명자들은 프랑스를 떠나라는 명령을 받았다.78 프랑스를 떠난 이유와 상관없이 망명자들의 운명은 확실히 나빠졌다.

그러나 상황은 그렇게 단순하지 않았다. 11월 말에 거주 증명서 발급을 중단했던 국민공회는 불과 며칠 후에 "상업적 업무" 때문에 여행해야만 하는 상인과 중개상들을 위해 이 같은 중단 조치를 철회하고, 그들에게 증명서와 여권을 발급하는 법령을 채택했다.[79] 1792년 12월 7일에 공회는 "각자의 이해와 업무"를 목적으로 출국하려는 사람들에게 여권이 발급될 수 있도록 허용함으로써, 앞서 7월에 공표된 여권법의 제한들을 완화하는 조치를 취했다. 그러나 법률은 여행을 할 사람들이 그들이 살고 있는 데파르트망 위원회로부터 여권을 발급받아야만 하도록 의무화했다. 위원회는 여권 신청이 "합법적이고 충분하게 검증되었는지"의 여부를 결정하는 데 지역과 지방 당국의 판단에 의존해야 했고, 오직 이런 조건 하에서만 여권을 발급했다.[80]

이 법의 지지자들에 따르면, 출국을 목적으로 한 여권 취득을 이처럼 규제한 목적은 "나쁜 의도에서 이뤄진 부당한 책략을 저지하고, 조국이 필요로 할 때라도 너무나 쉽게 프랑스 영토를 떠날 수 있는 시민들이 자신의 위치를 지키도록 하기 위한 것"이었다.[81] 요컨대, 프랑스 국가는 범법자들을 붙잡을 수 있어야 했고, 국가가 곤란한 시기에 방랑벽에 사로잡혀 있을 수 있는 잠재적인 동맹 세력을 붙들어 놓을 필요가 있었다. 여권 소지 의무에 대한 추후의 개정들은 종종 그것들이 본받아야 할 시금석으로 이 법에 의존할 것이었다.

그러나 이처럼 상대적으로 느슨한 조치들은 상황을 보다 강력히 통제하고자 했던 국민공회 지도부로서는 받아들일 수 없는 것이었다. 그들의 엄격함은 1793년 1월 21일 혁명 광장에서 국왕을 참수하도록 가결했을 때 분명하게 드러났다. 얼마 후, 선원들이 사용할 새로운 여권의 표준 서식을 정당화하며 공회는 자신들이 직면했던 행정상의 혼란에 관한 불만을 토로했다. "정부에 통일된 절차를 구축하고, 제각기 다른 서식들로 엄청나게 혼란스러운 상태를 종식시키는 것은 프랑스 공화국의 품위가 걸린 문제다" 이후, 유효한 선원 문서는 "자유, 평등"이라는 표제를 붙여 식별하게 되었다.[82]

게다가 2월에 『르 모니퇴르』*Le Moniteur*는 소위 애국 증명서certificats de civisme라는 특히 혁명기에 나타나는 형태의 [증명] 문서가 걷잡을 수 없이 확산되기 시작했고, 이 문서의 발급을 저지하기 위한 노력이 있었다는 점을 보여 주었다. 1792년 11월 처음 도입된 애국 증명서는 1793년 2월 5일 법안과 함께 모든 정부 공무원들에게 요구되었는데, 6월에 이르자 공화국으로부터 수입을 얻는 모든 이들에게 의무적인 것이 되었다. 그런 증서는 외국인이나 외국의 관습을 애호하는 사람에게는 발급이 거부될 수 있었다. 이를 소지한 사람에게는 상당한 이익이 있었으며, 소지자의 혁명적 정서를 증명하는 것으로 간주되었다. 따라서 애국 증명서는 그것을 소지하지 않은 사람들을 공포에 떨게 하는 방법으로 사용될 수 있었다. 이 점에서 그것은 사람들이 그것을 취득하기 위해 거짓말을 할 준비가 되어 있던 매우 귀중한 문서였다.[83]

이런 배경에서, 여권을 통한 통제의 부활을 요구하는 목소리가 다시 한번 국민공회에 울려 퍼졌다. 도적 떼가 출몰한다는 모르비한의 브르타뉴 데파르트망 출신 의원은 여권법이 시행되지 않는 바람에, 조국이 적들에 의해 포위되었다고 개탄하며, 여권법의 "엄격한 집행"을 요구했다. 여권을 통한 규제의 충실한 지지자였던 튀리오는 여권법이 의회에 상정되어 있지만 지난 몇 달간 외면 받아 왔다는 점을 상기시켰다. 그는 "자원병들이 국가의 깃발 아래 남아 있도록 강제할 수 있고, 악인, 사고뭉치, 도둑들의 행위를 막을 수 있는 유일한 조치는 이 법이 효력을 발휘하도록 하는 일"이라고 주장했다. 튀리오는 1792년 3월 28일자 법과 7월 28일자 법의 재시행을 압박했고, 이에 대해 12월 7일

법이 "훼손되지 않는 경우에만 이를 받아들일 수 있을 것"이라는 답을 받았다.[84]

국민공회는 [현재] "구성된 당국"이 "범법 행위를 선동하면서 공화국 각지를 돌아다니는 불평분자들을 파악하고, 체포하며, 처벌하고, 외부의 적과 내통하는 모든 범죄를 가능한 막아내는 것이 가장 중요"하다고 주장하면서, 1793년 2월 26일에 다른 명령이 내려지지 않는 한 이 세 가지 법이 시행되어야 한다고 선언했다.[85] 이틀 후 국민공회는 충분히 엄격한 규제를 적시하지 않았다고 느껴 다음과 같은 법령을 내렸다. 이는 거주지에서 벗어나 있거나 1792년 8월 이후에 발급된 여권을 소지하고 있지 않은 모든 프랑스 시민들은 법령이 반포된 후 24시간 이내에 현재에 거주하고 있는 곳의 지방 당국에 출두하여 "그들의 인상 착의"를 보고하고, "이름, 나이, 직업, 거주지를 제출"해야 한다는 것이었다.[86] 이런 조치는 1792년 3월 28일자 법에 의해 여권 발급의 권한을 부여받은 거주지(지방당국)에서 벗어나 있던 사람들에게 문서를 발급하는 문제에 대처하기 위해 고안된 것이었다.

6주 후, 주로 공인된 외국 대표들이 여권을 발급받을 수 있도록 보장하는 법령에서 공회는 "파리시가 바리케이드 밖으로 나가려는 사람들을 위해 만들었던 자유 통행권의 사용을 금지했다."[87] 이 혼란기 동안, 중앙정부가 이동을 통제할 수 있는 합법적인 권위를 효과적으로 독점하지 못했다는 것이 확실해졌다. 더욱이, 국민공회는 자신들이 공표한 법률이 효력이 있을 것이라고 굳게 믿었지만, 그 규제가 엄격한 통일성을 가지고 시행되었을 가능성은 거의 없어 보인다.

애당초 강력한 힘을 가지고 있었던 것이 아닌 국민공회는 프랑스에 대한 지배력을 상실하고 있었다. 3월 초에는 방데의 반혁명 세력이 다시 대규모로 부활했고, 이들이 밝힌 횃불은 곧 다른 곳으로 옮겨 붙었다. 그 후 몇 주 사이에 샤를 프랑수아 뒤 페리에 뒤무리에[1739~1823] 장군•은 왕정과 1791년 헌법을 복원하기 위해 파리로 진격할 의도로 오스트리아와 휴전 협정을 맺었다. 그러자 무장 반란군, 완고한 성직자, 망명자들에게 사형선고를 내려야 한다는 목소리가 득세했다. 3월 말 망명자들은 "시민권을 상실"했다. 그들이 프랑스에 돌아온다면 사형에 처해질 터였다.[88]

이 기간 동안 억압적인 행정력에 대한 통제는 점점 더 공회의 손을 벗어나게 되었다. 특히 3월 21일 감시위원회의 창설과 함께 이동에 대한 통제 및 여권을 통한 규제의 시행은 점점 더 상퀼로트파의 수중으로 넘어가게 되었다.[89] 더욱 심각한 것은 방데의 반란 세력이 독자적으로 여권을 발급했다는 것이다. 6월에 국민공회는 방데에서 체포되었다가 공화국으로 돌아오기 위해 방데 반란군이 발급한 여권을 사용한 군인들에게 그 벌로 10년간 프랑스 시민권을 박탈하는 법령을 제정했다.[90] 혁명력 2년 프리메르[서리 내리는 달] 28일(1793년 12월 18일)에, 국민공회는 "도주 중인 방데의 도둑들"이 출몰하는 지역의 지방 당국이 발급한 여권을 무효화하고자 했다. 이는 추측컨대 방데의 도주자들이 그들에게 동정적인 지방 관리들의 묵인 하에 여권을 발급받았기 때문일 것이다.[91] 공회의 편집증은 커져 갔고, 이는 1793년 9월 매우 엄격한 "[반혁명]용의자들에 관한 법"Law on Suspects을 공포할 때까지 계속되었다. 이 법은 감시위원회를 "전능하게" 만들었고, 다른 많은 집단들 가운데서도 애국 증명서를 발급받지 못한 사람들을 용의자로 정의했다.[92] 적어도 여

•   프랑스혁명 전쟁 당시 프랑스의 장군. 발미 전투를 승리로 이끌었지만, 그 후 혁명군을 떠났고, 나폴레옹 통치 시절에는 왕당파와 공모하기도 했다. 이후에는 영국 정부의 군사 고문이 되어 활동했다.

권을 통한 통제의 관리에 보다 큰 질서를 부여하기 위한 노력의 일환으로, 집행위원회는 문서 교부를 관료화하기 위한 파리의 조치를 승인했다. 또한 여권, 거주증, 애국 증명서에 관한 위원회들이 4인으로 구성되어야 하며, 이들은 1인당 1인당 2000리브로의 급여를 받아야 한다고 규정했다.[93]

　　이 기간 동안 타국에서 프랑스에 들어 온 사람들은 특히나 심각한 반감에 시달렸다. 1793년 3월 18일에 곧 공안위원회 위원이 될 바레르는 외국인을 공화국에서 "추적하는" 법이 제정되도록 선동했다. 단 문제시되는 개인이 각 지방정부에 신설된 12인 위원회에 신고한 경우는 예외였다. 이 검사를 통과하면, 거주 증명서를 발급받았지만, 그렇지 못할 경우, 상황에 따라 24시간이나 8일 이내에 프랑스를 떠나야 했다. 이 법과 함께, "이후 모든 외국인은 혁명의 정치적인 적이라는 혐의를 받게 되었다."[94] 단지 얼굴만으로는 외국인을 식별하는 것이 불가능하기 때문에, 이를 식별할 수 있는 몇 가지 수단들을 만들어 내야만 했다. "애국심 시험"을 통과한 사람들 가운데 적어도 일부는 "환대"라는 단어와 출신국의 이름이 적힌 완장을 착용해야 했던 것처럼 보인다.[95] 감시위원회는 오늘날의 의미에서 내국인이든 "외국인"이든, "이방인들"로부터 프랑스를 보호하는 데 있어 특별한 역할을 맡았다.[96]

　　그러나 "이방인"에 대한 규제가 감시위원회의 유일한, 또는 심지어 기본적인 활동으로 추정할 필요는 없었다. 그들의 임무는 광범위한 용의자들을 아우르는 것이었고, 그들의 권위는 공포정치의 전개와 더불어 무제한으로 확대되었다. 1793년 2월 24일 국민공회는 20세부터 40세까지의 미혼 남성과 홀아비 가운데 30만 명을 징집하는 일에 착수했다.[97] 그러나 군복무에 대한 열정은 이제 찾아보기 힘들어졌고, 소집에 응하지 않으려는 사람들을 추적해 내는 일에는 상당한 에너지가 투입되어야 했다. 결과적으로 "1793~94년 동안 감시위원회의 시간과 노력의 많은 부분은 황무지와 마을, 숲, 산악의 은신처를 추적하는 일에 소진되었다."[98]

1793년 8월 국민공회가 국민총동원령을 내리자 신병 모집 문제가 대두되었다. 르페브르의 결론에 따르면, 새롭게 징집 명령을 받고 도망친 사람들 가운데 "다수가 쉽게 도망칠 수 있었다."[99] 그중 일부는 공무용 차량이나 우편 차량을 이용했을 수도 있다. 왜냐하면 1794년 초에 집행위원회가 지방 당국이나 혁명위원회로부터 사증을 받은 여권을 소지하지 않은 사람들은 그런 운송 수단을 이용하지 못하도록 하는 조치를 취했던 것을 보면 말이다.[100] 1794년 6월 초까지 공화력 2년의 대공포the Great Terror는 단두대에서의 음산한 처형과 함께 한창 무르익고 있었다.

테르미도르[뜨거운 달]의 반동(1794년 7월 28일) 이후, 로베스피에르와 공안위원회가 몰락하면서 프랑스에는 점차 안도감이 감돌았다. 이런 분위기는 여권 문제에도 파급되었다. 감시위원회가 무력화되자, 국민공회는 문서를 통해 여행을 제한하는 조치들을 완화했다. 혁명력 2년 프뤽티도르[과일 맺히는 달] 6일(1794년 8월 23일), 국민공회는 파리 데파르트망에서 여권은 그 지역의 총회가 아니라 시민위원회에서 발급할 것이며, 구의 혁명 위원회가 사증을 발급할 것이라고 포고했다. 데파르트망으로부터 여권에 사증을 받아야 한다는 의무도 폐지되었다. 덧붙여, 파리에 도착한 프랑스 여행자들의 여권에는 오직 시민위원회만이 비자를 내주게 되었다.[101] 그러나 이 법령이 국내용 여권과 출국용 여권 모두에 적용되는 것인지를 밝히지 않았기 때문에 집행 담당자들 사이에서는 상당한 혼선이 야기되었다. 이 같은 혼란은 테르미도르파가 공포정치 시기에 파리시가 [국민주권을 찬탈하기 위한] 음모를 꾸몄다고 의심하며, 곧

바로 시 당국을 폐지하려고 나서면서 더욱 심해졌다.[102]

1794년 9월 말에 국민공회의 입법위원회는 8월 23일 법령의 조항들을 명확히 할 것을 제안했다. 위원회의 대표자는 1792년 12월 7일 법안이 아직 폐기되지 않았다는 점을 지적하는 것으로 발언을 시작했다. 이는 그 법이 요구했던 바를 상기시켰는데, 그것은 데파르트망들이 여권 신청의 정당성에 관하여 구역과 지방정부 위원회의 조언을 들은 후에 출국을 위한 여권을 발급해야 한다는 것이었다. 이 절차는 (아마도) 공화국의 다른 모든 데파르트망에서 따르도록 되어 있었지만, "그 법이 파리에는 적용될 수 없다는 것은 분명하다. 파리에서는 국민주권을 찬탈하려 음모를 꾸몄던 시 당국이, 국민주권에 의해 정당하게 타도되었기 때문이다."[103] 다시 한번 중앙정부는 정당한 이동을 허가하는 문제에 있어서 이 권한을 주장하는 다양한 분파들에 맞서 자신의 최고 권한을 주장할 필요가 있다는 점을 발견했다.

이어서 대표자는 입법위원회가 혁명력 2년 프뤽티도르[과일 맺히는 달] 6일자 법을 해석한 바에 따르면, 국민공회가 1792년 12월 7일자 법이 명령했던 국외용 여권에 대한 발급 요건의 변경을 원하지 않는다는 결론을 내렸다고 발표했다. 이에 따라 국민공회는 이런 해석을 확인하는 법령을 채택했고, 여권 발급 권한이 데파르트망에 있다는 점을 되풀이하면서, 여권 발급을 결정하는 문제와 관련해 지방자치단체보다는 시민혁명위원회의 조언에 의존해야 한다는 수정안을 채택했다.[104] 이 과정에서, 그리고 공교롭게도, 국민공회는 관료적으로 국내용 여권과 국외용 여권을 구별하는 중요한 발걸음을 내딛었다. 전자는 지방 당국이 발급하고, 후자는 보다 높은 수준이지만, 아직까지는 "전국적"[중앙정부] 수준은 아닌 기관들이 발급하게 되었다.

그러나 관료적 합리화의 세부 사항은 차치하고라도 여권 발급 절차의 세부 사항에 대한 이 같은 집착의 상당 부분은 현실적으로 탁상공론에 지나지 않았다. 왜냐하면, 파리의 중앙정부는 지방에 대해서는 어떤 효과적인 통제도 행사하지 못하는 종이 호랑이였기 때문이다. 지방에는 온갖 종류의 약탈자들, 해임된 관리들,105, 반란의 중요한 부분이었던 귀환한 망명자들이 산재해 있었다. 법령이 끊임없이 제정되고, 여권 문제가 국민공회의 의제에 자주 등장했다는 사실은 이런 추정을 뒷받침한다.

실제로 여권법은 공공연하게 무시되고 조롱을 받았는데, 이는 망명자들이 그들에 대한 형법이 존속하고 있음에도 불구하고 테르미도르 반동 이후 대규모로 돌아오기 시작했다는 사실에서도 살펴볼 수 있다. 어떤 이들은 귀환을 용이하게 하기 위해 위조된 문서를 사용했는데, 그들은 이런 문서가 다른 사람들에게도 필요할 것임을 금방 깨달았다(게다가 이는 아마도 그들에게 절실히 필요한 소득원이었을 것이다). 귀환한 망명자들의 수가 불어나면서, 그들은 여러 도시에 자신들이 망명을 떠나지 않았다는 증거를 만들어 내는 전문 기관들을 설립했는데, 이는 그들에게 적대적인 당국을 피하기 위해 필수적인 것이었다. 이 위조문서들에는 병원 영수증, 거주 증명서, 여권 등이 있었다. 위조 여권은 대량생산을 통해 "얼마 지나지 않아 가격이 10프랑까지 떨어졌고, 누구나 구할 수 있는 것이 되었다."106 국가가 이런 식으로 문서 소지를 의무화할 경우 이에 대한 대응으로 위조와 사기 행각이 나타날 것이라는 사실은 어느 정도 자명한 일이었다.

이런 상황에서 한 의원이 1795년 5월 1일 공회에서 "여권법은 [사실상] 집행되고 있지 않다"고 고발하며 그 결과 "공화국의 쓰레기들이 이곳에서[파리] 피난처를 찾고 있고, 우리는 암살자들에게 둘러싸여 있다"고 열변을 토한 것은 놀랄 만한 일이 아니었다.107 같은 달 말에는 1789년 이후 처음으로 도시의 저항적인 시민들[주로 자코뱅파]과 싸우기 위해 파리에 군대가 입성했다. 파리 근교에 있는 지역인 생앙투안St. Antoine이 싸워 보지도 않고 항복했을 때, (적어도 르페브르의 평가로는) 혁명은 끝난 것이었다.108

　　이후 얼마 동안 문서를 통한 이동의 통제가 잠시 완화되었다. 우선 보안위원회는 "상업"을 활성화하고 "통행"을 용이하게 하기 위해 비무장 시민citoyens désarmés에게 파리시 당국이 여권을 발급할 수 있도록 승인했다.109 한 달 후, 정부는 애국 증명서를 폐지했는데, 이 조치는 자유의 회복에 기여한 것으로 열렬한 환영을 받았다.110 프랑스인들은 더 이상 혁명의 대의명분을 지지한다는 문서상의 증명을 필요로 하지 않게 되었고, 혁명에 반대하여 무기를 들었던 사람들조차도 다시금 자신이 맡은 일을 하기 위해 자유롭게 이동할 수 있게 되었다.

　　그러나 해외에서 출생한 자들은 [이동에 대한 제약으로부터] 쉽사리 벗어나지 못했다. 이 두 가지 조치들 사이에서, 국민공회는 공안위원회와 보안위원회의 조언에 따라 1792년 1월 1일 이후 프랑스에 입국한 모든 외국인들을 추방했다. 그들이 프랑스를 떠나기 위해 택한 여정은 프랑스를 떠나는 데 필요했던 여권에 기재되었다. 반대로 프랑스 국경에 도착하면 외국인들은 여권을 지방 당국에 제출해야 했고, 지방 당국은 사증을 받기 위해 여권을 다시 보안위원회로 보냈다. 여권이 확인 절차를 밟는 동안, 지방 당국은 여권을 대신해서 임시 안전 카드를 각 개인에게 발급했는데, 이는 외국인들이 감독 하에 체류 중임을 알려주는 것이었다. 한편, 체류가 허락된 외국인들은 주로 프랑스에 우호적이거나 동맹 관계에 있던 국가에서 1792년 이전에 프랑스에 입국한 외국인들로, "애국심과 정직함"을 인정받은 자들이었으며, 그들의 인상착의가 기재된 신분증을 받았다. 카드의 상단에는 "환대와 안전"이라고 표기되어 있었고, 프랑스와 평화 관계에 있는 국가 출신의 사람인 경우 "우애"라

는 표기가 기재되었다.111

　　앞서 논의했듯이, 이는 외국인에게 완장을 착용하도록 요구했던 관행과 분명히 유사하기는 했지만, 프랑스에 있는 외국인들이 이동에 대한 통제와 무관하게 그들이 외국인이라는 것을 입증하는 문서(예를 들어, 여권이 아니라 "신분증")를 소지하도록 강요받았던 것은 아마도 이것이 처음이었을 것이다. 프랑스와 교전 중이지 않은 국가에서 온 사람들만이 '우애' 표시가 있는 카드를 받았다는 것은 당국이 다른 나라로부터 온 사람들의 "안전"에 대해 단지 조건부적인 태도를 취했다는 것을 시사한다. 어쨌든 이 규정은 이런 카드처럼 어떤 형태의 표식이 없다면 외국인을 식별할 수 있는 방법이 없다는 명백한 사실을 입증하는 것이었다. 프랑스는 자국 내에서 자국민과 외국인을 명확하고 효과적으로 구분하는 데 필요한 조치를 취하기 시작했다.

　　혁명력 4년 방데미에르[포도 수확의 달] 1일(1795년 9월 23일)에 3차년도 헌법Constitution of the Year III을 채택한 직후, 공회는 다시금 프랑스 시민의 이동에 대해 규제했다. "국내 코뮌의 치안에 관한 법령"Decree on the Internal Communal Police에서, 정부는 이제부터 지방 행정부나 주 행정부가 서명한 여권 없이는 주에서 떠나는 것을 허용하지 않을 것이라는 명령을 발표했다. 일관성을 위해, 각 데파르트망은 하위 당국이 사용할 여권의 모델을 제공해야 했다. 필요한 문서 없이 자신들의 거주지 밖에 있으면서, 자신의 거주지를 확실히 증명할 수 없는 사람들은 부랑자로 취급되었다. 이들은 매우 가혹한 처벌을 받을 수도 있었는데, 1년의 구금을 비롯해 극단적인 경우에는 프랑스의 범죄자 유배 식민지로 "유배"될 수도 있었다.112

　　만약 정부가 이 조치를 시행할 강력하고 효과적인 수단을 가지고 있었다면, 프랑스는 거대한 감옥, 그것도 캉통cantons•이 개별적인 감방을 구성하는 그런 감옥이 되었을 것이다. 그러나 우리가 살펴보았듯이, 이 같은 의무를 회피하는 것은 상대적으로 쉬웠을 가능성이 있다. 그럼에도 불구하고 이 법령은 특히 빈민들에 대한 악감정을 드러냈다. 실제로 이 같은 규제들은 구걸 행위를 통제하는 것을 주목적으로 했던 2년 전의 법을 되살린 것이었다.113 테르미도르의 국민공회는 잠재적인 외국인 적에 대한 문서상의 통제를 분명히 하는 결정적인 조치들을 취하면서, 구체제가 보여 준 것과 매우 유사하게 하층민에 대한 통제를 재개했다. 이는 제헌국민의회가 자랑스럽게 그것을 폐지한 지 채 4년도 되지 않은 때였다. 이로써 혁명은 제헌국민의회의 과업으로 고지되었던, 아무런 구속도 받지 않는 이동의 자유라는 전망으로부터 확고하게 후퇴했다.

총재정부의 여권 문제

국민공회가 이와 같이 새롭게 이동을 규제하는 법안을 채택하고 있는 동안, 파리에서는 나폴레옹이 혁명력 4년 방데미에르[포도 수확의 달] 13일(1795년 10월 5일)에 벌어진 반란을 진압하고 있었다. 그 뒤를 이어 바로 총재정부the Directory가 선출되었다. 총재정부가 자유로운 이동에 반대하는 강경한 노선을 취하고 있었음에도 불구하고, 총재정부 역시 전국적인 통제권을 확보하지는 못했다. 1796년 3월 말, 여권을 소지하지

---

* 프랑스의 행정구역으로 데파르트망보다는 작고 최하위 행정구역인 코뮌보다는 크다고 볼 수 있다. 캉통은 몇 개의 코뮌으로 구성된 반면, 비교적 넓은 코뮌은 여러 개의 캉통에 속해 있을 수 있다. 현재는 선거구 역할을 하고 있다.

않은 채 캉통을 떠나지 못하도록 한 1795년 10월의 명령을 반복할 필요가 있다고 총재정부가 느꼈다는 사실은 그와 같은 규제의 실제 시행이 여전히 희망 사항에 불과했다는 것을 시사한다.[114]

이 시기 동안 군으로부터의 탈영은 주요한 문제로 남아 있었고, 정부가 이를 억제하기에는 대체로 무력했던 것 같다. 리처드 코브는 정부가 직면한 상황을 다음과 같이 신랄하게 묘사했다.

[혁명력 4년에] 옷깃에 군번이 새겨진 군복 차림의 병사 무리가 여섯 데파르트망 정도의 거리를 거쳐 [알사스에 있는] 자를루이Sarrelouis로부터 행진해 오고 있었는데, …… 그 과정에서 아무런 제지를 받지 않았다는 이야기를 들었다. …… 혁명력 4년과 5년에 탈영의 엄청난 증가 — 아마도 이때가 그 절정이었을 — 는 파리 밖의 거의 모든 곳에서 총재정부의 무력함을 보여 주는 가장 놀라운 증거일 것이다. 이처럼 뻔뻔하게 대놓고 정부를 무시하는 것은 정말 인상적으로 보인다.[115]

이 같은 뻔뻔함이 가장 빼어난 프랑스혁명사 연구자 가운데 한 사람의 눈에는 대단히 인상적인 것으로 보였을 수도 있지만, 총재정부를 이끄는 사람들에게 이는 분명 마음을 상하게 하는 일이었을 것이다.

프랑스 국내에서의 이동을 효과적으로 통제하지 못한 결과, 첫 총재정부 하에서 입법의 방향은 프랑스를 출입국하는 사람들을 여권을 통해 통제하는 데 역점을 두게 된 것처럼 보인다. 적어도 처음에는 총재정부 역시 출국 여권에 관한 1792년 12월 7일의 법률을 고수했다. 그러나 1796년 3월, 총재정부는 그 법을 변경하자는 제안을 받아들였다. 이는 프랑스에서 출국하기 위해 신청한 여권이 정당한 것인지에 관해 지방자치단체와 함께 데파르트망에 권고하는 책임을 맡았던 구역의 통치위원회가 그 이후 탄압을 받았다는 사실과 부합하는 것이었다. 법안의 전문에 따르면, 이 법률은 또한 출국용 "여권의 취득에 대한 정부의 감시를 확장하고 활성화하기 위해" 고안된 것이었다. 이 같은 목표를 달성하기 위해 데파르트망의 행정 당국들은 매 10일(새로운 혁명력의 10일)마다 그들이 그간 발행했던 여권 목록을 제출해야만 했다.116

　　이 법안이 너무 느슨하다는 비판에 맞서 그것을 방어하고자, 1791년 헌법의 열성적인 지지자로도 알려진 인물117이 나섰는데, 그는 "14세기 동안 왕과 그 신하들의 자의적인 권력 하에서" 살아왔고 "동일한 유형의 권력에 속박된 국가들에 둘러싸여 있는" 사람들의 권리에 관해, 절대적인 자유와 상대적인 자유에 관해, 그리고 자연권과 인간 및 시민의 권리, 특히 헌법에 보장되어 있던 이동할 권리와 떠날 권리에 관해 웅변했다. 그는 시대가 정부의 보다 철저한 감시를 요구하고 있고, 따라서 떠나기를 원하는 사람들이 먼저 국가의 허가를 받도록 요구하는 것은 어느 정도 용인될 수 있다는 데 동의했다. 그러나 그는 유아용 침대가 그곳에 너무 오랫동안 갇혀 있는 아이에게 소심함을 심어 주듯, 불필요한 규제는 결국 "프랑스인들의 활력을 앗아 갈" 것이라고 주장했다. 점차, 이 같은 견해가 우세해졌고, 당시에 프랑스를 통치하고 있던 원로회는 이 법안을 채택했다. 지지자들과 반대자들 모두 이 조치가 프랑스를 떠나고자 하는 사람들에 대한 문서 소지 요건의 부담을 경감해 줄 것이라는 데 동의했다는 사실에 비추어 볼 때, 이 결과가 총재정부의 지도자들에게 환영받지 못한 것은 아니었다고 결론지을 수 있다.118

　　정부가 프랑스 시민에 대해서는 여권을 통한 규제를 완화한 반면, 이 시기 동안 외국인들에 대한 규제는 더욱 가혹해졌고, 고위 관리들은 그들을 점점 더 범죄자로 간주하게 되었다. 이 무렵부터, 『르 모니퇴르』의 지면에는 외국인들에게 더욱 엄격한 여권 제도를 부과할 필요가 있다는 산악당 쥘리앵 수에[1759~1842]•의 신랄한 주장이 실렸다. 수에는 정부가 "선량한 품행 및 자유와 공공 안녕에 대한 존중의 증거로서" 거주지를 떠나는 모든 사람에게 여권 소지를 의무화했다는 점을 지적하는 것으로 그의 논평을 시작했다. 그러나 이것이 프랑스인들에게 충분히 합리적인 것이라면, 외국인에게는 더욱더 여권 소지를 의무화할 이유가 있었다. 외국인들은 "프랑스인처럼 조국에 대한 애착을 천부적으로 가지고 있지 않으며, 부패나 부도덕을 통해 그들이 가할 수도 있을 피해를 바로잡을 수 있는 수단을 [프랑스인처럼] 제시하지도 못하는 사람들"이었다. 수에는 계속해서 외국 대사들이 여권 발급에서 보여 준 잠재적으로 위험한 프랑스인들에 대한 편애를 비난했고, 이런 외국 사절들이 여권을 발급하는 과정에서 프랑스의 안보 문제를 염두에 두고 있는지에 관해 신뢰할 수 없다고 주장했다.

이어서 수에는 합법적인 이동 수단의 국가 독점이라는 개념과 프랑스의 정치 공간을 "프랑스인의, 프랑스인을 위한" 장소로 만드는 방향으로의 전환을 노골적으로 표현한 성명서를 낭독했다.

여권은 여행자들이 이동하는 영토에 대한 정부의 치안 조치입니다. 정부나 정부 관료/공무원 외에는 여권을 부여할 권리가 없습니다. 왜냐하면 이들을 제외한 그 누구도 좋은 질서, 자유, 그리고 공공 안전을 지키기 위한 관심과 의무, 그리고 권리를 갖고 있지 않기 때문입니다. 외국 정부의 대리인은 비록 그것이 그에게 이익이 된다손 치더라도, 여러분

• 프랑스의 변호사이자 정치가였다. 프랑스혁명 기간 동안 생디에데보주의 시장을 지냈으며, 루이 16세의 재판에 대의원으로 참석하여 루이 16세의 유죄를 인정하고 사형을 내릴 것을 주문했지만, 형의 집행에 대해서는 유예할 것을 요구했다.

의 대리인이 될 수 없습니다. 여러분은 그에게 그 어떤 권한도 줄 수 없으며, 더욱이 헌법이 프랑스인과 인민의 행정관에게 명시적으로 위임한 것을 그렇게 할 수는 없습니다. 외국인은 다른 거주자들과 마찬가지로 그가 여행하는 나라의 법에 종속됩니다. 이 같은 종속은 그들이 받는 보호에 대한 대가입니다. 그것은 공적 당국의 특권이자 권리입니다. 프랑스 태생의 프랑스인(자연인)도 정부나 인민 행정관의 허가 없이 프랑스를 여행할 수 없습니다. 따라서 외국인들 [역시] 허가를 받아야만 합니다.

수에는 프랑스 당국이 아닌 외국에서 발급된 문서를 가지고 프랑스에 입국하는 달갑지 않은 외국인 문제를 해결하는 한 가지 방법으로 프랑스 당국이 프랑스에 입국하려는 여행자의 출신국에서 여권을 발급하는 체계를 만들 것을 제안했다. 외국인들과 달리 프랑스 관리들이라면 프랑스의 공공질서를 훼손할 것으로 예견되는 사람들에게 여권을 발급하지 않을 것이라고 기대할 수 있기 때문이다. 수에는 사실상 향후 1세기 이상에 걸쳐 점진적으로 발전하게 될 국제 사증 체계를 구상했던 셈이다. 그의 주요 입법 요지는 해외에서 태어난 '애국자'를 제외한 모든 이들을 프랑스에서 추방했던 혁명력 3년 메시도르[수확하는 달] 23일(1795년 7월 11일)자 법의 불충분함에 관해 항의하는 것이었다. 또한 그가 앞서 몇 주 동안 "떠들썩한 집회들"을 선동하고 "무정부 상태와 선동적인 광기를 유발"했다는 이유로 비난했던 프랑스 내의 외국인들이 프랑스 당국이 사증한 여권을 가지고 있어야 한다고 주장하는 것이었다.119 이 모든 것들에서 알 수 있는 것은 그의 언급이 콩도르세와 초기 혁명 사상가들이 표방했던 프랑스혁명의 세계시민주의와 결정적으로 결별하는 것임을 의미한다는 것이다.

수에가 표현했던 외국인 혐오의 분위기는 말로만 그친 것이 아니었다. 우선 1796년 크리스마스 직전에 총재정부는 혁명력 3년 메시도르[수확하는 달]23일(1795년 7월 11일)에 제정된 "적대적인 법"hostile law을 강화했다. 이는 프랑스에 입국하는 외국인은 자신의 여권을 국경 사무소에 맡기고 이를 치안부Ministry of General Police에 송부해 사증을 받도록 의무화한 것이었다. 이제 이에 덧붙여 적절한 절차에 따라 증명된 여권 사본을 그 데파르트망의 형사 재판소 검사와 총재정부 행정관 모두에게 회송하도록 했다.120 4월에는 미국의 외교사절이 발급한 모든 여권과 사증이 무효임을 선언했다.121 이 조치는 달갑지 않은 외국인[특히, 프랑스인]을 추방할 수 있도록 [미국의회가] 미국 정부에게 권한을 부여한 최초의 법이었던 "외국인 규제 및 선동 금지법들"Alien and Sedition Acts이 만들어진 분위기에서 취해진 것으로, 이 같은 법률의 제정은 유럽 대륙 밖에서도 프랑스의 발전이 예사롭지 않게 받아들여지고 있었으며 당혹감 속에서 주시되고 있었다는 점을 시사했다.122 자의적인 지배로 고통 받고 있는 다른 나라들에 혁명을 수출하겠다는 초기의 목표는 [총재정부 아래에서] 정복 전쟁으로 점차 변질되고 있었고, 다른 나라들이 프랑스를 적대시함에 따라, 프랑스는 자국 내에 외국인들로부터도 적개심을 느끼게 되었다.

그러나 이 같은 경향이 수그러들 기미는 보이지 않았다. 혁명력 5년 프뤽티도르[과일 맺히는 달]18일(1797년 9월 4일)의 쿠데타•와 함께, 독재 정권이 반대자와 적을 쓸어버리려고 함에 따라, 반외국인 정서와 혁명

• 프랑스 총재정부 시절인 1797년 3월과 4월에 열린 3차 평의원 선거에서는 왕당파가 다수당을 차지하자 1797년 9월 4일 바라스, 루벨, 라 루베리에르 등 3명의 총재가 군부의 지지를 얻어서 정부에서 왕당파를 축출하기 위해 벌인 쿠데타.

정서가 새롭게 분출했다. 프랑스인들에게 이것은[충성을 거부한] 비애국 적인 성직자, 망명자, 그리고 그런 사람들로 혼동된 사람들에 대한 테러 의 물결을 의미했다. 그리어는 이를 "[17]93년 정신의 복귀"라고 불렀다. 이에 따라 "프뤽티도르 테러"는 새로운 망명의 물결을 촉발시켰다. 특 히 500인 위원회의 일부 위원들도 숙청되어 프뤽티도르[과일 맺히는 달] 19일자 법률에 의해 추방이 선고되었다. 쿠데타를 실행했던 사람들이 자신들의 지배를 확고히 하는 데 사용했던 바로 그 법에 의해서 말이 다.123 9월 말까지 총재정부는 혼란의 와중에서 유리한 위치를 차지하 기 위해 새로운 여권법을 검토했다. 곧이어 "외국인에 대한 근대적 입법 의 출발점"으로 묘사되는 법령이 채택되었다.124

사실상 이 법은 프랑스 시민과 외국인 모두에게 여권 소지 의무를 강화했다. 전자의 경우, 여권에는 소지자의 행선지가 기재되어 있어야 했다. 법령이 공포되고 10일 이내에, 공표일 이전에 발급된 모든 여권은 유효하지 않은 것으로 선포되었다. 이 시기에 자신의 원 거주지를 떠나 있던 사람들은 자신이 현재 머무르고 있는 캉통 정부로부터 새로운 여 권을 발급받아야 했다. 그러나 여권은 신청자를 잘 알고 있는 해당 캉통 거주자 2인이 작성한 신고서를 기반으로 발급되었다. 이 여권의 사본은 신청자의 원 거주지가 있는 캉통 정부로 송부될 것이었다. 또한 제6조 는 프뤽티도르[과일 맺히는 달] 19일자 법에 따라, 프랑스로부터 추방 명령 을 받은 사람에게 프랑스 내에서 여행을 할 수 있도록 여권을 발급하는 데 공모한 관리들에게 1년에서 2년의 징역형을 선고했다.

그러나 타국에서 온 사람들에게 이 규제들은 더욱 엄격하게 적용 되었다. 당시 프랑스에 머물던 비거주 외국인들은 자신들이 체류하는 데파르트망 당국, 즉 보다 상위의 당국에 여권을 제출할 의무가 있었고, 프랑스 시민과 마찬가지로 여권에 여행 목적지와 현 거주지를 기재해야 했다. 그러나 이들의 여권 사본은 치안부뿐만 아니라 외무부에도 송부되었다. 특히 영국을 겨냥한 조치로, 프랑스 항구에 도착한 사람들에 대해 이미 법에 명시된 감시 조치가 재확인되었다. 마지막으로 제7조는 결정적인 일격을 가했다. 이에 따르면 프랑스 내에서 여행을 목적으로 하거나 중립국 또는 우호국의 대표로 인정되어 공식 임무를 수행하는 것 이외에, 다른 자격으로 거주하면서 프랑스 시민권을 획득하지 않은 모든 외국인들은 "행정부의 특별한 감시를 받게 되는데, 행정부는 그들의 존재가 공공질서와 평화를 해칠 수 있다고 판단되면 그들의 여권을 회수하고 프랑스 영토에서 떠나도록 강제할 수 있다."125 수에의 말은 행동으로 옮겨졌고, 혁명 초기의 낙관적인 세계시민주의는 말소되었으며, '인간과 시민의 권리 선언'의 거창한 모호함은 국민국가를 위해 해소되었다. 소지한 문서를 통해 식별되는 외국인이 요주의 인물로 공표되는 것은 일상적인 일이었다.

혁명기 프랑스에서 여권을 통한 통제의 재도입과 강화는 간헐적인 자유화 시도에 의해 주춤해지긴 했지만, 1792년 초반 이후 거의 중단되지 않고 이어진 과정이었는데, 이는 프랑스혁명이 "두 개의 서로 구별되는 단계"를 거쳤다는 토크빌의 결론을 확증한다. "하나는 프랑스인들이 과거의 모든 것을 일소해 버리길 원한 것처럼 보였던 시기이다. 그리고 두 번째는 그들이 이미 폐기해 버린 것의 일부를 다시 되찾게 되는 시기"였다.126 비록 국가가 프랑스 영토 내의 이동 및 경계를 가로지르는 이동 수단을 합법적으로 완전히 독점하기 위해서는 아직 더 많은 일들이 필요했지만, "새로운 정권"은 여권이 폐지되어야 하고 이동의 자유가 승리해야 한다는 제헌의회의 입장을 채택할 의도가 전혀 없다는 것을 분명히 보여 주었다.

지금까지 살펴본 바와 같이 혁명정부는 실제든 상상된 것이든 국내외의 적들에 둘러싸여 있었고, 그중에서도 특히 망명자들과 반혁명 도당들, 충성을 거부한 성직자, 순회 탁발 수도사, 징집 병사, 해외 출생자들의 이동을 규제하기 위해 "구질서의 잔해에서 나온 파편들"인 여권을 비롯한 다양한 통제 수단을 사용하고자 했다. 이런 장치들이 많은 경우 효과를 거둘 수도 있었겠지만, 나라를 파괴했던 혼돈과 무질서, 반체제 단체의 노력, 그리고 잘 정비된 관료적 기구의 부재 등은 이 시기에 합법적인 이동 수단에 대한 성공적인 독점을 주장할 수 있는 정부의 역량을 압도했다.

그럼에도 불구하고, 국가는 이런 방향으로 한걸음씩 나아갔고, 문서를 토대로 자국민과 외국인 사이를 효과적으로 구분하기 위한 조치들도 취해졌다. 물론 부분적으로 그런 노력은 특히 나폴레옹시대 말까지 유럽을 괴롭혔던, 특히나 여러 전쟁 기간 동안 나타난 국제 국가 체계의 비일관성[혼란]으로 말미암아 실패로 귀결되었다. 체계적인 여권 제도의 부재로 말미암아, 합법적인 이동에 대해 여권 소지를 의무화한 프랑스 같은 나라들은 외국인들이 자신들이 의무화한 문서를 가지고 도착하기를 기대하기보다는 자신들이 직접 외국인들에게 여권을 발급할 수밖에 없었다. 그럼에도 불구하고 프랑스의 새로운 정권은 프랑스 대중들에게 새롭게 부가된 신분증을 제도화함으로써, 그 시민들을 장악하고 그들을 자신의 목적을 위해 사용할 수 있도록 하는 데 큰 진전을 이뤘다.

이제 19세기 유럽의 상황을 고려해 보자. 급성장하고 있던 경제적 자유주의의 운명은 산업 발전을 위해 자유로운 이동이 반드시 필요한 것처럼 보이게 만들었다. 그리고 오랫동안 유지되었던 문서를 통한 통제의 몰락은 전례 없는 이동의 자유의 시기에 정점에 이르렀다.

3장 아우게이아스왕의 축사를 청소하다

: 이동의 자유를 향한 19세기의 경향

나폴레옹의 모험주의가 실패하고 빈회의Congress of Vienna(1815년) 이후 유럽 국가들 사이의 관계가 안정되자, 곧이어 혼란스러웠던 혁명기에 발효되었거나 혁명이 시작되기 훨씬 이전부터 이미 존재했던 이동에 대한 통제 조치들이 완화되었다. 그 후 100여 년 가량 이어진 상대적으로 평화로운 시기에는 봉건적 유대가 여전히 지배적이었던 곳에서 그것의 해체를 위한 틀이 마련되었는데, 프로이센의 경우 이 과정은 나폴레옹 전쟁 동안 시작되었고, 이는 부분적으로 이 기간 동안 군에 징집된 남성 인구에 대한 보상의 형태를 띠었다. 카를 폰 클라우제비츠Carl Von Clausewitz[1780~1831]•를 비롯한 개혁가들은 프랑스 "국민군"이 새롭게 보여 주었던 전투력에 맞먹는 힘을 가지려면 독일 사회가 좀 더 자유주의적이고 평등한 방향으로 전환되어야 한다는 것을 깨달았다.1 1789년 8월 프랑스에서 이뤄진 봉건제의 폐지••는 전통적인 공납과 의무로부터의 해방을 향한 움직임에 새로운 원동력을 제공했다. 한마디로, 농민을 토지에 묶어 두었던 관습은 서유럽에서 더 이상 유지될 수 없게 되었다. 반면, 16세기 소위 재판 농노제 이후 동유럽의 경우에는 아직 이런 추세의 영향을 거의 받지 않았지만 말이다.

　　이처럼 새롭게 획득된 자유는 사회질서의 수호자들에게 커다란

• 　프로이센의 군인, 군사 평론가. 예나전쟁과 나폴레옹전쟁에 참가했다.
•• 　1789년 8월 4일 제헌국민의회의 봉건제 폐지 선언을 가리킨다.

골칫거리였다. 19세기 초반(적어도 독일에서는, 그러나 분명 독일만은 아니었다), 그들 사이에서는 "농민에 대해 이전처럼 [영주의] 후견을 대신할 만한 것은 …… 아무것도 없다"는 불안한 견해가 널리 퍼져 있었다.[2] "위험한 계급들"을 관리할 책임이 있는 사람들은 "주인 없는 사람들"이 쏟아져 나와 아무런 제약 없이 거리를 활보할 가능성이 증가함에 따라 경악을 금치 못했다. 그러나 농노제의 쇠퇴와 더불어 생성 단계에 있던 산업자본주의 경제의 노동 수요는 19세기 동안 이동에 대한 규제의 극적인 완화를 촉진했다. "좀 더 상층에 있는 사람들"은 개탄했지만, 이런 경향은 1867년 프로이센이 주도했던 북독일연방North German Confederation•이 연맹 회원국의 시민이든 외국인이든지에 상관없이 여행 허가에 필요했던 모든 문서들을 분명하게 폐지했을 때 그 정점에 이르렀다. 그러나 이동이 자유화됨과 동시에, 연맹은 사람들에게 신원을 "증명"할 것을 요구할 수 있는 권리가 자신에게 있음을 분명히 했다. 국가의 수호자들은 여행에 대한 규제의 완화로 말미암아 치안과 여타의 목적을 위해 인구를 "장악"할 수 있는 국가의 역량이 축소되는 것을 용인하지 않겠다고 강조했다.

이 장에서는 주로 독일 영토에서 문서를 통한 이동 통제가 어떻게 변화해 왔는지 살펴볼 것이다. 특히, 국적에 상관없이 개인의 이동에 대해 상당할 정도의 법적 자유를 부여했던 과정을 재구성하는 데 초점을 맞출 것이다. 이 같은 이동의 자유는, 합법적인 이동 수단의 독점을 목표로 했던 근대국가들이 생겨나기 이전과 이후를 통틀어 유럽에서 알려진 그 어떤 이동의 자유보다 훨씬 큰 것이었다.

• 1867년 프로이센을 중심으로 오스트리아와 남독일 제국을 제외한 마인강 이북에 있는 22개 독일제국이 조직한 연방.

최소한 1548년부터 독일에서는 문서를 통해 하층민의 이동을 통제해 왔다. 그해 아우구스부르크에서 열린 제국의회는 "주인 없는 하인들" ―"주인이나 대변인이 없는" 사람들 ― 이 영지를 통과하려면 제국이 발급한 여행 문서를 소지해야 하며, 그렇지 않은 경우 추방될 수 있다는 명령을 내렸다. 이는 통상 여행 당사자의 이동을 규제할 것이라고 예상되는 봉건 영주를 대신해 국가가 이동을 규제하고 있었다는 점을 시사한다. 적어도 19세기 중반의 한 관찰자에 따르면, 그 직후에 "여권"이라는 말이 법률 용어로 처음 도입되었다.3

[프로이센의 군사 제도를 개혁해] 소위 군인왕Soldier King으로 불렸던 프리드리히 빌헬름 1세(1713~40년)는 그의 통치 초반, 걸인, 부랑자, 그리고 "여타의 사악한 하인들"에 대한 통제를 강화하고자 했던 법을 처음으로 외국인들에게도 적용해, 외국인들의 여권 소지를 의무화하고, 그들이 이동 경로에 있는 중간 기착지들에서 밤마다 사증을 발급받도록 했다. 자국민들은 "상용" 통행증을 지니고 다녀야 했다.4 군인왕은 자신의 치세 동안 농민의 이동을 일절 금했으며, 이를 위반할 경우 사형에 처했다.5 그 후, 1753년에 내려진 치안 조치는 "여행하는 모든 보행자와 개별적으로 [말을] 타는 사람은[육군] 장교나 그 밖의 저명인사가 아닌 이상 반드시 여권을 소지"하도록 규정했다. 여관 주인들은 매일 밤 그들의 숙박 시설을 찾는 이방인들을 보고함으로써 당국에 협조해야 했다.6

그러나 이처럼 가혹한 결정들을 너무 심각하게 받아들일 필요는 없다. 이탈리아의 한 이주 분석가가 지적했듯이, "이출 이민에 대한 금지가 이동을 막을 수는 없었다. 이런 이동은 이 나라에 깊게 뿌리박혀 있었으며, 종종 경제적인 어려움을 수반하는 정치적 억압은 그런 이동을 일종의 해방으로서 불가피한 것으로 만들었다."[7] 결국 이 시기에 상당수의 독일인들이 북아메리카로 이민을 떠났는데, 이는 부분적으로 당국이 종교 갈등을 해소하기 위해 이민 제한을 완화한 데 기인한 것이었다.[8] 그러나 [북아프리카로] 독일인들의 본격적인 유입은 아직 시작되지 않았고, 농민의 해방과 인구를 부로 간주하는 중상주의적 사고가 쇠퇴할 때까지 기다려야 했다.

독일에서는 19세기 초 농민해방을 통해 하층 신분의 이동을 제한하는 조치를 완화하려는 결정적 움직임이 취해졌다. 나폴레옹이 1806년 예나전쟁에서 프로이센에 승리를 거둠으로써 신성로마제국은 종말을 고했다. 프로이센의 왕이었던 프리드리히 빌헬름 3세는 조만간 프랑스와의 재대결이 불가피하다는 전제 하에, 응집력 있는 집합적 신민을 육성하기 위해 고안된 조치들로 이에 대응했다. 이는 "그들의 국가에 충만한 이해관계를 가지고 있어서 그것을 위해 기꺼이 싸우다 죽을 수 있는" 그런 신민이었다. 이른바 1807년 10월 칙령은 세습적인 노예 상태, 관습적인 부역의 의무와 세금, 농민의 토지 소유권에 대한 영주의 제약 등으로부터 프로이센 농민을 해방시켰다. 상당수의 직업이 모든 이에게 개방되었고, 자유로운 직업 선택을 규제하던 길드의 힘은 박탈되었다. 이런 조치들은 자유로운 노동시장을 향한 첫 번째 발걸음에 다름 아니었다. 카를 프라이헤르 폼 슈타인[1757~1831]*을 중심으로 한 개혁파들의 촉구에 따라, 불완전하기는 했지만, 대중이 정부에 참여할 수 있는 조치들이 취해졌다.[9]

그러나 어려운 시기에 거둔 몇몇 중요한 성공에도 불구하고, 프

---

* 프러시아의 정치가로 독일 통일의 길을 닦은 일련의 개혁을 도입했다. 특히 농노제를 폐지하고 근대 도시 체계를 확립하는 데 기여했다.

로이센의 개혁은 (부분적인) 군사적 점령과 임박한 전쟁의 재개라는 상황에서만 이뤄질 수 있었다. 나폴레옹의 러시아 겨울 원정이 대실패로 끝나자, 1813년 2월 말 러시아의 차르 알렉산드르 1세는 신을 믿지 않는 프랑스의 폭군으로부터 유럽의 그리스도교•를 구하기 위해 프로이센과 동맹을 맺었다.10 프랑스와의 대결이 임박한 것처럼 보이자, 이동에 대한 통제가 새롭게 강화되었다. 프랑스에 공식적으로 선전포고를 하기 일주일 전인 1813년 3월 20일, 프리드리히 3세는 "우리의 정부와 인민의 독립을 지켜 내기 위해" 새로운 여권법을 공포할 필요가 있다고 선언했다.11 이 같은 규제의 엄격함—규제를 받는 사람이 특정되어 있다는 점, 월경이 어떻게 이뤄지는지 정확히 규정되어 있다는 점, 법령이 규제와 관련된 관료 집단을 명확히 하고 있다는 점 등—에 비추어 볼 때, 앞서 검토했던 혁명기 프랑스의 [이동 규제] 조치들은 상대적으로 무계획적이고 허술한 것처럼 보인다. 물론 프랑스 혁명가들과는 달리, 프로이센 왕은 이동의 자유에 관한 세세한 철학적 문제들을 두고 논쟁을 벌이는 데 전혀 관심이 없었다. 대신에 그에게는 구해야 할 영토가 있었다.

한 관찰자가 지적했듯이, 1813년 법은 전시에 프로이센으로 "몰려들었던" 첩자들을 막기 위해 고안된 것이었다.12 실제로 문서 소지를 새롭게 의무화했다는 것은 이 같은 해석을 시사한다. 해외에서 온 여행자들은 프로이센 영토에 진입한 즉시 지역 당국이 발급한 것(일반적으로 사용되었던 방법)이 아니라, 그보다 상급 관료가 발급한 프로이센 여권을 소지해야 했다. 이런 상급 관료들의 범위는 왕실 수상에서부터 주 수준에서는 중앙정부의 치안 대표자 등이었다. 주목해야 할 점은 입국하는 여행자가 자신의 출신국이 아니라 입국하는 국가에서 발급한 여권을

• '기민당' 등 굳어진 표현에는 기독교를 따랐으나, 나머지는 그리스도교로 표기했다.

소지하는 관행이 여기서도 지속되었다는 것이다. 자신이 머무르는 마을에서 간밤에 여권 사증을 받지 못한 사람이나, 여권에 기재되어 있는 경로를 벗어난 사람은 체포와 추방의 대상이 되었다. 장인과 수공업자에 대한 법의 적용과 관련해, "그들이 장인증Wanderbuch[독일의 정교한 도제 체계를 통과했음을 증명하는 문서]을 가지고 있든 외국인용 여권만을 가지고 있든 관계없이"라는 특별한 언급이 있었다. 러시아를 비롯한 동맹국 군대 및 장교들은 이런 의무를 면제받았다. 사업을 목적으로 여행하는 특정 그룹의 사람들과 외교관 역시 마찬가지였다.

이와 동시에, 입국 제한의 대상이 된 사람들은 지역 수준 이상의 당국이 발급한 여권과 국경에서 적절한 절차에 따라 사증을 받지 못하면 프로이센을 **떠나는 것이** 금지되었다. 국내에서 돌아다니는 외국인과 신원 미상자에 대한 프로이센 보안대의 감시가 더욱 강화되었다. 이 법은 토지 소유자, 여관 주인, 마차꾼 등에게 법을 시행하는 데 협조할 것을 요구했다. 더불어 이 법은 장인들이 외국인이나 귀국한 프로이센인 도제를 고용하거나 해외에 일하러 보내는 것을 금지했다. 이 조항을 위반할 경우 심각한 처벌을 받았는데, 이는 오늘날의 이민정책과 관련된 "고용주 제재"의 전조로 간주할 수도 있을 것이다.

그러나 이 법은 잠재적으로 첩자로 간주된 사람들에 대해서는 감시를 강화했지만, 프로이센 국민에 대해서는 관대한 태도를 취했다. 해외에서 돌아오는 프로이센 국민의 경우 어떤 방식으로든 신원 확인이 충분히 가능하다면 새로운 여권의 형식적 절차를 반드시 따라야만 하는 것이 아니었다. 프리드리히 빌헬름의 자비로운 관점에서는 프로이센 신민들이 나라 안을 이동하는 데 제한이 필요한 것도 아니었다. 그의 말에 따르면, 이런 느슨한 태도는 "국가에 대한 우리 신민들의 칭찬할 만한 헌신"에 기인한 것이었다. 이는 자기중심적인 생각일 수도 있지만, 대중의 분위기에 대한 프리드리히 빌헬름의 판단은 프로이센 대중들 사이에서 고조되고 있던 반反프랑스 정서와 프랑스에 점령당한 영토의 해방을 위한 전쟁이 국내의 자유를 위한 전쟁과 결합되어야 한다는 왕의 입장 변화 모두를 반영하는 것이었다.13

따라서 새로운 여권을 통한 규제는 주로 외국의 잠재적인 적과 첩자의 이동을 대상으로 했으며, 프로이센 신민의 이동에 대해서는 매우 관대한 것이었다.14 이동의 자유에 대한 이처럼 관대한 자세는 프로이센의 주권을 회복하고, 나폴레옹에게 빼앗긴 영토를 되찾기 위해 곧 군대에 징집될 사람들의 열정이 지속되길 간절히 원했던 통치자가 보여 준 현명한 처사였다. 춘계 공세는 4월에 시작되었고, 몇 달 후에 새로운 징병법이 제정되었다. 1813년 8월까지 "유럽의 미래를 두고 결정적인 전투"가 진행되었다.15

이는 궁극적으로 나폴레옹이 패배하게 될 전투였다. 9월에는 오스트리아, 프로이센, 그리고 러시아의 통치자들이 테플리츠에 모여 일련의 조약을 체결했다. 이들은 그 조약에서 나폴레옹이 최종적으로 패퇴할 때까지 함께 싸우며, 오스트리아와 프로이센을 1805년의 상태로 복원할 것을 약속했다. 1813년 10월 라이프치히에서 발발한 "국가들의 전투"[국가들 사이의 전투 또는 라이프치히전투로도 부른다]는 유럽에서 프랑스 황제[나폴레옹 1세]의 패권이 몰락했다는 것을 고지하는 것이었다. 1815년 6월의 워털루전투까지는 아직 2년 정도 남았지만, 프로이센과 그 동맹 세력은 프랑스에 심각한 타격을 가했고, 나폴레옹은 머지않아 엘바섬으로 추방될 것이었다.

이런 배경에서, 전년도 여권법에서 "대중의 이동[의 자유]에 관한 고려가 일반 안보에 관한 고려에 확고하게 종속되어야 했던 정치적 조건들이" 호전되었기 "때문"에, 프리드리히 빌헬름 3세는 1814년 2월 말에 사륜 짐마차 운전자, 축산물 중개인, 그리고 장인들의 이동에 관한 규제를 자유화하는 칙령을 반포했다. 이 가운데 가장 큰 관심은 장인들에게 쏠렸다. 군사적 비상사태가 지나가자, "우호적인" 나라에서 입국한 장인들은 자신이 태어난 나라의 지방 당국이 발급한 여권을 가지고 프로이센 영토에 들어올 수 있게 되었고, 1813년 3월에 선포된 이래로, 국경에서 프로이센 여권을 기다리는 동안 감수해야 했던 성가신 절차를 더 이상 밟지 않게 되었다. 그 대신 국경 수비대가 그들이 소지한 여권을 꼼꼼히 검사해 사증이 찍히지 않은 "임시 여권"을 발급해 주었는데, 이를 통해 그들은 1813년 법에 따라 입국 여권의 발급 권한을 부여받은 지방과 여권 발급과 관련된 관공서까지 여행을 할 수 있게 되었다. 따라서 새로운 규제는 당사자들이 국경에서 문서를 위해 오랫동안 기다려야만 하는 신청 절차 없이 프로이센에 입국할 수 있도록 했다. 대신에 그들은 자신이 편리한 시간에 관련된 당국에 직접 방문해 문서를 얻을 수 있게 되었다. 그러나 숙련 노동자의 유출을 막아야 한다는 중상주의적이고 봉건적인 사고는 큰 변화 없이 여전히 지배적이었다. 1813년 법에 명시되어 있던 규제들은, 프로이센을 떠나고 싶어 하는 숙련공들에게는 여전히 유효했다.[16] 말할 나위도 없이, 이런 종류의 출국 규제는 대부분 구체제 국가들의 특징이었고, 이는 훗날 제3세계 국가들에서 "제3세계" 밖으로의 "두뇌 유출"을 방지하기 위한 시도들을 예기하는 것이었다.

아서 웰링턴이 워털루에서 나폴레옹을 최종적으로 패퇴시키자, 유럽의 강대국들은 대륙의 지도를 다시 그리기 시작했다. 이 과정에서 프로이센은 구영토의 상당 부분을 되찾았을 뿐만 아니라 작센 지방의 5분의 2와 라인란트 및 베스트팔렌의 광범위한 지역을 새롭게 획득했다. 남부와 서부의 좀 더 진보적이고 부유한 지역을 일부 흡수함으로써, 프로이센의 중심 지역은 전통적인 동부의 농업지대에서 새롭게 취득한 이들 지역으로 이동했다. 더욱이 빈회의에서 체결된 조약들은 통일 국가를 향한 독일의 도정에서 일종의 중간 기착지들이 되었다. 1815년 결성된 독일연방은 39개의 회원국으로 구성되었는데, 그 가운데 프로이센과 오스트리아(좀 더 정확하게는 이전에 신성로마제국의 일부였던 합스부르크와 호엔촐레른의 영토)가 지도적인 위치를 차지했다. 국가들 사이에 느슨하게 연결된 독일연방은 한편으로 프로이센의 영향력을 축소하고자 했던 정치 지도자들의 목적에 이바지하고 있었고, 다른 한편으로는 주권의 상실을 우려하고 있던 작은 국가들의 목적에도 부응했다. 그러나 그것은 독일 국민국가 건설 프로젝트의 열렬한 지지자들을 만족시킬 수 없었고, 따라서 싹트고 있던 그들의 운동에 상당한 자극을 주었다.17

이런 맥락에서 프로이센의 프리드리히 빌헬름 3세는 기존의 태도를 뒤집고 "왕국의 안전 못지않게 여행과 상업의 자유도 존중하기"위해, 1813년에 제정된 전시 법령을 폐지했다. 1817년 6월 22일의 새 여권법은18 주로 지방, 국경, 항만 공무원들에게 프로이센의 입국을 위해 필요한 문서들을 발급할 권한을 다시 부여함으로써, 기존 법률의 규제 조항(제4항)을 완화했다. 또한 입국 여권의 교부 권한을 지닌 사람들의 목록에 외국 궁정에 파견된 프로이센 외교관, 공식적인 무역 사절과 영사, 그리고 가장 주목할 만한 것으로 다른 국가의 "국가" 및 지방 공무원 등이 추가되었다. 이는 적어도 나폴레옹시대 이래로 하나의 혁신이었다(심지어 프로이센의 온천에 요양하러 오는 사람들의 경우, 다른 국가의 지역 공무원들이 이들에게 여권을 발급할 수 있게 되었다). 이전까지 프로이센 정부는 프로이센의 고유 기관만이 그런 문서들을 발급해야 한다고 주장했다. 입국시 여권 소지 의무로부터 면제되는 사람들로는 군주들과 그 가솔, 유효한 출국 여권을 소지하고 돌아온 프로이센 신민, 유효한 여행증을 지닌 장인, 남편과 동행하는 부인, 부모와 동행하는 어린이 등이 있었다.

1817년 여권법의 관점에서 프로이센으로부터의 출국은 이와는 완전히 다른 문제였다. 엄밀히 말해서 내국인이든 외국인이든 어느 누구도 출국을 승인하는 여권 없이 나라를 떠나는 것은 허용되지 않았다. 이런 제한을 적용받지 않는 이들은 입국 여권이 요구되지 않은 사람들과, 요건을 충족하는 외국 여권을 가지고 도착한 사람들뿐이었는데, 이들 역시 출신 국가로 돌아갈 경우 프로이센 마을에서 경찰로부터 사증을 받아야 하기는 했다. 그러나 입국 여권과는 대조적으로, 출국 여권은 지역 경찰관이 발급했던 것이 아니라, 주 정부나 보다 높은 수준에 있는 당국만이 발급했다(실제로 주 정부의 관리들은 하급기관에서 발급한 여권이 여행자가 여행할 나라의 입국 요건을 충족하는 경우에만 여권을 발급할 수 있었고, "이에 대해서는 주 정부가 치안부로부터 세부 지침을 받게 되어 있다"). 프로이센 궁정에 파견되어 있는 외국 외교관들은 다른 외교부 직원에 대해 여권을 발급할 수 있는 권리가 있었지만, 이 경우 역시 해당 직원의 직급에 따라 외무부나 치안부로부터 사증을 받아야만 했다.

이 법의 제3조에서는 국내에서 이동하는 프로이센 내국인의 경우 경찰로부터 여권을 발급받지 않아도 되고, "자유롭게 여행할 수 있으며, 여권이 없다고 제지받지 않는다"고 규정했다. 그럼에도 불구하고, 여행자들은 경찰관이 요구할 경우 신원을 밝혀야만 했고, 이를 위반하는 경우 다양한 처벌을 받을 수 있었다. 이 법 제4조는 그런 신원 확인을 가능하게 하기 위해 "신분증"을 취득할 수 있는 방법을 제시했는데, 이런 신분증은 치안부, 주 정부 또는 거주 지역 경찰로부터 발급받을 수 있는 것이었다. 신분증에는 개인의 인상착의가 기재되어 있어야 했는데, 유효 기간 1년이고, 취득 비용은 상대적으로 저렴한 4그로셴(인지대 2그로셴을 포함)이었다. 그러나 모든 내국인이 여권을 소지하지 않은 채 국내 여행을 할 수 있었던 것은 아니었다. 여권 소지가 면제되지 않은 집단이 있었는데, 특정한 유형의 장인, 우체부, 그리고 시민이 아닌 유대인 등이 그들이었다.

입국용이든 출국용이든 모든 여권은 가장 가까운 곳에 소재한 국경 경찰로부터 사증을 받아야 했고, 여권 소지자가 24시간을 초과하는 기간 동안 머무르는 곳에 소재한 경찰로부터도 사증을 받아야 했다. 후자는 국내 여권에도 의무적으로 부과되었다.

그러나 문서를 통한 이동의 규제가 법적으로 완화되었다고 해서 공공질서가 이완된 것은 아니었다. 이 법은 여러 보안 기관들에게 "여행자와 이방인들에게 좀 더 큰 주의를" 기울이도록 지시하는 것이었다. "그럼으로써 여행자들의 이동이 촉진되었음에도 불구하고, 공공과 민간의 안전이 위험에 처해서는 안 되며, 부랑자와 범죄자들이 활개 치지 못하도록 하기 위한" 것이었다. 이동에 대한 통제의 완화가 안전을 위협하는 상황을 피하기 위해, "위험한 계급과 개인들"을 대상으로 하는 법은 강화되었다. 이 모든 규제의 요점은 "무고한" 여행자들이 자신의 신원을 증명할 수 있도록 하고, 수상하고 위험한 사람들은 "경찰과 가능한 한 자주 접촉하도록" 하는 것이었다.19 한마디로, 평시에 이동에 대한 통제를 완화하는 것이 제아무리 적절하다 해도, 공공 안전을 헤쳐서는 안 된다는 것이다. 알프 뤼트케에 따르면, 하층계급의 이동성 증가에 대한 당국의 대응은 "촘촘한 등록(허가증, 거주 허가 등)망을 창출하는 것이었는데, 이는 경찰 당국이 '여행자의 행적을 놓치지 않도록' 하는 강력하면서도 공허한 명령과 결합되어 있었다."20

1817년에 제정된 새로운 여권법은 나폴레옹시대 이후 독일에서 이동에 대한 통제를 좀 더 광범위하게 완화한 것이었고, 독일연방의 원초적-국민국가적 성격proto-national character에도 부합하는 것이었다. 브루베이커가 지적한 바와 같이, 연방 규약은 초기에 이동 및 정주의 자유를 확대하는 데 이바지한 [연방 내의] 수많은 양자 간 협정들을 연방 내 모든 국가로 확대한 것이었다.[21] 그러나 1817년 프로이센 여권법에서 우리가 살펴보았던 증거는, 이런 조약들이 "입국이 아니라 출국에 대한 통제를 폐지"했으며, 사람들은 특별한 허가를 받지 않고 [연방의] 어떤 국가라도 떠날 수 있었다"라는 브루베이커의 주장이 시기상조였다는 점을 분명하게 보여 준다.[22] 심지어 19세기 중반에도, 독일에서 이민을 떠나는 사람들은 통상 "세금 징수관, 성직자, 학군school district 공무원 등으로부터 세금이나 십일조 등에서 체납 내역이 없다는 증명서를 받아야 했다. 개인 채무가 없거나 이를 탕감받아야 했으며, 상세한 양식의 서류를 작성해 시민권을 포기해야 했다. 법에 의해 자신이 어리석은 행동을 하고 있다는 것을 공식적으로 통지받아야 했다."[23] 비록 이 같은 규제의 실제 집행은 시기와 장소에 따라 상이했고, 어떤 경우든 대체로 비효과적이었으며 쉽사리 피해 갈 수도 있는 것이었지만, 분명한 점은 독일의 국가들이 자신의 신민의 출국과 관련해, 아직까지는 자유주의적 입장을 취하지 않았다는 것이다.

이출 이민을 막고자 했던 것은 프로이센뿐만이 아니었다. 예를 들어, 연방 회원국 가운데 하나였던 뷔르템베르크는 여전히 이출 이민을 금지하고 있었다. 비록 그 규정이 선택적으로만 시행되었고, 실제로 이 시기 동안 독일로부터의 이출 이민 대부분은 [뷔르템베르크가 위치한] 남서부 지역에서 일어났지만 말이다. 따라서 수천 명의 슈바벤인들은 트랜스코카서스[러시아어로는 남캅카스. 현재는 아제르바이잔, 아르메니아, 조지아 공화국 등이 있는 지역]의 빈 땅이 줄어들면서 (그들의 유입에 대한 러시아의 환영 열기가 시들기 전에) 러시아로 떠나갔다. 이에 따라 1817년 5월 뷔르템베르크 정부는 이민을 떠나려는 사람들이 러시아 당국으로부터 이민 허가증을 받지 않은 경우, 출국 허가를 내주지 않았고, 러시아는 자신의 토지가 없어 스스로 먹고 살 수도 없는 가난한 외국인들을 받아들이는 일에 아무런 관심도 없었다. 상대적으로 가난한 이민 예정자 무리들은 서프로이센, 나사우 공국, 네덜란드(당시에는 독일연방의 한주), 그리고 바바리아 등의 관리들로부터도 유사한 대접을 받았다. 결과적으로 1817년 6월 무렵이 되자 뷔르템베르크 정부는 이출 이민자들이 외국 정부가 부과한 규제들을 충족시켜야 할 것을 요구했다. 즉, "이는 사실상 그런 규제들을 받는 부류의 사람들에게 허가증을 발급하지 않겠다는 것을 의미했다."24 그러나 비록 사람들이 독일 남서부에서 나올 수 있었더라도, 1819년에 러시아 정부가 뷔르템베르크에 있는 자신의 대표부에게 남캅카스(영어로는 트랜스코카서스) 여권에 더 이상 사증을 발급하지 말라고 지시함에 따라, 그 지역에 대한 접근은 더욱 어려워졌다.25

이출 이민을 턱없이 부족한 빈민 구호 예산을 줄일 수 있는 안전장치이자, 이출 이민자들의 마지막 희망으로 보았던 지방정부 관리들은 [이출 이민에 대한 규제 완화를] 지속적으로 탄원했지만, 고위 당국자들은 계속해서 애매모호한 태도를 보였다. 바덴의 카를 대공Grand Duke Karl of Baden은 이민을 떠나는 것이 "독려되어서는 안 되지만 그렇다고 금지되어서도 안 된다"고 말할 뿐이었다. 요컨대, 독일에서 이출 이민에 관한 정책들은 당시 어느 정도 혼란스러웠고, 그것을 꺼려했던 이전의 중상주의적 사고방식과 그것을 국가 및 이출 이민자 모두에게 유익한 것으로 바라보는 좀 더 자유주의적인 사고방식 사이에서 균형을 유지한 채 있었다고 말하는 것이 최선일 것이다. 실제로 독일을 떠나는 이민이 공식적으로 금지되어 있었음에도 불구하고, 뷔르템베르크 정부는 1817년에 내무부 산하에 이출 이민 업무를 담당하는 부서를 설립하는 것이 바람직하다고 생각했다. 여권을 비롯해 다양한 통제 조치들에 따른 출국 장벽은 여하튼 아예 극복할 수 없는 것이 아니었다. 상당수의 사람들, 특히 부채가 있는 사람들이나 여타의 이러저런 의무들을 피하고자 하는 사람들은 그런 장벽에 구애받지 않고 그냥 떠나 버리기 일쑤였다.26 출국할 자유에 대한 브루베이커의 주장과 관련된 혼동은 'Freizügigkeit'이라는 용어의 번역에 있는 것 같다. 이 용어는 "이동의 자유"로 표현될 수도 있지만, 19세기 독일 조약과 법에서 좀 더 전문적인 의미는 정착의 자유에 관한 것이었다. 이 글에서는 주로 문자 그대로 (그리고 전적으로) 이동의 자유를 의미하는 행동의 자유Bewegungsfreiheit의 문제에 관심을 갖고 있다. 이 시기 동안 각각의 범위는 확대되었지만, 출국의 자유— 어디에 살고자 하는가라는 질문과 상관없는 — 는 정착의 자유만큼이나 빠르게 발전한 것은 아니었다. 물론 정착의 자유 역시 여전히 방해를 받고 있었지만 말이다.27

분명히 프로이센은 인구에 대한 중상주의적 사고방식을 버리지 않았고, 이는 프로이센이 (엄밀히 말하면 금지한 것은 아니었지만) 이출 이민에 반대하도록 했다. 1820년 프로이센인들의 대규모 이주로 궁지에 몰렸던 정부는 이를 이민 중개업자들(오늘날 멕시코의 "코요테"* 나 좀 더 일반적으로는 밀입국 알선의 선구자였던) 탓으로 돌리며, 이에 나라를 떠나도록 유도한 죄가 발견되면 누구든 구금형에 처했다. 적어도 19세기 중반까지 프로이센에서는 이 같은 제한이 주요 정책이었다.28 더욱이 1830년대에 접어들면서 대부분의 독일 국가들은 출국을 요청하는 신민들이 자신들이 가려는 목적지 국가가 그들의 입국을 허용할 것이라는 사실을 입증할 수 없으면, 그들에 대한 여권 발급을 거부했다. 그 결과 오늘날 우리가 알고 있는 사증 시스템의 초기 형태가 작동하기 시작했다. 이민을 희망하는 자들은 자국을 떠나기 위한 허가를 받는 데 필요한 문서를 얻기 위해

---

* 멕시코에서 미국으로의 밀입국을 돕는 불법 조직을 가리킨다.

외국 영사관에 가야 했다.29 이런 조치들은 중상주의적 사고방식이 여전히 지속되고 있었다는 것을 분명히 반영하지만, 또한 이민자들이 목적지에서 자신을 받아 줄지 확인하지 않은 채 떠나는 것을 막고 독일에서 그들의 생계를 포기하지 않도록 보호하고자 고안되었을 수도 있다. 앞으로 살펴보게 될 것처럼, 1920년대에 미국에서 사증 체계를 구축하기 위한 근거로 제안되었던 것도 바로 이것이었다. 이와 같은 법률들에는 이출 이민에 대한 규제와 온정주의적 정서가 불가분하게 혼재되어 있었다.

여하튼, 이 시기에 프로이센 내에서의 이동에 대한 통제는 상당히 완화되었지만, 브루베이커가 1810년대에 등장했다고 했던 일종의 출국의 자유는 실제로는 미래의 어느 시점에서나 이뤄질 일이었다.

프로이센의 후진성? 영국 상황과의 비교

이 시기 프로이센에서 이동에 대한 규제, 특히 출국에 대한 규제가 확실히 엄격했다는 점을 고려하면, 잠시 눈을 돌려 이 시기 동안 영국에서 이동에 대한 통제의 문제를 일별해 보는 것이 유익할 수 있다. 산업자본주의 발전의 선두 주자인 영국은 자유로운 노동시장을 창출하는 데 앞장섰는데, 이는 "봉건적"인 구속을 해체하고 그 결과 노동의 이동성을 가져온 필수적인 요소였다. 제조업은 어디서든 자유로운 노동을 자신이 원하는 곳에서 손에 넣지 않고서는 앞으로 나아갈 수 없었을 것이다.

앞에서 언급했듯이, 엘리자베스 1세 시대의 "구빈법"Poor Laws과 "1662년 정주법"Act of Settlement and Removal of 1662은 "교구 농노제"parish serfdom•의 법적 토대를 창출했는데, 이는 영국 내에서 영국인들의 이동을 엄격하게 제한하는 것이었다. "양이 사람을 먹어 치우고" 수많은 농민들을 토지에서 쫓아내, 여전히 태동기에 머물러 있던 산업[공장]으로 내몰았던 공유지 인클로저의 사회적 결과를 고려하면, 그런 법이 매우 활발하게 시행될 수 있었는지는 의문이다. 그러나 1795년 영국은 신흥 자본주의 기업이 가장 필요로 하는 곳으로 일손을 보내기 위해 정주법을 부분적으로 폐지했다. 이에 따라 교구 농노제는 폐지되었고 영국 노동자들의 물리적 유동성은 복원되었다. 칼 폴라니는 잉글랜드와 웨일스의 자치주들에서 노동 소득에 상관없이 빈민 구제를 제공했던 스핀햄랜드 제도··라는 동시대의 제도가 노동자들이 고용을 찾아 나아가는 것을 막았고, 따라서 전국적 차원에서 경쟁적인 노동시장이 형성되는 것을 방해했다고 주장했다.[30] 그러나 좀 더 최근의 연구는 "빈민 구제로 말미암아 농촌인구가 교구에 묶여 있었다는 통념"은 그 증거가 희박하다는 것을 보여 주었다.[31]

영국 노동자들이 국내 이동의 확대된 자유를 누리고 있을 무렵, 아일랜드 이민자들이 대규모로 영국에 유입되었는데, 이 같은 유입을 촉진했던 것은 1800년 연합법Act of Union이었다. 이 법은 아일랜드 대중들에게도 영국United Kingdom의 시민권을 부여하는 것이었고, 따라서 훨씬 더 많은 수의 아일랜드인이 영국 영토로 유입되었다. 상당수의 아일

- 엘리자베스 1세의 구빈법(1601년)은 빈민 구제에 대한 책임을 교회에서 국가로 이전하여 구빈 행정 체제를 확립한 반면, 정주법은 걸인들이 부유한 교구로 이전하는 것을 막고 노동능력이 있는 빈민의 교구 이탈을 막기 위한 목적으로 제정된 것이었다. 이는 기존 교구를 바탕으로 농노제와 같은 체제를 확립했는데, 한 교구에서 노동능력이 있던 자는 노역장으로, 그렇지 않은 자는 구빈원으로 보내졌다.

- · 1795년 5월 6일 영국의 버크셔 뉴베리 근처 스핀햄랜드(Speenhamland)에서 지방 행정관들이 내린 결정에 따라 채택된 빈민 구제책. 저임금 노동자의 임금을 가족 수에 비례하여 일정 금액을 보충해 주는 것을 골자로 하며 1834년에 폐지되었다.

랜드인이 아일랜드해를 건너 영국으로 이동했는데, 이는 미국으로 이민을 떠나기 위한 서곡이었다. 영국과 미국 사이에 삼각 무역이 좀 더 정기적으로 이뤄진 덕택에, 아일랜드의 항구들보다는 리버풀에서 출발하는 좀 더 저렴하고 손쉬운 경로가 생겨났다. 이 같은 아일랜드인의 이주로 말미암아 "하나의 아일랜드 사회가 아니라, 대서양을 사이에 두고 긴밀하게 상호작용하는 두 개의 아일랜드 사회가 출현했다."[32]

이런 양상은 영국 인구에 아일랜드인 이민이 미친 영향을 크게 감소시켰다. 한 관찰자가 말했듯이, 부분적으로 이런 이유 때문에, "아일랜드인이 대규모로 이주한 대부분의 시기 동안 영국은 자국에 새로 도착하는 사람들을 규제하는 문제와 관련해 자유방임적인 개방 정책을 채택했다."[33] 아일랜드인의 이민에 대한 영국의 이처럼 관대한 태도는 인구 증가와 유지를 선호했던 영국 통치 엘리트들의 중상주의적 사고방식이 쇠퇴하면서 시들어 갈 터였지만, 지배계급의 핵심 부분이 그런 사고방식에서 벗어나기까지는 시간이 걸릴 것이었다.

농민을 해방시켰던 1807년 10월 칙령 이후의 프로이센과 마찬가지로, 1795년 이후 영국 내에서 확대된 이동의 자유가 왕국을 떠날 수 있는 자유의 확대를 수반했던 것은 아니었다. 중상주의적 사고를 사로잡았던 "인구 감소"[에 대한 두려움]라는 유령이 여전히 영국 명망가들의 잠자리를 배회하고 있었다. 이에 따라 의회는 1803년 처음으로 이른바 여객법Passenger Act을 채택했다. 이 법은 당시 선장들이 배의 바닥 짐칸에 대서양 횡단 승객들을 태우는 것을 규제하는 것이었는데, 법이 구현하고자 했던 인도주의적 취지에도 불구하고, 그 안에 "중상주의를 품고 있었고" 법 조항의 위반에 대해서는 엄격한 처벌이 규정되어 있었다. 1803년 법이 강력하게 시행되었다면 승객들에 대한 처우는 개선되었겠지만, 영국에서 미국으로 향해 떠나는 사람들의 수 역시 현저하게 감소했을 것이다. 그러나 역사가인 올리버 맥도너에 따르면 이 첫 여객법은 결코 엄격하게 시행되지 않았다. 맥도너의 견해로는 만일 그랬다면, "대서양 대이주"의 출현은 심각하게 억제되었을 것이다.[34]

워털루전투 이후에야 이주 정책에 대한 중상주의적 태도가 자유무역에 ─ 또는 적어도 "이출 이민"에 호의적인 정서를 가진 사람들에게 ─ 자리를 내주기 시작했다. 전쟁이 끝나자 실업, 불황, "맬서스적 전조"가 밀려왔다. 1819년 피털루(맨체스터)에서 발생한 폭동에서는 노동자 계급이 자신들의 요구 사항을 내걸고 투쟁을 벌이는 와중에 열명의 시위자가 사망하고 수백 명이 부상당했는데, 이는 지배 엘리트에게 "사회적 문제"가 정치적으로 중요하다는 사실을 일깨우는 데 도움이되었다. 이에 따라 "1819년 구빈법에 관한 특별위원회를 설치하여 실업자들에게 사실상 이민을 떠나도록 권장했고" 같은 해 의회는 정부가지원하는 식민지 건설에 처음으로 보조금을 지원하기로 했다.[35] 영국은출국에 대한 제한을 완화하거나, 또는 사실상 적극적으로 출국을 독려함으로써, 일자리가 없는 사람들을 수출하고자 했다. 따라서 노동시장을 규제하려는 국가의 욕구가 출국에 관한 영국의 정책을 결정하게 되었다.

그러나 모든 일이 그렇듯이, 이주라는 동전에도 양면이 있었다. 영국인들이 일자리가 없는 자국 노동자들을 수출하고자 했을 무렵, 미국 ─ 영국 정부는 이들을 캐나다로 보내려 했지만, 영국 이민자들의주요 목적지는 미국이었다 ─ 은 경제적 불황으로 말미암아, 이입 이민을 금지한 것은 아니었지만, 공식적으로는 억제하고 있었다. 출판업자인 히즈키야 나일스[1777~1839]는 『위클리 레지스터』*Weekly Register*에서 다음과 같이 기술했다. "[유럽으로부터] 이민이 진행되는 것을 보며 즐거워하던 때가 있었다. 이제는 그 이민 행렬을 지켜보는 게 고통스럽다. 우리

인민의 일자리가 부족하기 때문이다."[36] 뉴욕시는 이 같은 비상사태에 대응하여, 생활보호 대상자가 될 성 싶은 외국인들이 뉴욕에 상륙하는 것을 제한하기 위한 조치를 취했다. 그런 규제 조치들을 비교적 손쉽게 피할 수 있었고, 대부분 효과가 없었지만 말이다.

1810년대 후반 영국 노동자들이 직면했던 불황과 그것이 초래한 사회적 불행은 영국 엘리트들이 이민에 관심을 집중하는 데 도움이 되었다. 1820년대 중반에는 자유무역을 지향하는 움직임이 이출 이민 정책을 둘러싼 의회에서의 논쟁을 지배하게 되었다. 오랫동안 지속되었던 선원과 장인의 출국 금지 — 이민을 떠나려는 모든 이들은 그가 "제조업자"나 "장인"이 아니라는 것을 증명하는 증명서를 그의 본적이 있는 교구 당국에 의해 발급받아 제출해야 한다는 규정을 포함하여 — 와 이민을 떠나려는 자들과 그들이 소유한 것에 관한 다양한 규제들이 1924~25년에 폐지되었다. 이출 이민 정책에서 "구체제의 마지막 유물"이 마침내 자유주의의 맹공 앞에서 무너져 내렸다.[37]

그러나 영국에서 국내 노동시장의 부담을 덜고 구빈 명부에 등록된 사람의 수를 줄이기 위해 출국이 좀 더 쉬워졌다면, 초과 노동력의 유입을 막기 위해 입국 역시 제한해야만 했다. 1834년의 "수정 구빈법"Poor Law Amendment Act은 스핀햄랜드 제도를 폐지했고, 빈민 구제를 개별 교구의 책임으로부터 분리했다. 마커스 리 한센은 "영국의 농촌인구는 2세기 동안 움직이지 않고 정체되어 있다가 이동을 하게 되었다"고 서술했다. 국내 이동의 저해 요소를 이렇게 제거함에 따라 정부는 영국에서 빈민의 수를 줄여야만 했는데, 이는 정부가 빈곤층에 대해 보다 큰 책임을 떠맡게 되었기 때문이다. 공교롭게도 이 법은 해외로의 이민 계획을 지원하기 위해 지역 지원금의 사용을 승인했다. 자유무역이 중상주의를 대체하면서, 노동시장과 빈민 구제는 점점 더 "전국화"되었다. 빈민 구제법은 1837년에 아일랜드로 확대되었다.38 "자유무역"은 국경의 개방을 의미하는 것이 아니라, 지방 수준이 아닌 국가 수준에서 노동과 복지 "시장"을 보호하는 것을 의미했다.

이런 해석은 왜 영국이 1836년 외국인에 대한 규제로 급격히 돌아섰는지를 이해할 수 있는 유일하게 합리적인 방법인 것 같다. 왜냐하면 영국은 오랫동안 외부인들에게 놀랄 만큼 개방적이었기 때문이다. 1215년 마그나카르타는 다른 나라의 상인들에게 그들의 의지대로 영국을 드나들 권리를 보장했다. "전시에, 그리고 그들이 영국과 교전 중인 나라에서 온 경우"를 제외하곤 말이다. 심지어 이 경우에도, 왕이 교전 중인 나라가 왕의 백성을 잘 대우하고 있다고 결정하면, 해당 국가의 상인들은 해를 입지 않고 머물 수 있을 것이었다.39 그러나 전쟁은 1836년 [외국인 규제]법이 입안되는 데 아무런 역할을 하지 않았다. 대신에, 그 법의 입안에 기여한 것은 스코틀랜드의 흉작과 아일랜드 농업의 붕괴에 따른 불황이었다.40

"1836년 외국인 규제법"Aliens Restriction Act of 1836은 유럽 열강들이 평화 상태에 있던 시기에 등장해, 새로운 시대의 출발을 고지했다.41 이때부터 "해외에서" 도착한 선장은 입항지의 주무 세관원에게 승선한 모든 외국인의 이름과 신분, 직업, 그리고 인상착의를 신고해야 했다. 나아가 영국인이 아닌 사람은 왕국의 어느 항구에 상륙하든 세관원에게 "그 또는 그녀가 소지하고 있는 여권"을 제출하거나 "어느 나라 소속이고, 어디의 신민이며, 어느 나라 어느 지역에서 이곳으로 오게 되었는지" 신고해야 했다. 이 법령에 제시된 문구에 따르면 영국 정부가 자국 해안에 도착하는 모든 외국인이 여권을 소지하고 있을 것이라고 사실상 기대하지 않았고, 나아가 그런 문서[여권]의 제시를 조건으로 입국을 허락한 것으로 보이지는 않는다. 그럼에도 불구하고 영국은 적어도 법조문 상에서 여행자가 남성일 수도 있고 여성일 수도 있다는 사실을 인정했다는 점에서 독일보다 현저하게 앞서 있었다.

이 같은 의무를 면제받는 사람들은 외국 정부의 공식 대표들과 그들의 하인들, 그리고 3년 동안 계속해서 왕국에 거주하고 있는 외국인(관련 공무원들로부터 이 같은 사실을 증명 받아야 한다) 등이었다. 그러나 국적 증빙 문서를 면제하는 것은 그에 따른 문제를 낳았다. 국적은 사람들의 이마를 보고 알 수 있는 게 아닌지라, 일종의 설득력 있는 증명, 다시 말해 일반적으로 요구되는 문서들이 아닌 **다른** 종류의 문서들을 필요로 한다. 따라서 외국인 규제법은 다음과 같이 적시했다. "어떤 사람이 외국인으로 의심을 받아 …… 외국인인지 아닌지에 대한 의문이 제기되면, …… 그 사람은 자신이 …… 천부적인 신민인지, 왕국의 거주자인지, 또는 귀화한 신민인지를 증명해야 한다. 그렇지 않고 만약 그가 외국인이라면, 자신이 이 법의 조항에 해당되는지 그렇지 않은지를 증명하는 것은 외국인이라고 주장하는 바로 그 사람의 책무이다."

그런 조건들은 아마도 영국에 대한 입국 허가를 요구하는 개인의 권리를 문서로 증명하는 방식이 발전하도록 자극했을 것이다. 이는 궁극적으로 여권이 떠맡을 기능이었지만, 이 시점에서 그와 같은 요건은 정확하게는 여권 **없이** 입국하고자 했던 사람들(즉, 영국의 신민들)과 관련되어 있었다. 이런 상황에서라면 정통 영국식 영어를 구사하는 잘 차려입은 여행자는 영국 남성이나 여성으로서 [입항지를] 통과하는 데 별 어려움이 없었을 것이다. 반면에, 토리노에 있는 가족을 방문한 후 그의 작업장으로 돌아오기를 원했던 이탈리아인 제화공에게는 이런 식으로 [입항지를] "통과하는 것"이 보다 어려웠을 것이다. 심지어 그가 왕을 위해 20여 년에 걸쳐 런던에서 일을 했다손 치더라도 말이다. 제화공에게는 입국 허가를 요구할 수 있는 자신의 권리를 증명하기 위해 모종의 문서들이 필요했을 것이다.

이 법은 미래의 발전 방향을 예시하듯 세관 관리들이 "외국인 명단"을 보관하도록 규정했다. 물론, 이에 대해 한 평론가는 그런 규정이 "다소 두서없이 실행"되었다고 말하기는 했지만 말이다.[42] 규제를 완성한 것은 외국인들이 왕국을 떠나기 전에 출국 의사를 세관 관리들에게 알려야 한다는 요건이었다. 그리하여 이 법은, 입국하는 외국인들을 매우 엄격히 조사해, 외국인 신분임을 확인함으로써 그들을 배제할 수 있는 분류의 기반을 제공했을 뿐만 아니라, 국가가 언제든 모든 외국인의 출국과 체류를 기록하는 데 필요한 행정 기구의 설립을 촉진했다.

이와 같은 입법은 1846년 곡물법 폐지를 정점으로 대부분의 영역에서 승리를 구가하고 있던 자유무역의 원리와는 부합하지 않는 것이었다. 그러나 외국인을 추적하는 데 쏟아 부었던 에너지의 확대는 왕국 내 "인구과잉" 지역, 특히 아일랜드로부터의 출국을 장려하고 촉진하려는 이른바 이출 이민 옹호자들의 정책, 그리고 거주 인구의 규모를 줄이고 이를 통해 실업 문제를 개선하고자 했던 영국 정부의 광범위한 노력에 부합하는 것이었다. 1836년 법은 경제적 자유주의의 모범은 아니었지만, "인구는 좋은 것"이라는 중상주의적 사고방식에서 벗어났다는 것을 나타냈다. 외국인 규제법은 유럽 정부들이 입국자의 국적을 기록하는 관료 기구를 설립하고자 하는 경향이 강해졌음을 보여 준다. 입국자들의 국적을 추적하는 역량은 정부가 원할 때 원치 않는 외국인의 이민을 좀 더 확실히 제한할 수 있도록 해줄 것이었다. 또한 이 법은 유럽에서 이동의 자유의 확대가 결코 완전한 것은 아니었다는 점도 알려 준다. 영국은 "국내" 이동에 대한 통제를 제거하고, 그것을 "국가적" 경계에 대한 통제로 대체하는 새로운 길을 열었다. "외지인"foreigner들은 한때 인근에 있는 다른 교구에서 온 사람들을 가리켰지만, 점점 더 외국인, 또는 자국민이 아닌 사람으로 되어 갔다.

영국은 국내에 자유로운 노동시장을 출범시킴과 동시에, 외국인의 이동을 확인하고 규제하기 위한 역량을 강화하는 방향으로 움직였다. 따라서 영국은 프로이센보다 앞서 산업자본주의에 필수적인 전제조건을 달성했다. 그러나 19세기 후반 독일이 마침내 자유로운 노동시장으로 향하는 길을 막고 있던 봉건제라는 무성한 덤불을 깨끗이 일소했을 때, 독일 산업의 노동력 수요는 프로이센과 그 연방 구성 국가들이 영국과는 매우 다른 과정을 추구하도록 이끌었다. 북독일연방이 그 영토에서 구체제의 마지막 흔적을 지우기 시작하면서, "독일"에서 왔든, 외국에서 왔든, 모든 이들에게 "국내" 노동시장을 개방했다. 이와 같은 접근 방식의 차이는 [산업화의] 시기 때문일 수 있다. 영국은 국내 자유 노동시장을 만들어 낼 때, 자신이 너무 많은 노동력을 보유하고 있다고 느꼈다. 반면에 프로이센은 그 과정에서, 자신이 너무나 적은 노동력을 보유하고 있는 것을 두려워하고 있었다.

19세기 초 독일에서 이동의 자유와 시민권

19세기 초 프로이센에서 농노해방에 따른 이동의 자유가 확대되자 특정 장소에 있는 것과 그곳의 구성원이 될 수 있는 권리 사이의 긴장이 두드러지게 되었다. 특히, "주인 없는 사람들"의 이례적인 이동은 구성원이 될 권리가 거주에 기반을 두고 있던 기존의 사회복지 체계를 무너뜨렸다. 독일 국가들 내에서 이동할 자유가 확대됨에 따라 점차 개별 국가들은 누가 자국 영토에 입국할 수 있는지 그리고 누가 그 구성원 자격을 획득해 이로부터 혜택을 누릴 수 있는지를 결정해야만 했다.

이 같은 이유로 19세기는 시민권법 제정의 황금기였다. 이 과정에서 이런 국가들이 시민권법을 제정하는 데 직접적인 동기를 부여했던 것은 누가 구성원 자격을 획득해 이로부터 혜택을 누릴 권리가 있는지 그렇지 않은지를 확립할 필요성이었다. 독일에서는 농노제가 쇠퇴하고, 대중 계급들 사이에서의 이동성이 증가하는 것에 대응해, 빈회의 직후 [국가]구성원 자격에 관한 법령의 개정이 시작되었다. 우선 바이에른은 1818년 신헌법에서 소위 국적[시민/공민권]Indigenat(즉, 바이에른의 "국민")을 소유한 사람에게만 시민권bürgerliche 및 공적, 사적 권리들의 완전한 향유를 허용한다고 규정했다. 동시에, 국적 취득은 혈통의 사안이 되었는데, 이는 이전에 지배적이었던 거주의 원칙을 대체하는 것이었다. 독일연방에 속한 대부분의 다른 국가들은 곧 이 같은 선례를 따랐다.[43]

특정 장소에 거주하는 것을 근거로 한 구성원 자격은 사람들이 거의 대부분 이동하지 않는 상황에 적합했을 것이다. 이와 대조적으로, 혈통에 뿌리를 둔 구성원 자격은 이동성이 증가함에 따라 누가 속하고 누가 속하지 않는가를 결정하는 일이 점점 더 어렵게 되었다는 사실에 대처하기 위한 수단이었고, 국가가 영토적 경계 내부가 아닌 곳에 일시적으로(또는 심지어 영구적으로) 살고 있는 인구를 붙잡아 두는"데 도움이 되었다. 따라서 혈통주의[속인주의]("혈통의 법리"jus sanguinis)는 일종의 이주 중상주의migratory mercantilism로 생각할 수 있는데, 이는 인민[국민]이 어디를 가든 그 인민[국민]을 "붙잡아 두는" 것이었다. 혈통주의의 이주 중상주의와는 대조적으로, 출생지주의[속지주의]("땅의 법리"jus soli)는 정주 중상주의sedentary mercantilism로 간주될 수 있다. 이런 연유로 출생지주의는 공공연하게 중상주의적(그리고 중농주의적)이었던 구체제 시기의 프랑스와 성장하는 독일의 군사력에 직면해 인구의 결손 문제에 상당한 관심을 기울였던 19세기 말 프랑스에서, 그리고 광활한 영토에 거주하는 이민자들을 미래의 시민이 되도록 장려했던 미국에서 채택되었다.[44]

브루베이커는 각기 서로 다른 국가들에 누가 속하는지 — 즉 누가 시민이고 누가 그렇지 않은지 — 를 결정하는 과정은 "근대국가의 내적 발전의 산물이 아니"라고 지적하며, "그것은 지리적으로 촘촘하고, 문화적으로 통합되어 있으며, 경제적으로 통일되어 있고, 정치적으로 (느슨하게) 통합된 국가 체계 내에서 국가 간 관계의 동학으로부터 출현했다"고 주장했다.[45] 이 같은 주장은 "국내"의 시민권법을 결정하는 데 "국제적" 요소들이 기여했음을 설명하는 데 유용하지만, 약간의 수정이 필요하다. 우선, 이 시기에 국가 체계 — 따라서 "내부"와 "외부" 간의 구분 — 는 많은 측면들에서 여전히 시작 단계에 머물러 있었다. 그렇지만 "내부" 관심사들은 "국가 간" 관심사들과 나란히 그 역할을 수행했다. 브루베이커는 시민권법이 내부 발전의 산물만은 아니라고 가정한다. 더욱 중요한 것은 혁명 이후 프랑스에서의 상황과는 달리, 19세기 전반에는 상당수의 독일 마을들이 [마을] 구성원 자격을 정의하고 비구성원을 배제할 권리를 보유하고 있었다는 점이다. [독일의] 이 같은 상황은 모든 사람이 중앙정부 앞에서 평등하다고 추정되는, 내적으로 통일된 국민국가 모델을 토대로 구상된 시민권 시스템과는 양립할 수 없었다.

프로이센에서 도시의 자율성 문제는 남부 독일 국가들 및 공국들에 비하면 덜 심각했다. 남부 독일의 소도시들은 대도시나 농촌에서와는 달리 오랫동안 자신들의 특권을 유지해 왔고, 이를 열정적으로 방어해 왔다. 이 같은 전통은 1871년에 이르러서야 처음 달성되는 독일 통일의 주요 걸림돌로 작동할 것이었다.[46] 그러나 프로이센의 상황은 이와 달랐는데, "지방의 자치 정부는 이에 별 관심이 없었던 도시 사람들에게 관료적으로 주어진 것에 불과했기 때문"이었다.[47] 그러나 심지어 프로이센에서조차, 누가 속하고 누가 그렇지 않은지를 결정하고, 그 구성원으로 받아들이길 원치 않은 사람들을 배제할 수 있는 소도시들의 [자치] 권한은 영토의 법적·행정적 통일에 방해가 되는 것이었다.

1842~43년에 프로이센은 자신의 영토를 왕래하는 사람들에 대한 상위 [중앙정부] 수준의 통제를 가로막는 장애물들을 극복하기 위해 움직였다. 우선 "프로이센의 신민 자격 취득과 상실에 관한 법"Law on Acquisition and Loss of the Quality of Prussian Subject은 누가 프로이센의 신민으로 간주되는지에 관해 체계적으로 정의했다. 이 선구적인 법령은 다른 많은 북중부 독일 국가들에게 시민권법의 모델로 기여했다.[48] 브루베이커는 구성원 자격을 이처럼 재정의하려 했던 근본적인 동기를 다음과 같이 간결하게 묘사했다.

> 가난한 이주자들을 효과적으로 차단하기 위해 구성원 자격과 거주를 좀 더 명확하게 분리하고, 그 인과 관계를 뒤바꿀 필요가 있었다. 거주지는 구성원 자격에 따라 결정되어야지, 구성원 자격이 거주지에 따라 결정되어서는 안 되었다. 거주와는 독립적으로 정의된 구성원 자격이 근본적인 범주가 되어야 했다.[49]

구성원 자격법은 다른 두 개의 법과 함께 제정되었는데, 이는 각각 프로이센 내에서 정착의 자유를 규제하고, 각 자치체들이 왕국의 다른 부분에서 온 이주자들을 받아들이는 조건을 규제하는 것이었다. 당시에 국내 이주에 관한 법들은 가난한 사람들을 제외한 모든 이들에게 정주의 자유를 보장하고, 공동체들이 그런 사람들의 진입을 거부할 권리를 제한했는데, 당시까지만 해도 [지역] 공동체들이 누렸던 이 권리는 공동체들이 빈민 구제를 통제하는 데 중요한 것이었다. 따라서 이런 법령들은 단지 공적 부조[생활보호]를 받아야 할 대상자가 될지도 모른다는 **두려움** 때문에 그런 사람들에 대해 문호를 닫을 수 있었던 권한을 프로이센의 자치단체들로부터 박탈했다.50 동시에 프로이센은 병역 의무가 있는 사람들을 제외한 모든 신민들의 이주할 권리를 확실하게 보장했다.51

이 법들은 진정으로 "전국적" 차원의 노동시장을 구축하는 데 크게 이바지했다. 정부는 프로이센 국가의 구성원 자격[국적]과 관련된 기준들을 성문화함으로써, 프로이센 사람과 그렇지 않은 사람 사이의 구분을 명확히 했다. 이와 동시에, 프로이센 정부는 지역 관리들로 하여 금 적어도 처음에는 스스로 생계를 부양할 수 있는 사람이라면 누구나 받아들이도록 했고, 나중에 필요해질 경우 그들에게 공적 구호를 제공 하도록 강제함으로써 산업 발전에 핵심적인 노동력의 국내 이주를 용이 하게 했다. 이런 조치들로 말미암아 프로이센 신민들이 이동할 수 있는 지평[공간]이 확대되었고, 지역 자치체들은 점차 "전국적" 범위의 단일 한 빈민 구제법에 종속되었다. 이 같은 전환은 자유로운 정주라는 관점 에서 프로이센을 좀 더 광대하고 통일성 있는 공간으로 만들었고, 이방 인 신분의 법적 경계를 밖으로 밀어내었다. 법적인 관점에서 외지인은 점차 외국인으로 변형되었고, 다른 장소에서 온 사람은 다른 국가에서 온 사람으로, 지방 거주자는 국민으로 전환되었다.

그러나 실제로 이뤄진 이주는 주로 동쪽에서 서쪽으로, 농촌에서 도시로의 이주였기 때문에, 산업화가 좀 더 진행된 프로이센 서부의 재계 엘리트들은 이런 조치에 반대했다. 그들은 경기 침체기에 많은 수의 궁핍한 이주자들이 "지방세에 부담이 될" 가능성이 있다는 점을 예견했고, 이는 지방자치체들이 새로운 제도 아래에서 강제로 떠맡아 야 할 재정적 책임이었다. 조지 스타인메츠에 따르면, 이런 상황에서 프로이센의 관료들은, 프로이센의 자본주의적 미래에 대한 좀 더 광범위한 전망을 중시하며, 서부 독일의 산업 도시들을 지배하고 있던 상업 부르주아의 편협한 이기주의를 억누르는 "계몽된 자본가" 역할을 수행해야 할 필요가 있다고 생각했다.[52]

이주자를 보내는 지역의 관점에서 볼 때, 이 제도는 건강한 마을 사람들이 서쪽의 산업 지역으로 이주하는 것을 촉진했다. 그것도 자신들이 이주한 지역에서 사회복지를 지원 받지 못하게 될 것이라는 두려움 없이 말이다. 이와 동시에, 이주자들을 내보내는 마을들은 자기 마을에 거주하지 않는 빈민들을 부양할 필요가 없게 되었다. 이 같은 사실로 말미암아 이 마을들은 빈곤 구제의 책임을 재분배하는 일을 지지하고 나서게 되었다. 1855년 빈민 구제법이 다시 한번 개정되고 나서야, 그 부담의 분배는 역전되어, 거주[지]의 원칙은 "빈민 구제 목적의 거주"의 원칙 앞에서 효력을 상실했다. 1855년 법은 빈민 구제에 대한 지방자치체의 책임을 거주 1년 후에 발생하는 것으로만 의무화함으로써, 빈민 지원에 대한 법적 책임의 초기 흐름을 효과적으로 뒤집고, 최소한 첫 해 ― 그렇기에 가장 위험한 해 ― 에는 이주자를 보내는 지역이 그곳에 거주하지 않는 빈곤층에 대해 다시 책임을 지도록 했다. 이제 부당하다고 외치는 쪽은 농촌이 되었다. 왜냐하면 새로운 제도로 말미암아 자립할 수 없는 사람들은 빈민 구제를 받기 위해 자신들이 떠나온 고향으로 되돌아가야만 했기 때문이었다.[53] 여하튼 이런 조치들은 프로이센의 자본주의적 산업화의 기능적 요건들에 적절히 이바지했다.

프로이센은 영토 전역에 걸쳐 자유롭게 정착할 수 있는 평등한 권리를 가진 신민을 창출하는 방향으로 상당히 나아갔지만, 프로이센 인들이 자신들이 원하는 바에 따라 자유롭게 이동할 수 있는, 진정으로 전국적인 범위의 자유로운 노동시장을 창출해 냈다고 말할 수 있으려면, 가야 할 길이 여전히 많이 남아 있었다. 이동에 대한 문서 통제는 성가신 장애물로 여전히 남아 있었다. 이는 독일이 "국가적" 통일을 향한 도상에서 최종적이고 결정적인 조치를 취해야만 제거될 것이었다. 정작 그 당시에 만들어졌던 "전국적인" 노동시장은, 현대적인 관점에서 보자면, 독일인이 아닌 사람들에게도 놀라울 정도로 개방적이었다.

독일에서 여권 통제의 완화

19세기 중반까지 독일의 국가들은 이민을 떠나는 사람들의 길에 계속해서 장애물을 설치했다. 이를 위해 당국은 출국을 가로막기 위해 고안된 세금과 벌금(이른바 해외 도피 재산에 대한 추징세 같은)을 부과하거나 충분한 자격이 없는 사람들의 출국을 막았다. 그러나 1848년 사실상 유럽 전역을 뒤흔든 혁명적 격변의 충격 속에서 상당수의 독일 국가들이 이 같은 제약들을 완화했다. 이 같은 변화는 부분적으로 사회 불안에 대한 안전밸브를 제공하기 위한 것이었는데, 이는 당국에 가장 골칫거리인 사람들이 자유롭게 밖으로 나갈 수 있는 통로를 제공하는 것이었다. 그러나 이는 프랑크푸르트 의회를 주도했던 세력의 자유주의적 성향을 반영하는 것이기도 했다. 기본권에 관한 프랑크푸르트 의회의 초안 목록 가운데는 병역의무의 수행과 관련된 경우를 제외하곤 국가가 더 이상 이민을 떠날 권리를 제한할 수 없다는 조항이 있었다. 이 같은 통념은 독일 국가들의 새로운 헌법들에 대부분 반영되었다. 이출 이민을 규제하기 위해 공식적인 제국 기관을 설립하자는 다양한 제안들이 나왔지만, 프랑크푸르트 의회가 제 기능을 상실함에 따라 합의를 이루는 데 실패했다. 이 같은 계획을 비판했던 사람들에 따르면, 그런 기관을 마련하는 데 필요한 행정적 기반이 사실상 거의 없는 상태였다.[54]

출국을 제한하는 이출 이민 정책에 대해 반감을 가졌던 이런 자유주의에도 불구하고, "브뤼메르 18일" 이후 루이 나폴레옹이 프랑스 황제에 등극하자 독일의 통치자들은 머지않아 또 다시 군대를 소집할 필요가 있을지도 모른다고 경계하며, 젊은 남성들이 무분별하게 나라를 떠나지 못하도록 막으려 했다. 이 같은 노력은 1854~56년 크림전쟁이 다가오자 한층 더 강화되었다. 출국이 실제로 얼마나 어려웠는지는 어디서, 어떻게 떠나느냐에 달려 있었다. 프랑스에서는 "여권 발급 절차가 거의 형식적이어서" 병역 의무를 피하기 위해 라인강을 건너려는 사람들에게는 그렇게 하는 것이 상대적으로 용이했다. 이와는 대조적으로, 함부르크나 브레멘에서 배에 승선하는 일은 증기선 여객들에 대한 당국의 엄격한 감독으로 말미암아 매우 어려웠다. 이처럼 엄격한 감독은 이 도시들이 장차 군인이 될 젊은 남성들을 붙잡아 두고 싶어 했던 내륙 국가들과 우호적인 관계를 유지하고 싶어 했기 때문이었다.[55]

이런 발전이 시사하듯, 1850년대에는 전반적으로 출국의 자유를 향한 자유주의적 사고방식과 인구수를 국력과 연계하는 중상주의적 사고방식 사이의 지속적인 투쟁이 전개되었다. 자유주의 측은 네덜란드, 덴마크, 헤센-홈부르크, 리히텐슈타인 등을 제외한 "전체 독일 국가들" 사이에 1850년 10월 18일에 체결된 "통행증 조약"Pass-Card Treaty, Passkartenvertrag을 통해 여행자들에 대한 여권 소지 의무를 완화했다.[56] 이 조약은 통행증에 포함되는 정보를 간소화하고 표준화하는 것이었다. 이런 정보는 발급 국가의 문장, 발급 당국의 서명과 봉인 또는 날인, 이름, 신분, 소지자의 거주지, 통행 등록 번호, 나이, "특징", 머리색, 특이점 등과 같은 소지자의 인상착의 등이었다. 체류 기간 동안 여행자의 통행증을 회수하던 관행은 명시적으로 폐지되지는 않았지만, 실제로는 단지 당국에 보여 주는 것만으로도 충분하게 되었다(구독일민주공화국의 영토에서 그 당시 "서베를린"이었던 곳으로 여행했던 사람들은 그들의 여권을 컨베이어 벨트에 놓으면 확인을 위해 임시로 설치된 국경 통제 부스로 그것이 사라지는 것을 경험했는데, 그들은 이처럼 겉보기에는 사소한 관행의 변화가 확인을 위해 그들의 통행증을 제출하는 사람들의 불안감을 줄여 주는 데 뚜렷하게 기여했다는 점을 인정할 것이다). 그러나 다른 무엇보다도 사증은 더 이상 요구되지 않았다. 그로부터 얼마 지나지 않아 오스트리아, 바이에른, 뷔르템베르크, 그리고 여타의 국가들 사이에 사증 요건을 상호 폐지하는 협정이 체결되었다. 곧이어 바이에른은 그런 관행을 모두 "쓸모없는" 것으로 폐지했다.

그러나 1850년의 통행증 조약에는 구체제의 흔적 역시 남아 있었다. 우선, 참여 국가들57 가운데 그 어떤 국가의 신민도 통행증을 소유할 절대적인 권리를 갖지 못했다. 이 문서는 당국에 알려져 있고, "신뢰할 만하며," 자립할 수 있고, 통행증이 발급되는 구역에 주요 거주지를 두고 있는 사람에게만 발급될 것이었다. 범죄자, 부랑자, 하인, 온갖 종류의 구직자, 떠돌아다니는 직업을 가진 사람들 등은 통행증을 받을 수 없었다. "이런 제한들은" 여권 문제에 관한 현대의 분석가들에 따르면, "외려 통행증을 가지고 있는 사람들에게 이점으로 작용했는데, 단지 이 증명서를 가지고 있다는 것만으로도 경찰 당국에게 믿을 만한 사람으로 추천되었다." 당시 상황에서, 이는 정말로 그러했다. 만일 통행증 소지가 의무였다면, 그것을 소지하지 못한 자들은 결과적으로 범법자들로 간주되었을 것이다. 그러나 여권 발급에 대한 이 같은 제한들은 무엇보다도 사회의 "하층민들"을 지속적으로 규제하려는 열망을 반영하는 것이었다. 항상 잠재적으로 "위험한 계급"이었던 이들의 이동에 대한 욕망이나 필요성은 스스로를 정주 사회라고 추정하는 사회의 당국들을 불안에 떨게 만들었다.

따라서 독일 국가들은, 프랑크푸르트 의회가 제안했던 것처럼, 그 구성원들에게 제한 없는 이출 이민의 권리를 부여하는 문제를 두고 여전히 분열되어 있었다. 실제로 1856년 8월 프랑크푸르트 의회가 이출 이민에 관한 연방법을 검토하기 위해 위원회를 만들었을 때, 위원회의 조사 결과는 이 문제에 두고 독일의 여러 국가들 사이에 매우 다양한 의견이 존재한다는 사실을 보여 주었다. 독일연방의 30여개 국가들 가운데 20개 국가들은 이민을 떠날 사람들이 "이민을 떠나기 위해 승인"을 받아야 한다는 요건을 지지했고, 운송 협정을 체결하기 전에 이것의 승인이 입증되어야 한다는 요건에 찬성했다. 단 12개 국가들만이 첫 번째 요건에 반대했고, 11개 국가들은 두 번째 요건에도 반대했다.[58]

그러나 계속된 중상주의적 사고방식에도 불구하고, 독일의 지배자들은 이주 문제에서 점점 더 자유주의적 입장으로 나아가는 것이 불가피하다는 것을 발견했다. 이후 몇 년 동안, 여권 소지와 사증 발급 의무들은 "독일" 국가들(네덜란드를 포함해)과 영국, 프랑스, 벨기에, 스칸디나비아 국가들 사이에서 완화되거나 폐지되었다(비록 이 같은 완화가 효력을 가진 곳은 대체로 호혜적 관계에 있던 나라들 사이에서였지만 말이다). 작센은 1862년에 사증 의무를 완전히 폐지했다. 같은 해에 프로이센의 하원은 여권 통제를 자유화하는 법안을 마련했다. 그러나 비상시에 한시적으로 여권 소지 의무를 재도입할 수 있는 정부의 권리를 둘러싼 이견으로 논란이 지속되었고, 1863년 폴란드 봉기*로 말미암아 법안 채택의 기회마저 사라

• 폴란드는 1863년 러시아제국의 압제에 대항하여 봉기를 일으키고 국민 정부를 수립하였다. 폴란드 봉기와 이에 따른 폴란드 국민 정부의 형성은 여권 통제의 자유화보다는 이 지역에서 일종의 비상적인 상황에 대한 문제로 관심을 급격히 돌리는 계기를 마련했는데, 이 같은 비상 상황은 일반적으로 기존의 여권 통제를 유지하거나 강화하는 방향으로 움직이는 경향이 있다.

져 버렸다.[59]

　1862년에는 스위스 역시 사증 의무를 폐지하고, 영토에 입국하거나 영내에서 여행하는 경우 여권을 소지해야 하는 의무도 폐지했다. 바젤 칸통Canton of Basel의 보고서는 특정 유형의 문서를 통해 이동을 통제했던 관행이 폐지된 것은 적어도 어떤 면에서는 철도의 도래가 가져온 기술적 변화에 따른 불가피한 일로 인식되었다는 점을 시사한다.

> 여행자들은 엄청난 속도로 상당한 거리를 움직인 뒤에야 내리는 경향이 있고, 모든 짧은 구간마다 문서에 사증을 받을 수 없기 때문에, 여권은 본래의 가치를 잃어버리고, 지역 신분증이나 통행증 등과 유사한 신원 확인 문서가 되었다. 게다가 여권 통제를 책임지는 관리는 특별히 할 일이 없게 되었다. 경찰에게 보다 중요한 것은 열차와 전보의 정시 도착이다. 여행 수단의 변화와 더불어, 경찰은 보다 사소한 것들은 그만두고, 말하자면 이전에는 아무 상관도 없었던 국제적인 유형의 활동을 하게 되었다.[60]

이런 관점에서, 과거의 협소했던 "내부" 경계들은 열차의 급속한 발전 앞에서 무너지고 있었고, 동시에 "국내적인" 치안 활동은 국제적인 활동으로 전환되었다. 일반인들이 이용할 수 있는 교통수단의 대대적인 확대는 여권을 통한 이동의 통제가 대체로 비효율적이라는 것을 독일의 정치 엘리트들에게 설득하는 데 도움이 되었고, 그들이 여권을 통한 통제를 시대에 뒤떨어진 것으로 받아들이도록 했다.

　그러나 특정 목적의 여행 또는 여행 일반을 허용하는 문서를 의무화했던 규제가 일반적으로 완화되는 추세에도 불구하고, 국가들은 특정 방식으로 이동하는 사람들을 "장악"할 수 있는 능력을 완전히 포기하려 하지는 않았다. 따라서 여권 소지 의무가 폐지된 곳에서, 국가들은 개인이 신뢰할 만하고 납득할 만한 방식으로 자신의 신원을 증명할 수 있어야 한다고 요구했다. 이동에 대한 국가의 통제를 느슨하게 하는 것이 행정과 치안을 위해 사람들의 신원을 확인하는 국가의 권리와 역량의 포기를 의미하는 것 — 실제로 무정부적인 국가 제도로 나아가지 않는 한 그렇게 될 수 없을 것이다 — 은 아니었다.

1860년대는, 여러 독일 국가들 내에서, 산업자본주의 경제의 기능을 방해하는 시대에 뒤떨어진 장애물들을 깨끗이 제거해야 한다는 강력한 압력이 부르주아지에게 가해졌던 시기였다. 나라의 이곳저곳에서, 자유주의적 산업가들과 여론 형성자들은 영업의 자유, 이동의 자유, 그리고 정착의 자유를 요구했다. 급격하게 성장하는 산업은 일손을 필요로 했고, 이 같은 자유들은 노동력이 필요할 때 그것을 확보할 수 있도록 보장하는 데 필수적이었다.

에센 상공회의소Essen Chamber of Commerce가 지적했듯, 이동의 자유는 고용주들에게 매우 중요한 것이었다. 만일 "그 지역" 노동자들이 노동쟁의에서 파업이라는 무기를 사용해 노동 공급에 차질을 빚는다면, 고용주들은 자유롭게 외부에서 새로운 노동자들을 끌어와 균형을 회복할 수 있어야 하기 때문이다. 더욱이, 브레슬라우 상공회의소에 따르면,

이동의 자유가 한 국가에 도입되는 것만으로는 충분치 않다. 일반적으로 독일 국가의 모든 시민이 자신이 생각하기에 가장 유리하다고 생각하는 장소에서 자신의 에너지를 자유롭게 쓸 수 있어야 한다. 이에 따라 산업은 노동자들을 발견할 수 있는 어디서든 노동자들을 고용할 수 있어야 하고, 다양한 지역들에서 노동력이나 일시적 잉여 인구가 자신들의 필요에 따라 방해 받지 않고 이동할 수 있어야 한다.[61]

독일의 전통적인 소국 분립(중부 유럽에 산재했던 다수의 작은 공국 및 영지들) 상태와 도시의 특권은 활기찬 산업자본주의의 출현에 족쇄로 작동했는데, 산업자본주의는 독일인들이 자유롭게 이동할 수 있는 영역이 "국민적" 경계로까지 확대되어야 할 것을 요구했다.

더욱이 노동력을 필요로 하는 독일 산업계는 자유주의자들에게 이동의 자유를 더욱 크게 확대하도록 요구했다. 상당수의 대공장주들은 노동력 확보가 절실했기 때문에 독일에서 자신의 운을 시험해 보고자 하는 어느 누구에게라도 독일을 개방하길 원했다. 따라서 자유주의의 옹호자들은 이동의 자유를 외국인들에게도 확장하자고 제안했다. 자유주의적 성향의 베를린 『국민 신문』*National-Zeitung*은 다음과 같이 서술했다. 즉, 이동의 자유를 보장하는 법을 채택함으로써,

> 우리는 무엇보다도 독일에 가장 시급한 문제로 독일인을 위한 조국을 창조할 것이다. 우리는 우리의 땅에서 풍요롭게 성장할 힘과 능력을 보유할 것이며, 우리의 연방에서 우리의 복지, 명예, 그리고 힘에 기여할 수 있고 기여하기를 원하는 기운과 역량이 있는 사람들을 다른 나라로부터 끌어 올 것이다. 이동의 자유를 통해 우리는 공적 정신과 국민 정서, 복지와 만족을 창조할 것이다.[62]

이 신문의 편집자들은 겉보기에 외국인들이 독일의 "복지, 명예, 그리고 힘"에 기여하고자 할 것이라는 관념에서 아무런 모순도 발견하지 못했던 것으로 보인다. 그들은 이 제안에 응하는 사람들이 있을 것이라고 예단한 것처럼 보인다.

다름슈타트 상공회의소는 더욱 직설적으로 외국인들이 자유롭게 입국할 수 있도록 독일을 개방하자고 제안했다.

외교정책 상의 고려에 의해 영향을 받지 않는 경제적 이해관계라는 관점에서, 외국인들에 대한 이동의 자유의 확대는 그 어떤 상황에서라도, 심지어 상호 관계가 없다 하더라도, 부정되어서는 안 된다. 해외 자본, 노동, 지식의 유입은 국가 발전에 좋은 영향을 주기만 할 뿐, 결코 해로운 영향을 줄 수 없기 때문이다.[63]

노동자 충원과 관련해, 독일 부르주아지들이 보여 준 국제주의는 부분적으로 이 시기에 확대된 이민의 자유를 이용해 잠재적 노동자들이 대규모로 이출 이민을 떠났던 일 — 1850년대에 125만 명의 독일인이 주로 미국으로 이동했다 — 로부터 자극을 받았다.[64] 프랑스가 독일과의 군사적 경쟁을 위해 식민지 군대를 끌어들여야만 할 정도로 인구 열세를 두려워했던 반면,[65] 라인강 건너편의 산업가들은 이출 이민으로 말미암아 자신들이 계속해서 먹이[노동력]를 공급해야 할 거대한 공장으로부터 자국 노동자들이 빠져 나가는 것을 우려했다.

그러나 대중 계급들의 더 큰 이동의 자유를 위해 움직이고 있던 강력한 힘들 — 정치적으로나 기술적으로 — 은 독일 국가들이 치안을 유지하고자 하는 충동과 충돌하기 시작했다. 예를 들어, 19세기 초 프로이센에서 경찰은 "위험 계급"을 통제하고 감시하는 데 점점 더 집착하게 되었다. 알프 뤼트케는 다음과 같이 말하고 있다.

몇몇 예외는 있지만, 교양을 쌓고 교육받은 "상층" 계급은 국가를 지탱하고 지지하는 "기초단위들"로 간주되었다. 이와 대조적으로 "하층 대중 계급들"은 예측할 수 없는 잠재적 세력을 구성했는데, 이 세력의 위협은 길거리나 선술집 등지에서 언제든 터져 나올 수 있었다. 이 계급 사이에서 반국가적 "음모"가 은밀히 준비되었다.[66]

특히 떠돌이, 부랑자, 거지, 그리고 방랑하는 장인들*에 대한 경찰의 감시는 삼엄했는데, 이들은 여권 및 외국인 경찰로부터 괴롭힘을 당하는 등의 수모를 겪었던 것처럼 보인다. 다른 독일 국가들에서도 상황이 크게 달랐다고 생각할 이유는 거의 없다. 실제로 빈민을 내쫓을 수 있는 권한을 보유하고 있던 소도시가 여전히 많이 남아 있던 남부 독일에서는 유동하는 인구에 대한 감시가 프로이센에 비해 훨씬 더 엄격했을 것이다.

이런 배경에서 작센, 바이에른, 하노버, 뷔르템베르크는 1865년 7월 여권 조약을 체결했다.[67] 이 조약은 이 국가들에 있는 여행자들이, 그 나라의 신민이든 외국인이든, 그 나라에 들어오거나 나갈 때, 또는 그 나라를 여행할 때 여권을 소지해야 할 의무를 폐지했을 뿐만 아니라, 당국으로부터 사증을 받은 문서를 소지해야 할 의무 역시 폐지했다. 그러나 동시에 국가는 치안을 목적으로 인구를 장악할 필요가 있었기 때문에 여행자들은 여전히 그들이 누구이고, 공식적인 거주지는 어디이며, "여행의 목적과 기간에 따라 필요하다면" 그들이 스스로 생계를 이어나갈 수단이 있음을 당국에 충분히 보여 줄 수 있어야 했다. 이런 방식으로 여행자들이 자신의 "합법성"을 증명할 수 있도록 하기 위해, 조약국들은 국민들이 관련 공무원들에게 적절한 여행 문서를 요청할 수 있도록 했다. 이 문서들은 이 국가들의 영토 전체에서 유효한 것으로 간주되었다. 각 국가는 특정 공무원이 이 같은 여행 문서를 발급할 권한이 있는지 결정할 수 있는 권리를 보유했지만, 여권 조약을 체결한 당사

---

* 방랑하는 장인들이란 장인으로 견습 생활을 마친 후 수년 동안 여행하는 장인들을 말한다. 이는 중세에 만들어진 전통으로서 프랑스와 스칸디나비아, 그리고 독일어를 사용하는 나라들에서 지금까지도 볼 수 있는 전통이다. 견습생을 마친 장인이 길드를 떠날 때는 그가 장인이 되었다는 일종의 증명서가 발급되었다.

국들은 신청자들이 그들의 공식 거주지로 주장하는 지방자치체 당국에 이 같은 권한을 부여하기로 합의했다. 다른 방식으로 자신의 신원을 밝힐 수 있었던 외국인들 역시 이런 합의가 적용되는 영토 내에서 여행을 허락하는 문서(4주 동안 유효한)를 발급받을 수 있었다. 작센, 바이에른, 하노버, 뷔르템베르크 이외에 이들과 여권 조약을 체결한 국가들로부터 온 사람들도 외국인과 동일하게 작센, 바이에른, 하노버, 뷔르템베르크 내에서 여행을 허락하는 문서를 발급받을 수 있었지만, 대신 그들의 공식적인 주소지 당국의 공무원에게 그런 여행 문서의 발급을 통지한다는 조건하에서만 그렇게 할 수 있었다. 조약 당사국들은 또한 여행 문서를 간소화하고 표준화된 서식을 개발하기 위해 노력을 기울이며, "하인의 '고용증', 방랑하는 장인과 공장 노동자들의 '노동증' 등과 같이 일자리를 찾기 위해 특정 계급의 사람들"에게 요구되던 신원 확인 문서들을 "그런 문서들에 개인의 인상착의와 소지자의 서명이 포함되어 있을 경우" 여행 문서로서의 효력을 인정하는 데 합의했다.

　　독일인과 외국인 여행자 모두에 대한 여권 통제를 완화하려는 이 같은 움직임에도 불구하고, 떠돌이 빈민들은 여전히 특별한 규제를 받았다. "음악가, 거리의 악사, 마술사, 곡예사, 인형극사, 야생동물이나 훈련된 동물과 함께 여행하는 사람들, 칼 가는 사람들" 등과 같이 이동이 필요한 일을 하는 사람들은 조약국 영토에서 합법적으로 여행하기 위해 여전히 자신이 거주하는 국가에서 관리들로부터 여행 승인서를 취득해야 했고, 이 문서에는 그들의 국적이나 지방자치체의 구성원 자격, 인상착의, 서명 등이 기재되어 있어야만 했다. 보다 중요한 점은 일자리나 가사 일을 찾는 사람들에게도 동일한 요건이 요구되었다는 것이다. 또한 조약국들은 자유롭게 이런 집단들에 대한 사증 의무 요건을 자유롭게 도입하거나 유지할 수 있었다.

마지막으로, 여권 정책과 관련해, 특별 보안 조치를 위해 두 가지 조항이 여전히 남아 있었다. 조약국들은 "공공 안전에 위험이 될 수 있다고 우려할 만한 이유가 있는 사람들"이 요청할 경우, 여권 발급을 거부할 자유가 있었다. 더욱이 각각의 조약 당사자들은 "전쟁이나 불안정, 또는 다른 사건들의 결과로 공공 안전에 위협이 되는 경우나 상당히 중요한 실질적인 사유로" 여권 소지 의무를 한시적으로 재도입할 권리를 보유했다.

조약국들이 필요하다고 느낄 때, 이동을 제한할 권한을 유지하고자 했다는 것은 놀라운 것이 아니지만, 떠돌아다니는 "위험한 계급들"에게 여권을 소지해야 할 특별한 의무를 지속적으로 지우는 것은 이동과 여행의 자유에 대한 자유주의적 요구와는 배치되는 것이었다. 중상주의 하에서 외국인들은 종종 그 왕국의 신민들에 비해 보다 큰 왕래의 자유를 향유했는데, 이는 특히 가치가 있는 숙련 기술을 지닌 사람들의 출국을 억제하기 위해서였다. 그러나 여기서는 사정이 달랐다. 특별한 통제는 전적으로 하층계급에게만 행사되었는데, 이들은 오늘날의 의미로 "외국인"foreigner과 유사하게 취급되었다. 1865년 여권 조약의 밑바탕에 있던 사고방식에 따르면, 이동하는 빈곤층은 잠재적인 범죄자로, 이들은 언제나 감시를 받아야 했다. 이는 오늘날 국민국가라는 생각에 뿌리를 둔, 이 당시 보다 훨씬 완전하게 발전된 국가 간 체계 아래에서 외국인을 대하는 것과 매우 유사한 것이었다. 이 시점에서 독일의 하층계급은 국내에 있는 "외국"[이질적인]foreign 국민을 구성했다.[68] 그러나 자본주의적 산업의 필수적인 전제 조건을 창출하기 위한 노력의 결과로, 프로이센은 얼마 지나지 않아 이동에 대한 통제를 좀 더 완전하게 완화하기 위한 움직임에 착수할 것이었는데, 이는 특히 "위험한 계급들"과 외국인들의 이동에 대한 통제를 제거하는 것이었다.

프로이센은 1865년 여권 조약을 이끌었던 협상 당사국이었지만, 결국에는 협정 승인을 거부했다. 그럼에도 불구하고, 협정은 자국의 편의에 따라 처음에는 가입하지 않았던 "독일연방의 모든 국가들"에게 문호를 열어 놓았다. 다수의 국가들이 이 기회를 재빨리 이용했다. 그러나 이듬해 독일연방은 혼돈 상태에 빠졌다. 오스트리아 및 프랑스와 프로이센의 적대 관계를 종식시켰던 프라하 평화조약Peace of Prague(1866년)은 프로이센이 독일 땅에 새로운 연방을 형성하도록 요구했다. 그러나 자치의 전통을 누리던 남부의 국가들은 상당한 두려움을 느끼면서 베를린이 주도하는 연방 구조에 자신들이 흡수될 가능성이 있다고 여겼다. 실제로 뷔르템베르크의 한 프로이센 정보원이 수도에 있는 자신의 상관에게 보고한 바에 따르면, 남부인들은 1867년 1월 제헌 의회에 제출된 북독일연방의 헌법에 대해 그것이 "오직 세 가지 조항, 즉 1. 돈을 내라, 2. 군인이 되어라, 3. 입을 다물고 있어라"라는 조항만을 포함하고 있다고 말하며 조롱하고 있었다. 처음에는 남부 국가들과 새로운 연방에 대한 합의를 이룰 수 없었기 때문에, 오토 폰 비스마르크Otto Eduard Leopold von Bismarck는 독일 통합을 진척시키기 위한 도상에서 일종의 중간적인 길을 설정했다. 1867년 5월 프로이센 의회가 헌법을 승인함에 따라 북독일연방이 탄생했다.69

연방의회는 대부분 귀족들로 구성되어 있었고 확실히 그들에 의해 지배되고 있었지만, 곧 자유주의자들과 산업가들이 강력히 촉구했던 문제, 특히 이동과 여행의 자유의 문제로 관심을 돌렸다. 북독일연방의 정치 엘리트들이 주로 농업적이고 귀족적인 특성을 강하게 갖고 있었다는 점은 이를 역설적인 것처럼 보이게 하지만, 실상은 그렇지 않았다. 스타인메츠는 프로이센 독일 국가가 산업자본주의에 본능적으로 적대적일 것 같은 집단들에 의해 지배되었지만, "거의 모든 중요한 국면에서 바로 이 엘리트들이 농업에 맞서 산업의 편을 들었고, 여전히 상대적으로 전통적이었던 사회의 일부에 자본주의적 논리와 시장의 침투를 촉진했다"고 지적했다.[70] 그들이 이동에 대한 통제 문제에 관심을 돌렸을 때도 이는 마찬가지였다.

북독일연방에서 제안된 여권법은 1867년 9월 18일 비스마르크의 요청에 따라 의회에 상정되었다.[71] 이 법은 대체로 작센, 바이에른, 하노버, 뷔르템베르크 사이에서 체결된 1865년 여권 조약의 규정들을 따르고 있었다. 따라서 이 법안은 연방 국가의 신민들과 외국인들에 대한 여권 및 사증 의무를, 그들이 연방의 회원국들의 영토 내로 입국하거나 출국하는 경우, 또는 그 안에서 이동하는지의 여부와 상관없이, 폐지할 것을 제안했다. 이 법은 또한 연방 전역에서 이른바 거주증을 계속해서 사용하거나 도입하는 것을 금지했다. 이 법안에 첨부된 공식 설명에 따르면, 이런 증명서들은 작센과 프로이센에 있는 대부분의 지방자치체에서는 이미 사라진 것이었다. 이 법은 순전히 거주를 규제하기 위해 고안된 문서들만을 폐지하고자 했다. 일을 계속하는 데 필요한 문서들은, 비록 그것이 "거주증"이라고 불릴지라도, 존치되었다. 여기서 입법가들의 목적은 거주에 대한 규제를 분명하게 제거하는 것이었지, 구직에 대한 규제를 제거하는 것은 아니었다. 입법가들이 이해하기에 구직에 대한 규제는 특정 분야에서 지속될 것이었다.

동시에, 제안된 법은 당국이 여행자들에게 신뢰할 수 있는 방식으로 "자신의 신원을 밝힐" 것을 요구할 수 있는 권리를 재확인했다. 이 목적을 추진하기 위해, 법안은 여권을 발급받길 원하는 모든 연방 신민에게, [당국이] 이를 거부할 수 있는 법적 근거가 없는 한, 여권을 발급받을 수 있는 권리를 부여했다.72 이 조항은 연방 신민이 여행 문서를 얻는 것이 유용하다고 느낄 경우, 이를 얻을 수 있도록 보장함으로써 이동을 촉진하기 위한 것이었다. 심지어 그런 문서들이 필요하지 않을 지라도 말이다. 또한, 제안된 법안은 여권 발급과 관련된 비용이 1탈러 Thaler를 초과해서는 안 되며, 발급하는 국가의 재량에 따라 무상으로 교부할 수도 있도록 규정했다. 이 법안은 또한 연방 내 국가들에서 사용되는 여권 문서들을 표준화할 계획이었다.

여권을 발급받을 수 있는 권리가 연방의 신민들에게만 부여되었다는 점에 주목할 필요가 있다. 실제로는 외국인들이 독일 여권을 계속해서 발급받기는 했지만, 외국인이 독일 여권을 발급받을 수 있는 어떤 조건도 언급하지 않은 것은 국가 간 이동 통제 체계가 법률적인 국적에 의해 정의되어, 엄격하게 서로 구분되는 국민들의 이동을 규제하는 틀로서 좀 더 일관된 형태를 취해 가고 있었다는 점을 시사한다. 자국이 아닌 다른 나라가 발급한 문서를 소지하고 외국 영토를 여행하는 사람들은 점점 더 줄어들었다.

마지막으로, 1865년 여권 조약의 규정들을 되풀이하면서, 이 법안은 "연방이나 개별 국가의 안정이나 공공질서가 전쟁이나 국내의 불안, 또는 여타의 사건들에 의해 위협받고 있는 것처럼 보이는" 경우, 연방 의장Bundespräsidium•이 일시적으로 여권을 통해 이동을 다시 통제할 수 있도록 했다. 법안에 주석을 작성한 사람들은 다양한 가능성이 있을 수 있는 이런 "사건들"을 구체적으로 열거하는 것은 "부적절"하다

• 연방의장은 원래 독일연방(1815-48, 1851-66)에서 오스트리아 대표가 맡았던 직함이다. 그러나 북독일연방(1867-71) 시기부터 프로이센 국왕이 겸직한다. 연방 구성국의 군통수권, 외교권을 가진다.

고 보았는데, 실제로 그런 사건들을 구체적으로 열거할 경우, 이 법안이 의회에서 논의될 때 시민적·자유주의적 성향을 지닌 의원들을 자극할 것으로 보였기 때문이다.

　새로운 법안의 저자들은 1865년 여권 조약에 조인한 국가들 가운데 일부가 현재 북독일연방의 회원국이기 때문에, 연방이 그들의 동의를 받을 수 있는 여권 정책을 개발할 필요가 있다고 보았다. 입법가들은 현재의 제안이 채택된 후, 곧바로 남독일 국가들과 후속 합의에 이를 수 있다는 희망을 피력했고, 이를 통해 1871년 이후 독일 제2제국을 구성하게 될 독일 영토 전역에 걸쳐, 여권법이 통일될 것이었다.

　남독일과의 협상에서 잠재적인 마찰의 가장 유력한 원인은 1865년 조약에 규정되어 있듯이 "위험한 계급"에 대한 특별 여권 소지 의무를 북독일의 법이 거부한 것이었다. 제안된 법과 협정 사이의 광범위한 유사점에도 불구하고, 이 측면에서 제안된 법은 조약에 비해 여권 정책을 자유주의적으로 완화하는 방향으로 훨씬 더 나아가 있었다. 따라서 여권 소지 의무가 없는 영역을 확대한 것 이외에, 이 법안의 가장 중요한 특징은 그것이 하지 않았던 것에 있었다. 즉, 인구 가운데 어떤 집단을 선별해 이들에게 특별 여권 소지 의무 또는 사증 의무를 부과하지 않았다는 것이다. 이처럼 하층민들에 대한 특별한 제한이 없었다는 점이 1867년 법과 이전 조약의 규정들 사이의 차이를 보여 주는 가장 중요한 지점이었다.

　법안에 달린 주석은 이 두 법 사이의 이 같은 갈등을 직접적으로 언급했다. 우선, 저자들은 법 조항이 떠돌아다니는 도제들이 소지하는 여행증이나 가내 하인들의 고용증 등과 같이 특정 직업에 종사하는 집단에게 문서 소지를 의무화하는 법령에 영향을 주지 않는다고 지적했다. 확실히 이런 문서들은 이동을 규제하는 목적에 기여할 수 있었다.

그러나 이 법안의 저자들에 따르면, 중요한 점은 이런 증명서가 원래 또는 주로 이런 목적[이동의 규제]을 위한 것이 아니었다는 것이다. 오히려, 그런 문서들을 소지하는 것은 그들이 일자리를 찾는 것을 용이하게 했기 때문에 소지자를 "위한" 것이었다.

이 설명에 따르면, 이는 특히 길드 조직이 여전히 지배적인 곳에서 그러했는데, 여행증[편력 수첩]Wanderbücher에 기재된 몇 년간에 걸친 수습기간에 대한 증명은 이들이 장인 시장에 진입하는 데 필수적인 것이었다. "따라서 장인들이 여행증을 계속해서 가지고 다니게 될 것처럼 보인 반면," 입법가들은 그들에게 그들의 여행을 승인하는 특별한 문서를 발급받도록 의무화할 필요는 없다고 보았다.

여권 소지 의무가 일반적으로 폐지되었음을 감안하면, 이전에 여행 문서의 통제 때문에 경찰에 의해 가장 괴롭힘을 당했던 여행자 계급들을 불리하게 취급하는 예외를 두는 것은 전적으로 부당한 것처럼 보일 것이다. 많은 수의 떠돌아다니는 장인과 여타의 구직자들에게 대응하기 위해 당국에 요구되는 시간과 자원 등에서의 노력과, 어떤 노력은 개별적인 사례들에서의 그런 노력들의 유용성이 전혀 없다는 점을 차치하고라도 말이다.

자유 시장 자본주의의 법적 토대를 창출한다는 의미에서 근본적인 동기가 "자유주의적"이라 하더라도, 입법가들의 이 기획에 대한 설명은 이동의 자유라는 영역에서 "자유주의적", 평등주의적 의도를 보여 주었다. 이런 의도는 토크빌이 미국을 여행한 후 전 세계로 확산될 것이라고 예측했던 "평등"이 도래했음을 입증했다.[73] 토크빌이 언급했듯이, 하층계급을 그들의 사회적 지위를 이유로 특별한 법적인 제약 상태에 묶어 두는 것은 점점 더 받아들이기 어렵게 되었다.

　　이 법안의 저자들은 "가사 노동이나 [임금] 노동" 구직자와 관련된 1865년 여권법의 특별 제한이 연방 전체로 확대될 가능성에 대해 특히나 걱정했다. 그럼에도 불구하고, 법의 저자들은 필요할 경우 1865년에 선언된 여권 통제의 폐지에 대한 예외를 받아들일 준비가 되어 있었다. 이 같은 예외가 남독일 국가들에서 조건부로 시행될 수 있는 것이었는데, 그것이 남독일 국가들과의 여권 정책에 대한 합의의 대가라면 말이다. 이런 측면에서, 적어도 북독일연방의 헌법을 조롱했던 남부 독일 거주자들은 당시에 프로이센에서 진행 중이던 자유주의적 충동을 과소평가한 것처럼 보인다.74

　　이 시점에서 연방의회 의원들은 법안에 대한 본격적인 심의에 앞서 수정안 제출을 요청받았다. 제출된 수정안은 주로 세 가지 쟁점을 다루었다. 이는 당국이 사람들에게 "신원을 밝히도록" 요구할 권리를 여전히 가지게 될 것이라는 점을 보증하는 문구와 이 권한이 여권법의 적절한 주제인지에 대한 질문, 정부가 여권 소지 의무를 다시 부과할 수 있는 조건, 그리고 지방자치체들이 원하지 않는 사람들을 배제하거나 추방할 수 있는 권한의 정확한 본성[성격] 등에 관한 것이었다. 마지막 쟁점과 관련해, 본 키르히만 의원은 소도시는 특정한 법적 권한에 기초해서만, 또는 그 구성원들이 빈민 구제를 이용한 경우에만 자신의 구성원을 배제하거나 추방할 권리를 가져야 하며, 지방자치체의 다른 모든 권리들은 폐지되어야 한다고 제안했다. 사회주의자였던 빌헬름 리프크네히트는 이 수정안에 대한 수정안을 제시했는데, 이는 "그 구성원들"이라는 말을 공격하는 것이었다. 당연히 그 요점은 빈민이 되었다는 이유로 사람들을 처벌하는 것이 아니라, 사람들을 배제할 수 있는 지역 공동체의 권력을 제한하는 것이었다. 그런 사람들이 해당 자치체의 구

성원인지 여부에 상관없이 말이다.[75]

　　이 법에 대한 의회의 논쟁은 1867년 9월 30일에 시작되었다.[76] 법안의 공식 보고관이었던 프리덴탈 박사는 제안된 법의 목적이 시대에 뒤떨어진 법을 폐지하는 것이라고 말하면서 논의를 시작했다. 이처럼 시대에 뒤떨어진 법은 다음과 같은 관념, 곧 "기존 거주지에서 이동하는 것, 즉 여행 자체[와] 다른 장소에서 거주를 시작하는 것은 중요한 일로, 이는 공공질서의 문제로서 개인의 자유로운 결정의 영역에 속하는 것이 아니라, 여행 문서와 거주증의 형태의 **공식적인 승인에 의존하는 문제**"라는 관념에 토대를 두고 있는데(강조는 원문), "이는 끊임없는 경찰의 통제, 즉 수치스러울 정도로 끊임없이 여행자들을 따라다니는 경찰의 감시에 의존하는 것이다." 프리덴탈은 이런 종류의 통제를 "철폐해야 할 필요성에 관해서는 그 어떤 이견도 있을 수 없"으며 오직 다음의 네 가지 쟁점에 대해서만 논쟁이 있을 수 있다고 생각했다. 이는 (1) 이 법이 이동의 자유를 충분하게 보장하는지 여부, (2) "**여행자이든 그렇지 않든지에 상관없이**"[강조는 원문], 경찰이 개인에게 "신원을 증명"하라고 요구할 권리와 이 법의 관계, (3) 이 법이 이전의 여권 소지 **의무**를 여권 취득의 **권리**로 어느 정도나 전환시키는지, 그리고 (4) 연방 전체를 대상으로 하는 이 법과 개별적인 국가들의 법 사이의 관계 등이었다. 제안된 법에 대해 의원들이 다양한 이의를 제기했지만, 기본적으로는 프리덴탈이 옳았다. 어느 누구도 이 법의 근본적인 목적에 도전하지 않았고, 궁극적으로 이 법은 정확하게 처음에 제출된 형태로 채택되었다.

　　의회에 제출된 여권 법안이 1865년 여권 조약보다 "자유를 더욱 확대하는 방향으로" 개선된 것이라는 점을 언급하면서, 프리덴탈은 실제로 이 법이 개인의 이동의 자유를 충분하게 보장해 주었다고 단언했다. 그는 사람들에게 자신의 신원을 밝힐 것을 요구하는 경찰의 권한을 갱신하는 것은 더 이상 정당화할 필요가 없다고 생각했다. 국가는 자신이 모르는 사람들을 "장악할" 수 있는 방법을 강구해야 한다는 것은 굳이 말할 필요도 없는 것이었다. 이 법을 둘러싼 세 번째 쟁점, 즉 여권을 발급받을 수 있는 권리의 신설과 관련해, 프리덴탈은 이것이 이 법의 "특별한 이점"이자 "노동계급에게 가장 가치 있는" 권리라고 여겼다. 마지막으로 프리덴탈은 개별 국가들의 법과 연방법 사이의 관계에 대한 문제를 여권에 대한 권리의 문제라는 면에서 정확하게 구성했다. 이 권리는 여권 발급에 대한 "법적 장애"에 의해서만 제한되었다. 법적 장애가 무엇인지를 결정하는 것은 개별 국가들의 자유지만, "그런 법적 장애를 구성하는 것이 당국의 변덕의 문제가 아니라는 점은 의심할 나위가 없이 확실히 바람직한" 것이었다. 나아가 프리덴탈은 특히 여권 신청자가 처한 상황과 문제에 대해 보다 가까이에서 주의를 기울일 수 있는 지방 관리들을 포함하여 어떤 관리들에게 여권 발급의 권한을 부여할 것인가에 관해 국가가 자체적으로 결정할 자유가 있다는 점을 찬양했다. 마지막으로 그는 노동계급이 여행 문서를 저렴하고 손쉽게 얻도록 하는 일의 중요성을 강조했는데, 이는 경찰이 개인의 신원을 확인하도록 승인한 규정의 남용을 방지하는 데 도움이 될 터였다.

노동자 계급에게 이 법안이 이롭다는 점에서 도르트문트 출신 의원인 베커 박사는 이 법을 원안대로 채택하는 것을 "꼭 필요한 경우가 아닌 한 단 하루도" 미루는 것에 찬성할 수 없다고 선언했다. 왜냐하면 이 법은 통상 자신이 거주하는 장소에서 일자리를 구하지 못할 경우, 다른 장소에서 일자리를 찾아야 하는 노동자의 의무를 그의 권리이자 명예의 문제로 전환하기 때문이었다. 노동자가 실업과 궁핍이라는 불리한 상황에 시달리고, 그가 일자리를 구하려 할 경우 경찰의 삼엄한 감시를 받게 되며, [거꾸로] 일자리를 구하려 하지 않을 경우에는 부랑자로 처벌받을 위험에 처하여 재산과 명예 그리고 자존심의 손상을 감수해야 하는 것이 현행법의 끔찍한 모순이라는 것이다.

노동자의 '명예'에 관한 온갖 고상한 말들에도 불구하고, 여권법에 대해 베커가 보여 준 열정의 이면에는 값싼 노동력을 희망하는 미래의 사용자 정서가 짙게 배어 있었다. 남성 노동자에 대한 반복적 언급이 단순히 노동자der Arbeiter를 반드시 대명사 "그"er로 변환하는 독일어의 문법적 기능 때문인지, 아니면 베커가 법안의 성차적 함의를 모른 체했는지 여부는 불분명하다. 그러나 가사 서비스(노동과 대립되는 서비스 Dienst의 의미가 있는) 일자리를 찾는 압도적인 다수, 즉 제한을 걸어 내야 했던 또 다른 집단은 분명 여성이었다.77 여하튼 베커는 노동 대중에게 고통을 주는 관료적 독단을 청산하기 위해 여권법을 채택하도록 동료 의원들을 열성적으로 독려했다. "신사 여러분, 여기서 우리는 치안 법령이라는 아우게이아스왕의 축사를 청소합시다."

의회는 상대적으로 경미한 말다툼 이후에 아우게이아스왕의 축사를 청소하기 시작했다. 논쟁의 가장 중요한 장면 가운데 하나는 마르크스주의적 사회주의자인 빌헬름 리프크네히트가 독일인이든 외국인이든 독일에서의 추방을 금지하는 제안을 옹호하고자 했을 때였다.78 리프크네히트는 국민국가가 오로지 그 자신의 국민에게만 권리를 부여하는 것에 맞서 일반적인 인권을 방어하고자 했는데, 이는 사회주의자들 사이에서 흔한 일이 될 것이었다. 그는 권위주의적인 관행을 꾸짖는 것으로 논의를 시작했는데, 당시까지만 해도 프로이센은 법적 근거도 없이 프로이센 사람이 아닌 독일인을 자유롭게 추방할 수 있었다. 리프크네히트는 만일 의회가 이런 관행을 분명하게 폐지하지 않을 경우를 상정하며 다음과 같이 이어서 주장했다.

우리는 좀 더 광범위한 지역, …… 즉, 전체 북독일연방의 영토에서 북독일연방의 신민이 아닌 다른 독일인들을 "외국인"으로서 추방하는 권리를 경찰에게 부여하게 될 것입니다. 니콜스부르크 평화조약Peace of Nikolsburg[즉, 쾨니히그레츠전투 후에 오스트리아와의 전쟁을 종결지었던 프라하 조약(1866)]에도 불구하고 여전히 독일에 속해 있는 오스트리아 독일인들, 뷔르템베르크인들, 바덴인들 등과 같은 독일인들 말입니다. 제가 생각하기에 전국 정당을 탁월한 것이라고 부르는 신사들이라면 독일 국가들의 신민이기는 하지만 북독일연방의 신민은 아닌 독일인들에게 북독일연방의 신민들과 동일한 권리를 부여하는 것에 반대하지 않을 것입니다. 사실 이 권리는 더욱 확대될 필요가 있습니다. 모두를 위해 존재하지 않는 권리는 권리가 아닙니다. 신사 여러분, 우리는 자유의 나라인 영국이 이미 채택했던 방식대로, 곧 영국인을 위해 존재하는 권리를 외국인에게도 확대했던 것과 동일한 방식으로 나아갈 필요가 있습니다. 영국에는 경찰에 의한 추방 같은 것이 없습니다. 영국 정부는 누군가의 거주지를 부인할 권리가 없습니다. 신사 여러분, 여기에도 이 같은 조치가 도입될 필요가 있습니다. 프로이센에서 경찰 조직의 광범위한 발전은 다른 어떤 제도보다도 독일의 통합을 악화시켰습니다. 이는 철혈鐵血 정치를 용이하게 했습니다. 지난해에 끔찍한 전쟁을 야기했고, 독일을 지금과 같이 분열시키고 대외적으로 무력하게 만든 바로 그 철혈정치 말입니다.

리프크네히트의 감동적인 비판에 따라, 의회는 다시 들썩거렸다. 의장은 그 조항에 대한 논쟁을 끝내고자 했지만, 그럴 수 없었다.

그러자 당대의 출중한 의원이자 "[비스마르크의] 편에서는 눈엣가시"79였던 국민자유당National Liberal Party의 에두아르트 라스커가 리프크네히트의 입장을 지지하고 나섰다. 라스커는 의회에 다음과 같이 훈계했다. "환대 속에서 거주할 권리에서 외국인과 내국인을 구분하는 것은 야비한 짓입니다. 모든 독일인뿐만 아니라, 모든 인간 존재에게는 개처럼 쫓겨나지 않을 권리가 있습니다." 라스커에 따르면, 프로이센 정부의 대표자들이 경찰에 의한 추방의 관행에 반대한다는 점을 반복해서 내비쳤기 때문에, 그는 정부가 이 문제들에 관해 자신의 견해를 지지할 것이라고 확신한다고 말했다. 그러나 리프크네히트의 수정안은 그것이 첨부된 법안과 함께 채택되지 못했다. 결국 이 법은 기본적으로 원래 제안된 바대로 채택되었다.[80]

결과적으로 북독일연방은 여행을 비범죄화하는 방향 — 특히 하층계급에게 수반되었던 의혹과 경찰의 감시를 법에서 제거하는 방향 — 으로 움직였다. 여권을 통한 통제를 폐지하고, 동시에 모든 개인들을 장악할 수 있는 국가 당국의 권리를 재차 확인함으로써, 여행자든 아니든, 이동 그 자체는 이제 법적으로 일상적인 삶의 정상적인 측면으로 간주되었다. 이 법은 문서를 통한 이동 통제로부터 문서를 통한 신원 입증으로의 전환을 강력하게 촉진했는데, 이 같은 전환은 유럽 전역으로 곧 확산될 것이었다. 그러나 아직까지는 이런 규제의 대상과 관련해 국민이 아닌 사람들에 비해 국민에게 특권을 부여했던 것은 아니었다. 사람들이 "신원을 밝히도록" 요구하는 국가의 권한을 재천명했던 법 조항에 관한 논의에서, 후에 제국의 내무부 장관으로 임명될 오일렌부르크 백작은 이 문제를 다음과 같이 간략하게 요약했다. "이 항의 취지는 여행자들에게 다른 모든 시민들과 법적으로 동등한 기반을 제공하기 위한 것입니다."[81]

프로이센 독일의 구체제는 빠르게 붕괴하고 있었다. 여행의 자유, 다시 말해 국가의 명시적인 허가 없이 방해받지 않고 이동할 수 있는 자유가 국법으로 확립되었다. 북독일연방은 불과 3주 후 의회에서 신민에게 정주의 자유를 보장하는 법을 채택함으로써 그와 같은 자유를 더욱 존중하는 모습을 보였다.[82] 이 법에 따라 개인은 연방을 구성하는 영토 어디에든 정착하고 재산을 획득할 수 있는 권리를 획득했다. 종교에 상관없이, 어떤 자치체나 국가의 구성원이었는지에 상관없이, 출생지에서든 새로운 거주지에서든 당국에 의한 특별한 제약을 받지 않고 말이다. 게다가 연방의 신민들은 정주하든 순회하든 토착 거주자들과 동일한 조건 아래에 교역할 자유가 있었다.

이 조치들만큼이나 중요했던 것은 사람들이 거주하는 것을 거부할 수 있는 자치체들의 권리가 거의 완전히 폐지되었다는 사실이었다. 이 법으로 말미암아 이 같은 권한은 "밖으로 확대되어" 연방을 구성하는 국가들 수준으로 이동했고, 이 국가들은 자신의 국경에서 범죄자나 부랑자, 걸인 등을 자유롭게 배제할 수 있게 되었다. 이 법은 장차 빈민이 될 우려가 있는 사람들의 진입을 거부할 수 있는 자치체들의 권리를 금지한 프로이센의 전례를 기반으로 했는데, 이제 연방 전체의 자치체들에게 남겨진 것은 **현재의** 빈민만을 배제할 권한이었다. 게다가 이 법은 이런 권한조차도 국가가 제한할 수 있도록 규정했다. 이런 법들에서 이동의 자유와 빈민 구제의 접근 기회에 대한 지역 규제의 제거 사이의 연관성은, 1870년대 후반 비스마르크의 전설적인 사회보장법이 급속히 성장하고 있던 사회주의 노동운동의 기선을 제압하려고 했던 만큼이나, 전국적으로 통일된 노동시장의 창출과 많은 관련이 있었다는 것을 시사한다.

실제로 최근의 연구는 독일에서는 "노동계급이 복지국가를 창출하는 데 있어 그다지 중요한 행위자는 아니었다"는 점을 설득력 있게 보여 주었다.[83] 이 같은 판단은 1867년 여권법을 둘러싼 논쟁을 통해서 충분히 확인할 수 있는데, 독일의 정치 엘리트들은 노동자들의 요구에 응해서라기보다는 "그들 자신의 이해관계"를 좇아 노동자들을 "해방시켰다." 궁극적으로 이동의 자유가 독일에서 전국적 차원의 복지국가를 창설하는 데 내재적으로 연결되어 있었지만, 그것은 또한 길드의 파괴와 이에 상응하는 모든 직업에 대한 진입의 자유 등과 같은 다른 진보적 자유와도 관련되어 있었다. 이 같은 연관성으로 말미암아, 장인들은 자유주의에 적개심을 품게 되었고, 이후 반동적인 반자본주의 운동을 지지하게 되었다.[84]

1867년 북독일연방이 채택한 여권법은 특히 자유로운 노동시장을 비롯해 독일의 산업자본주의를 위한 법적 전제 조건을 도입하려는 프로이센 주도의 보다 폭넓은 시도들과 결부되어 있었는데, 이는 노동계급에 대한 두려움이 상대적으로 약한 시기에 나온 것이었다. 급진주의는 1848년 이후부터 크게 약화되었고, "사회적 문제"가 정치적인 돌발 변수로 부상할 것이라는 토크빌의 예지적인 경고에도 불구하고,[85] 조직 운동으로서의 사회주의는 여전히 유아기에 머물러 있었다.[86] 1848년 이후에도 혁명에 대한 꺼지지 않은 공포가 감돌고 있었지만, 이런 요인들은 놀랄 만큼 자유주의적인 1867년 법이 통과될 수 있었던 "절호의 기회"를 제공하는 데 도움이 되었다. 그러나 사회주의 운동이 힘을 얻자, 이른바 사회주의법으로 사회주의 정당을 금지하고 있던 1878년에 정부는 공공질서가 위협받을 경우 여권법을 다시 시행할 수 있다는 조항을 이용했고, 모든 "이방인"과 제국의 수도에 새로 도착한

사람들에게 "지시가 있을 때까지" 여권이나 "통행증"을 소지하도록 명했다.[87]

　　또한 프로이센이 주도했던 북독일연방이 1867년에 채택한 여권 정책은 그것이 기반을 두고 있던 작센, 바이에른, 함부르크, 뷔르템베르크 사이의 1865년 조약보다 훨씬 더 진보적이었다는 점도 강조할 필요가 있다. 1867년 여권법은 경제적 자유주의에 대한 프로이센의 지대한 관심을 반영했다는 점에서 1865년 조약과 뚜렷한 차이가 있었다. 프로이센이 완고하리만치 반동적인 정치경제적 태도를 취했던 것으로 명성이 높았던 것을 고려하면, 이 같은 결과는 놀라운 것일 수도 있다. 그러나 실제로 이와 같은 결론은 이 기간 동안 프로이센의 정치경제적 동인이 진정으로 "부르주아적"이었다는 것을 설득력 있게 보여준 연구들과도 일맥상통하는 것이다. 비록 그런 동인이 열성적인 중산층보다는 융커 귀족에 의해 분명하게 표현되기는 했지만 말이다.[88] 여권을 통한 이동의 제한이 철폐되고, 공통의 시민권이 지배하는 더욱 광범위한 공간이 창출된 것은 여하튼 "위로부터의 혁명"의 일환이었으며, 이는 독일에서 "산업자본주의가 발전할 수 있는 조건을 점증적으로 확립했다."[89]

　　그러나 비스마르크의 지도력 아래에서 이뤄진 "독일 통일"과 제2제국Second Empire의 창설이 하나의 "독일 국민국가"의 창설을 낳은 것은 **아니라는** 점을 항상 염두에 두어야만 한다. 만약 그것이 전적으로 모든 독일인"의" 모든 독일인을 "위한" 국가를 의미하는 것이라면 말이다. 독일제국은 그런 조건을 충족시키기에는 너무 작았으며 동시에 너무 크기도 했다. 쾨니히그레츠전투*(1866년)에서 정점에 이른 프로이센과 오

---

*　1866년 보헤미아 쾨니히그레츠의 근교 마을 자도바(Sadova)에서 프로이센과 오스트

스트리아 간의 갈등의 결과로, 비스마르크는 "소독일 해법"을 받아들였다. 이는 원래 제1제국(신성로마제국)에 속했던 오스트리아 지역을 제외하고 지금까지 독일에 속하지 않았던 폴란드의 프로이센 점령 지역을 포함하는 해법이었다. 이 같은 해법이 포괄했던 영토의 관점에서 볼 때, 제국은 폴란드인, 덴마크인, 슬라브인, 알자스인 등 다양한 소수민족 집단들을 수용하고 있었다. 그들은 대부분의 사람들이 추정하기에 "독일인"이 아니었고, 아마 그들 자신들 역시도 그렇게 생각하지 않았을 것이다.

더욱이 그 국가는 프랑스 혁명가들이 구축했던 중앙 집중적이고 획일적인 행정 구조를 갖추지 못한 채 구체제를 마무리했다. 연방을 구성하는 국가들은 심지어 군사력의 사용을 비롯한 다양한 문제에서 실질적인 자율성을 유지했다. 더욱이 지방자치단체들은 사회정책을 비롯해 다양한 정책 영역에서 상당한 독립성을 유지했다. 그러나 이 같은 단서들이 당대와 이후의 평론가들 모두 제2제국을 "독일의 국민적 국가"의 달성이라고 언급하는 것을 막지는 못했고, 따라서 그런 것이 존재한다는 관념에 기여했다. 이는 스타인메츠가 "국민국가의 효과"로서 언급했던 것이다.[90]

"장기 19세기"에는 사회의 하류층 사람들이 출생지에 사람들을 묶어 두던 봉건적 족쇄로부터 해방되고 이동의 자유가 증가하는 것을 목도했다. 대중 계급에 대한 법적 이동성의 확대는 거주지를 기반으로 빈민 구제 혜택에 접근하도록 했던 빈민 구제 제도에 긴장을 조성했고, 어디에 속하는지에 대한 범주를 성문화할 필요성을 자아냈다. 독일의 정치·경제 엘리트들은 전국적 시장을 발전시키고자 시민권의 한계를 "국가적" 수준으로 확대하기 위해 노력했다. 이 과정에서 전제가 되었

리아 사이에 벌어진 싸움. 이 전투에서의 패배로 오스트리아는 그해 8월 프라하조약을 체결, 프로이센에 항복했다. 독일 통일의 서곡이 된 전투로, 자도바전투라고도 한다.

던 것은 "동료 국민"이 지역공동체에 들어가는 것을 제한하는 지역공동체의 권리를 폐지하는 일이었다. 이 권리는 빈민 구제를 제공하는 지역공동체의 전통적인 의무에 뿌리를 둔 것이었다. 동시에 이는 법적 지위의 민주화를 수반했다. 이에 따라, 하층계급을 구성했던 "내부의 외래 [이질적] 국민"은 최소한 법적으로 그들보다 사회적으로 "더 나은 사람들"과 동등하게 격상되어야 했다.

그럼에도 불구하고, 독일의 발전은 유럽의 광범위한 변화를 고지하는 것이었는데, 이는 심지어 외국인들에게까지도 보다 큰 자유를 보장하는 것이었다. 1860년대와 1870년대 초반 경제적 자유주의가 번영을 위한 가장 확실한 처방이라는 "압도적인 공감대" 하에, 홉스봄이 말했듯이, "생산 요소의 자유로운 운동을 가로막는 나머지 제도적 장벽, 자유로운 기업 활동과 그 기업의 이윤 추구 활동을 가로막는다고 생각할 수 있는 그 어떤 것들도 세계적 규모의 거센 공격을 받고 마침내 궤멸당하고 말았다."[91] 영국에서 1836년 외국인 규제법의 여권 조항들은 1905년 외국인법에 의해 부활될 때까지 대체로 무시되었다. 실제로 그랜빌 경은 1872년에 "대영제국의 현행법에 따르면 모든 외국인은 이 나라에 출입할 수 있고 거주할 수 있는 무제한의 권리를 가지고 있다"고 서술했다.[92] 이는 1867년 여권법에 관한 독일 의회의 논쟁 와중에서 리프크네히트가 제시한 영국의 상황이 정확했음을 입증하는 것이었다. 유사하게 프랑스에서도 파리 코뮌 시기를 제외하고, 여권을 통해 국내 이동을 엄격히 통제했던 조치들은 "폐기된 채 매장"되어 있었다. 비록 19세기 말까지 남아 있던 고용 수첩이 미천한 일자리를 찾는 많은 이들의 이동을 차별했던 것은 확실하지만 말이다.[93] 유사하게 입출국에 대한 여권 통제의 시행은 소멸되었고 제1차 세계대전까지 재개되지 않았다.[94]

이 같은 발전은 모두 경제적 자유주의라는 이데올로기적 방패 아래에서 이뤄졌는데, 경제적 자유주의는 국경의 존엄성을 전혀 개의치 않는 것이었다. 이런 범상치 않은 결합의 결과로 여권 소지 의무는 서유럽 전역에서 사라지게 되었고, 번영하는 세계에서 쓸모없는 문서 장성Paper Walls이 되어 버렸다. 19세기 유럽에서 이동의 자유에 대한 권리 확대를 옹호하는 와중에, 이탈리아의 법률 전문가인 조반니 볼리스는 1871년에 "사람들의 자유에 관한 가장 확실한 지표는 여권에 관한 법에서 발견할 수 있다"고 지적했다. 국제 여권의 폐지를 강력하게 옹호했던 볼리스는 여권의 폐지가 "단지 당대의 문명에 대한 존경의 표시가 아니라, 상업과 산업, 그리고 진보를 촉진하고, 다양한 국가들 간의 관계를 용이하게 하며, 여행자들을 괴롭힘과 방해로부터 해방하는, 경제적 관계에서 매우 중요한 척도"라고 서술했다.[95] 볼리스의 이 같은 언급은 이 시기 유럽에서 만연했던 이동의 자유를 향한 자유주의적 사고방식의 전형을 보여 주는 것이었다.

그러나 국가들은 이동하는 인구를 계속해서 장악할 수 있기를 원했고, 이는 신원 확인 문서에 대한 집착을 강화했다. 나아가, 정부와 경찰이 자신들이 원할 때 어떤 이가 누구인지(그리고 "무엇인지")를 확인할 수 있는 신분증들에 대한 관심도 높아졌다. 민주화와 더불어 모든 이들의 신원을 확인하는 일은 이동 자체를 통제하는 것보다 더욱 중요한 것이 되었다.

4장 "갑각류 국가"를 향하여

: 19세기 후반부터 제1차 세계대전까지 신원 확인 문서의 확산

19세기 후반 유럽에서는 이동의 자유에 대해 일반적으로 자유주의적 사고방식이 승리했지만, 각국 정부들은 점차 자신의 시민/신민과 다른 이들을 구별하게 되었고, 이 같은 구별은 오직 문서를 기반으로 이뤄질 수밖에 없었다. 이런 구별에 대한 관심은 처음에는 주로 달갑지 않은 국외자 집단을 향해 있었지만, 점차 확산되어 이후에는 사회적으로 보다 통합된 "국민적" 사회들[곧, 국민국가]의 일반적인 특성이 되었다. 따라서 19세기 후반부터 제1차 세계대전까지는 대체로 근대에서 유례를 찾아볼 수 없는 자유로운 이동의 시대로 간주되어 왔지만, 이 시기는 국민과 외국인 사이의 구별을 분명히 하고, 그렇게 함으로써 "토착민주의의 이식"naturalization of nativism이라고 불리는 현상에 이바지했던 다양한 종류의 신원 확인 문서들이 확산되던 시기이기도 했다.1

예를 들어, 백인이 거의 제약을 받지 않고 자유롭게 이동할 수 있었던 미국의 경우에도 19세기가 끝날 무렵 여권과 신원 확인 문서들이 극적으로 발전했다. 다른 곳에서와 마찬가지로, 이는 궁극적으로 (이동을 규제하고 국민과 타자를 분명하게 구분하도록 고안된) 문서를 통한 통제의 제도화를 촉진할 것이었다. 이 시기 동안 미국은 전 세계의 수많은 이민자들이 가고 싶어 하던 곳이었고, 미국의 방침은 이동을 규제하기 위한 보다 엄격하고 관료적인 메커니즘으로의 전환에서 핵심적인 역할을 수행했다.

여권, 좀 더 일반적으로는 이민 통제에 관한 미국의 역사적 경험은 19세기 말 이전 미국이라는 국가 자체의 허약하고 분산된 특징을 반영하는 것이었다. 유럽의 중상주의 국가들과는 달리 미국의 경우 이출 이민 문제에 관심이 없었다. 그리고 비록 19세기 미국으로의 이입 이민에 대한 반대는 우리가 일반적으로 생각하는 것보다 컸지만, 미국으로의 입국에 대한 규제는 19세기 전반 내내 우발적이고 간접적인 방식으로 이뤄지는 경향이 있었다. 1798년 외국인법Alien Act of 1798은 유럽으로부터의 이민에 대한 개방 정책을 처음으로 심각하게 파기한 것이었는데, 이는 미국 땅에 외국의 급진주의자들이 정착하는 것을 어렵게 할 목적으로 제정되었다. 프랑스혁명과 그 여파의 맥락에서 제정되었던 이 법은 외국인들 — 특히 프랑스와 아일랜드로부터 온 외국인들 — 이 미국을 전복할지도 모른다는 두려움에 대한 대응이었고, 1793년 영국에서 제정된 최초의 외국인법Aliens Bill으로부터 영감을 얻은 것이었다.[2] 그러나 이 법은 미국으로의 이민 추세에 거의 영향을 미치지 못했다.

미국에서 이입 이민을 **국가적** 관심사로 다루고자 했던 첫 번째 노력은 1819년에 출현했는데, 이때 의회는 영국의 여객법British Passenger Acts을 본떠 대서양 항로의 승객 수를 제한하는 법을 채택했다. 비록 이 조치의 지지자들은 이 법의 목적이 초만원 상태에 있던 여객선의 환경을 개선하는 데 있다고 천명하기는 했지만, 이 법은 [이민을] 규제하는 효과를 (그것이 의도적인 것은 아니었지만, 그렇다고 또 반드시 기대하지 않았던 것도 아닌) 가지고 있었다. 장기적인 관점에서 좀 더 중요한 점은, 이 법을 통해 연방 정부가 여객 운송업을 감독할 책임을 더 많이 떠맡게 되었고, 동시에 이민에 대한 최초의 공식적인 통계를 도입했다는 사실이다. 졸버그가 지적했듯이, 연방 정부가 이민 기록을 작성해 보관하기 시작하자, 이는 "국가의 관심 영역을 상징적으로 확장했고, 상황의 변화에 따라 규제를 추가할 수 있는 토대를 마련했다."3 따라서 이 법은 미국으로의 이민을 규제하기 위한 관료 행정에 필수적인 기반을 마련했다. 국가가 이민 신청자 수를 헤아릴 수 있는 능력은 이민자의 입국을 규제하기 위한 국가 역량에 매우 중요한 것으로 판명될 것이었다. 특히 이민자의 국적이 입국 자격을 결정하는 데 중요한 역할을 하게 되었을 때 그러했다.

　　그러나 남북전쟁 이전까지도 이민 규제 가운데 많은 부분들은 여전히 개별 주의 권한으로 남아 있었다. 선박의 갑판 공간에 비례해 승객 수를 제한하는 연방 규제 외에도 다수의 주들은 승객이 도착한 후 사회부조를 받아야 할 상태에 빠질 가능성에 대비해 선장과 선주들로부터 의무적으로 공탁금을 받았다. 이 조치는 운임을 끌어올림으로써 여객 수송업에 지장을 초래했다. 이에 해운 회사들은 이를 무역 규제로 간주하고 법원에 소송을 제기했다. 선주들은 자신들이 승객에 대한 책임을 강제로 떠맡아서는 안 된다고 주장했다. 이 소송에 대해, "1837년 대법원은 선장에게 승객에 대해 상세하게 보고하도록 요구한 주의 규정들을 인정하며, 주들은 그 경계 안으로 누가 들어오고 있는지 알 권리가 있다고 판결했다."4 이 과정에서 대법원은 이민법을 결정하는 데 있어 주들의 권한이 연방 정부의 권한보다 우위에 있다는 점을 사실상 승인하기도 했다. 그러나 이 판결은 10년 후인 1849년 승객 소송1849 Passenger Cases으로 뒤집히게 되었다. 이 재판에서 대법원은 승객에게 부과하는 주의 인두세人頭稅가 헌법상 해외무역을 규제하는 연방의 권한을 침해한 것으로 간주했다.5

　　나아가 연방 정부는 1856년에 이민 문제에 대한 관할권을 강화했다. 연방의회는 여권을 발급할 수 있는 배타적인 권리를 주장했고, 그것이 오직 미국 시민에게만 발급되어야 한다고 명령했다. 그 이전까지는 그 어떤 연방 법령도 여권 발급을 통제하지 않았다. 대체로 국무부가 이 일을 책임지고 있었지만, 개별 주들과 심지어 지방자치체들도 종종 여권을 발급했다. 국무부는 관보를 통해 [연방 정부보다] 낮은 수준의 행정 당국이 발급한 여권의 경우 외국 정부들이 인정하지 않을 수도 있다는 점을 신청자들에게 알려 주었지만, 여권 발급에 관한 법률의 부재로 말미암아 "문맹인과 부주의한 사람들은 무용지물인 여권에 의해 기만을 당하게" 되었다.6

　　1856년 이전에 주와 지방 당국이 여권 — 본질적으로, 시민권을 증명하는 문서들 — 을 발급했다는 사실은, 남북전쟁 이전의 경우, 미합중국 중앙정부의 "행정이 미국 전역에 걸쳐 단지 형식적으로만 존재했고, 중앙 행정기관들은 [자신의] 주권을 개별 주의 동의 여부에 따르는 것으로 해석했다"는 판결의 정확성을 반영한다.7 여권 발급에 대한 권한을 배타적으로 연방에 위임하는 법은 지역[분파] 갈등이 더욱 심각해지는 와중에 채택되었는데, 이런 지역[분파] 갈등은 중앙 통치 권위의 지배권을 확립하기 위한 집중적인 활동으로 이어졌다.8 통제[권]에 대한 이 같은 주장이 국가의 통합성[일관성]을 높이는 것을 시사했을 수도 있지만, 북부와 남부가 각각의 사회 체계를 조정하는 데 실패함에 따라, 미국은 곧 가장 피비린내 나고 파괴적인 전쟁에 빠져들게 되었다.

　　남북전쟁은 정치적·경제적 통일을 위한 전쟁이었을 뿐만 아니라, "연방을 구하기 위한 전쟁"(링컨)9이었고, 따라서 독일에서 전개되었던 발전과 유사한 발전이 전후 재건 시대의 미국에서 거의 동시에 벌어지고 있었다는 것은 하등 놀랄 만한 일이 아니었다. 북독일연방의 경우, "여행을 비범죄화하고" 그 국경 안에서 좀 더 자유롭게 이동할 수 있는 일관된 공간을 마련하기 위해 움직였다. 그리고 1년 후인 1868년, 연방대법원은 대중교통 수단을 이용해 네바다주를 떠나는 모든 사람에게 부과되었던 세금을 폐지하라고 네바다주에 판결했다. 대법관들은 한 주에서 다른 주로 여행할 권리는 국민이 누리는 시민권 — 당시 이 같은 신분[지위]은 연방 수정 헌법 제14조에 의거해 이전에 노예였던 사람들에게도 부여되고 있었다 — 의 일부라는 주장에 의거해 판결을 내렸다. 10 대법원의 판결은 미국인들이 전국을 자유롭게 이동할 수 있는 권리를 보장하는 데 도움이 되었다. 그러나 대법원이 미국 시민권의 기반을 확장하고, 그와 같은 신분[지위]을 가진 사람들이 미국 영토 내에서 자유롭게 이동할 수 있도록 한 후 채 10년이 지나지 않아, 연방 정부는 미국에 도착하는 많은 사람들의 자유로운 입국을 제한하기 시작했다. 이 과정은 대략 "프런티어의 종결"closing of the frontier•11과 동시에 일어났다.

남북전쟁 이후 노동력에 굶주린 기업 부문들은 해외의 노동력 자원에 눈독을 들이기 시작했는데, 이는 부분적으로 당시 급격하게 성장하고 있던 노동조합이 일으키는 파업에 맞서기 위해서였다. 노동조합을 지배했던 것은 앵글로-독일인과 아일랜드계로 대표되는 백인들이었고, 노동조합은 이 백인 노동자들의 이해관계를 보호하고자 했다. 서부 해안의 고용주들은 일반적으로 백인 노동자들에 비해 적은 임금으로도 생존할 수 있다고 간주되던 비백인 노동자들을 고용하는 것에 점점 더 관심을 갖게 되었다. 남북전쟁 이후, 대서양을 횡단하는 운송 수단이 개선되고 뱃삯이 저렴해지자,12 유럽으로부터의 이민이 폭발적으로 증가해, 1882년에는 19세기의 정점에 이르렀다. 그러나 팽창하고 있

• 미국의 맥락에서 프런티어의 종결은 미국 서부 개척 시대를 통해 정착민들이 미국 서부에 안정적이고 충분하게 정착한 것을 의미한다. 1890년 미국 인구조사국(Census)은 서부에서의 급속한 정착으로 인해 더 이상 프런티어가 존재한다고 말할 수 없다고 발표했다. 서부 개척 시대가 시작된 지 불과 25여년 만에 약 300만 가구가 대평원에서 농장을 짓고 정착했다.

던 미국이 새롭게 점령한 서부에, 낯선 곳에서 온 이민자들이 도착하기 시작했고, 그 수가 점차 불어남에 따라, 기존의 다양한 백인들의 분노를 자아냈다.

문서 장성: 여권과 중국인 배제

남북전쟁 무렵, 중국에서 발생한 정치적 발전과 일련의 격렬한 격변들로 말미암아 중국을 떠날 수 있는 가능성이 더욱 커지고, 또 그것이 더욱 매력적인 것이 되면서, 미국 서부로의 이민에 대한 관심이 급격히 증가했다. 이를 배경으로 미국과 중국은 1868년 벌링게임 조약Burlingame Treaty*을 체결했다. 이 조약으로 중국인들은 자유롭게 미국으로 이주하는 것이 허용되었지만, 이에 상응하는 권리, 즉 미국 시민이 될 수 있는 권리는 없었다. 중국인들은 미국이라는 국가에 포함되는 것이 금지되었기 때문에, 이 조약에서 인정된 중국인들은 사실상 유럽에서 제2차 세계대전 이후에 "초청 노동자"로 알려진 사람들의 초기 형태로 볼 수 있다. 이 같은 법적 제약에도 불구하고, 조약이 체결된 이후 중국인들은 상당한 규모로 미국에 흘러들어 왔다.13

• 미국과 중국 사이에 체결된 조약. 1858년 톈진조약을 수정한 것으로, 양국 사이에 공식적 우호 관계를 확립한 것이다. 이 조약을 통해 양국은 어느 한 나라 국민이 다른 한 나라에 살거나 방문할 경우 최혜국 대우를 보장하고, 미국은 중국의 영토 보전을 존중한다는 그들의 전통적인 정책을 문서화하기로 했다. 청나라를 대표해 협상을 주도한 앤슨 벌링게임(Anson Burlingame)과 당시 미 국무장관이던 윌리엄 슈어드(William Henry Seward) 사이에 맺어진 조약으로, 벌링게임-슈어드 조약으로도 불린다. 벌링게임은 중국 주재 미국 공사였다가 그 자리에서 물러나자, 중국 정부가 그를 국제 관계 담당 제국 사절로 임명해, 조약을 체결하게 했다.

그러나 채 15년도 지나지 않아, 중국인들의 이민에 대한, 나아가 실제로는 이민 일반에 대한 미국 정부의 입장이 현격하게 바뀌기 시작했다. 1880년 중국과 미국 정부는 또 다른 조약을 체결했는데, 이 조약은 중국인의 이민이 미국의 이해관계에 "영향을 미치거나 영향을 미칠 위험이 있는" 경우 중국인의 입국을 제한할 수 있는 권한을 미국에 부여했다. 이에 따라 미국은 10년 전만 하더라도 미국이 그토록 갈구했던 중국인 노동력의 자유로운 유입을 허용하는 조항을 뒤집었다. 2년 후에 미국은 처음으로 "중국인 배제법"Chinese Exclusion Acts을 채택했는데, 이 법은 10년 동안 중국인 계약 노동자의 유입을 금지하는 것이었다. 이후에 의회는 이 법을 수차례에 걸쳐 연장했고, 다른 아시아인 집단들에게 확대 적용했다. 중국인에 대한 법적 배제는 제2차 세계대전 동안 동맹이었던 중국에 대한 전시 우대 조치가 취해짐에 따라 종료되었다.14

국무부는 중국인 배제법이 벌링게임 조약을 파기하는 것이고, 중미 문제에 걸림돌이 된다는 이유로 그것에 반대했다. 외교 부처의 이 같은 반대는 실제로 이 시기 동안 전형적인 것이었다. 왜냐하면 반이민 조치들은 국가 간에 확립된 호혜주의 원리를 훼손하고, 자국민들에 대한 외국 국가의 처우를 악화시킬 것이기 때문이다.15 그러나 서부에서 반중국인 폭동이 증가함에 따라, 국무부는 "[벌링게임] 조약을 위반하는 것이 중국인들에게 린치를 가하는 것을 방치하는 것보다 중국을 덜 불쾌하게 할 것"이라는 논거로 그 입장을 뒤집었다. 같은 해, 미국 정부는 "1882년 이민법"Immigration Act of 1882을 채택했는데, 이는 죄수, 정신이상자, 지적장애인, 생활보호 대상자가 될 성 싶은 사람들의 이민을 배제했던 초기 주법들을 확대한 것이었다.16 이런 사람들에 대한 입국 금지는 새로운 것이 전혀 아니었지만, 특정한 인종/국민 집단을 제한하려는 연방 정부의 노력은 주목할 만한 새로운 발전이었다. 즉, "인종과 국적을 토대로 구분한다는 점에서, 이 법은 이민에 대한 연방법과 미국의 태도에 새로운 시대가 왔음을 고지하는 것이었다."[17] 이 글에서는 중국인 배제법의 행정적 시행에 초점을 맞추고자 한다. 중국인 배제법은 미국 역사상 처음으로 특정한 집단의 구성원을 배제하려는 진지한 시도였으며, 이 집단과 관련된 특징들은 오직 문서를 기반으로 해서만 인식될 수 있었기 때문이다.[18] 중국인 배제법의 시행과 관련된 다양한 증명 문서들의 제출 의무를 이해하기 위해, 1882년 법이 오직 새로 입국하는 노동자들만을 막았다는 점에 유념해야 한다. 이 법이 시행되기 전, 최소한 90일 이전에 미국에 입국한 사람들은 미국에 남아 있는 것이 허용되었다. 게다가 중국인들의 귀화는 허용되지 않았지만, 법원은 미국 땅에서 태어난 사람들의 경우 미국 시민으로 인정한다고 판결했다.[19] 더욱이, 상인, 교사, 학생, 그리고 여행자 등과 같은 집단은 이 법의 적용 대상에서 제외되었다. 과거 중국인들은 미국으로의 입국을 환영받았고, 많은 이들이 합법적으로 미국에 있었기 때문에, 새로운 법에서는 그들이 미국에 남아 있을 권리나, 만일 그들이 출국한다면 재입국할 수 있는 권리를 가지고 있다는 것을 그들이 규명할 수 있어야 한다는 점이 대단히 중요해졌다. 이 조건들은 오직 [이를 증명할 수 있는] 문서를 통해서만 충족될 수 있는 것이었다. 적격자와 부적격자를 가려내기 위해, 그 법안은 "등록, 증명, 신원 확인의 정교한 시스템"을 마련하도록 명령했다.[20]

이 조항들 가운데 첫 조항은 이 법 아래에서 합법적으로 미국에 거주하는 중국인 노동자들이 미국에서 출국하기를 원한다면 그들이 출국하기에 앞서 항구의 세관원으로부터 소위 "귀환 증명서"로 알려진 신원 확인 증명서를 발급받아야 한다는 것이었다. 세관원들은 그 자체로는 이민 공무원이 아니었지만 중국인 거주자들이 미국에 재입국할 권리를 확인해 주는 문서를 배부하고, 이 법에 따라 어떤 중국인이 합법적으로 미국에 입국할 수 있는지 결정할 수 있는 권한을 부여받게 되었다. 요약하면, 그들은 이민 감독관의 업무를 떠맡게 되었던 것이다. 더욱이 외교관 이외에 중국인 배제법에서 면제된 범주의 중국인들은 미국 입국시 중국 정부가 발급한 증명서를 지니고 있어야만 했다. 이는 "광둥"Canton 증명서 또는 제6항Section Six 증명서•로 불렸는데, 이 명칭은 1882년 법의 관련 조항에서 유래한 것이었다. 다양한 중국인 배제법들은 여성과 아동의 입국 자격에 관해서는 명시하지 않았다. 몇몇 판사들은 여성과 아동의 신분이 그들 자신의 자격에 의해 결정되고, 따라서 그들 역시 자신의 제6항 증명서를 소지해야만 한다고 생각했다. 반면에 다른 판사들의 경우 여성과 아동의 신분은 남편이나 아버지의 신분을 따른다고 주장했다. 이 논쟁은 1900년까지 해결되지 못했다. 1900년 대법원은 중국인 남성의 아내와 자식을 남편/아버지와 동일한 이민 신분에 속하는 것으로 간주하면서 후자의 입장을 인정했다. 중국인들이 그들에게 부과된 증명 문서 제출 의무에 이의를 제기할 경우, 그에 따른 분쟁은 법정에서 해결되었다. 법원의 판결은 종종 그 법을 집행했던 세관원보다 중국인들에게 우호적이었는데, 이는 그 법의 가혹함을 줄이려는 경향이 있었다는 사실을 반영하는 것이었다.21

증명서 제출 의무에 대한 중국인들의 이의 제기에도 불구하고, 캘리포니아의 정치가들은 배제법의 집행이 너무 느슨하다고 주장했고 법 조항을 더욱 강력히 집행할 것을 요구했다. 이 같은 요구로 1884년에

• 중국 정부가 발급한 증명서가 이렇게 불리게 된 것은 중국에서 미국으로 출발하는 유일한 중국 항구가 광둥이었으며, 중국인 배제법에서 이에 면제된 범주의 중국인들이 미국에 입국하기 위해 갖춰야 할 문서와 그런 문서가 담아야 할 신원 항목을 제6항에서 규정하고 있기 때문이다.

는 법이 수정되었는데, 그 골자는 중국인에게 부과된 문서 소지 의무를 강화하는 것이었다. 중국인 노동자들이 "귀환 증명서"가 생기기 전에 미국을 떠났다고 주장하지 못하게 하기 위해, 새로운 법은 원래 미국에 합법적으로 체류했던 노동자가 재입국할 때에는 이런 증명서를 휴대하고 있어야만 하며, 그렇지 않을 경우 재입국은 거부된다는 규제에 관한 예외 규정을 폐지했다. 그러나 중국인들이 이 조항에 소송을 제기했을 때, 대법원은 중국인 노동자들이 신분증명서 이외의 다른 수단을 통해 미국에 합법적으로 거주했다는 것을 증명할 수 있다면, 그들을 재입국 시켜야 한다고 판결했다.

노동자들에 대한 좀 더 엄격한 규제와 더불어, 1884년 법은 규제로부터 면제되는 중국인의 범주를 정의하고, 이들에 대한 문서 통제를 강화하려 했다.

상인이라는 말에 도붓장수, 방문 판매인, 건어를 만들고 운송하는 어부는 포함되지 않는다. 여행증명서에는 행선지와 본인의 재정 상태가 기재되어야만 한다. 중국 정부가 발급한 신분증명서가 재입국 권리의 명백한 증거가 되기 위해서는 출국항에서 미국 외교 관리에 의해 사증을 받아야 한다.[22]

이 마지막 절차는 아리스티드 졸버그가 제1차 세계대전 이후에 이민 규제의 중요한 특징으로 적절하게 묘사했던 "원격 통제" 체계의 초기 형태였다. 이 체계에는 여권과 이민자의 출발지에서 목적지 국가의 영사가 발급한 사증이 포함되어 있었다. 그러나 중국인 배제의 동학과 1920년대 "원격 국경 통제"의 발전에 관한 졸버그의 빼어난 통찰에도 불구하고, 졸버그는 '원격 국경 통제'가 제1차 세계대전 이후에 그것의 주요 대상이 된 유럽인들이 아니라 중국인들을 배제하기 위해 처음으로 실험되었다는 사실을 간과하고 있다.

　증명 문서 제출 의무의 강화와 배제법으로 미국에서 중국인의 수가 현저하게 줄어들었다는 공식적인 조사 결과에도 불구하고, 중국인을 막으려는 노력은 1880년대 후반에도 지속되었다. 1888년 9월 13일 의회는 중국으로 되돌아간 노동자들이 미국으로 재입국하는 것을 불허하는 법을 통과시켰다. 만일 그들의 자녀, 배우자, 또는 부모가 미국에 있지 않거나, 1000달러의 재산을 소유하고 있지 않다면 말이다. 바로 그 직후, 중국인 이민과 관련된 새로운 조약을 만들기 위한 프로젝트가 갈피를 잡지 못하고 있을 때, 스콧법Scott Act은 그 당시 미국 밖에 있으면서 그 법이 통과되기 이전에 미국으로 돌아오지 않았던 모든 중국인 노동자들을 배제했고, 1882년 법에 따라 [귀환] 증명서를 발급하는 것을 금지시켰으며, 이전에 발급된 모든 증명서를 무효화했다. 이에 따라 미국을 떠났던 중국인 노동자에게는 더 이상 미국으로 돌아올 권리가 없었으며, 중국인들의 재입국을 보장했던 2만여 장의 증명서는 파기되었다. 이 이후로 미국에 도착하는 중국인의 수는 급격하게 감소했다.[23]

　그러나 중국인들은 이런 제약들에 맞서 신속하게 소송을 제기하기 시작했다. 스콧법이 통과된 지 일주일 만에, 채찬핑이라는 이름의 중국인 노동자가 중국을 방문한 후 샌프란시스코로 되돌아왔고 신분증명서를 제시하며 재입국을 요청했다. 새로운 법으로 말미암아, 그의 재입국은 불허되었다. 채찬핑은 의회가 외국인을 배제할 권한이 없다고 주장하면서, 스콧법의 위헌 소송을 제기했다. 이 사건은 대법원까지 올라갔고, 대법원은 그 법의 합헌성을 확인했다. 그러나 이는 의회가 해외 무역을 규제할 권한을 가지고 있다는 관례적인 이유 때문은 아니었다.

대신에 대법원은 헌법이 다양한 권력을 의회에 부여하고 있으며, 이 같은 권력은 이 땅에서 의회를 주권적으로 만들고 "독립국가는 만일 그것이 진정으로 주권적이라면 외국인을 배제할 권력을 비롯해 '자신의 영토에 대한 관할권'을 가지고 있어야만 한다"고 판결했다.[24] 이 판결은 단지 15년 전에 그랜드빌 경이 영국에 대해 언급했던 견해와는 판이하게 다른 것이었다. 그의 견해에 따르면, 외국인은 자신이 원하는 바에 따라 영국에 자유롭게 들어올 수 있었는데 이 같은 견해는 이 시기에 유럽을 사로잡고 있던 상대적으로 자유로운 이동이라는 일반적인 분위기를 반영한 것이었다.

스콧법의 엄격한 규제에도 불구하고, 반중국인 선동 — 특히 태평양 연안에 있던 주들의 정치인들 사이에서 — 은 조금도 수그러들지 않았다. 배제주의자들은 중국인의 신원을 확인하고 추방하기 위해 책정된 예산과 기관이 불충분하다고 불평했다. 1892년 대통령 선거 유세 기간 동안 캘리포니아주 출신 하원의원이었던 토머스 기어리는 중국인들을 막거나 미국 사회로부터 제거하는 정책을 강화하는 새로운 법안을 제안했다. 그가 제안했던 법 조항 가운데 하나는 중국인 거주자들이 자진해서 등록하고, 오용과 위조를 방지하기 위해 사진을 포함한 신원확인 증명서를 발부받도록 그들에게 요구하는 것이었다. 결국 이 법안[기어리법Geary Act]이 채택되었고, 모든 중국인 노동자들에게 1년 내에 증명서를 발급받도록 요구했다. 나아가 만일 체포될 경우, 미국에서 합법적으로 체류하고 있다는 사실을 입증할 책임은 중국인 자신에게 있게 되었다.

베이징의 중국 대표자들뿐만 아니라, 워싱턴에 있던 중국 공사와 샌프란시스코의 총영사 역시 그 법에 대해 격렬하게 항의했다. 샌프란시스코에 있던 중화회관Chinese Consolidated Benevolent Association* — 육대공사

六大公司, Chinese Six Companies로 좀 더 유명한 — 역시 이 같은 반대에 동참했다. 미경중화회관은 미국 내에서 중국인의 이해관계를 대표하는 주요 단체였는데, 기어리법이 헌법에 위배된다고 판단하고, 중국인들에게 그 법의 신고 조항에 따르지 말도록 권고했다. 신고 마감 기간이 다가오자, 켄터키주 출신 하원의원인 매크리리는 당시까지 10만 6668명이었던 중국인 가운데 1만 3242명만이 신고를 마쳤다고 언급하며, 신고 기간을 연장할 것을 제안했다. 이에 기어리 의원은, 자신이 제안한 법을 방어하며, "중국인에 대한 신원 확인은 불가능하다"고 응수했고, 캘리포니아 출신 상원의원인 화이트White는 등록시켜야 할 뿐만 아니라 사진도 찍어야 한다고 주장했다. 이들의 동료이자 캘리포니아 주 하원의원인 맥과이어는 기어리법이 "추방법이 아니라 등록법이며, 단지 여권 제도일 뿐"이라고 언급했다. 이런 식의 반박에 대해, 매크리리는 중국인들에게 "꼬리표를 붙이고, 표시하며, 사진을 찍도록" 요구함으로써 중국과 체결한 조약을 위반하는 것은 불필요하다고 응수했다.

그러나 결국 등록 시스템은 대체로 처음에 제안되었던 바대로 채택되었다. 연방 정부는 등록 시설들을 확충했고, 이 과정을 더욱 신속하게 처리하기 위해 공무원을 중국인 집단 거주지에 직접 파견했다. 중국인 이민에 관한 초기 연구자이자 사려 깊고 성실했던 메리 쿨리지는 다음과 같은 결론을 내렸다. "그리하여 마침내 막대한 비용으로 등록 시스템이 굴러가기 시작했다. 1882년 이래로 모든 법의 집행을 담당했던 공무원들은 그것이 중국인 배제의 효과적인 집행에 필수적인 것이라고 주

• 중화회관(中華會館)은 19세기 후반 미국과 캐나다의 다양한 지역에 이주한 중국인 공동체들을 중심으로 설립된 역사적인 중국인 이주자 단체이다. 19세기 후반의 중국인 이민자들과 그 후손들에 의해 유지되었지만, 1965년 이후 새로운 중국 이민자들은 이 단체에 가입하는 경우가 드물었고 이에 따라 그 영향력은 크게 줄어들었다.

장했다."[25] 실제로, 배제법이 효력을 가지고 있었던 기간 동안 배제법에 영감을 받은 다양한 신분증명서들은 미국에 입국하고자 원하는 사람들에게 여권의 등가물로서 기능했고, 이는 이후 수년 동안 중국인을 배제하는 데 중요한 역할을 했다.

이민 규제의 "연방 국가화"

서부 주들의 정치적 이해관계에 따라 중국인 배제법이 문서를 통해 중국인들의 이민을 엄격히 감시하는 동안, 이민 규제는 연방 정부의 권한으로 점차 분명하게 이해되기 시작했다. 미국 이민정책의 목표를 결정하기 위해 열린 양원 합동 위원회의 청문회에서는 "이민을 제한하는 것이 아니라 면밀하게 걸러 내고, 원치 않는 이민자들을 바람직한 이민자들과 분리하며, 특정한 육체적, 도덕적 속성을 지닌 이민자들만 미국 땅에 상륙하도록 허용할 것"을 목표로 한 다양한 권고들이 쏟아져 나왔다.[26] 이 같은 목표에 따라 이민 규제는 국고에 부담이 될 수 있는 사람들과 "동화될 수 없는" 것으로 간주되는 사람들, 또는 그렇지 않다면, 미국 사회에 포함될 가치가 없는 사람들에 초점을 맞추게 되었다.

이를 배경으로, 의회는 1891년 이민법을 통과시켰다. 이민 규제 권한을 재무부 장관에게 부여하는 것을 골자로 한 이 법은 재무부 산하에 이민감독관 자리를 신설했고, 기존 법들의 시행 조항들을 강화했으며, 24개의 국경 검문소를 설치했다. 이런 모든 조처들은 이민 통제를 관료적으로 제도화했는데, 1891년 이민법이 제정됨에 따라 이런 조처들은 성격상 최초로 연방 차원의 것이 되었다. 그러나 당분간 중국인의 이입 이민은 배제법에 의해 규제되었던 반면, 유럽으로부터의 이입 이민은 이민감독관이 관리했다. 이 같은 사실은 역설적으로 중국인들이 법정에서 그들의 처우에 이의를 제기할 수 있는 많은 여지를 남겨 놓았다.27

미국 이민정책의 목적에 대한 양원 합동 위원회의 권고에 따라, 1891년 법에 의거해 만들어진 행정 기구들은 미국 시민권을 받을 만한 좋은 후보들과 그렇지 않은 사람들을 정부가 구분할 수 있도록 고안되었다. 이는 모든 이민이 동일한 관료 조직에 의해 관리되는 과정을 촉진했다(서로 다른 잠재적 이민자 집단은 상이한 정책에 종속되었다). 우생학과 강력한 인종 의식에 기반을 둔 인구 관리 접근법들이 점차 널리 퍼지면서, 미국에 입국할 수 있을 만한 가치가 없거나 시민권을 획득할 만한 자격이 없는 것으로 간주되는 사람들은 중국인을 넘어 확장되었다. 여기에는 부도덕하거나, 불결하거나, 상식에 반하거나, 백인이 아니거나, 공화주의의 원리를 이해하지 못하는 것으로 간주된 다양한 집단이 포함되었다. 배제할 만한 사람들의 범주가 확대됨에 따라 이민 통제는 좀 더 일원화되는 방향으로 나아갔고, 1900년대 초반에 아시아 이민자와 유럽 이민자의 흐름을 분리했던 행정은, 이민 규제의 "연방 국가화"가 제도적으로 강화됨에 따라 사라지게 되었다.

1903년에는 재무부 산하 이민감독관의 직무가 신설된 상무노동부Department of Commerce and Labor 산하의 이민국으로 이관되었고, 중국인의 이민은 유럽인의 이민과 함께 그 권한 아래로 들어갔다. 중국인의 배제는 1904년에 영구적인 것이 되어 버렸는데, 이는 필요한 문서가 만들어지고 부과될 수 있는 한, 다른 아시아와 유럽의 국민들에게 다가올 일들의 전조였다. 1907년 "신사협정"Gentlemen's Agreement은 일본 노동자들이 미국에 들어오는 것을 차단했고, 이를 위해 일본 정부는 노동자에게 여권 발급을 중단하는 데 동의했다. 이 같은 정책은 이후 일본인 여성들, 즉 사진만 보고 결혼할 미래의 남편을 찾아 미국으로 건너오는

'사진 신부'picture brides들에게까지 확대되었다. 이런 상황은 필리핀인들 때문에 좀 더 복잡해졌는데, 이들은 미국이 스페인으로부터 필리핀을 획득한 후에 미국의 국민이 되기는 했지만 시민은 아니었다. 미국 "국민" — 즉 "시민이든 아니든 미국에 충성할 의무가 있는" 사람들 — 인 그들 은 이민법의 대상이 될 수 없었다. 그러나 역설적이게도 필리핀처럼 해 외 점령을 통해 획득한 영토에 거주하던 사람들로 인해 미국 정부는 다양 한 비시민 "국민"에게 여권 발급을 확대하게 되었다. 이는 여권을 시민에 게만 배타적으로 나누어 주던 일반적인 추세에 역행하는 일이었다.[28]

인종적으로 열등한 자들에 대한 우려가 커짐에 따라, 다양한 범주 의 사람들이 정치적으로나 도덕적으로, 또는 의학적 측면에서, 미국인 의 혈통에 그다지 유익하지 않을 것이라는 우려 역시 확산되었다. 특히 의학적 우려로 말미암아 공중보건국Public Health Service을 설립하고 전염 병에 걸린 사람들을 배제하는 법이 제정되었다. 의학적으로 문제시되는 사람들에 대한 미국의 입국 제한은 미국으로 들어오려는 이민자들이 미 국 항구에서 이뤄지는 검역을 통과할 수 있도록 보장하기 위해 정부와 선사들이 해외에서 활동을 전개하도록 자극했다.[29] 점차적으로 미국의 이민자 검사와 결부된 많은 활동들이 해외로 이전되었다. 이민 통제는 미국의 국경으로부터 이민자를 보내는 국가로 이동했다. 이는 외부인의 유입을 제한하는 국가의 역량을 극적으로 향상시키게 될 것이었다.

주권과 종속: 1901년 여권법

한 국가의 영토에 다른 국가가 검역 시설을 설치하는 일은, 국가가 합법 적인 이동 수단을 독점하는 과정에서 국가주권이라는 강력한 개념에 대한 해석을 수정해야 했던 한 가지 사례일 뿐이다. 이출 이민자에 대한 건강검진이라는 결정에 "외적" 요인이 영향을 미쳤던 것처럼, 그리고 국가주권에서 가장 핵심적 사안이라고 간주할 수 있을 시민권법[국적법]에도 사실상 외부적 요인이 영향을 미친 것과 마찬가지로,30 여권 소지 의무 역시 다른 국가가 정한 규제의 결과로 한 국가에 부과될 수 있다. 1901년 이탈리아 여권법은 바로 그런 경우였다.

1967년까지 이탈리아에서 여권에 관한 주요 법으로 남아 있었던 1901년 여권법은 당시 유럽에 광범위하게 퍼져 있던 이동의 자유를 관대히 받아들이던 분위기로부터 벗어나 있었던 것처럼 보인다. 이 법을 비판했던 사람들은 대서양을 횡단하는 여행자의 경우 증기선 표를 구매하기 전에 여권을 소지하고 있어야 한다는 1901년 여권법의 요건을 출국 규제 조치의 재도입으로 간주했다. 자유주의자들과 좌파 의원들은 이 조항에서 자유주의 이전 시기에 전형적으로 등장했던 시대에 뒤떨어진 이민 규제의 낌새를 감지했고, 이에 강력하게 반대했다. 짐작컨대 이 법의 반대자들은 이출 이민으로 인한 인구의 감소 때문에 임금이 상승할 것으로 우려한 대지주들이 대체로 이출 이민에 반대할 것이라고 생각했을 것이다.31

그러나 사실 이 법은 출국을 막기 위해서 나온 것이 아니라 이탈리아 이민자들이 아메리카(북아메리카와 남아메리카, 주로 전자이긴 하다)의 항구에서 입국 거부를 당하지 않도록 하기 위해서 나온 것이었다. 합법적인 신청인 경우 24시간 내에 여권을 발급해야 한다는 이 법령의 요건만큼이나 이 법의 의도를 보다 분명하게 보여 주는 것은 없을 것이다. 이는 같은 날 채택된 이출 이민에 관한 법에서 반복적으로 등장하는 조항이었다. 이 "전대미문"의 법은 이출 이민 사업을 비롯한 다양한 상업적 이해관계로부터 이출 이민자들을 보호하기 위한 것이었으며, 이민 위원회General Commission for Emigration를 설립해 국가의 역할을 강화했다. 이는 출국을 안내하고 이민을 떠나는 사람들에게 도움을 제공하기 위해 설립된 것이었다.32 이탈리아는 이 시기 동안 이주 문제에 대한 관리를 향해 성큼 나아갔다. 비록 그 주된 관심이 외부로부터의 이입 이민을 제한하는 것이 아니라, 타국으로의 이출 이민을 용이하게 하는 것에 있었지만 말이다.

　　많은 논란을 불러 일으켰던 이탈리아인들의 이출 이민에 미칠 잠재적인 영향 때문에, 여권법은 의회에서 첨예한 논쟁을 초래했다. 이 법의 지지자들은 근 몇 년 동안 너무 많은 이탈리아인 이민자들이 미국 해안에 도착하자마자 되돌아왔다고 주장했다. 제안된 법안에 대한 의회 논쟁에서, 이 법안을 지지했던 에우제니오 발리는 1899년에서 1900년 사이에 1200만 명 이상의 이탈리아인 이민자들이 아메리카의 항구들에서 입국을 거부당했다고 말했다. 입국 거부가 이처럼 반복되는 것을 막기 위해 발리는 여권 외에도 출국하는 이민자에게 그들의 건강 상태를 증명하는 의료 증명서를 요구하도록 의회에 촉구했다. 발리는 "만약 이탈리아인 이민자들이 생활보호 대상자가 될 가능성이 있다고 …… 미국인들이 믿거나 의심한다면, 미국인들은 가차 없이 이탈리아인들을 쫓아낼 것"이라고 설명했다.33 아마도 이렇게 [미국에] 입국하지 못한 사람들은 출국 이전에 미국 검사관의 검사를 받지 않았을 것이다.

　　대서양 횡단 이주자들의 여권 소지를 의무화하는 데 찬성했던 또 다른 사람들에 따르면, 대서양 반대편의 이민 관리들은 이주자의 신체적 상태보다는 그들의 "품행"에 더 많은 관심을 기울이고 있었다. 한 옹호자의 말마따나, 이탈리아 정부가 발행한 여권을 소지한 이민자는 이탈리아 이민자들 사이에는 '위험하고 범죄 성향이 있는 사람들이 숨어들어 있다'고 믿고 있는 미국 당국자들로부터 입국 승인을 받는

데 도움이 될 것이었다.[34] 실제로 미국 이민 관리들은, 이탈리아인들만 그럴 것이라 생각했던 것은 아니지만, 이탈리아인들이 '생활보호 대상자로 전락할' 뿐만 아니라, 정치적으로나 의학적으로 전염병을 가져올 것이라고 의심했다.[35]

따라서 1901년 법의 채택은 잠자고 있던 권위주의적 관행을 일깨웠다기보다는 대서양 경제에서 이탈리아가 주변적 위치에 있었다는 점과 이탈리아 통치 엘리트들이 계급에 기초한 사회 저항운동에 취약했다는 점을 반영한 것이다. 남부 이탈리아의 만성적인 실업 문제, 좀 더 일반적으로는 고질적인 상대적 저발전 문제에 봉착해, 이탈리아 의회는 해외에서 일자리를 구하고자 하는 사람들이 그들이 원하는 것을 찾는 데 성공할 수 있도록 보증하는 방안을 모색했다. 게다가 이탈리아의 정치 지도층은 이출 이민을 정치적 불평분자를 제거하는 기회로 바라보았다. 1896년 아비시니아(현재의 에티오피아)의 아도와에서 이탈리아군이 참패·한 지 몇 달 후, 남부 이탈리아의 경제학자이자 이후에 수상이 된 프란시스코 니티는 이출 이민이 "계급적 증오에 맞서는 강력한 안전밸브"라고 단언했다. 니티는 그가 무엇에 관해 말하는지 알고 있었다. 제1차 세계대전 이전 시기 동안 이탈리아의 해외 이출 이민율은 사회주의 정당들에 대한 투표 감소와 상관관계가 있는 것으로 나타났다.[36]

어떤 이들은 전 세계로 이탈리아인들이 흩어져 나가는 것을 다소 이색적이기는 하지만 제국주의 국가 건설을 촉진하는 것으로 보았다. 이탈리아인들에게는 식민지 야망의 산물이었던 아도와로부터의 수치

· 제1차 이탈리아-에티오피아 전쟁을 가리킨다. 1895년부터 1896년까지 이어진 전쟁으로, 에티오피아를 식민화하려던 이탈리아가 아도와에서 참패함으로써, 에티오피아의 승리로 종결되었다.

스러운 퇴각 이후, 그들은 이탈리아인의 평화로운 해외 이주가 그곳이 어디든 이탈리아의 경계를 확장하는 것이라고 주장했다. 그러나 "자유롭고 고귀한" 인구의 과잉에 대처할 수 있는 유일한 방법은 정복뿐이라고 주장했던 좀 더 열성적인 민족주의자들은 여전히 만족하지 못하고 있었다. 이 분파들은 1911년 이탈리아가 트리폴리를 침략•했을 때 전성기를 맞이하게 되었는데, 이 침략은 자신들이 적절히 통제할 수도 없을 만큼 광대한 사막을 이탈리아인들에게 안겨 주었다.[37] 이탈리아가 이 지역을 완전히 통제할 수 없었기 때문에, 이 지역은 이탈리아 반도의 과잉인구 문제를 해소할 수 있는 출구로 기여하지 못했다. 과잉 인구가 이주할 수 있는 광범위한 해외 식민지가 없는 상황에서, 아메리카로의 이출 이민은 계속되었고, 이민자 수는 20세기 초반에 더욱 증가하게 되었다.

그토록 수많은 이탈리아인들이 해외로 떠나도 국가를 치명적으로 약화시키지 않도록 관리하는 방안에 대한 논의는 1912년에 시민권에 관한 새로운 법의 채택으로 이어졌다. 이 법은 이중 국적을 인정하는 것은 아니었지만, 바로 그 직전까지 나아간 것이었다. 새로운 시민권법은 이민자의 자손을 이탈리아 국적자로 인정하는 접근 — 특히 미국의 이중 국적에 대한 태도를 침해할 수도 있었을 법한 조치 — 을 채택하는 대신, 이탈리아인 국외 거주자들이 시민권을 다시 얻는 것을 용이하게 했다. 그러나 이중 국적을 허용하지 않는다는 결정에도 불구하고, 이 법은 다른 국가에 귀화해 시민이 된 자라 할지라도 이 때문에 이탈리아

• 1911년부터 1912년까지 이탈리아와 오스만제국 사이에 벌어진 전쟁. 이탈리아가 터키령인 북아프리카의 트리폴리를 점령하기 위해 일으킨 것으로, 이탈리아가 승리함으로써 트리폴리를 병합하게 되었으나, 그 결과 발칸전쟁이 일어났다. 트리폴리전쟁으로도 부른다.

에서의 군 복무 의무가 사라지는 것은 아니라고 판단했다. 따라서 이 법은 국가가 이중 국적을 인정하지 않는 주된 취지 가운데 하나인 군사적 충성 및 병역 의무의 상충 가능성을 무시하는 것이었다.[38]

역설적이게도 이동을 제한한다는 이유로 여권법에 반대했던 자유주의자들이 승리를 거두었다면, 이탈리아의 해외 구직자가 기회의 땅으로 이주하는 것을 제한하는 역효과가 있었을 것이다. 그럼에도 불구하고, 여권법에 반대했던 사람들은 이 법이 현재의 출국을 제한하기 위한 것이 아닐지라도 훗날 그런 목적을 위해 사용될 수 있다고 주장했는데, 이 점에서 이들은 옳았다. 다가올 제1차 세계대전은 바로 그런 주장을 입증할 것이었다. 전쟁이 발발했을 때, 이탈리아군은 신체 건강한 이탈리아의 아들이 아무런 제약 없이 병역을 피하지 못하도록 여권을 통한 통제를 활용하게 될 것이었다.

외국인에 대한 신원 확인 문서의 확산: 프랑스

미국이 이민 문제에 대한 "연방 국가적 차원의" 접근법을 발전시키고, 이민 문제 또한 점차 "국수주의적"(즉, 다른 국가에 대해 적대적)으로 접근해 가고 있던 시기에,[39] 프랑스 제3공화국은 자국민과 다른 이들을 좀 더 뚜렷하게 구분하기 위한 조치를 취하고 있었다. 이 같은 구분이 그 즉시 프랑스 영토에 다른 이들이 입국하는 것을 제한한 것은 아니었지만, 누가 프랑스인이고 누가 그렇지 않은지를 결정하기 위한 관료 기구의 설립은 이후 배제를 용이하게 하는 데 사용될 수 있었고, 장차 사용될 것이었다. 국민을 비국민과 분리하는 데 사용될 문서들은 프랑스 국적의 기준을 둘러싼 광범위한 논쟁으로부터 출현했는데, 이 논쟁에서 등장한 두 가지 주요 쟁점은 신병을 충원하는 문제와 프랑스에 거주하는 외국인들이 국방의 의무를 회피했다는 사실에 대한 분노였다. 이 논쟁의 주요 결과로 1889년에 프랑스 시민권[국적]에 관한 법이 채택되었고, 이는 프랑스 땅에서 태어난 이민자의 자녀들에게까지 프랑스 국적을 확장하는 것이었다.[40]

그러나 "사회적 시민권"의 출현 역시 프랑스인을 비프랑스인과 구분하게 될 신원 확인 문서[신분증]를 정비하는 데 한몫했다. 제2제국의 의료보험법 및 사회보험법들은 국민과 외국인을 구분하지 않았지만, 제3공화국의 사회복지법은 대부분 그 혜택이 프랑스 태생의 사람들에게 돌아가야 한다고 규정했다.[41] 프랑스에 거주하는 외국인이 상당히 많았다는 점을 고려하면, 이 같은 차별 정책을 시행하기 위한 수단이 발전해야만 했다. 또한 보다 일반적으로는 국방의 의무를 부과하기 위한 목적에서 누가 프랑스인인가를 결정할 수단 역시 발전해야만 했다.

1860년대에 국경이 상대적으로 개방됨에 따라 상당수의 외국인이 프랑스로 유입되었다. 프랑스 의회에서 몇몇 정치가들은 외국인들이 국방의 의무로부터 면제되어 있어서 프랑스인 노동자들에 비해 노동시장에서 특히나 유리하다고 주장했다. 1884년부터 외국인에게 특별세를 부과하자는 요구가 생겨났는데, 이는 프랑스인 노동자들이 겪는 불이익에 대한 일종의 "보상"에 해당하는 것이었다. 이 제안은 외무부의 저항으로 좌초되었는데, 이는 중국인 배제법에 대해 미국 국무부가 제기했던 종류의 이의와 정확하게 일치하는 것이었다. 외무부는 그런 세금이 프랑스와 다른 여러 국가 사이의 조약들에 쓰여 있는 이동의 자유에 관한 조항을 위반하는 것이 될 터이고, 따라서 "그런 조처는 국제적인 '국가들의 공동체'로부터 프랑스가 배제되는 결과를 가져올 것"이라고 반대했다.[42]

결국, 의회는 프랑스가 외국인에 대한 차별적인 과세의 결과로

"국가들의 공동체"로부터 쫓겨나게 될 가능성을 피할 수 있는 수단을 고안했다. 정부는 직접세를 부과하는 대신, 프랑스에 거주하고자 하는 모든 외국인에게 그들이 거주하는 장소가 속한 시청에 자발적으로 등록하도록 요구했는데, 이 등록증을 받기 위해서는 수수료를 내야 했다. 외국인을 배제하려 한다는 주변 정부의 의혹을 다른 곳으로 돌리기 위해 이 계획을 제안했던 의원은 [의무적인 등록이] 과세보다는 신원 확인을 위한 것임을 강조했다.[43]

　　1888년 10월 2일자 법령에 나타난 이 같은 기획의 결과로, 알퐁스 베르틸롱[1853~1914]•이 범죄자들을 추적하기 위해 지난 10년간 고안했던 "인체 측정학적" 신원 확인 체계가 프랑스에 거주하는 전체 외국인에게로 확대되었다. 베르틸롱은 개인의 신체적 특징이 신원 확인에 핵심적이며, 이 같은 특징은 행동 유형[학]을 구축하는 데도 사용될 수 있다고 믿었다. 거의 동시에 프랜시스 골턴[1822~1911]••이 발명했던 지문 채취법과 더불어, 베르틸롱 측정법은 다양한 종류의 신원 확인 체계의 핵심적인 요소가 되었다. 그럼에도 불구하고 우리는 이 같은 조치들의 효과를 과대평가해서는 안 된다. 공무원들은 이 같은 조치들을 제대로 시행하지 못했는데, 이는 그들이 이 업무에 대한 이해가 부족했고, 또한 이 업무를 처리하는 데 필요한 자원이 부족했기 때문이기도 하며, 단순

•　프랑스의 경찰관이자 생체 측정 연구자. 베르틸롱의 인체 측정학적 신원 확인 체계는 "세상에 똑같은 신체 치수를 지닌 사람은 없다"는 가정 아래에, 개인(성인 남성)의 독특한 신체 특징을 이용해 범죄자의 신원 식별 체계를 만든 것으로 유명하다. 죄수의 키, 왼쪽 팔꿈치에서 중지 끝까지의 길이, 머리 둘레, 귀의 길이 등을 측정해, 범죄자들의 신체 정보를 저장해 둠으로서 재범을 저지른 범죄자들의 신원을 파악할 수 있도록 했다.

••　영국의 학자이자 탐험가로서 우생학, 기상학, 지리학, 사회학, 유전학, 심리학 등 다방면에 관심을 기울였다. 범죄자를 식별하는 방법으로 지문을 연구했으며, 지문을 여덟 가지의 구체적 유형으로 구분하고 지문의 유전성과 인종별 차이에 대해 연구했다.

히 이 업무에 대한 관심이 없었기 때문이기도 했다. 이민자들 역시 새로운 등록 요구에 신속히 응하지 않았는데, 이는 그들이 이와 같은 의무를 알지 못했거나, 이런 의무를 수행하는 데 관심이 없었기 때문이었다.[44]

1888년 법령은 모든 외국인을 대상으로 했지만, 정확하게는 그 일반성으로 말미암아 프랑스 노동시장에 외국인이 들어오는 것을 더욱 엄격하게 통제하고자 했던 사람들의 반발을 초래했다. 이런 반발로 말미암아 1893년 8월 8일 "프랑스에서의 외국인 체류 및 국민 노동 보호에 관한 법"Law Concerning the Sojourn of Foreigners in France and the Protection of National Labor이 통과되었는데, 이는 소득을 창출하는 직업에 종사하길 원하는 모든 외국인들의 등록을 의무화한 것이었다. 등록을 위해, 법적으로 남성으로 추정된 이민자는 통상 출생증명서와 같은 유효한 신원확인증을 제출해야 했다. 자신의 신분을 증명할 수 없는 국가로부터 온 사람들은 그 국가의 영사가 인증한 신분증을 제시해야 했다. 상업적 활동에 직접 종사하지는 않지만, 배우자의 일을 도왔던 부인들은 동일한 취지의 신고서에 서명해야 했다. 요컨대 이 법은 경제적 상황에 따라 프랑스 국민에 비해 소득을 창출하는 일자리에 대한 자격이 부족하다고 간주될 수도 있을 외국인들을 국가가 보다 잘 "장악"할 수 있도록 하기 위한 것이었다. 학생과 임대인처럼 급여 소득자가 아닌 외국인들은 여전히 1888년 법령의 적용을 받았다. 1893년 법은 프랑스 법에서는 최초로 "일하는" 이민자와 "일하지 않는" 이민자를 구분했고, 따라서 현재에 친숙한 "이주 노동자"의 이미지를 창출하는 데 도움이 되었다.[45]

1893년 법의 문제는 그것이 프랑스에서 고정된 거주지를 구하고, 이를 기반으로 직업을 갖고자 원했던 사람들만을 통제했다는 것이다. 즉, 이동성 직업에 종사하는 사람들은 통제 대상에서 제외했다는 것이다. 미래에 수상이 될 조르주 클레망소를 비롯한 의회는 점차 이

의심스러운 집단에 관심을 기울였다. 그 결과 1912년 법은 "노마드"(떠돌아다니는 개인과 집단)와 그들의 기이한 행동을 통제하는 데 초점을 맞추었다. 이 법은 국적 문제에 상관없이 이론적으로 모든 "노마드"에게 적용되었지만, 당대의 한 분석가에 따르면, 실제로는 외국인을 대상으로 한 것이었다. 이는 당시 프랑스에서 떠돌아다니고 있던 "노마드"의 대부분이 외국에서 태어난 사람들이었기 때문이었다. 그들의 국적이 무엇이든, 그런 사람들은 지문과 사진을 포함하는 "인체 측정 신분 문서"인 "노마드 수첩"을 휴대해야 했다. 요점은 필요하다면 강요에 의해서라도 이 방랑자들이 "불변의" 정확한 신분을 갖도록 하는 것이었다. 그러나 사람들이 노마드 수첩 발급을 요청하더라도 당국은 발급을 거부할 자유가 있었고, 이는 정부가 "그들의 존재가 위험하다는 이유로 개인의 거주권뿐만 아니라 입국할 권리를 거부할 가능성"을 열어 두었다. 여기서 이동하는 비국민, 즉 영토 내의 수수께끼 같은 국외자는 점차 예전의 떠돌아다니는 "외국의" 적敵에서 떠돌아다니는 위험한 계급으로 대체되었다. 독일의 경우, 일상적인 의심의 대상이었던 이들은 "1867년 북독일법"North German law of 1867을 통해 규제로부터 해방되었다. 1917년에는 모든 외국인에게 신원 확인증 소지가 의무화되었고, 입국 시 여권 통제가 다시 도입되었다.46

다양한 형태의 신원 확인 문서[신분증]의 발전과 보급은 상호 배타적인 "국민들"로 상이한 국가의 사람들을 구성하는 데 도움이 되었다. 이런 "국민"은 국가의 운명과 공통의 이해관계를 공유했는데, 이는 그들과 다른 국가의 국민 사이를 나쁘게도 만들 수 있을 법한 이해관계였다. 19세기 후반 독일에서 이 과정은 독일 동부의 대규모 사유지에 기반을 둔 농업을 둘러싼 투쟁으로부터 상당한 수준으로 성장했다. 이곳에서는 궁지에 몰린 귀족들이 전체 독일 사회의 순결을 위협하는 존재로 간주되던 가난한 슬라브인 노동자들을 이용하고 있었다.

자유주의적이었던 1867년 북독일법은 제2차 세계대전 이후까지도 독일에서 여권 통제와 관련된 기본 법령으로 남아 있었지만, 독일로의 인구 이동에 관한 규정은 이미 1870년대 후반에 폐지되었다.[47] 1879년 초, 제국 정부는 러시아에서 온 사람들의 여권 소지를 의무화했는데, 이는 러시아에서 발생한 전염병의 유입을 막기 위한 조치였다. 러시아에서 독일로 돌아오는 여행자들은 이제 여권을 소지해야 했다. 이들은 독일로 출발하기 전 3일 이내에 상트페테르부르크에 있는 독일 대사관이나 독일 영사로부터 여권에 사증을 받아야 했고, 이후 독일 국경에 도착해서도 재차 사증을 받아야 했다.[48]

보건 의료상의 심각한 위협으로부터 독일 인구를 보호하기 위해 여권 소지 의무를 재도입한 것은 충분히 합리적이었던 것 같다. 그러나 불과 몇 달 만에, 이 명령은 수정되었고, 사증 신청자들이 이전 20일 동안 전염병에 오염된(그렇다고 생각되는) 지역에 있지 않았다는 것을 증명해야 할 의무는 폐지되었다. 또한 러시아에서 온 모든 여행자는 국경에서만 독일 당국으로부터 사증을 받게 되었다.[49] 이 법은 1880년 12월 추가 개정을 통해 제국의 신민과 독일인의 무사증 입국을 허용하는 국가들로부터 온 사람들에 대해 사증 요건을 폐지함으로써 규제를 다소 완화했다.[50] 약 15년 후에는 또 다른 법 개정을 통해 러시아로부터 오는 사람들에 대한 사증 요건을 완전히 폐지했다(여권 소지 의무는 유지되었다).[51]

1879년 2월 법령과 그 개정은 러시아에서 입국하는 사람들에 대한 독일의 제한이 전적으로 전염병에 국한되어 있었던 것은 아니라는 점을 암시한다. 아마도 러시아계 폴란드인 노동자들의 유입도 한몫했을 것이다. 노동력이 필요하다는 농업 고용주들(및 일부 산업 고용주들)의 주장에도 불구하고, 비스마르크는 "프로이센 인구의 폴란드화가 잠재적으로 제기하는 위협"을 환기시키면서, 1885년에 약 4만 명의 폴란드인 노동자의 추방을 명령했고, 이후 5년간 폴란드인은 독일에서 배제되었다.[52] 그러나 노동력 수요는 줄어들지 않았고, 1890년 비스마르크가 실각한 이후, 폴란드 노동자들의 유입이 엄격한 조건 아래에서 재개되었다.[53] 1893년 막스 베버는 "독일 동부에서 러시아계 폴란드 노동자들을 철저히 배제"해야 한다고 촉구했는데, 이는 농업과 여타 고용주들의 이해관계에도 불구하고 정치 지도자들 사이에 널리 퍼져 있던 입장이었다. 이 같은 제한이 없다면, 독일은 "슬라브인들의 쇄도로 말미암아 장기간에 걸쳐 문화적 퇴보를 겪을 위협에 직면해 있다"고 베버는 우려했다.[54]

베버의 견해는 명백한 자민족 중심주의였지만, 그에게는 또한 폴란드인의 유입이 "이 지역에서 예상되는 계급투쟁에서, 노동자들의 자의식이 성장하는 것에 맞서는 수단"으로 비춰졌다는 것을 상기할 가치가 있다. 실제로 베버는 폴란드인들을 농업 노동자와 고용주 간의 투쟁에서 "파업 파괴자들"로 바라보았다.[55] 이 점에서 보면, 동부 독일에서 폴란드인들의 지위는 몇 해 전 캘리포니아에서 중국인이 처한 지위와 매우 흡사했다. 이 두 집단 모두 무르익어 가는 계급투쟁에서 고용주들에 의해 투쟁의 도구로 사용되었고, 그들을 계속해서 존속시키려는 고용주의 이해관계에도 불구하고, "인종적" 특징들에 근거한 제한 조치들의 대상이 되었다. "인종"에 대한 우려는 우생학과 같은 사이비 과학 이론들이 독일 및 다른 곳들에서 전면에 등장함에 따라 점차 경제적 합리성을 압도하게 될 터였다.

여권을 통해 러시아로부터 오는 사람들을 통제했던 것은 초기에 폴란드 출신 이주 노동자들의 유입을 규제하기 위한 노력의 일환이었다. 이 기간 동안, 외국인 노동자들의 이동을 막고자 했던 현장 감독관들은 "노동자들에게 그들의 여권과 수하물을 맡기도록 요구했다."[56] 이 같은 관행은 1894년 이후 러시아에서 독일에 입국하는 사람들에게 사증이 아닌 여권 소지만을 의무로 했던 이유를 설명하는 데 도움이 될 것이다. 이 경우, 여권은 월경 허가서라기보다는 신원 확인 문서로 사용되고 있었다. 어쨌든 폴란드 노동자들의 수입에 관한 지속적인 논란은 결국 1908년 합법화의 압력으로 이어졌는데, 이는 외국인 노동자 모두에게 신분증 소지를 의무화한 것이었다. 1905년 설립된 독일 농업 노동자국German Farm Workers' Agency에 따르면 이 문서들은 "외국인에 대한 완벽하고 총체적인 감시 체계와 그들을 감독하고 규제하기 위한 광범위한 관료 체계"의 핵심적인 측면이었다. 그럼에도 불구하고, 이 같은 규제의 효과가 과대평가되어서는 안 된다. 왜냐하면 고용주와 노동자들은 종종 자신들의 이해관계에 따라 이 같은 규제들을 회피했기 때문이다.[57]

이와 달리 러시아에서 온 여행자들이 계속해서 여권을 의무적으로 소지해야만 했다는 사실은 여권을 통해 러시아 입국을 지속적으로 통제해 왔던 러시아를 제재하기 위한 방법이었을지도 모른다. 러시아의 이 같은 정책은 그 당시 대부분의 서유럽과 중부 유럽에서 확립된 좀 더 개방적인 관행과는 모순되는 것이었다.[58] 그러나 우리가 살펴본 바와 같이, 이와 반대되는 기류 — 유럽 국가들의 "국민화", 즉, 좀 더 엄격하게 자국민들에게만 일자리와 혜택을 분배하려는 기류 — 가 이 시기 동안 분명히 진행 중이었다. 19세기가 끝날 무렵, 이 국민화 과정은 프로이센의 법령에도 명시적으로 표현되었다. 이는 여권을 발급하는 기관이 예외적인 경우를 제외하고 외국인에게 여권을 발급하는 것을 엄격하게 금지한 것이었다. 이 당시에도 외국인에게 여권을 발급하는 것은 여전히 흔한 일이었다. 이 법령은 "[신청자의 국적에 관한] 면밀한 조사가 필요하다"고 주장했다. "왜냐하면 외국 정부와의 불리한 협상이 벌어질 수도 있는데, 이런 협상은 종종 독일이 단지 독일 여권을 가지고 있다는 이유만으로 여권 소지자를 받아들여야만 하는 결과를 초래하기 때문이다."[59] 상호 배타적인 시민들로 구성된 국가들의 국가 간 체계는 더욱 견고해지고 있었는데, 이는 정부가 점점 더 사람들이 이 나라 또는 저 나라에 속한다는 것을 확인하는 문서를 그들의 손에 쥐어 줄 수 있는 역량을 갖추게 되었기 때문이다. 더욱이 개별 국가들은 비국민들을 점점 더 보호하려 하지 않게 되었고, 여권은 오직 그 국가의 관리들에 의해, 자국민에게만 부여하는 체계가 생겨나게 되었다.

그럼에도 불구하고 제1차 세계대전이 발발하기 직전에, 독일의 한 연구자는 여권 제도에 대해 다음과 같이 서술했다.

> 최근 외국인들의 입지가 이전과 많이 달라졌기 때문에, …… 대부분의 근대국가는 몇몇 예외를 제외하곤 여권법을 폐지하거나 적어도 시행하지 않음으로써 그것을 무효화했다. 국가는 더 이상 [외국인들]을 의혹과 불신의 눈초리로 바라보지 않는다. 오히려 무역과 거래로부터 나올 수 있는 엄청난 가치를 인정하고 있고, 그들을 두 팔 벌려 환영하고 있으며, 이런 이유 때문에, 그들의 길목에 놓여 있는 장애물을 가능한 한 제거하고 있다.[60]

지금까지 이 장에서 살펴본 바로는, 이 같은 평가는 외국인의 상황을 정확하게 파악한 것이 아니었음이 분명해 보인다. 그러나 이런 논평은 경제적 자유주의가 여전히 많은 유럽인들의 마음에 엄청난 영향력을 발휘하고 있다는 점을 시사한다. 19세기 후반 유럽에서 여권 통제의 완화를 향한 전례 없는 움직임을 뒷받침했던 것은 바로 이 후자의 생각들이었다. 오직 제1차 세계대전만이 이런 경향을 확실히 뒤집어 놓을 것이었다.

제1차 세계대전과 여권 통제의 "한시적" 부활

1914년 8월에 울려 퍼진 총성은 정부가 외국인을 "의혹과 불신"의 대상으로 바라보지 않았던 시대, 외국인들이 상대적으로 방해 받지 않고 자유롭게 국경을 넘나들던 시대의 갑작스런 종언을 고지했다. 전시에 전형적으로 나타나듯, 자신의 조국에 원한을 품을 수도 있을 사람들에 대한 적대감과 그런 사람들의 이동에 대한 통제에 다시 한번 집착하게 되었다. 전시 동원은 국가를 경직시키고, 모든 주의를 한곳에 집중시킨다. 행정은 단 하나의 최우선적인 목적에 초점을 맞추게 된다. 제1차 세계대전 동안 이 같은 목표가 달성됨으로써 외국인과 그들의 이동을 제한하는 방법들에 관한 견해가 더욱 공고해졌는데, 이런 방법들은 이후 지속되어 우리 세계의 일부가 될 터였다. 그러나 비록 가장 큰 타격을 받기는 했지만 새로운 규제가 외국인들에게만 영향을 미친 것은 아니었다. 다양한 국가의 국민들 역시 제1차 세계대전 동안 강화된 문서상의 감시를 겪게 되었다.

국민과 외국인 모두의 이동을 더욱 강력히 통제하기 위한 목적에서, 여권을 통한 이동의 통제가 유럽 대륙 전역에 재도입되었다. 처음에는 이 같은 통제가 전시에만 용인될 수 있다는 견해를 반영해, 새롭게 재도입된 여권 소지 의무는 비상사태에 대응하는 임시 조치로 간주되었다. 이 전쟁이 궁극적으로 국제적인 인구 이동의 자유방임 시대에 종언을 고할 것이라고 예측한 동시대인들은 거의 없었다.[61]

이에 따라 예를 들어 혁명기 이래로 "소멸되었던" 프랑스의 여권 규제가 복원되었다.[62] 더욱이, 프랑스 입법가들은 이 위기를 문서를 통해 프랑스 시민과 외국인을 더욱 분명히 구별하는 데 활용했다. 새롭게 채택된 지문이 포함된 신분증이 시민을 "범죄자" 취급한다는 프랑스 노동조합총동맹Confédération Générale du Travail, CGT,의 공식 항의에도 불구하고, 전쟁으로 한층 높아진 외국인 혐오증은 정부로 하여금 외국인에 대한 문서상의 신원 확인 요건을 강화하도록 했다. 1917년 4월에 공포된 두 가지 법령의 결과, 프랑스에 거주하는 15세 이상의 모든 외국인은 신분증을 의무적으로 소지해야만 했다. 신분증에는 소지자의 국적, 결혼 여부, 직업, 사진, 서명 등이 포함되었고, 농업과 산업에 종사하는 임금노동자라는 것을 표시하기 위해 특수한 색상 코드가 사용되었다.[63] 외국인 — 특히 "이민 노동자" — 은 그들이 소지했던 문서를 통해 점점 더 파악하기가 용이해지게 되었다.

영국에서는 "1914년 외국인 규제법"Aliens Restriction Act 1914을 통해 정부의 권한이 대폭 강화되어, "전시 상태일 경우" 정부가 외국인의 출입국을 금지하거나 제한할 수 있게 되었다. 이 법은 여권 소지 의무에 관해서는 명시적으로 언급하지 않았는데, 이는 강경한 맨체스터 자유주의자들의 오랜 반대에도 불구하고 이미 1905년에 동유럽으로부터 유대인의 대규모 유입이라는 위협에 맞서 부활한 상태였다.[64] 그럼에도 불구하고 이 법에 따르면 어떤 이가 외국인이 아니라는 것을 입증할 책임은 그 사람, 곧 본인에게 있었다. 즉, 만일 그가 "영국인"처럼 보이지 않거나 그가 말하는 것이 "영국인"처럼 들리지 않는다면, 불가피하게 자신의 국적을 문서를 통해 증명할 수밖에 없었다. 또한 이 법은 외국인의 거주 지역을 지정하고, 당국에 그들의 거주지와 영국 내에서 거주지의 변경이나 이동에 대한 정보를 등록할 수 있도록 했다. 마지막으로

이 법은 명령을 시행할 이민 관리의 임명을 규정했는데, 이민 관료 기구의 이 같은 확대는 전후 여권 통제를 유지하는 추진력이 되었다.65

독일 정부 역시 1867년 자유주의 법의 비상사태 조항에 따라 새롭게 여권을 통한 통제 방식을 채택했지만, 이번에는 러시아로부터 오는 사람들뿐만 아니라 독일로 들어오는 모든 사람들에게 적용되었다. 이미 1914년 7월 31일에 독일은 해외에서 제국으로 들어오는 사람들을 여권을 통해 "한시적으로" 제한했다. 자원입대한 군인이나 징집된 군인들의 귀환을 용이하게 하기 위해, 독일 신민과 이전에는 독일 국적자였지만 현재는 국적이 없는 독일인, 또는 제국의 영주 거주자지만 한시적으로 해외에 채류하고 있었던 사람들은, 본인이 그렇다는 것을 입증하는 문서를 제시할 경우 이 같은 [여권소지] 의무를 완화해 주었다. 이 조항은 이런 사람들이 처음 독일을 떠날 때 여권을 소지하지 않았을지도 모른다는 타당한 이유로 시행된 것이었다. 한편 총알받이가 되는 것을 원치 않았던 자들의 탈출을 막기 위해, 군 복무 중인 군인은 부대장의 승인을 받아야만 독일에서 출국할 수 있는 여권을 취득할 수 있었다. 동시에 전쟁 상태가 선언된 제국의 특정 지역에 있는 외국인들에게는 그들 개인에 관해 적절하게 설명해 주는 여권을 소지할 의무가 부과되었다. 여권이 없을 경우, 이를 대체할 수 있는 여타 문서들도 허용되었는데, 이는 아마도 새로운 규제가 그들을 당황스럽게 할 수도 있었기 때문이었을 것이다.66

같은 해에, 독일은 이 같은 규제들을 더욱 강화했다. 이제, 제국의 영토(알자스-로렌을 제외하고)에 들어오거나 **떠나기를** 원하는 누구라도 여권을 소지하고 있어야 했다. 외국인들 역시 단지 전쟁 지역뿐만 아니라 제국의 **어디서든** 여권이나 이에 상응하는 문서들을 소지해야만 했다. 더욱이 이 모든 여권에는 "소지자가 사진 상의 실제 본인"이라는 공식

증명서와 더불어 개인에 대한 묘사, 사진, 그리고 소지자의 서명이 기재되어 있어야 했다. 마지막으로, 제국에 **입국**하기 위한 **외국** 여권에는 독일의 외교관이나 영사관으로부터 받은 사증이 포함되어 있어야 했다. 적어도 전쟁 초기에 독일인들은 외국인의 이동을 주시했던 만큼이나, 독일 국민의 이동을 통제하는 데 관심이 있었다. 의심할 바 없이 이는 적어도 부분적으로는 신병을 확보하기 위해서였다.67

전쟁 중에 **조국**의 영토를 보호하기 위한 다음 단계는 1916년 중반에 취해졌는데, 이는 제국의 영토와 점령 지역에 들어가거나 떠나는 독일인이나 외국인은 모두 독일 당국이 발행하는 사증을 받아야 한다는 점을 여권 소지 의무에 추가한 것이었다.68 이 같은 조건은 독일의 영토에서 떠나는 일을 복잡하게 만들었을 뿐만 아니라, 해외에서 입국하기를 원하는 사람들에 대한 독일의 군사 기구나 영사 관료 기구를 통한 "원격 통제"를 강화했고, 효과적으로 제국의 국경을 확대했다.

이 명령에는 출국인지, 입국인지, 또는 독일 영토를 통과하는 것인지 등의 여부에 따라 독일 여권을 발급할 수 있는 주체와 대상, 여권에 포함되는 정보, 표준적인 여권 양식, 허용 가능한 **외국** 여권의 양식(이는 사진 등을 포함하는 독일 여권의 모든 기준에 부합해야 했다), 여권을 대신해 사용할 수 있는 개인의 신원 문서 양식, 사증 발급에 관한 약관 등이 독일인에게서 전형적으로 나타나는 정확성과 함께 상세히 열거되어 있었다. 이 명령은 독일 여권이 오직 독일 국민에게만 발급되어야 하며, 독일 국민이라는 지위는 적절히 기록되어야만 한다는 19세기 후반의 규정을 재확인했다. 특히, 여권 소지자가 이전에 국적이 없었거나 독일 국적을 가지고 있지 않았다면, 이전 국적의 소유 여부와 독일 국적 취득일을 여권에 기재하도록 했다.69 독일 당국은 엄격한 귀화 과정을 거쳤더라도, 누군가는 독일에만 충성하지 않을 수 있다는 점을 염두에 두는 것이 최선이라고 생각했음이 분명하다.

전쟁이 발발한 이후, 문서를 통한 이동의 통제와 관련해 이탈리아의 첫 움직임은 새로운 여권을 발급하는 것이 아니라 시민들 사이에 이미 통용되고 있는 여권을 회수하는 것이었다. 1914년 8월 6일자 법령에 따라, 정부는 군 복무의 의무가 있는 사람들이 이민을 떠날 수 있는 권리를 정지시켰고, 그들이 소지한 모든 여권을 무효화했다. 독일의 여권 규제와 마찬가지로, 이 명령은 여권을 통한 이동의 통제와 **조국** 방어를 위해 신병이 부족하지 않도록 보장하기 위한 활동 사이의 밀접한 관계를 나타냈다.[70] 국가에 대한 충성심이 부족한 이탈리아 남부 출신들이 급여도 형편없고, 배식도 좋지 않았던 보병에서 많은 비중을 차지하고 있던 상황에서, 이탈리아 정부는 징집병들이 기회만 있으면 탈영하려 할 것이라고 예상했다.

이 같은 불복종을 막기 위한 노력의 일환으로 정부는 1915년 5월에 일하기 위해 해외로 나가는 이탈리아인들의 여권 소지 의무를 강화했다. 이제, 대서양을 횡단하는 사람들뿐만 아니라 **어느 곳으로** 향하는 사람이건 이탈리아를 떠나기 위해서는 여권을 소지해야 했고, 여권을 취득하려면 왕립 이민청Royal Commissariat of Emigration에 노동 계약서를 제출해야 했다. 이 또한 "일시적인" 규제로 의도된 것이었고, 일단 평화가 돌아오고 이탈리아가 좀 더 발전된 세계에 대한 노동 공급자로서 지위를 다시 차지하게 되면 폐기될 것이었다.[71]

같은 날, 이탈리아 정부는 입국을 희망하는 외국인에게 여권 소지 의무를 부과했는데, 이는 수년에 걸친 개방 정책을 뒤집은 것이었다. 그러나 이탈리아 정부는 단지 여권만이 아니라 출발지에 있는 이탈리아 외교관이나 영사가 발급한 사증 역시 요구함으로써 잃어버린 시간을 만회했다. 나아가 이 엄격한 법은 외국인들이 이탈리아에 도착한 지

24시간 이내에 치안 당국에 출두해 이탈리아에 체류하는 경위와 그들이 국적을 가지고 있는 국가에 병역 의무가 있는지를 설명하도록 요구했다. 신고서 사본은 치안을 책임지는 지역 공무원들에게 보내졌고, 신고인들은 법의 요건을 충족했음을 증명하는 증명서를 받았다. 외국인이 이탈리아 내에서 이동하는 데 필요한 문서들도 크게 증가하기 시작했다. 더불어 이 법은 이탈리아 주민을 외국인을 감시하는 [관료] 기구의 일부로 만들었다. 시민이든 외국인이든 외국인에게 숙소를 제공하는 사람은 누구라도 그 외국인이 도착한 후 5일 이내에 그 사람들의 명단을 경찰에 제출해야 했고, 외국인의 출발 사실과 "그들의 행선지"를 24시간 내에 경찰에 알려야 했다. 독일인들과 마찬가지로 이탈리아인들은 그런 여권에 사진과 발급 당국이 인증한 서명이 포함되어 있어야 한다고 요구했는데, 이는 이동을 통제하기 위해 근대적 기술에 점점 더 의존하게 되었음을 보여 주는 것이었다.72

그러나 각국 정부가 이와 같은 요건을 명시할 필요를 느꼈다는 사실은 당시의 여권 제도에 모순이 있었으며, 국제법상으로 이런 문서들이 불확실한 상태에 있었음을 또한 반영했다. 제국으로 들어오는 사람들의 여권이 독일의 기준에 부합해야 한다는 독일인들의 주장은 실행될 수 없는 것이었다. 제2차 세계대전 이후에야, 특정 국가에 입국하고자 하는 사람들이 그와 같은 규정을 충족시키는 문서를 가지고 있다는 점을 보장하기 위해, 여권 요건을 표준화하기 위한 정부 간 노력이 시작되었다.

1916년 문서를 통해 이동을 통제하는 것에 대한 이탈리아인들의 관심은 강화되었지만, 당시 발령된 세 가지 규제 모두 외국인보다는 이탈리아인과 관련되어 있었다. 3월 16일자 법령은 일자리를 위해서건 또는 다른 목적을 위해서건, 해외여행을 위한 여권의 발급을 한시적으로 중단했다.[73] 3개월 후, 또 다른 법령이 왕국에 들어오거나 떠나는 모든 이탈리아 시민들에게 여권을 요구했다. 이 법령은 해외로 나가기 위해 여권을 다시 사용할 수 있도록 했지만, 이를 위해서는 지역 치안국이 발급한 사증이 여권에 포함되어 있어야 했다. 이탈리아 대사관이나 공사관이 발급한 사증 역시 왕국에 입국하는 데 필요했고, 여기에는 사증의 유효 기간과 이탈리아 영토 내 목적지가 정확히 표시되어 있어야 했다. 이탈리아 국민인 오스트리아-헝가리 신민은 그 법령에 명시된 특별 여권을 소지해야만 했다.[74] 마지막으로 8월 27일자 명령은 **국내 여권**을 부활시켰는데, 이 문서는 1889년 치안에 관한 법에서 법령으로 명시되었던 것이었다. 효력을 갖기 위해서 이 국내 여권들 역시 사진을 포함해야 했고, 그 법령에 첨부된 새로운 모델을 따라야 했다.[75]

분명히, 1901년 법에 반대했던 사람들은 언젠가 이탈리아인들을 대상으로 한 여권을 통한 통제가 그 법이 예상하는 것보다 훨씬 광범위하게 되살아날 것이라고 우려했는데, 이는 정확한 것이었다. 전시의 이탈리아 법에서 놀라운 점은 오랫동안 외국인이 문서 없이도 이탈리아에 입국할 수 있도록 했던 정책이 뒤집어지기는 했지만, 전시 하 대부분의 규제법들은 사실상 이탈리아를 떠나고자 하는 이탈리아인들과 관련되어 있었다는 것이다. 이민 송출국으로서의 이탈리아의 전통적인 경험은 전쟁이라는 비상사태로 인해 군 충원이 요구될 때, 정부가 시급히 해결해야 할 문제는 외국인을 쫓아내는 것보다 해외 취업을 위해 국방의 의무를 회피할 수도 있을 이탈리아인들을 붙잡는 것이었다는 점을 시사한다. 실제로, 1915년 5월부터 1919년 9월 사이에 전체 군인의 6퍼센트에 해당하는 약 2만 9000명의 군인들이 대개 탈영 혐의로 군법회의에 회부되었다.[76]

전시에 존재했던 국경에 대한 일반적인 불안감은 전쟁이 끝나도 가라앉지 않았다. 반면, 유럽 국가들의 영토에서 출입국을 통제하기 위해 시행되었던 "한시적" 조치들은 전간기의 평화 시기에도 지속되었다. 1919년 6월 명령은 여권 소지 의무를 폐지했던 북독일연방의 1867년 자유법에 근거한 것이었지만 출입국에 상관없이 제국의 국경을 넘는 사람은 사증을 받은 여권을 소지하고 있어야만 한다는 전시 의무 사항을 재차 시행하며, 이를 영구적인 것으로 묘사했다. 또한 제국의 영토에 있는 모든 외국인은 여권을 휴대해야 한다는 점도 재확인했다.77

마찬가지로 영국에서도 외국인에 대한 전시 규제는 "1920년 외국인 법령"Aliens Order 1920으로 지속되었고, 전쟁이 끝난 이후에도 계속 유지되었다. 이 명령에 따르면, 외국인에 대한 규제는 "앞서 언급한 [전시] 상황뿐만 아니라 …… 언제든지 효력을 유지해야 한다." 따라서 영국에 출입국하는 이는 **누구나** "자신의 사진이 부착된 유효한 여권이나, 자신의 국적 및 신원을 충분히 증명할 수 있는 여타의 문서"를 소지해야 했다. 여권은 문서상으로 신원을 입증하는 체계의 근간이 되었는데, 이는 영국 내 외국인의 이동을 등록하고 감시하기 위해 사용되었다. 전시 이탈리아에서와 마찬가지로, 영국의 외국인들은 이제 광범위한 보고의 대상이자 문서 소지 의무의 대상이 되었고, 그들이 머무는 숙소의 관리인은 외국인에 대한 감시에 휘말려 들게 되었다. 이 명령은 또한 내무 장관의 지휘 아래 "외국인 중앙 등록부"를 유지하도록 지시했다.78

이탈리아인들은 여전히 이례적이었다. 1919년 5월 법령은 이민자가 떠나기 위해서는 행선지가 어디든 여권을 소지해야만 한다는 전시 요건을 재확인했다.79 게다가 국제노동기구International Labor Office, ILO의 이민 규제에 관한 연구에 따르면, 여권을 요구하는 국가로 일하기 위해 떠나고자 하는 이탈리아인들은 여권을 받기 전에 노동 계약서를 제시해야 했다.[80] 그러나 규제처럼 보일지도 모르는 것, 그리고 필요하다면 규제로 전환될 수 있었던 것은 노동자를 수출하는 데 지속적으로 관심을 기울였던 이탈리아의 관점에서 이해하는 편이 더 나을 것이다. 전후 유럽과 미국에서 여권 통제가 그대로 유지됨에 따라, 이탈리아 이민자들이 여권과 노동 계약서를 소지하고 있어야 한다는 점은 이출 이민을 규제하기 위한 것이라기보다는 **촉진하기** 위한 것이었음이 분명하다. 전시 동안 이탈리아로 입국하는 외국인들에 대한 여권 소지 의무는 결코 폐지되지 않았지만, 이 문제는 적어도 1920년대 초 파시스트들이 집권할 때까지 이탈리아 정부에게는 중요하지 않았던 것처럼 보인다. 좀 더 중요했던 문제는 이출 이민 노동자가 되려는 이탈리아인들이 그들의 목적지 국가에 입국하는 것을 보장하는 것이었다.

자유방임 시대의 종언과 미국에서의 이주

제1차 세계대전의 여파로 "노동력의 국제적 이동에서 자유방임주의 시대는 종언을 고했다."[81] 이 같은 종언의 중요한 원인은 미국이 세운 엄격한 장벽에 있었다. 미국 역시 전시에 한시적으로 여권을 통해 외국인들의 입국을 제한했지만, 이 같은 조치는 전후에도 지속되었다. 동시에 미국 입국이 거부되는 국민 집단의 범위 역시 확대되었다. 미국 정부의 첫 대응은 1915년 12월 15일자 행정 명령이었는데, 이는 [전시에] 유럽에서 이동 제한이 부활한 것에 대한 대응이었고, 미국을 떠나는 모든 이들에게 미국 관리들이 발급한 사증을 받은 여권을 소지하도록 요구하는 것이었다. 많은 목적지 국가들에서 그런 문서가 재차 요구되고 있었다는 사실을 감안하면, 이는 충분할 정도로 신중한 조치였다.[82]

1917년 초에 미국 의회는 간단한 언어 사용 능력 시험에 통과하지 못한 성인 이민자들을 배제하는 법 — 윌슨 대통령이 거듭 거부권을 행사한 바 있었던 — 을 채택했는데, 이 법은 교육의 기회를 거의 제공하지 않았던 유럽 지역으로부터 온 많은 이들을 배제하는 효과가 있었다. 더욱이 이 법은 태평양의 "금지 구역"·사람들의 입국을 금지하는 것이기도 했다. 중국인, 일본인, 한국인의 이민은 대부분 금지되었다. 이 법의 주요 대상은 엄밀히 따지면 "아리아인"이나 "코카서스인"이었던 아시아계 인도인들이었다. 따라서 그들은 인종적 이유라기보다는 지리적 이유로 배제되었다.[83]

전쟁이 거의 끝날 무렵인 1918년 5월 22일, 의회는 마침내 "전시에 공공 안전에 반해 미국에 입국하거나 출국하는 것을 금지하는 법"을 채택했다. 이는 미국에 들어오거나 떠나길 원하는 외국인에게 특정한 규제를 부과할 수 있는 권한을 미국 대통령에게 부여했다. 따라서 이 법은 1915년 12월에 발표된 여권 소지 의무[행정 명령]에 법적인 근거를 제공했다. 1918년 8월 8일, 윌슨 대통령은 "적대적인 외국인은 미국에 출입국 시 모두 허가를 받아야만 한다"고 지시하는 행정 명령을 통해 그 법에 실효성을 부여했다.[84] 1919년 말에 의회는 1918년 법의 개정안을 통과시켰는데, 여기에서는 미국에 **입국**하는 경우만을 대상으로 언급했고, "전시"라는 단서에 관한 언급을 삭제했다.[85] 이 법의 결과, "적

• 원래 명칭은 아시아 금지 구역(Asiatic Barred Zone)이다. 이 구역은 1917년 이민법에서 아시아로부터의 이민을 금지하기 위해 설정한 지역으로, 현재의 지리적 맥락에서 필리핀과 일본을 제외한 대부분의 아시아 지역이 여기에 포함되었으나, 사실상 아시아 전역으로부터의 이민이 규제되었다.

대적인 외국인"을 찾아내기 위해 고안된 "한시적" 조치는 "원치 않는 자, 법과 질서의 적, 혁명 분자, 무정부주의자"에 맞서는 무기로 전환되었다. 여권을 통한 통제는 이 점에서 중요한 역할을 하게 되었다. 이런 사실을 보여 주는 하나의 표식은 이민 위원회 위원장의 보고서에서 살펴볼 수 있다. 1918년 보고서의 경우 "여권 문제"는 지역별 섹션에서 개별적인 논의로만 다루어졌지만, 1919년 보고서에서는 전 지역에 걸쳐 그것이 포함되어 있었다.86 "금지 구역"의 아시아인들은 거의 전적으로 배제되었고, 언어 사용 능력 시험이 요구되었으며, 문서상의 규제가 실시됨에 따라, 더욱 철저한 배제 조치가 등장할 수 있는 무대가 마련되었다.

그러나 멕시코와 같이 [미국으로의] 이민자 흐름의 중요한 원천이었던 지역의 경우, 이민 규제에 대한 공식적으로 관심이 부족한 것은 아니었지만, 실질적인 규제가 이뤄지지는 못했다. 여기서 제1차 세계대전에 미국이 개입한 것은 상당 부분 "치머만 전보"Zimmermann telegram에 의해 촉발되었다는 것을 상기할 필요가 있다. 치머만 전보는 1917년 3월 1일 미국 언론에 게재되었는데, 이 전보에서 [독일 외무 장관이었던 아르투어 치머만은] 멕시코시티에 있던 멕시코 주재 독일 공사에게, 만일 독일과 미국 사이에 전쟁이 발발할 경우, 독일은 멕시코가 텍사스, 뉴멕시코, 애리조나를 되찾으려는 노력을 지지한다는 성명을 발표하도록 지시했다.87 남쪽으로부터 외국인이 잠입해 들어오는 것에 대한 두려움이 증가하면서, 1917년을 기점으로 멕시코 국경에 대한 통제 조치를 취해야 한다는 열기가 뜨겁게 타올랐다. 그러나 멕시코 국경을 담당하던 이민국 감독관 프랭크 버크셔는, 1918년 2월 5일 이민 위원회의 위원장에게 보낸 서한에서, 자신이 가진 자원으로는 국경을 효과적으로 순찰하기에 어려우며, 다른 정부 기관이나 군의 협력 역시 비록 그럴 의지가 있다

해도 비조직적이어서 그다지 유용하지도 않다고 보고했다. 따라서 버크셔는 2000~3000명의 남성으로 구성된 "캐나다 북서 기마경찰 Northwest Mounted Police of Canada과 유사한" 별도의 항구적인 조직을 창설해야 한다고 제안했다. 이 조직은 특히 월경을 통제하는 업무를 전적으로 담당할 것이었다.[88]

그러나 버크셔는 그가 요청했던 도움을 받지 못했던 것으로 보인다. 왜냐하면 국경을 통제하기 위한 그의 부하들의 노력이 효과가 없었다는 것을 그의 상급자들에게 알릴 수밖에 없었기 때문이다. 실제로 그들이 한 일이라고는 엉뚱한 사람들을 통제한 것뿐이었다. 1918년 이민 위원회 위원장 보고서에서, 버크셔는 "여권 문제"에 관한 요약 부분에 국경을 감시하기 위해 파견된 요원의 수가 충분치 않아서 효과를 거둘 수 없었다고 서술했다. 버크셔는 여권을 통한 통제가 아무리 꼼꼼하게 수행되더라도, 이 같은 통제는 오직 "정규적인 이민 통관소"에서만 이뤄질 수 있을 터인데, 이는 멀리 떨어진 "원거리의 인적 드문 지역들"을 남겨 놓았고, 이런 부분들은 적들이 이동하기에 손쉬운 곳이 될 수 있다고 지적했다. 따라서 버크셔는 다음과 같이 결론을 내렸다.

적들 가운데 가장 위험한 사람들은 이목을 끄는 것을 피하기 위해 그런 지점들을 찾으려 했고 앞으로도 계속해서 그렇게 할 것이라고 가정하는 것이 논리적일 것이다. 따라서 현재 시행되고 있는 여권 규제는 수천여 명의 충직한 사람들, 또는 비우호적이지 않은 사람들을 불편하게 하고 있다. 이런 사람들은 합법적인 사업이나 순수한 즐거움을 위해 자연스럽게 이 같은 정규적인 경로를 선택하고 있는 반면, 국경의 다른 곳은 제대로 감시되지 못하고 있는 실정이다.[89]

핵심적으로 버크셔는 육로를 통제하기 위해 문서를 사용하는 것이 증기선 승객들의 입국을 규제하는 것보다 훨씬 어렵다는 점을 지적하고 있었다. 몇 년 후, 국가가 너무 개방되어 있어서 종이[문서] 장성이 무용하다는 사실이 널리 인정되자, 긴 멕시코 국경을 통제하기 위해서 더욱 많은 인력이 필요하다는 그의 요청은 1924년에 창설된 국경 순찰대Border Patrol로 그 답을 얻게 되었다. 오늘날에는 주로 멕시코 이민자들의 이동을 통제하고 있지만, 국경 순찰대가 창설되었을 당시에는 여러 가지 법들로 이민이 제한되었던 유럽인과 아시아인들의 입국을 규제하는 데 초점을 맞추고 있었다. 19세기 후반 태평양을 건너오는 값싼 이민 노동의 입국이 금지되고, 유럽 이민자들에 대한 규제 역시 강화되자, 멕시코는 미국 남서부의 농업과 산업을 위한 노동의 중요한 공급원이 되었고, 오늘날에도 이 같은 역할은 계속되고 있다. 새로운 국경 순찰대는 점차 갈색 피부의 수많은 농민들이 밀려들어오는 것을 규제하기 위해 개편되었고, 비록 애매하기는 했지만, 한편으로는 노동력에 굶주린 농업의 이해관계를, 그리고 다른 한편으로는 기를 쓰고 이민을 규제하려는 국내 정치 집단들의 상충하는 압력을 신중하게 헤쳐 나가면서 궁극적으로 미국으로 흘러오는 멕시코 노동의 흐름을 규제하는 중요한 역할을 수행했다.[90]

국경 순찰대의 창설은 좀 더 광범위한 규제를 추진하려 했던 미국 정부를 그 배경으로 했는데, 이는 곧 미국의 영토적 국경을 훨씬 넘어서는 곳까지 국가권력을 투사하게 될 것이었다. 1921년 미국은 처음으로 "출신 국가"national origins 할당을 채택했고, 1910년 인구조사를 기준으로 미국 인구 가운데 비율이 낮은 국가 출신 사람들의 이민을 제한했다. 이후 백인 중심의 아메리카를 옹호했던 이들은 1910년 당시 상당수의 남유럽 및 동유럽 사람들이 이미 미국에 들어와 있었다는 것을 깨닫고,

3년 뒤에 또 다른 법을 통과시키며 성벽을 수리했다. 이 법은 "북유럽" 출신 이민자의 비율이 높았던 1890년 인구조사를 기준으로 삼은 것이었다.[91] 그러나 미국에 도착하는 사람들을 규제하는 것은 말처럼 쉽지 않았다. 1921년 법은 그 시행을 위한 적절한 조항 없이 할당 시스템을 의무화했기 때문에, 해외에서 미국으로 향하는 증기선 승객들에게 수백여 개의 초과 사증이 발급되었다. 결과적으로 증기선 선장들은 매월 새로운 할당이 나오는 것에 맞춰 가장 빨리 미국으로 승객을 실어 가려고 할 것이었다. "할당이 소진되기 전에 입국하기 위해 뉴욕항으로 향하는 선박들의 심야 경주는 월례 행사가 되었고, 통상 큰 고충과 추방이 뒤따랐다."[92] 이런 방식은 도저히 유지될 수 없는 것이었다.

이에 따라 1924년 이민법은 해외 주재 미국 영사들에게 할당량을 통제하는 업무를 맡기고, 그에 따라 이민 사증을 배포하는 책임도 지게 했다. 동시에 이민 신청자가 미국에 당도하기 전에 신원 조사, 의료 검사, 재정적 책임에 대한 확인, 정치적 인터뷰 등과 같은 다양한 자격 요건들이 규명될 수 있었다. [미국의 국립 이민사 박물관이 위치한] 엘리스섬 국립공원을 방문했던 많은 이들이 알 수 있었듯이, 이 같은 접근법의 공식적인 목적은 이민을 간절히 원하기는 하지만 무일푼인 사람들이 증기선 표를 구입하기 위해 모든 재산을 처분했지만, 정작 뉴욕항에 도착해서는 어떤 이유로든 입국이 불가능하다는 말을 듣게 되는 상황을 미연에 방지하는 데 있었다. 이런 해석과는 대조적으로, 졸버그는 이런 일련의 절차를 "원격 국경 통제"의 형태로 특징지었다. 이민정책을 실행하는 데 있어 주요 혁신으로 간주되는 이 같은 통제는 "1920년대 제도화 시기부터 1970년대에 이르기까지 놀랄 만큼 효과적인 것으로 입증되었다. ……이는 그 어떤 합리적인 기준에 의해서도 주목할 만한 행정의 성취로 평가되어야 한다."[93]

이런 두 가지 해석 모두 정확한 것일 수 있지만 우리의 목적상 그 체계가 합법적 이동 수단을 독점하기 위한 국가의 주장을 강력하게 뒷받침하는 문서 소지 의무의 개발을 통해 작동했다는 점을 이해하는 것이 필수적이다. 제1차 세계대전 이후에도 그대로 남아 있던 외국인들의 여권 소지 의무는 1920년대 규제적 이민법을 시행하는 데 필요한 행정 기반을 제공했다. 그렇지 않았다면, 엘리스섬의 이민 관리들은 이민을 원하는 사람들 중 어떤 이가 이민 제한 국가에 속하는지 그렇지 않은지를 어떻게 알 수 있었겠는가?

제1차 세계대전 이후에도 지속되었던 여권을 통한 통제는 단지 외국인에게만 적용되었던 것이 아니라 시민과 외국인 모두에게 적용되었다. 그러나 이는 원치 않는 입국자를 막기 위해 국경을 통제하려는 욕구의 필연적인 결과였고, 외국인들은 그들 자신의 영토가 아닌 다른 국가의 영토에 입국하기 위한 자명한 권리가 점점 더 줄어드는 것처럼 보이게 되었다. 언어나 피부색과 같은 숨길 수 없는 표식이 부재하다면(물론 그런 표식 자체가 국가 정체성의 척도로서 결정적인 것은 아니지만, 그럼에도 불구하고 종종 그렇게 받아들여지고 있다), 개인의 국적은 문서에 의존하지 않고서는 결정될 수 없다. 생득적 신분으로서, 국적은 사람의 겉모습으로부터 읽어 낼 수 있는 것이 아니었다.

제1차 세계대전 동안 많은 서유럽 국가들과 미국은 여권 통제를 (재)부과했고, 전쟁이 끝난 이후 이를 유지했던 것은 그런 "신원 확인 혁명"[94]의 필수적인 측면이었다. 이 혁명은 시민을 확인하고, 그들을 시민이 아닌 자들과 구분하며, 스스로를 "국민국가"로 구축하기 위한 정부의 능력을 크게 강화했다. 제1차 세계대전의 화염 속에서 보호주의 국가가 부상함에 따라,[95] 북대서양 세계의 국가들은 외국인들에 맞서 국수주의적으로 자신을 방어하려는 일반적인 추세로 나아가게 되었다. 여기서 국가에 "누가 들어오고" "누가 나가는지"를 결정하는 데 도움이 되는 여권과 신분증 같은 문서들은 주목을 받게 되었고, 영구적이 되었으며, 어디에나 존재하는, 우리 세계의 일부가 되었다.

이 문서들은 개인들을 "파악하기" 위한 "하부구조적" 권력이 급성장하는 데 필수적인 요소였다. 근대국가를 이전의 국가와 구분 짓는 것은 바로 이 권력이다.[96] 일자리 및 사회적 편익에 대한 접근을 통제하려는 복지국가의 발전이나 노동운동의 성장과 같은 역사적 힘들은 이민통제를 촉진하고 "그들"과 "우리"를 구분하는 국가의 역량을 향상시키는 데 나름대로의 역할을 수행한다.[97] 그러나 명확하게 정치적인 요인들 역시 관련되어 있었는데, 특히 북대서양 전역에서 민주화 과정의 진척은 국민국가들의 개별적인 구성원들이 점점 더 국가들과 보다 밀접한 관계를 맺게 했다. 민주화 결과로서 시민과 국가 사이의 좀 더 긴밀한 관계는 그런 국가들에서 구성원 자격의 (정치경제적) 혜택을 향유하는 문제와 관련해 누구를 "포함"하고 누구를 "배제"할지를 결정하는 데 대한 집착의 심화로 이어졌다.[98] 이는 민주화가 관료화를 촉진했던 과정 가운데 하나이자 베버가 오래 전에 언급했던 동학이었다. 이 과정에서 여권은 대규모 근대 이주의 관료적 행정에 필수적인 것이 되었다. 마치 신분증이 국내 행정의 "통화"와 같은 것이 되어서, 투표, 사회복지, 그 밖에 많은 것들의 영역에서 적격자와 부적격자를 알아보도록 하는 것처럼 말이다.

5장 국민에서 탈국민으로?

: 여권과 이동에 대한 제한, 전간기부터 전후 시대까지

국가에 소속되어 있다는 것의 중요성이 점차 커짐에 따라, 제1차 세계 대전 직후부터 영토와 구성원 자격이라는 양 측면 모두에서 국가의 경계를 관리하기 위한 관료적 기법들이 많이 생겨났다. 동시에, 오스트리아-헝가리 제국, 오스만제국, 러시아제국 등이 붕괴함에 따라, 스스로를 국민국가로 생각하는 국가의 수가 증가하고 있었다. 즉, 이 시대는 유럽에서 왕조 국가들이 종말을 고하고 과거의 "널널한 국가들"easygoing nations이 소멸하면서, 칼 폴라니가 "갑각류 유형의 국가"라고 불렀던, 즉 "우리"와 "그들"을 갑각류처럼 구별하는 국가들이 성장했다.

따라서 이동을 위한 기술적 가능성들은 빠르게 향상되었지만, 유럽 국가들의 입국 통제는 강화되었다. 비록 출국에 대한 제한은 점차 권위주의적 국가만의 특징이 되었지만 말이다. 새로운 여권 레짐에 관한 당대의 대표적인 분석가인 에지디오 레알레는 단편소설 『립 밴 윙클』*Rip Van Winkle*• 이야기에 빗대어 그 영향을 다음과 같이 묘사한다. 전간기•• 의 수년간 잠들었던 한 남자가 잠에서 깨어나 보니, 런던, 파리, 동경, 뉴욕에 있는 친구들과 전화 통화를 할 수 있게 되었고, 전 세계의 주식 시세나 콘서트를 들을 수 있게 되었으며, 대양을 날아서 건널 수 있다는

• 미국 작가 워싱턴 어빙(Washington Irving)이 지은 단편소설로, 소설 속 주인공 립 밴 윙클이 20년간 산속에서 잠을 자다 깨어 보니 세상이 온통 변해 버렸다는 내용이다.

•• 제1차 세계대전 종전 후부터 제2차 세계대전 발발까지, 즉 1918년 11월 11일부터 1939년 9월 1일까지의 시기를 말한다.

것을 발견한다. 그러나 지상의 국경을 횡단하기 위해서는, 엄격한 관료적 수속에 의한 면밀한 국적 심사를 받을 필요가 있다는 것을 깨닫는다.[1]

제1차 세계대전 이후 국가가 합법적인 "이동 수단"을 독점하게 됨에 따라 국제 이주는 전례 없이 어려워졌고 이는 역설적인 결과를 낳았다. 이론상으로, 세계의 인구가 상호 배타적인 시민들로 나뉘어져 있는 국민국가들의 세계에서, 국제 이주는 국가 체계가 대처하기 어려운 이례적인[변칙적인] 일이었다. 한 국가의 시민이 될 수 있는 속성이 결여된 사람들과 특히 자신의 법적 신원과 신분을 증명할 수 있는 문서가 없는 사람들은 이 같은 체계들 속에서 특별한 문제에 직면하게 된다. 제1차 세계대전 이후, 정치적·사회적 변동에 의해 거대한 인구 이동이 발생함에 따라, 국민국가들로 구성된 세계라는 이념을 비준하고 동시에 그것을 초월하고자 했던 국제연맹과 그것의 설립에 협력했던 세력들은 전후 국제적으로 벌어진 자리 잡기 게임에서 상당수의 사람들이 결국 한 자리도 차지하지 못한 현실에 대처해야만 했다.

수백만 명의 사람들이 당시 벌어지고 있던 전환들에 대응해, 그리고 대체로 폭력적인 갈등을 피하기 위해 이동 중에 있었다. 이에 따라 전간기에는 상호 배타적인 시민들이 국가별로 각기 분포되어 있다고 가정하는 체계의 한계가 명백해지게 되었다. 이와 같은 체계에 대한 가장 분명한 도전은 "현대 정치의 징후를 가장 잘 보여 주는 집단"의 출현, 곧 국가 없는 사람들의 출현이었다. 이들이 처한 곤경은 "그들이 법 앞에서 평등하지 않아서가 아니라 그들을 위한 어떤 법도 존재하지 않기 때문이고, 그들이 탄압을 받아서가 아니라 아무도 그들을 탄압하려 하지 않기 때문"이었다.[2] 이처럼 세계를 방랑하는 사람들이 부딪히고 있던 문제들을 완화하기 위한 노력으로 최초의 국제 난민 레짐이 만들어졌다. 비록 이 레짐이 충분히 효과적인 것은 아니었지만, 이 기간 동안 국가 없는 수많은 이주자들이 직면한 어려움을 해소하기 위해 여러 국가들이 이 같은 협력에 참여했다. 이런 노력 가운데 두드러진 것은 특히 잠재적으로 그들을 받아들일 국가들이 인정할 수 있는 여행 문서를 국가 없는 사람들에게 제공함으로써 그들 앞에 놓인 이주에 대한 장애물들을 줄이려는 시도였다.3

맹아적인 형태의 난민 레짐이 만들어지고, 강제 이주자들이 직면한 다양한 문제를 해결하는 데 난민 레짐이 (부분적으로) 공헌을 했음에도 불구하고, 이 시기에는 유럽(그리고 실제로는 전 지구적인)을 지배하려는 나치의 계획으로 말미암아 난민들의 이동이 극적으로 증가했다. 나치 이데올로기의 근간을 이뤘던 생물학적 인종주의는 일종의 민족적 제국주의를 뒷받침했다. 나치 정책의 궁극적인 목표는 독일 인구 가운데 "혈통이 다르거나"(특히, 유대인) "생존할 가치가 없는 생명"(동성애자 및 집시들과 같은)을 제거하고, 독일 국경 밖에 있는 집단들을 정복하며, 노예로 삼고, 몰살하는 것이었다. 슬라브족과 같은 집단들은 인종적 분류 체계에서 열등한 것으로 간주되었다. 이런 인종적 제국주의 프로그램을 달성하기 위해서는 당연히 특정 인구 집단에 대한 대규모의 분류와 신원 확인이 필요했다. 신분증과 특정 집단에 속해 있다는 것을 시각적으로 확인할 수 있는 표식의 부과 — 이는 본인의 의사에 반해 "신체에 기술하는 것"을 피한다는 기존 경향의 반전이었다 — 는 아리아인이 아닌 사람들을 임의로 지배하거나 제거해 순수한 지배 인종을 만들려는 나치의 목표에 핵심적인 것이었다. 제1차 세계대전부터 생긴 여권을 통한 이동에 대한 통제의 강화는 또한 나치가 서구 문명을 공격하면서 "특별 조치"의 대상으로 삼았던 수많은 희생자 집단들이 겪은 비극의 한 원인이 되었다. 다만, 민주주의 국가들의 입국 규제가 유대인에게 재앙을 어느 정도로나 초래했는지에 관해서는 다양한 논쟁이 전개되어 왔다.

제1차 세계대전 이후, 혁명과 제국주의 붕괴라는 격랑 속에서 유럽의 광대한 지역에 걸쳐 존재했던 다민족 제국들이 국민국가들로 전환됨에 따라, 수백만 명의 사람들이 표류하게 되었다. 동시에 권위주의적 국가들의 지배 아래에 있던 사람들은 자신들이 이런 나라들에서 떠날 수 있는 기회가 사라지고 있다는 사실을 발견했다. 권위주의적 국가들은 군사력을 강화하기 위해, 또는 정권에 적대적인 이들이 해외에 나가 반정부 활동을 하는 것을 막기 위해 사람들의 출국을 제한했다. 이런 경향은 다음과 같은 주장이 진실이라는 것을 증명한다. 즉, 이 시기 국가 건설 과정에서 수반되었던 일이 "출국 금지"였고, 이 같은 조치는 "그 지역에서 떠나고자 하는 욕망을 산출한 국내적 조건들 및 [특정 집단에 대한-옮긴이] 국외 추방 조치와 관련되어 있었다"는 것이다.[4]

제1차 세계대전 이후 자신의 조국을 강제로 떠나야만 했던 집단 가운데, 이민 문제에 관심이 있는 사람들이 주목했던 집단은 러시아 출신 난민들이었다. 새로운 공산주의 정권의 신민들은 내전 및 그 여파로 발생한 1919~22년의 기근 시기에 소련을 대거 떠났다. 인구 통계학자인 유진 쿨리셔는 소련을 떠난 사람이 전간기 초기에만 175만 명에 이르는 것으로 추산했다. 이 수치에는 독일인, 폴란드인, 루마니아인, 리투아니아인, 레트인(라트비아인), 카렐리아인, 그리스인 등과 같이 문화적으로나 혈통적으로 다양한 비러시아인 집단들이 포함되어 있었다. "러시아인의 이민"은 90만 명 정도로 추산되었다.[5]

이런 불운한 사람들이 출국 전에 적절한 여행 문서[여권]를 구할 수 있는 경우가 거의 없는 상황에서, 소련 정부는 곧 소련을 떠난 사람들이 그 체제에 반감을 갖고 있을 것이라는 이유로 그들에 대해 원거리에서 보복을 감행했다. 1922년 12월 15일자 법령은 러시아인 난민 대부분의 국적을 박탈했고, 그들을 국가 없는 사람들로 만들었으며, 그들이 소지한 여행 문서를 무효화했다. 볼셰비키는 신민의 법적 지위를 조작함으로써 해외 도피를 통해 소련에서 진행되고 있는 실험에 좋지 않은 평판을 초래한 사람들을 원거리에서 처벌할 수 있었다. 1922년 동안 소련 정권은 이민을 떠나는 것을 엄격하게 금지하기 시작했다. 소련 정부의 이 같은 조치는, 비록 1935년까지 이주자들이 극동으로 계속해서 떠나기는 했지만, 유럽에서 러시아인 난민 문제를 안정시키는 데 도움이 되었다.6 소련의 이 같은 상황은 이 시기 권위주의 국가에서 가장 전형적으로 살펴볼 수 있는 [신민들 사이에서의] 출국하고자 하는 욕망과 [권위주의 정부 당국의] 출국 규제 조치 사이의 교과서적 조합을 보여 준다.

1922년 말 파시스트들이 권력을 장악함에 따라 이탈리아에서도, 좀 더 작은 규모이기는 하지만, 유사한 결과가 나타났다. 베니토 무솔리니는 정권을 잡은 지 얼마 되지 않아 무력으로 정적들을 위협하기 시작했고 정치에서 폭력의 사용을 독려했다. 이듬해 1월 무솔리니는 "파시스트 혁명을 방어하기 위해" 파시스트 민병대 ─ 대체로 상징적인 세력이기는 했지만, 지도자Il Duce를 위한 사병이었다 ─ 를 창설했다. 두 달이 채 지나지 않아, 무솔리니 정권은 국방의 의무가 남아 있지만 이탈리아를 떠나고자 했던 사람들에 대한 여권 소지 의무를 강화했다.7

새로운 규제는 제1차 세계대전 이전에 이탈리아 정부가 시행하던 정책을 뒤집으려는 파시스트의 의중을 보여 주는 것이었다. 제1차 세계대전 이전의 정책은 계급투쟁이나 경제적 침체로 발생한 긴장의 안전밸브로서 이출 이민을 촉진하는 것이었다. 이출 이민에 관한 파시스트의 방침은 1927년 디노 그란디 외무부 차관에 의해 분명하게 제시되었다.

왜 이탈리아는 여전히 인구 고갈로 시달리고 있는 국가들을 먹여 살리기 위한 인간 양어장으로 남아 있어야 합니까? 왜 이탈리아의 어머니들은 계속해서 다른 국가의 군인으로 봉사할 아들들을 낳아야 합니까? 파시즘은 인종과 국가의 활력을 빼앗는 이출 이민을 장려하지 않을 것입니다.[8]

1920년대 후반에 파시스트는 "모욕적인 이출 이민"에 반대하는 법을 공포했고, 반파시스트 용의자들의 여권을 몰수했다. 그럼에도 불구하고, 이탈리아인 망명자 공동체는 프랑스에서 번성하고 있었다. 앞서 언급했던 법학자이자 외교관이었던 에지디오 레알레도 그런 망명 이민자 중 한 명이었다. 파시스트 정권은 망명자에게 외국에서 여권 갱신을 관대하게도 허용하는 것을 수단으로 삼아 그들을 감시하고자 했으나, 많은 이들이 이 같은 기회를 거부할 만큼의 분별력은 갖추고 있었다. 이탈리아 파시즘은 반체제 인사들을 다루는 수단으로 출국을 규제하고 국내 유배를 활용했는데, 이는 역설적으로 이탈리아의 정치경제적 문제에 대한 불후의 비판서 가운데 하나인 카를로 레비*의 장엄한 회고록 『그리스도는 에볼리에 머물렀다』*Christ Stopped at Eboli*를 낳게 되었다.[9] 1929년 이후 불황의 시기에 구직자들이 일자리를 찾아 출국하는 것을 용인하는 기존 입장으로 잠시 복귀했지만, 파시스트의 정책들로 대규모의 국외 이민은 종식되었다. 이것이 원래대로 되돌아온 것은 이탈리아가 독일이 지배하는 유럽 지역 경제의 반semi주변부가 된 제2차 세계

• 카를로 레비(1902~75). 이탈리아의 소설가, 화가, 작가. 토리노 출생. 의학을 공부하다가 뒤에 회화와 문학에 주력하였다. 반파시즘 활동에 가담했다가 1934년 체포되어 남부 이탈리아의 벽지로 유배되었는데, 당시의 체험을 바탕으로 『그리스도는 에볼리에서 머물렀다』(1945)를 썼다.

대전 이후였다.[10]

소련과 파시스트 이탈리아로부터 발생한 이민 흐름과 더불어, 터키가 무스타파 케말*의 지도하에 근대적인 서구 지향적 국민국가로의 변화를 시도함에 따라 옛 오스만제국 지역에서도 난민 문제가 심각해졌다. 오스만제국의 지배하에 있던 종교 공동체들(이슬람, 그리스도교, 유대교)에게 제국의 보호 아래 자율적인 자치 정부를 보장해 주었던 "밀레트" 제도**는 민족주의 정서가 고조됨에 따라 무너지게 될 터였다.[11] 이미 1829년 이슬람 지배자들로부터 독립을 획득했던 그리스인들은 쇠퇴하고 있던 제국에 맞서 에게해에 위대한 그리스 국가greater Greece***를 다시 건설하려 했다. 마케도니아의 영토를 요구했던 불가리아와 세르비아 역시 그리스가 추구했던 구상에 휘말려 들 수밖에 없었고, 그 전체적인 결과로 발칸 국가들은 1912년부터 10년 동안 전쟁에 휩싸이게 되었다. 오스만제국의 지배 아래에서 특권적인 지위를 누렸던 아르메니아인들에게 이 지역의 분쟁은 그들이 필요로 했던 독립된 조국을 얻는 긍정적인 결과를 가져왔다(1920년 11월 이후 소련 공화국의 일부가 되었다). 이처럼 독립된 조국이, 터키가 1915년 아르메니아인들을 집단 학살했을 때 있었다면, 그들을 보호해 줄 수도 있었을 것이다.

1990년대 말 코소보를 둘러싼 세르비아인과 알바니아계 주민들

- 무스타파 케말(Mustafa Kemal, 1881~1938년). 터키 공화국의 군인이자 정치인으로 초대 대통령. 케말 파샤로도 불린다.

•• 밀레트(millet) 제도는 오스만제국에서 국가와 종교 공동체들 간의 관계를 지배하는 제도적 틀을 의미한다. 밀레트 제도에서 각 종교 공동체는 상이한 종교를 바탕으로 자율적인 지역 자치 정부를 구성했다고 알려져 왔다.

••• 대 그리스주의 또는 위대한 이상으로도 불린다. 그리스 민족주의의 고토 회복 의식을 이르며, 1832년 독립 이후에도 오스만제국의 지배를 받던 모든 그리스인을 아우르는 그리스 국가를 이루려는 발상이었다.

사이의 분쟁에서와 마찬가지로, 이 같은 무력 충돌은 상당한 규모의 난민 이동을 가져왔다. 예를 들어, 1922년 9월 스미르나(현재의 이즈미르)에 대한 터키의 공격으로 불과 몇 주 만에 백만 명이 넘는 아나톨리아계 그리스인과 아르메니아인 난민들이 그리스에 유입되었다. 자신의 영토에서 문화적으로나 혈통적으로 좀 더 동질적인 시민을 형성하기 위해 그리스와 터키는 곧 150만 명에 달하는 대규모의 인구를 교환했다. 물론 터키는 아르메니아인들을 대량 학살함으로써 이 같은 프로젝트를 이미 진행하고 있었다. 발칸 지역에서는 오스만제국의 쇠퇴에 따른 분쟁의 여파로 발생한 대규모 "인구 정화" 과정에서 전체적으로 200만 명가량의 난민이 산출되었다.[12]

오스트리아–헝가리 이중 제국•의 종식과 국경의 변경, 나아가 오스만제국의 붕괴와 러시아제국의 혁명적 전환은 모든 실제 증거와는 달리 스스로를 문화적으로나 혈통적으로 동질적인 국민국가라고 이해하는 다수의 새로운 국가를 탄생시켰다. 중동부와 남부 유럽의 "인구 혼성 지대"에서는 이런 주장이 명백히 불합리했기 때문에, 전간기 초기에 소수민족에 관한 협정들이 체결되었다. 이 협정들은 "국가를 가진 사람"으로 인정받는 데 실패했고, 그리하여 [이들과는 달리] 운 좋게도 국가를 가진 사람들 아래에 "들어가 살게 된" 다양한 소수민족 집단들에게 일정한 권리를 보장하고자 했다. 아렌트의 견해에 따르면, "소수민족 조약의 진정한 의의는 그것이 국제기구, 즉 국제연맹에 의해 보장되었

• 이중 제국 혹은 이중 군주제는 두 개의 분리된 왕국이 동일한 군주에 의해 통치되고, 동일한 외교정책을 따르며, 상호간에 관세 동맹이 존재하고, 연합된 군대를 가지지만, 그 이외에 있어서는 자치적인 정체를 구성할 때 발생한다. 1867년부터 1918년까지 중유럽과 동유럽의 일부에 걸쳐 존재했던 오스트리아–헝가리 이중 제국이 이의 전형적인 사례에 해당된다.

다는 사실"에 있었다. 왜냐하면 "국민이 국가를 정복했기 때문에," 이제 국민이 아닌 사람들은 시민권을 향유할 수 없다는 생각이 널리 퍼지게 되었고, 이런 사람들이 가지는 권리는 상위 기구에 의해 보장될 필요가 있었다. 일부가 국민국가라는 이상을 완전하게 성취함으로써, 국민국가 [건설이라는] 도박에 실패했던 사람들은 스스로의 권리를 지키기 위해 국제연맹이라는 초국가적 기구에 자신들의 권리를 의존하지 않을 수 없었다.13 따라서 국제연맹은 국민국가 체계의 승리로부터 필연적으로 발생했고 그 체계에 내재된 혼란과 과도한 조치들로부터 체계를 지키는 데 도움이 될 수 있는 해결사로 등장했다.

이런 과도한 조치는 특히 이주의 영역에서 두드러졌다. 국민국가 건설이 대체로 수반했던 폭력적인 과정에서 강제로 고향을 등져야 했던 이주자의 상당수는 외국인에 대한 일반적인 혐오감과 전시 및 전후 유럽 각지에서 여행자에게 부과된 여권 소지 의무로 말미암아 이동에 상당한 제약을 받았다. 이미 1920년에 국제연맹은 새로운 여권 제도로 발생한 문제점을 협의하기 위해 파리에서 국제회의를 소집하고 평시에는 이동에 대한 규제를 축소하도록 하는 다수의 권고안들을 채택했다. 1921년 스톡홀름에서 열린 국제의원연맹 회의에서는 여권 제도를 비판하고 이동의 자유의 확대가 촉구되었다. 그러나 이 모임의 참석자들과 이후 그 회의에 참석한 사람들의 호소에 귀를 기울이는 사람은 거의 없었다. 여권 레짐은 이미 널리 제도화되어 있었기 때문에, 자신의 신원 증명에 필요한 문서를 잃어버렸거나 적절한 문서를 취득하는 데 필요한 국적을 빼앗긴 수십만 명의 여행 희망자, 국외 이민자, 난민들은 쉽게 이동할 수 없게 되었다.14

그럼에도 불구하고 국제연맹은 정상적으로 이동할 수 없는 난민들을 위해 서류 절차를 간소화하기 위한 노력을 계속했다. 1922년 초 러시아 난민 위기가 정점에 이르렀을 때, 노르웨이인 탐험가이자 인도주의 활동가인 국제연맹 난민 고등판무관 프리드쇼프 난센Fridtjof Nansen[1861~1930]은⦁ 연맹 이사회에 제출한 보고서에서 난민을 위한 여행 문서 문제에 주의를 기울일 것을 촉구했다. 같은 해 7월, 난센은 이 문제를 다루기 위해 16개국 정부 대표가 참여하는 회의를 제네바에 소집했다. 이 회의에 참여한 국가들은 러시아 난민을 대상으로 국제적으로 통용되는 신분증 및 여행 문서를 만들기 위해 "1922년 7월 5일 협정"을 체결했다. 이 문서는 훗날 "난센 여권"으로 알려지게 되었다. 이 (구속력 없는) 협정에 따르면, 협정 체약국 정부는 난센 여권을 발행할 수 있지만, 그 소지자에게 시민권을 확약할 필요는 없었다. 여러 정부들은 난센 여권의 유효성을 승인하는 데 동의했지만, 그 소지자를 자국에 입국시킬 의무는 없었다. 어쨌든, 이 협정은 상당한 성공을 거두었다. 1923년 9월까지 총 31개국 정부가 협정에 동의했고, 1920년대 말까지 50개국 이상의 정부가 협정에 참여했다.15

　　당초 난센 여권이 다른 인구 집단으로 확대되기 전까지 이 여권에는 그 소지자가 러시아 국민이고 유효 기간은 1년이며 만일 소지자가 다른 국적을 취득할 경우 여권의 효력은 상실된다고 기재되어 있었다. 특히 1922년 12월 소련이 국적 박탈령을 선언한 이후, 이 여권의 수령자 대부분이 사실상 국가 없는 사람들이었다는 사실에도 불구하고 "러시아 출신인"personne d'origine russe이라는 호칭은 남아 있었다. 이는 난센 여권의 수령자가 舊 러시아 이민자라는 이유에서뿐만 아니라, "어느

⦁　노르웨이의 탐험가, 동물학자, 정치가. 국제연맹의 노르웨이 대표로, 제1차 세계대전 후 인도주의적 입장에서 포로의 본국 송환 및 난민 구제에 힘썼다. 1922년 노벨평화상을 수상했다. 난센 여권은 국제 연맹이 국적이 없는 난민들을 위해 발행했던 최초의 국제적인 신분증이다.

누구도 굳이 러시아 이민자에 대해 무국적이라거나 그 국적에 대해 의심한다고 판단하지는 않을 것이기" 때문이라는 이유에서였다. 게다가 이후에 모든 국가 없는 사람들에게 통일된 신분증을 제공하려는 시도에 대해 난센 여권을 소지하고 있던 사람들은 "거세게 저항했다." 왜냐하면 이렇게 될 경우 그들은 러시아 출신 난민으로서 그들의 신분을 나타내는 명확한 증명서를 상실하게 되기 때문이었다.16

그러나 전간기 초에 유럽의 난민 위기가 임박해지자 난센 여권이 다른 집단으로 확대되는 것은 피할 수 없게 되었다. 예를 들어, 예전에는 오스만제국, 러시아제국, 단명으로 끝난 아르메니아공화국, 또는 소비에트 아르메니아의 신민이었지만 이제는 유럽과 터키 및 중동 지역에 흩어져 있던 아르메니아인들은 망명을 원하는 장소에서 요구하는 여권이나 신분증을 제출할 수 없는 상황에 처해 있었다. 이런 상황을 개선하기 위해 1924년 5월 국제연맹은 아르메니아인들에게 난센 여권을 취득할 수 있도록 하는 새로운 "협정"을 맺게 되었다. 약 40개국 정부가 국가 없는 사람들에게 여권을 발급하기 위해 국제적 권한을 확장하는 데 찬성했다.17

난센 여권은 그것을 수령한 러시아인이나 아르메니아인에게 분명히 유용했지만, 심각한 결함들을 갖고 있기도 했다. 이런 결함들 가운데 가장 주된 것은 난센 여권 소지자에게 그 여권을 발행한 국가로의 (재)입국을 보장해 주지 않는다는 문제였다. 어떤 면에서 이런 결함은 여러 정부들이 난센 여권을 발급하는 것을 용이하게 했다. 왜냐하면 정부들은 이 여권을 여행 희망자에게 주더라도 이 사람들을 이후에 자국에 입국시킬 의무가 없었고, 그러면서도 그 난민의 출국과 국제적인 이동을 지원할 수 있었기 때문이다. 1926년에 25개국이 참여한 정부 간 회의에서는 이 같은 결함을 개선하기 위해 중요한 조치를 취했다.

25개국 정부들은 난센 여권 소지자들이 귀환 사증을 받을 권리가 있고 차후에 난센 여권에 그런 직인을 첨부한다는 취지로 처음의 합의를 수정하는 데 동의했다. 그러나 이 새로운 조항은 오늘날 시민들에게만 허용된 자국의 영토에 입국할 권리를 이들 난민에게도 인정하는 꼴이 될 수 있었기 때문에, 원래의 합의에 동의했던 정부 가운데 오직 절반만이 이 새로운 협정을 승인했다.[18]

2년 후 국제연맹은 한 걸음 더 나아가 난센 여권의 소지자들에게 일종의 초국가적 시민권의 요소들을 부여하고자 했다. 1928년 6월 30일자의 새로운 "합의"는 난민 고등판무관에게 난민을 위해 영사 기능을 수행할 권한을 부여했다. 여기에는 난민의 신원과 시민적 지위를 증명하고, 그들의 자격을 인증하며, 그들을 정부와 교육기관에 추천하는 등과 같은 내용이 포함되었다. 이 협정들은 궁극적으로 1933년 난민 협약에서 국제법으로 성문화되었다. 같은 날 국제연맹은 난센 여권을 받을 수 있는 집단의 목록을 더욱 확대했다. 여기에는 주로 옛 오스만 영토의 1만 9000명에 달하는 아시리아인들과 여타의 소수 그리스도교 집단들이 포함되어 있었다. 그러나 이 협정에 서명한 것은 불과 13개국뿐이었다.[19]

이 같은 결함에도 불구하고, 난센 여권은 국민국가를 신격화하던 시기에 하나의 주목할 만한 성취였다. 역사가 마이클 매러스는 이 시기를 "난센의 시대"로 지칭하고 난센 여권의 중요성을 다음과 같이 묘사했다.

사상 처음으로 난센 여권은 특정한 국제 협정을 통해 국가 없는 사람들의 법적 지위를 결정했다. 정부와 관료 기구가 점점 더 시민들의 지위를 규정해 가던 시기에, 난센 여권은 국제기구의 고등판무

관이 출신국으로부터 거부당한 사람들을 위해 행동하는 것을 가능케 한 것이다.[20]

최근에 근대 난민 제도의 기원에 관한 한 분석가는 이에 대해 다음과 같이 간략하게 말하고 있다. "국제 난민법의 시작은 난센 여권 체계의 창설로 볼 수 있다."[21] 실제로 난센 여권은 국가 구성원 자격에 뿌리를 둔 이동 통제 체계의 내적 모순을 초국가적인 차원에서 해결하기 위한 첫 걸음이었다. 이런 모순은 윌슨의 민족자결 사상의 기저에 놓여 있는 것이었는데, 이런 사상으로부터 전간기 유럽의 상황을 상징하는 수많은 신생 국민국가들과 "국가 없는 사람들"의 집단이 생겨났다.

그러나 경제정책 역시 국경을 가로지르는 이동에 대한 제한이 지속되는 데 일조했다. 이 시기 경제정책은 상대적으로 국제 이동에 개입하지 않았던 19세기 말의 경제적 자유주의를 극적으로 뒤집는 것이었다. 전간기 동안 자유무역은 보호주의에 자리를 내주었고, 나아가 보호주의에 의한 제약은 1930년대 대공황을 초래하는 요인이 되었다. 전간기 기간을 특징짓는 "국민 경제"의 시대에 관해 에릭 홉스봄은 다음과 같이 그 결과를 묘사한다.

국제적 이주는 거의 이루어지지 않을 정도로 줄어들었고, 외환 거래가 엄격히 통제됨으로써 국제 지불이 억제되었으며, 국제무역은 축소되었고, 심지어 국제투자마저 붕괴 조짐을 보였다. 심지어 영국조차 1931년에 자유무역을 포기했듯이, 국가들은 보호주의로 깊숙이 후퇴해 쌍무 협정에 의해 보완되는 자급자족 정책을 채택할 정도로 방어적인 된 듯 보였다.[22]

19세기 동안 자유로운 이동이라는 행운을 가져왔던 자유주의 경제 정책에 대한 헌신은 이제 버림받게 되었다. 칼 폴라니는 이런 상황을 다음과 같이 신랄하게 요약했다.

> 보호주의는 당시 도처에서 출현하던 사회생활의 새로운 단위를 단단한 껍질로 둘러씌우고 말았다. 물론 이 새로운 실체의 틀 자체는 이전부터 존재하던 국민이라는 단위에서 나온 것이기는 하지만, 예전의 널널한 모습의 국민에서 완전히 환골탈태한 것이었다. 국민은 이렇게 새로운 유형의 갑각류가 되었는데 그 갑각류 생물로서의 정체성을 표현해 주는 것이 바로 그 나라의 화폐였다.[23]

대내적으로는 통화, 대외적으로는 여권이 갑각류 국가의 정체성을 표현하게 되었다.

전체주의 국가일 경우에도 여권은 대내적으로 중요해졌다. 1932년까지 산업의 노동 수요는 이따금씩 심각한 노동력 부족을 겪었지만, 제1차 5개년 계획(1928~33년)의 집산화 정책이 가져온 처참한 기근으로 말미암아 소련 정권은 이미 과밀 상태 도시지역으로 기아에 허덕이던 농민이 무질서하게 몰려들 위기에 봉착했다. 볼셰비키는 대책을 세울 필요가 있다고 생각했다. 국내의 이주 흐름을 규제하기 위한 관료적 노력의 일환으로 스탈린은 국내 여권을 (재)도입했다. 이 국내 여권은 머지않아 "소련에서 사회경제적 통제의 주요 수단들 가운데 하나"가 될 터였다.[24]

실제로, 여권 제도를 창시한 1932년 12월 27일자 법률은 농민의 도시 유입을 막기 위한 정권의 광범위한 노력에서 핵심적인 것이었다. 여기에는 도시에 거주하는 사람들의 거주지 등록 제도를 엄격히 강화하고, 결근에 대한 처벌 역시 강화하는 법 등이 포함되어 있었다. 이에 따라 노동자는 단 하루만 결근에도 해고되어 주택 단지에서 쫓겨났으며, 배급증도 빼앗기게 되었다. 또한 여기에는 배급받는 노동자의 수를 줄이고, 배급 제도의 부정 이용을 줄이며, 배급을 노동과 기업에 직접 연계하기 위해 고안된 법령들도 포함되어 있었다. 1933년 봄에는 집단 농장의 노동자가 도시에서 일자리를 구하기 위해 농촌 지역을 떠나는 것을 차단하라는 명령이 추가되었다.25 이 주목할 만한 일련의 법령들에 의해 소련 시민들은 일정 지역에 적법한 절차에 따라 등록하고 정착하지 않을 경우 식량이나 주택을 구하는 것이 점점 더 불가능하게 되었다. 이 같은 등록은 소련 내에서 이동에 필요한 여권을 취득하는 데 필수적이었다. 이 문서들은 고용, 거주, 재화에 대한 분배를 결합했던 통제 체계의 중추를 구성했기 때문에, 국내 여권은 소련 국민의 일상생활에서 본질적인 부분이자, "경찰 권력의 핵심"26을 구성하게 되었다.

그러나 심지어 민주주의 사회에서도 전 지구적 경제의 붕괴가 가져온 압력은 자유롭게 이동할 수 있는 일국적 차원의 통합된 공간이라는 성과를 위협했다. 1920년대의 이민 제한법들만큼 잘 알려져 있지는 않지만, 1930년대 캘리포니아 국경에 설치된 순찰대는 황진 지역*의 빈곤으로부터 탈출하려는 굶주린 사람들을 단속했다. 만일 그들이 [공적 재정에 부담을 주는] 사회보장 대상자가 될 것 같아 보이면, 그들은 즉각 "추방"되었는데, 이 같은 조치는 1941년까지 지속되었다. 1941년에

• 황진 지역(Dust Bowl)은 미국 대공황기 미국 중서부 지역 농가들에 닥친 먼지 폭풍 또는 그 폭풍에 휩쓸린 지역을 가리킨다. 이 폭풍은 난개발과 극심한 가뭄을 비롯한 환경적인 요인에서 비롯된 것이다. 1931년부터 1940년 사이 중남부 대평원(Great Plains) 지대의 곡창 지역이 거대한 먼지 폭풍으로 큰 피해를 입어, 수천 세대가 이 지역을 떠나야 했던 사건에서 유래했다.

이르러서야 대법원은 이 같은 추방을 규정한 법률을 무효화하고, 국내에서의 자유로운 이동권을 시민권 가운데 하나로 재차 확인했다.[27] 같은 해 미국은 미국 시민들이 적어도 서반구 밖으로 여행하기 위해서는 여권을 소지해야 한다는 여권 소지 의무를 도입했다. 이전과 마찬가지로 이 의무는 당초 잠정적인 전시 조치로 고안되었고 대통령의 국가 비상사태 선포에 근거하고 있었다.[28] 물론 이런 선포의 계기가 된 긴급한 비상사태는 바로 나치즘이었다.

여권, 신분증, 그리고 나치의 유대인 박해

국가사회주의자들(나치)은 유대인 "문제"에 대처하기 위해 "반동적인 것"과 "근대적인 것"이 복잡하게 혼합된 방법을 택했다.[29] 우선 반동적인 측면에서 인구 이동을 통제하고 개인의 신원을 확인하기 위한 조치들이 다시 도입되었다. 이런 조치들은 과거로 역행하는 것이었고, 민주주의적인 정부라면 다른 것으로 대체했거나 이미 포기했던 것들이었다. 또한 국가의 시민권이 권리를 누리기 위한 필수 조건이었던 시대에, 나치는 그런 반동적인 조치들을 국내의 적으로부터 시민권을 박탈하는 수단으로 이용했다. 이는 그들을 보호 밖에 두고, 권리가 없는 사람들, 특히 도움을 구할 수 있는 "조국"이 없는 사람들을 박해에 무방비 상태로 남겨 놓기 위해서였다.

　"근대적" 측면으로는 다른 무엇보다도 인구 등록과 문서에 의한 이동 통제를 위해 이용된 최신 기술을 지적할 수 있다. 이런 기술은 정권의 목적을 달성하기 위해 실제의 적이나 적으로 간주된 사람들을 기록하고 그런 주민들을 동원하기 위한 것이었다. 예를 들어, 나치 정부는

226

1933년 인구조사와 함께 시행된 독일계 유대인에 대한 특별 조사를 통해 유대인의 소재를 확인하고 감시하기 위한 행정 기구를 구축하기 시작했다. "독일 유대인의 생물학적·사회적 상황에 관한 개요"를 수립하는 것이 목적이었던 이 특별 인구조사는 당시에 정확히 1만 6248명의 유대인이 독일에 있다고 밝혔다. 이들은 독일 밖에서 태어났지만, 이후 독일 시민권을 취득한 사람들이었다. 좀 더 광범위하게 보면, 1933년 중반 독일에는 외국 국적의 유대인 혹은 외국에서 출생한 유대인이 11만 5000명 거주하고 있었으며, 이는 전체 유대인 인구의 23퍼센트에 해당하는 수치였다.[30]

이런 배경을 바탕으로 나치 정권은 1933년 7월 14일 국적 박탈법과 같이 비독일계 유대인을 배제하기 위한 조치들을 취하기 시작했다. 나치 정권은 "귀화 취소와 독일 시민권의 승인 취소에 관한 법"Law on the Retraction of Naturalizations and the Decongnition of German Citizenship을 통해 1918년 종전부터 히틀러가 총통으로 권력을 장악한 1933년 1월 말까지의 기간 동안 독일 국적을 취득한 모든 사람들로부터 국적을 박탈할 수 있는 권한을 획득했다. 나치가 강력히 비난했던 바이마르 정부의 귀화 정책을 겨냥한 이 조치가 프랑스혁명 기념일Bastille Day인 7월 14일(1933년)에 채택되었다는 것은 아마도 우연이 아니었을 것이다. 이 법의 시행령은 "동유럽계 유대인"이 그 주된 표적 가운데 하나임을 분명히 했다. 최근에 이민 온 이 집단 가운데 많은 이들은 폴란드 등지에서의 집단 학살을 피해 온 사람들이었고, 이들 대부분이 나치 정권에서 추진된 "특별 처리"의 첫 번째 주요 표적이 되었다. 그러나 우리가 이미 살펴보았듯이, 바이마르 기간 동안 독일에 입국한 동유럽계 유대인들 가운데 독일 시민권을 취득한 사람은 비교적 소수에 불과했다. 그 결과 "나치조차도, 시민이 아닌 사람들의 시민권을 무효로 할 수 없다는 것을 깨닫게 되었다."31 물론 얼마 지나지 않아, 나치는 "1935 년 뉘른베르크법"Nuremberg Laws of 1935*으로 모든 유대인의 시민권을 박탈했지만 말이다.32

그러나 1933년 독일의 유대인에 관한 특별 인구조사는 나치가 인종 지배 프로그램을 수행하기 위해 정교한 통계와 행정 수단을 작동 시키려 했던 노력의 시작에 불과했다. 나치의 "천년 제국"이 12년간 지속됨에 따라 인구조사, 통계조사, 외국인 등록, 신분증, 거주자 명부 등이 넘쳐 나게 될 것이었고, 최종적으로 이런 것들은 아우슈비츠와 여타 죽음의 수용소로 유대인들을 추방하는 행정 기반을 구성했다. 그 러면서 독일 내 인구를 "장악"하기 위한 이런 다양한 방법들과, 독일 내에서 "경멸적인 의미에서 특별히 취급되는 신분 집단"은 여권 제도와 밀접한 관련을 맺게 되었다. "국외용" 신원 증명 형태가 "국내용" 신원 증명 형태에 의해 강화된 것은 나치의 억압을 피해 독일을 떠나고자 했던 수많은 유대인들에게 중대한 영향을 미치게 되었다.

볼셰비즘에 대한 나치 정권의 노골적인 반감에도 불구하고, 독일 인구를 보다 확실하게 장악하려는 나치 정권의 첫 주요 움직임은 불과 2년 반 전에 소련이 취했던 조치와 놀랄 만큼 유사했다. 1935년 6월 1일 나치 정권은 "노동 수첩"이라고 알려진 일종의 국내 여권을 재도입 했다. 노동 수첩의 목적은 정권이 노동력을 보다 효과적으로 할당하기 위한 것이었다. 이 문서는 당초 숙련된 노동 종사자들만을 대상으로 한 것이었으나, 다른 분야로도 빠르게 확산되었다. 발급된 모든 노동

---

* 독일 내 유대인의 독일 국적을 박탈하고 유대인과 독일인 사이의 결혼을 금지하는 한편, 유대인의 공무 담임권을 박탈한 나치의 법이다. 이 법에 따라 나치는 유대인의 공무담임권을 박탈했으며 훗날 홀로코스트라 불리는 유대인 학살의 최초의 법적 근 거가 되었다.

수첩에 근거한 등록부와 함께, 이 작은 수첩에는 소지자의 노동 이력과 경력, 실업 기간, 노동 계약 위반 사항 등이 기록되어 있었다. 이 노동 수첩 제도를 통해 실업자뿐만 아니라 이론적으로는 모든 독일인을 나치 정권이 필요로 하는 장소에 계획적으로 투입하기 위해 감시할 수 있게 되었다. 정부는 이후 주소 변경을 추적하기 위해 이 제도를 개선해 제2 차 세계대전 직전에는 "국민 명부"Volkskartei의 형태로 전체 인구로 확대 했다.[33]

비슷한 시기에, 독일의 많은 주들은 거지와 부랑자들에게 방랑자 등록 수첩Wanderbuch을 소지할 것을 의무화했는데, 이 수첩에는 자선단 체 및 공공 기관을 이용한 기록이 들어 있었다("방랑생활"은 오직 남성에게만 적합한 생활 방식으로 간주되었기 때문에, 여성에게는 이 수첩이 발급되지 않았다). 이 문서 들은 오랫동안 존재해 왔지만, 이것이 의무화된 것은 제3제국에서였 다. 경찰의 요구에 필요한 문서들을 제시하지 못하면 체포될 수 있었고, 궁극적으로는 자선단체의 구호원이나 구빈원 또는 수용소 등에 감치될 수 있었다. 노동 수첩의 경우와 마찬가지로 이런 규제의 목적은 실업자 와 "일하기 싫어하는" 사람의 노동력을 국가가 규제하기 위한 것이었 다. 또한 당국은 이를 통해 개인의 범죄 이력을 확인할 수 있었다. 전국 적인 규모로 부랑자 인구 명단을 작성하라는 압력이 있었지만, 이는 결국 실현되지 않았다. 따라서 감시 수단으로서 등록 수첩의 효과는 제한적이었다. 그러나 1939년 9월 전쟁이 발발하자• 방랑하는 것 자 체가 불법으로 선포되었기 때문에, 방랑자 등록 수첩 발급은 완전히 중단되었다.[34] 국내 이동에 대한 제한이 심해지면서, 제3제국의 국경을

• 1939년 9월 1일, 나치 독일이 폴란드에 선전포고를 하고 침공함으로써, 제2차 세계대전 이 발발한 것을 가리킨다.

넘는 이동에 대한 문서 통제도 더욱 억압적으로 바뀌었다.

나치는 1937년 5월 11일 "여권, 외국인 치안, 거주 등록 및 개인 신분증에 관한 법"Law on Passports, the Foreigner Police, and Residential Registration 을 통해 국내용 및 국외용의 등록 유형과 문서를 통한 이동의 통제가 궁극적으로 서로 관련되어 있다는 점을 공식적으로 확인해 주었다. 이 법령에 따라 내무부 장관은 "개인 신분증 제도"라고 일괄적으로 불리던 행정 영역을 자유롭게 재편할 수 있는 재량권을 가지게 되었다. 내무부 장관에게 주어진 자유재량에는 북독일연방의 1867년 법을 완전히 폐지할 수 있는 권한도 포함되어 있었는데, 그 법은 한시적인 비상조치로만 여권 소지 의무를 한정한 것이었다. 또한 내무부 장관은 제1차 세계 대전과 바이마르공화국 시기에 제정된 일련의 법들을 폐지할 수 있는 권한 역시 가지게 되었다.[35] 상대적으로 이동이 자유로웠던 19세기 말의 주목할 만한 유산을 가차 없이 폐지한 것은 난민의 급격한 증가를 야기하고, 나아가 모든 이동을 금지했던, 이동 통제 프로젝트의 발전을 고지하는 것이었다.

독일 인구와 그들의 이동을 "철두철미하게 감시"하기 위해 나치 정권은 1938년 1월 6일 "거주지 등록령"Order on Residential Registration, Reichsmeldeordnung을 도입했다. 이 법령은 나치가 인구를 추적하기 위해 만든 가시 면류관에 장식된 보석 같은 것으로, 1932년 말 소련이 국내 여권의 도입과 관련해 취했던 조치들과 놀랄 만큼의 공통점을 가지고 있었다. 총통은 "범죄자들로부터 동포를 보호하고, 보안 경찰이 범죄자들과 보다 수월하게 싸우는 데" 기여한다는 이유로 이 법을 정당화했다. 이 법을 완벽하게 준수하게 하기 위해 법 규정을 이해하기 쉽게 했으며, 법 준수를 위한 [등록] 비용도 무료였다. 동시에 위반시 처벌은 강화되어, 징역형을 받을 수도 있게 되었다. 비독일인의 등록 서류는 자동적으로 외국인을 담당하는 부서로 전달되었다. 이 법에 따라 병원, 유스호스텔, 호텔의 직원들은 24시간 내에 환자와 투숙객을 관계 기관에 보고해야 했다.[36]

이런 등록 의무는 새로운 것이 전혀 아니었지만, 그 시행은 전례가 없을 정도로 철저하게 이뤄졌다. 1938년까지 거주지 등록 의무는 전국적으로 일률적이지 않았고 이를 위반하는 것은 일종의 "대중 스포츠"와 같았던 반면, 거주지 등록령은 전체 인구를 "가능한 가장 완벽하게 장악"하기 위한 기반을 마련했다.[37] 특히나 유대인을 파악하기 용이해졌다. 이 문제에 대한 한 전문가의 관찰에 따르면, 거주지 등록령은 향후 "유대인의 국내외 이동 전체를 완벽하게 추적하는 것이 가능하도록" 할 것이었다.[38] 올가미를 조이고 있었던 것이다.

이와 같은 조치들이 나치가 독일 인구를 장악하고 적으로 간주한 사람들, 특히 유대인의 이동을 감시하는 활동의 핵심에 있었다. 이 활동의 본질은 등록 의무였는데, 이를 위해서는 신원 증명서를 제출할 필요가 있었다. 이런 조치가 전국적인 기준으로 채택되기 전에 그것을 가장 효과적으로 시행했던 함부르크 경찰서장은 이 제도의 이점을 다음과 같이 묘사했다.

함부르크 등록 제도의 주요 장점은 이른바 개인의 신원 증명 의무이다. 이는 등록을 원하는 모든 사람과 그들의 부양가족이 공식적인 문서를 통해 신원을 증명해야 한다는 것을 의미한다. 이에 따라 등록부는 지역 등기소에서의 정기적인 갱신에 의해 최신 상태를 유지하는 것이 가능하며, 여권, 운전면허증, 거주 허가증 등의 발급과 같은 행정상의 목적을 위해 지체 없이 사용될 수 있다.[39]

이와 같이 거주지 등록령에 의해 신분증 장치라는 공식적인 그물로 모든 사람들을 확실히 포획하는 전국적 차원의 동질적인 방법이 가능해졌다.

단순한 우연의 일치가 아니라, 유대인은 1938년 7월 법령에 의해 자신의 운명이 다할 때까지 자신이 유대인임을 증명하는 신분증을 소지해야 할 의무를 지게 되었다. 유대인이 신분증을 취득하면, "인구 등록부"[인민 명부]의 서류철에 담긴 그들의 카드에 검은색 표시가 추가되었다.[40] 1938년 7월 법령이 신분증 소지를 의무화했던 또 다른 집단은 국방의 의무가 있는 남성들이었다.[41] 이 직후, "외국인경찰령"Ausländerpolizeiverordnung은 외국인 스스로 자신이 "환대받을 자격이 있음"을 입증하는 한 제국의 영토에서 환대받을 것이라고 관대하게 명시했다. 그러나 이 법은 필요하다면 모든 외국인을 독일 영토에서 강제로 추방할 수 있도록 했다. 또한 추방 명령에 대한 그 어떤 법적 대응 방안도 존재하지 않았다.[42] 이 법령은 애초에 국적을 취득한 적이 없거나 뉘른베르크법에 따라 시민권을 박탈당한 유대인에게 특히 영향을 미쳤다. "인민의 적"을 추방하기 위한 나치의 활동은 이처럼 거세지고 있었다.

이 같은 일들은 1938년 7월 초 프랑스의 에비앙에서 개최된 국제연맹 회의 직후에 벌어졌다. 이 회의는 독일과 오스트리아로부터 발생한 난민 문제와, 이들 난민이 안전한 정착지를 찾기 어려운 상황을 다루기 위해 소집되었다. 독일이 지배하는 지역으로부터의 이출 이민 문제는 독일이 오스트리아를 합병한 3월 이후 더욱 심각해졌는데, 이는 특히 1937년 중반부터 유대인을 대대적으로 추방하는 계획을 발전시키고 있었던 나치 친위대의 젊은 장교 아돌프 아이히만의 열정적인 활동의 결과였다. 유대인을 자신들의 영토에서 몰아내려는 나치의 시도는 곧 아이히만이 지휘하는 유대인이민중앙국Central Office for Jewish Emigration

의 창설로 이어졌다.[43] 그러나 유대인을 추방하려는 나치의 계획은 각각의 국가들에게 입국을 허용하기로 한 사람들에게만 입국을 허용할 권리를 남겨 놓았던 당시의 국제적인 제도로 말미암아 순조롭게 추진되기 어려웠다. 이 같은 사실이 궁극적으로 "유대인 문제"의 "최종 해법"으로서 유대인을 몰살시키는 방향으로 나치를 밀어붙이는 데 일조했을지도 모른다.

에비앙 회의에 참석한 대표단 모두가 인도적 지원에 대한 지지를 표명했지만, 난민 수용 의사를 구체적으로 내놓은 나라는 도미니카공화국뿐이었다. 도미니카공화국 대표는 자국의 척박한 지역에 농업 정착민을 찾을 수 있기를 기대했다. 이를 제외하면 회의에 참석한 정부 대표들은 주로 자국에 들어 온 난민이 이미 "포화 상태"에 이르러, 더 이상 난민을 받아들일 수 있는 능력이 없음을 한탄하며, 자국이 겪고 있는 실업과 경제 불황의 문제를 지적했다. 이 회의의 주요 성과는 정부간난민위원회Intergovernmental Committee on Refugees, IGCR의 창설이었다. 이 기구가 설립된 이유는 미국이 자신이 가입하지 않았던 국제연맹의 지도를 받으며 활동하는 것을 원치 않았기 때문이었다. 이 회의 결과는 대체로 실망스러운 것으로 받아들여졌다.[44]

에비앙 회의 직후 독일이 지배하는 지역으로부터 발생하던 난민 문제는 극적으로 악화되었다. 제3제국은 10월 1일 체코슬로바키아 국경 지역의 수데테란트를 점령함으로써 그 세력을 확장했다. 나치 지배의 이 같은 확장은 더 많은 유대인을 독일의 지배하에 두는 결과를 가져왔고, 그 지역에 살던 수천 명의 유대인들은 새로운 지배자로부터 벗어나려 했다. 에비앙 회의에서 한 스위스 경찰 관계자는 독일이 오스트리아를 합병한 이후, 오스트리아에서 스위스로 유대인의 이민이 급증하는 것에 항의했다. 그리고 이 같은 사태에 대해 스위스 정부는 오스트리아 여권 소지자에게 사증 소지 의무를 부과하는 방식으로 대응했다. 제3제국은 독일 정부와 논의 후에 10월 5일 모든 독일계 유대인들에게 소지하고 있던 여권을 반환하도록 요구했고 붉은색으로 "J"라는 표식을 찍은 후에 그들에게 돌려주었다. 유대인들이 독일 내에서 소지해야 했던 특별 신분증에 더하여, 이제 그들은 그들이 소지한 여권으로 국경을 통과하고자 할 때, 그들이 유대인이라는 것을 분명하게 드러내게 되었다. 이런 조치는 역설적이게도 잠재적으로 이들을 받아들일 수 있었을 정부들에게 이 여권의 소지자가 "달갑지 않은 자"라는 것을 알려 줌으로써 제국으로부터 유대인을 추방하려는 나치의 갈수록 격화된 활동에 방해가 되었을 수도 있었다.[45]

실제로 독일 사회에서 유대인을 배제하고 그들의 삶을 피폐화하기 위한 법의 목록이 늘어나고 있었음에도 불구하고, 1933년 중반 독일에서 집계된 약 50만 명의 유대인 가운데 1938년 가을 현재 독일을 떠난 유대인은 3분의 1 정도에 불과했다. 그러나 1938년 11월 9일 "수정의 밤"• 사건 이후 유대인에 대한 추방 압력은 더욱 거세졌다. 이 같은 폭력과 파괴가 발생한 이후, 나치가 단지 유대인을 배제하고 낙인찍는 것만으로 만족할 것이라 믿기는 어렵게 되었다. 이제 수많은 유대인들이 독일이 지배하는 지역을 벗어나고자 했다.

붉은색 'J' 표식은 유대인들이 히틀러 지배하의 유럽 밖에서 피난처를 찾는 것을 더욱 어렵게 했을까? 당시 유럽과 북아메리카의 많은

• 1938년 11월 7일 파리에서 유대인 청년이 독일 관리를 살해한 것을 빌미로, 1938년 11월 9일 밤, 독일 전역에 걸쳐 나치에 의해 자행된 유대인에 대한 대규모 테러를 의미한다. 이틀에 걸쳐 이뤄진 이 테러로 수백여 곳의 유대교 예배당, 유대인 상점, 묘지, 병원, 학교, 가정집 등이 파괴되었고, 수만 명의 유대인이 체포되었다. 거리에 산산이 흩어진 유리 파편들을 빗대어 '산산 조각난 유리의 밤' 혹은 '깨진 수정의 밤'이라 불리기도 한다.

국가들이 이민 장벽 및 문서상의 신원 확인 의무를 강화했다는 사실, 그리고 에비앙 회의의 결과가 시사했던 것처럼 대부분의 국가가 유대인을 난민으로 받아들이는 것을 주저했었다는 사실이 수많은 유대인들에게 사형선고와 마찬가지였다는 이야기가 최근 20여 년간 널리 회자되었다. 이 같은 견해는 가장 두드러지게는 아마도 역사가인 데이비드 와이먼의 저작과 관련되어 있겠지만, 광범위하게 영향을 미치게 되었다. 오늘날의 일반적인 견해에 따르면, 제1차 세계대전 이후의 이민 제한과 1930년대 대공황 시기에 국가가 노동시장을 보호하기 위해 시행한 엄격한 이민 제한이 수많은 유대인들을 죽음으로 내몰았다고 한다. 유대인들이 나치의 박해로부터 피난처를 찾을 수 없었기 때문이다.[46]

좀 더 최근에 윌리엄 루빈스타인은 서구 민주주의 국가들이 "문서 장성"을 세웠다는, 그리고 민주주의 국가들이 아우슈비츠를 폭격하는 것과 같은 다양한 방식으로 보다 많은 유대인들을 구출할 수 있었을 것이라는 주장이 광범위하게 유포되고 있지만, 이는 몰역사적인 신화라고 강력하게 주장했다. 그에 따르면 1938년 11월 "수정의 밤" 이전에 독일을 떠난 유대인은 비교적 소수였는데, 왜냐하면 그들은 이것이 곧 사그라지게 될 반유대주의의 간헐적인 분출들 가운데 하나로 믿었기 때문이었다. 그러나 유대인에 대한 서구의 정책을 비판하는 사람들의 주장과는 반대로, 독일을 떠났던 유대인들은 서구 국가들에서 별다른 어려움 없이 피난처를 발견했다. 루빈스타인의 관점에서 이해해야 할 것은 1939년 9월 전쟁이 시작된 이후, 유대인들이 직면했던 장애물은 더 이상 다른 국가로 **들어가는 것**이 아니라 나치가 지배하는 유럽에서 **탈출하는 것**이었다는 점이다.

루빈스타인의 주장을 제대로 이해하기 위해서는,

나치 제국의 유대인들과 제2차 세계대전의 발발부터 독일 항복까지 나치 통치하에 있었던 유럽 대륙의 750만 유대인들을 구분할 필요가 있다. 독일을 제외한 유럽 대륙의 유대인들은 1939년 이전이나 그 이후에도 난민이 아니었고, 전쟁이 일어나기 전에는 나치의 지배를 받지 않았으며 그들이 그렇게 되리라고 상상조차 하지 못했을 것이다. 하물며 자신들이 역사상 최대의 학살로 희생될 것이라는 생각은 말할 나위도 없이 말이다.[47]

요컨대, 근본적인 구분은 (독일, 오스트리아, 그리고 1939년 9월 이전의 수데테란트로부터의) **난민**과 **수감자**들 사이에 있었다. 1939년 이후 제3제국의 유대인 수감자들에 대하여, 루빈스타인은 그들에게 도움이 되었을 유일한 "구제책"은 나치와의 전쟁에 대한 연합군의 좀 더 신속한 결단과 수행 밖에는 없었을 것이라고 주장한다. 와이먼과 같은 비판자들의 견해와는 달리, 루빈스타인은 망명할 기회가 있는 동안 독일을 실제로 떠났던 유대인들에 대해서는 연합군이 할 수 있을 만큼 충분히 도움을 제공했고 또 그들을 구출했다고 주장한다.

　　루빈스타인의 해석에는 설득력 있는 부분이 많지만, 그의 주장에는 몇 가지 결함이 있는데, 이로 인해 그의 결론을 전반적으로 의심케 한다. 가령, 루빈스타인은 제3제국 성립 직후 나치즘이 일으킨 난민 문제가 국제연맹의 개입을 초래할 정도로 심각한 수준이었다는 사실을 간과하고 있다. 우선 국제연맹은 이미 1933년에 독일로부터 발생한 난민 문제를 다루기 위한 고등판무관 자리를 신설했는데, 미국인 제임스 맥도널드가 1935년까지 그 자리를 맡았다. 그러나 판무관 활동에 대한 독일의 반대로 고등판무관은 국제연맹 본부가 있던 제네바가 아닌 로잔에 있는 별도의 기관으로 쫓겨났다. 맥도널드의 재임 기간 동안,

국제연맹은 난센 여권 체계를 독일로부터 발생한 난민들에게로 확대할 것인가에 관해 논의했다. 이 논의 과정에서 프랑스와 영국은 그들이 달래려고 했던 독일을 자극하는 것을 꺼려했고, 결국 이 제안은 보류되었다. 난민용 여권 발급 문제가 성과 없는 논쟁 속에서 지지부진해지자, 맥도널드는 난민 수용처를 확보하려는 노력을 집중했다. 결국 그는 1933년에서 1935년 사이에 독일을 떠난 8만 명의 난민 가운데 약 3분의 2에 해당하는 난민의 재정착을 가능케 했다. 이는 평범한 것은 아니지만, 거꾸로 약 2만 7000명의 난민은 결국 갈 곳이 없었던 셈이다.[48]

그러나 1936년부터 1939년까지 맥도널드의 후임자였던 영국인 닐 맬컴은 여권 문제를 강조했다. 이 결과 국제연맹은 1936년 7월 독일을 출국하여 독일 정부의 보호를 받지 못하는 독일인과 국적 없는 사람들에게 각국 정부가 여권을 발급하는 것을 허용하는 "협정"을 채택했다. 이 조항은 원칙상 뉘른베르크법의 결과로 국적을 상실한 유대인들에게 적용되었다. 이후 이 임시 협정은 1938년 2월 "독일에서 온 난민의 지위에 관한 협정"으로 전환되었다. 이윽고 나치가 오스트리아와 체코슬로바키아를 점령함에 따라, 이 협정은 이들 국가 출신 난민들에게까지 확대되었다. 분명한 점은 루빈스타인의 상황 인식과는 달리 국제연맹에서 난민 문제에 관여했던 관계자들은 난민들이 국제적인 공간을 쉽게 이동할 수 있는 여권을 입수하는 일과 관련해, 그리고 좀 더 일반적으로는 피난처를 찾는 일과 관련해 어려움이 있다고 생각했다.

독일이나 타국 출신의 독일계 유대인이나 국가 없는 유대인들은 히틀러의 치하에서 탈출하거나 그 밖에서 피난처를 찾는 데 분명 심각한 어려움에 직면해 있었다. 이 같은 증거에도 불구하고 루빈스타인은 독일계 유대인들의 입국을 막았던 "문서 장성"에 의해 결국 유대인들이 독일인의 손에서 사형선고를 받았다는 견해를 거부한다. 와이먼이 제시한 것처럼, 1933년에서 1945년 사이에 독일 (및 오스트리아) 출신 이민자들에게 할당된 인원이 채워지는 경우 — 1937년 이전에도, 이민자 수는 할당된 인원의 4분의 1을 넘긴 적이 없었다 — 는 없었다. 이런 사실이 부분적으로는 유럽 대륙에서 유대인의 사증 신청을 심사한 일부 영사들이 가졌던 반유대주의적 태도에 기인한 것일 수도 있다. 그러나 다른 국가들이 유대인 난민들이 망명을 신청했을 때 이를 받아들였는지의 여부를 제대로 평가하기 위해서는, 이민 할당 인원이 채워지지 않은 이유가 유대인들이 해외에서 피난처를 찾지 않았기 때문인지 역시 검토할 필요가 있다. [왜냐하면] 루빈스타인은 이 같은 증거를 바탕으로, 미국에서 독일과 오스트리아로부터의 이민 할당이 1939년까지 채워지지 않았던 것은 매우 많은 유대인들이 "재앙의 징조를 알아차리는 데" 실패했고 수정의 밤 이후에도 대부분이 미국으로 떠나는 선택을 하지 않았기 때문이라고 주장한다. 즉, 이미 너무 늦었다는 것이다.[49]

아마도 이 논쟁에서 끌어낼 수 있는 가장 합리적인 결론은 다음과 같을 것이다. 즉, 다른 많은 집단들과 마찬가지로 유대인들은 1930년대에 잠재적으로 안전한 지대에 있는 국가로 입국하는 데 커다란 어려움을 겪고 있었고, 전간기 초부터 세워졌던 "문서 장성"은 이들이 국가들을 가로질러 이동하는 것을 어렵게 했다. 제1차 세계대전 이후 새로운 관료적 장치들이 발전함에 따라, 국가는 훨씬 효율적으로 잠재적인 침입자들을 식별하고, 자신이 원치 않는 사람들을 퇴출하기 위해 문서를 활용했다. 확실히 반유대주의는 잠재적으로 유대인을 받아들일 법했던 국가들이 그렇게 하지 않도록 하는 데 어느 정도의 역할을 수행했다. 그렇다고, 이 같은 [유럽 대륙 내에 만연했던] 반유대주의가 아니었으면, 연합국이 나치로부터 유대인을 "구출"하기 위해 실제로 행한 것보다 훨씬 더 큰 역할을 할 수 있었을 것이라는 주장이 정당해지는 것은 아니다.

　　1939년에 제3제국의 인구를 "장악하기" 위한 기관들은 그 활동을 최고조로 끌어올리기 시작했다. "인종적인 적"의 신원을 쉽게 확인하기 위해, 1월 1일 이후 "유대인 성 목록"에 나오지 않는 성을 가진 모든 유대인은 호적 사무소에서 [남성의 경우] "이스라엘"Israel이나 [여성의 경우] "사라"Sarah라는 [중간] 이름을 넣어 재등록하도록 했다.50 앞서 언급했듯이 1939년 2월에 나치 정권은 "인구 등록부"의 확대를 명령했고, 이에 따라 모든 주민이 빠짐없이 등록부에 포함되도록 했다. 등록부를 책임지는 행정 관료들에 따르면, 등록부의 목적은 전시에 나치 정권이 전체 인구를 동원할 수 있도록 하기 위한 것이었다.51 그 후 5월에 제3제국은 "유대인에 대한 '장악'을 마무리"짓는 인구조사를 실시했다. 인구조사 양식과 더불어, 독일 국방군Wehrmacht[1935~45년까지 나치 독일의 군대를 가리키는 명칭]과 라인하르트 하이드리히 • 가 수장으로 있는 보안 방첩대의 명령에 따라, 보조 카드가 추가로 작성되었다. 이 카드의 목적은 유대인 인구에 관한 좀 더 분명한 정보를 보안 방첩대에 제공하고, 새로 징집되는 사람들에 대한 좀 더 자세한 정보를 군에 제공하기 위한 것이었다.52

　　인구조사를 시행한 제국 통계국은 하이드리히가 체코슬로바키아[보헤미아-모라바 보호령] 총독에 임명된 후 거창하게 "행정 부문에서의 투쟁 과제"라고 (그러나 완전히 부정확한 것은 아닌) 말한 것을 달성하는 데 결정

• 　라인하르트 하이드리히(Reinhard Heydrich, 1904~42년). 게슈타포 보안 방첩대 수장이자, 보헤미아-모라바 보호령 총독 대리를 지냈다. 1942년 영국에서 훈련받은 체코슬로바키아 레지스탕스의 공격을 받고 사망했다. 유대인 학살의 주요 계획자로, '프라하의 학살자' '피에 젖은 사형집행인' 등의 별명으로 불렸다.

적인 역할을 했다. 하이드리히는 소위 "이념의 실현이라는 과제"를 달성하기 위한 전제 조건을, 사물을 "피상적으로 이해하는 것이 아니라 철저하게 파악하고 장악하는" 것으로 이해했다.[53] 이 같은 목적을 달성하기 위해, 인구를 계산하고, 식별하며, 등록하고, 추적하는 과제는 독일이 점령한 모든 장소에서 점령군의 중심적인 활동이 되었다.

1939년 9월 초 폴란드를 침략한 후, 나치 정권은 신원 확인과 등록에 관한 기존의 거주지 등록령 규정을 강화하고 새로 점령한 영토로 이를 확대했다. 명분은 "사람들의 이동을 정확하게 감시"하는 것이 "위험에 처한 조국"을 방어하는 데 필수적이기 때문이라는 상투적인 것이었다.[54] 새로운 거주지로 이전하거나 기존 거주지에서 퇴거하는 사람들은 일주일 이내에 신고해야 했던 기존과는 달리 이제 3일 내에 이동을 신고해야 했다. 이전에 독일인과 동일한 적용을 받았던 외국인과 국가 없는 사람들은 새로운 거주지로 옮기거나 기존 거주지를 떠날 경우 24시간 이내에 이를 등록해야 했다. 게슈타포가 이른바 폴란드계 유대인 범죄자와 정치범들이 이 법을 위반하고 있다고 주장함에 따라 이 같은 위반에 대한 처벌이 강화되었다. 북부 슐레지엔 지방 장관의 서신에 따르면, 이때부터 관계 당국에 자발적으로 보고하지 않거나, 거짓으로 신고한 동부 점령 지역의 사람들은 강제수용소로 보내지게 되었다.[55]

1939년 9월 나치가 폴란드를 점령하자, 나치는 약 350만 명의 유대인과 그들이 인종적으로 열등하다고 간주했던 슬라브족에 대한 통제권을 갖게 되었다. 이 당시까지 동유럽에서의 인구 관리와 재정착에 관한 나치의 계획은 확정되지 않은 상태였다. 유대인의 궁극적인 운명, 즉 나치에 의한 유대인 문제의 "최종 해법"은 당시까지만 해도 결정된 것이 아니었다. 크리스토퍼 브라우닝에 따르면 1939년 폴란드 점령과 1941년 소련 침공 사이에 유대인에 대한 나치의 계획은 두 가지 주요한 프로젝트에 초점을 맞추고 있었다. 하나는 부크강과 비스와강 사이에 있던 루블린 보호구역에 그들을 정착시키는 것이었고, 다른 하나는 훨씬 더 기이해 보이는 "마다가스카르 계획"이었다. 이는 유럽의 유대인을 아프리카 해안의 외딴 섬으로 보내 버림으로써 그들을 제거하는 것이었다.

그러나 이런 프로젝트들은 동유럽의 인종 재편을 위한 좀 더 광범위한 프로젝트에 포함되어 있었고, 따라서 "유대인 문제"의 해결은 폴란드인들을 이동시키거나, 그들 대신에 독일인들을 정착시키는 문제 때문에 뒷전으로 밀려나야만 했다. 폴란드 정복 이후 "동유럽에서 인구 관리의 병목현상으로 불만이 누적"됨에 따라, 마다가스카르 계획은 특히 매력적으로 보였다. 그러나 이 계획을 시행하기 위해서는 프랑스—독일은 1940년 여름에 프랑스를 패퇴시켰다—뿐만 아니라 영국도 패퇴시켜야 할 필요가 있었고, 이 일이 매우 빠른 시기에 일어나지 않을 것이라는 점도 분명해지게 되었다. 브라우닝은 "불만이 클수록 조직적인 대량 학살로 나아가는 문턱이 낮아졌다"고 서술했다. "따라서 마다가스카르 계획[의 좌절-옮긴이]은 최종 해법을 향한 중요한 심리적 단계였다." 1941년 중반 바르바로사 작전(독일의 소련 침공) 당시 유대인 문제에 대한 나치의 불만은 폭발 일보 직전의 상황에 이르렀다. 나치가 유대인들이 상당수 거주하는 지역들을 확보함에 따라, "유대인"과 "볼셰비키"를 동일시했던 나치의 경향은 나치가 볼셰비키를 다루는 방식으로 유대인을 다루기 쉽게 만들었다. 나치는 친위대의 특수작전부대[인종 학살을 목표로 한 대량 학살 조직]를 풀어놓았고, 10월에 독가스 시설을 갖춘 죽음의 수용소로 유대인들을 추방할 계획을 세웠다. 같은 달에, 마침내 유대인이 독일을 떠나는 것은 금지되었고, 유럽 유대인의 몰살

이 시작되었다.[56]

이 시기에 나치는 유대인을 식별하고 "장악하는" 과정을 단순화
했다. 이는 반유대인 차별의 가장 오래된 방법 가운데 하나로 되돌아간
것으로, 유대인들에게 그들이 유대인임을 나타내는 뚜렷한 표식, 말하
자면 노란색 별표를 달도록 한 것이었다. 1939년 말 폴란드 총독부가
처음으로 도입했고, 1941년 9월 1일자 법령으로 의무화되었던 노란색
배지는 독일, 폴란드 지방, 그리고 보헤미아-모라비아 보호령에서 6세
이상의 유대인이라면 모두 달고 다녀야 했다. 반면 한 프랑스 경찰관이
지적했듯이, 나치가 프랑스에 도입한 유대인과 "흑인"에 대한 제한은
오직 후자에 대해서만 완전하게 시행될 수 있었는데, 이는 피부색을
토대로 신원을 확인하는 게 상대적으로 쉬웠기 때문이었다. 이 배지는
유대인의 고립과 격리를 가속화했을 뿐만 아니라 "그들의 이동과 활동
에 대한 엄격한 통제"를 용이하게 했다.[57]

유대인에게 배지를 달도록 한 명령은 프랑스, 네덜란드, 벨기에
와 같은 서유럽 점령 국가들에서뿐만 아니라 체코슬로바키아에서도
상당한 저항에 봉착했다. 이 명령이 '아리안족'으로부터 커다란 환영을
받았던 독일에서조차도 독실한 그리스도교인들은 대경실색했다. 그러
나 동부에서 진행된 착용 위반에 대한 엄중한 처벌은 이 명령을 더욱
철저하게 준수하는 결과를 낳았다. 배지를 통해 유대인의 신원 확인과
분리가 보다 용이해지자, 1941년 9월 16일부터 독일에서 동유럽으로
유대인의 추방이 시작되었다.[58] 유럽 유대인의 체계적인 절멸을 위한
이 철두철미하게 "근대적인" 프로젝트는 선진적인 행정 수단의 동원에
크게 의존하고 있었지만, 동시에 그 실행을 위해서는 "우리"와 "그들"
을 식별하는 가장 "반동적인" 방법을 사용해야 했다.[59]

유대인 배지에 대한 저항이 있었던 것처럼, 유대인을 확실하게

파악하려는 나치의 좀 더 근대적인 시도들 역시 저항에 부딪혔다. 나치의 노력에도 불구하고, 신분증과 등록 의무를 모든 유대인들이 준수하도록 할 수는 없었다. 1942년에 나치 친위대장이었던 하인리히 힘러는 인구의 상당 부분이 법이 요구하는 여권이나 신분증과 같은 사진이 첨부된 공식 문서를 소지하고 다니지 않는다고 불평했다. 이에 따라, 힘러는 그런 의무를 국민에게 인식시키는 새로운 캠페인에 착수할 뜻을 밝혔다.[60]

그런 규정들에 순응하지 않는 것 외에도, 독일이 점령한 국가들에서 이에 대한 저항은 종종 독일의 행정 수단을 직접적인 표적으로 삼아 이뤄졌다. 예를 들어, 네덜란드에서는 1943~44년 사이에 인구 등록을 관할하는 관청에 대한 방화와 습격이 증가했다. 1944년 1월에는 네덜란드 점령 정권의 고위 관리가 힘러에게 편지를 보내 인구 등록을 갱신하려는 시도가 그것을 비판하는 전단지의 배포, 등록부 공무원들에 대한 공격, 및 살해 협박으로 이어지고 있다고 보고했다.[61] 신원 확인과 등록 제도가 나치에 의한 유럽 지배와 인종 청소의 수행에 필수적이라는 것을 나치 점령 하에서 공포에 떨고 있던 사람들 역시 충분히 이해하고 있었던 것이다.

독일 인구의 이동을 감시하고 통제하기 위한 여권, 신분증, 인구 등록, 그리고 가시적인 식별 표식 등은 완전하지는 않더라도 등록과 추적의 연결 체계를 구성하게 되었다. 이런 메커니즘은 유대인의 정확한 위치를 찾아내고 감시하는 과업을 용이하게 했고, 궁극적으로 유대인들을 절멸시키기 위해 사용될 수 있었다. 이 모든 것은 1939년 9월 이후 유럽의 유대인들이 히틀러 정권의 **수감자들**prisoners이었다는 루빈스타인의 생각을 뒷받침한다. 아돌프 아이히만의 마지막 나날을 극화했던 극작가 하이나르 키파르트는 그의 극본에서 이스라엘의 교도소장으로 하여금 아돌프 아이히만에게 그의 "전문가로서의" 식견을 묻게 한다. 나치가 계획한 운명을 피하기 위해 유대인들이 할 수 있는 일은 무엇일까? 아이히만은 다음과 같이 답한다.

> 사라져. 사라져 버리는 거야. 우리의 취약점은, 우리가 그들을 등록해 강제수용하기 전에 사라지는 것이었지. 우리의 특공대는 아주 부족했어. 여러 나라의 경찰들이 온 힘을 다해 우리를 지원했더라도, 유대인들에게는 적어도 50대 50의 기회가 있었지. 엄청난 수의 사람들이 탈출했으면 우리에겐 재앙이었을 거야.[62]

우리가 살펴본 바와 같이, 특히 1937년 이후 나치는 이 같은 "재앙"을 피하기 위해 안간힘을 쓰고 있었다.

그것이 당초처럼 추방을 의미했든 아니면 절멸을 의미했든, "최종 해법"을 실행하기 위해 나치는 유대인을 식별하고 '장악하기' 위한 대규모 행정 기구가 필요했고, 이를 구축하는 데 전력을 기울였다. 이 같은 신원 확인 메커니즘은 군대에 병력을 계속 충원하고 국민의 적, 특히 유대인을 확인하고 배제하는 데 도움이 되었다. 신분증이나 여권 등의 문서는 이 체계에 필수적인 요소였고, 제1차 세계대전 이후 북대서양 각국에서 쌓아올린 "문서 장성"으로 인해 유대인이 과도하게 고통을 겪었는지는 분명치 않지만, 이 같은 장벽으로 말미암아 유대인이 국경을 통과하기란 여간 어려운 일이 아니었다. 이런 사실은 전후 독일에서의 여권을 둘러싼 논쟁이나 문서를 이용해 이동의 규제하는 것을 완화하려는 유럽의 활동에서 잊히지 않고 남아 있게 되었다.

제2차 세계대전의 종전과 더불어, 이동을 규제하거나 촉진하는 일에 종사하는 사람들은 난제에 휘말리게 되었다.[63] 제2차 세계대전에 의해 쫓겨난 유럽인은 대략 3000만 명으로 추산되었고, 그중 약 1100만 명은 종전 시에 출신국 이외의 국가에 거주하고 있었다. 동유럽과 남유럽에서 전후에 발발한 분쟁 역시 추가적으로 난민의 유출을 초래했다. 이 같은 대규모의 이주 집단 가운데 상당수는 비교적 신속하게 정착했다. 이는 주로 가장 큰 규모로 이동한 인구의 동향과 관련된 것이었다. 즉, 수백만 명의 독일인들은 정착 기간에 상관없이 독일군과 함께 퇴각하거나 동유럽의 여러 나라에서 추방되어 연합군 점령하에 독일에서 형성되고 있던 두 국가[서독과 동독] 가운데 한 곳으로 이동했다. 그러나 다른 많은 이들, 특히 공산주의에 동조하지 않았던 약 200만 명에 달하는 소련 정권의 국민들은 스탈린 치하의 소련으로 돌아가는 것을 원치 않아 조국 밖에 머물러 있었다. 따라서 이들이 국가들 사이의 공간을 이동할 수 있도록 도와 줄 필요가 있었다.

　　이미 제2차 세계대전 기간에 전쟁으로 말미암아 대규모로 발생한 난민이 쉽게 이동할 수 있게 하기 위한 국제적인 노력이 시작되고 있었다. 미국과 영국 정부가 주도했던 초기 노력은 1943년 연합국구제부흥기관United Nations Relief and Rehabilitation Administration, UNRRA의 지도하에 통합되었다. 그러나 이 기관은 곧 냉전으로 알려지게 될 제2차 세계대전 동맹국들 사이에서 벌어진 분쟁의 희생양이 되었다. 확실히 연합국구제부흥기관은 수많은 난민들을 송환하는 과정에 도움이 되었지만, 그 임무의 상당 부분은, 어쩔 수 없는 것이긴 했지만, 연합국 군대에 의해 처리되고 있었다. 마이클 매러스에 따르면, 연합군 사령부는 1945

년 5월과 6월에만 528만 명의 난민을 서유럽 국가들로 송환했는데, 이는 하루에 8만 명 이상을 송환한 셈이었다.[64] 이 정도 규모로 사람이 움직이는 상황에서 난민들이 이행해야 할 문서상의 요건은 매우 미미했을 것이다.

이후 얼마 지나지 않아 1946년에는 "마지막 100만 명"에 이르는 유럽 난민들의 정착을 위해 국제난민기구International Refugee Organization, IRO가 설립되었고, 그와 같은 임무가 1951년까지 완수됨에 따라 곧 해산될 예정이었다. 연합국구제부흥기관과 마찬가지로, 국제난민기구 역시 냉전 시기 두 강대국 간의 서로 다른 외교 전략을 반영한 갈등에 휘말리게 되었다. 이 두 강대국의 전략은 난민 문제에 대한 국제적 대응에 커다란 영향을 미쳤다. 1949년 유엔이 창설된 후, 국제난민기구는 유엔난민고등판무관실UN High Commissioner for Refugees, UNHCR로 재편되었다.

종전 후 유럽 밖에서는 두 가지 주요한 난민 위기가 일어났다. 1947년에 인도와 파키스탄의 분리로 약 1400만 명이 이동했고, 1948년에는 이스라엘의 건국과 관련하여 수십만 명의 팔레스타인들이 이동했다. 유럽 밖에서의 이 같은 난민 위기에도 불구하고, 유엔난민고등판무관실은 당초 유럽의 난민들에게만 관심을 기울였다. 팔레스타인 난민 위기에 대해서는 별도의 기관인 팔레스타인 난민을 위한 유엔 구호기구UN Relief for Palestinian Refugees가 창설되었고, 다른 지역의 난민 위기에 대해서는 그때그때 대처했다. 그러나 점차 유엔난민고등판무관실은 팔레스타인을 제외한 나머지 세계를 자신의 관할 대상으로 간주하게 되었다. 유엔난민고등판무관실은 창립 헌장에서 난민 개개인은 국적에 관계없이 기본적 인권을 갖는다는 국제난민기구가 채택했던 새로운 관점을 계승했다. 이 새로운 관점은 난민들을 그들이 속한 국민 집단과 관련해 다뤘던 전쟁 이전의 접근 방식과는 크게 다른 것이었다. 동시에 그 관할권의 범위를 한정하기 위해, 유엔난민고등판무관실은 국가 없는 사람들을 관할하지 않기로 했다.[65] 1951년 난민 협약Refugee Convention of 1951에 따라, 협약에 가입한 국가들은 그들의 영토에 있는 난민과 난민 신청자에게 그들이 필요할 경우 여행 문서를 발급해 주어야 했다. 특정한 상황에서는 국제 적십자 위원회International Committee of the Red Cross, ICRC가 인도주의적인 목적에서 긴급 편도 여행 문서를 발급할 수 있지만, 외국의 이민 관리들이 해당 문서를 반드시 인정해야만 할 의무가 있는 것은 아니었다.[66]

이 시기에는 전간기로부터 계승된 여권 레짐의 엄격함을 완화하기 위한 국가 수준에서의 활동도 이뤄지고 있었다. 전쟁이 공식적으로 끝나기도 전에, 벨기에와 룩셈부르크는 여권 통제를 줄이기 위해 양해각서를 교환했다. 1950년에는 네덜란드가 이런 노력에 동참했고, 이 세 나라의 국민들은 자국 신분증만으로 상호 여행할 권리를 가지게 되었다. 1954년 중반에 덴마크, 스웨덴, 노르웨이, 핀란드는 자국민들이 각국을 여행할 때 여권이나 여타의 여행 문서 없이 여행할 수 있도록 하는 데 동의했다. 또한 이들 국가의 국민들은 자국 이외에 스칸디나비아 국가들 가운데 어느 한 곳에 거주하는 경우 더 이상 거주 허가증을 소지할 필요가 없게 되었다. 이런 합의들은 1957년 협약에 의해 확대되었다. 1957년 협약은 스칸디나비아 국가들의 국내 영토에서 여권 통제를 아예 없애 버렸다(따라서 이는 이 국가들 사이를 여행하는 비국적자들에게도 이동의 자유를 확장했다).[67] 이 협약들은 보다 광범위한 영향을 미쳤고, 이에 자극받아 경제협력개발기구Organization of Economic Cooperation and Development, OECD의 전신인 유럽경제협력기구Organization of European Economic Cooperation의 관광 위원회Tourism Committee는 "여권을 완전히 폐지하는 것이 비현실적인 것이

아니"라고 결론지었다.[68]

그 사이 유럽에서 이동의 자유를 옹호하는 사람들의 주요 목표 가운데 하나는 유럽 단일 여권을 만드는 것이었다. 그러나 유럽 단일 여권 지지자들은 국가주권을 지지하는 정치가들에 맞서 싸워야만 했다. 유럽 여권이라는 이념을 유럽 통합의 상징으로 강력하게 지지했던 유럽평의회 사무총장은 1950년대 초 유럽 각국 정부에 그런 여권을 만드는 것에 관한 의견을 구했다.

사무총장이 받은 답변에 따르면 각국 정부는 아직까지 그들의 국가 여권을 포기할 준비가 전혀 되어 있지 않았으며, 단지 국가 여권의 표준화 방안을 마련하는 것을 선호한다는 것을 보여 주었다. 이에 따라 유럽평의회의 여권 및 사증 전문가 위원회Council's Committee of Experts on Passports and Visas는 당분간 유럽 여권이라는 보다 큰 목적을 포기하고, 그 대신 1952년 3월에 표준화라는 좀 더 제한적인 목적을 위한 제안서를 각료 위원회에 제출했다.[69] 1980년대 중반까지도 독일연방공화국 정부는 유럽 여권의 도입을 방어하기 위해 "법적으로 국가 여권은" 유지될 것이라고 연방의회를 설득해야 했다.[70]

유사하게 유럽 내에서 여권 없이 여행하는 것을 옹호하는 사람들은 경찰 관료들이 감시에만 관심을 두고 있는 것에 맞서 강력하게 투쟁해 왔다. 유럽 단일 여권을 만드는 것에 관한 유럽평의회의 문의에 대해 회원국 정부들이 부정적으로 답하자 유럽평의회는 현재의 여권 통제 체계의 실효성을 평가해 줄 것을 유럽평의회 법률위원회Legal Committee에 요청했다. 1953년 보고서에서 법률위원회는 여러 국가의 여권 통제 체계가 원치 않는 사람들의 입국이나, 국민 중 그런 사람들의 출국을 규제하는 데 별 효과가 없으며, 이런 목적은 여타의 수단을 통해 성취될 수 있다고 제안했다. 또한 법률위원회는 이 체계가 상당한 불편을 초래한다고 지적했다. 여권을 통해 유럽 각국의 국경에서 이뤄지는 통제로 말미암아 지연되는 시간을 고려해 법률위원회는 "20세기의 놀랄 만한 기술적 성취에도 불구하고, 철도와 배를 타고 파리에서 런던으로 이동하는 데 걸리는 시간은 20세기 초가 1953년보다는 적게 걸렸을 것"이라는 결론을 내렸다.[71]

　　국가주권 개념의 영향을 받은 감시에 대한 집착은 신생 독일연방 공화국[서독]Federal Republic of Germany의 첫 여권법에 대한 논쟁에서 여실히 드러났다. 우선 이 새로운 법의 채택은 신생 독일 국가의 주권을 더욱 광범위하게 추구하는 데 상징적으로 중요한 요소였다. 새로운 여권법에 대한 제안은 종전 후 1950년 초에 이 같은 권한을 갖고 있었던 연합국 점령군이 해당 권한을 넘겨 줄 준비가 되어 있다는 것을 통보함으로써 이뤄졌다. 그럼에도 불구하고 연합군은 자신들이 보관하고 있던 블랙 리스트에 포함된 사람들에게 여권 발급을 거절할 권리를 보유했다. 이런 유보는 주로 블랙리스트 대상이었던 공산주의자들과 깊게 관련된 문제였지만, 다수의 연방의회 의원들과 내무부 장관은 독일연방공화국의 권리에 대한 이 같은 침해가 "우리의 주권에 대한 제한으로, 이는 장기적으로 대등한 입장에서 모색해야 할 협력 관계에 모순되는" 것이라고 언급했다.[72] 이 같은 견해의 지지자들은 여권 발급에 대한 통제를 고유한 화폐를 발행할 권한과 유사한 국가 독립의 핵심적인 속성이라고 간주했다. 당시나 지금이나 국가를 건설하는 사람들은 독자적인 여권을 발급할 수 있는 권한을 주권의 본질적인 요소로 간주했다.

　　새롭게 부상하는 냉전을 배경으로 독일연방공화국의 주권 획득은 독일연방공화국과 독일민주공화국[동독]German Democratic Republic, GDR 사이의 분리를 고착시켰는데, 상당수의 독일인들은 이 같은 전개를 인정하고 싶지 않았다. 서독의 공산주의자들은 두 국가 사이가 멀어지는 것을 특히나 달가워하지 않았는데, 공산주의자들의 목적에 좀 더 유리한 조건하에서 타협이 이뤄질 수 있기를 희망했다. 그러나 콘라트 아데나워Konrad Adenauer의 기독교민주연합Christian Democrat Union, CDU은 독일 통일을 지지하면서도, 냉전 중에는 좀 더 우호적인 정부가 동베를린에서 정권을 획득해 비공산당의 주도 하에 통일이 이뤄질 때까지 계속 기다리는 것을 선택했다. 그 사이 기독교민주연합은 동독 정권의 주권적 정통성을 인정하려 하지 않으면서, 두 개의 독일의 분단이 심화되는 것을 받아들이는 전략을 채택했다. 동독과 외교 관계를 수립한 외국 정부에 제재를 가했던 할슈타인 원칙•은 이런 초기 서독 외교정책의 근본적인 태도를 반영하는 것이었다.

이 "독일 간"의 문제에 대한 이 같은 기본적인 대응은 몇 가지 방식으로 새로운 여권법에 반영되었다. 첫째, 이 법의 지지자들은 동독인들이 외국인은 아니기 때문에, 동독에서 서독으로 들어오는 데 여권을 소지할 필요가 없다고 주장했다. 즉 서독은 동독 국적을 결코 용납하지 않았다. 마찬가지로 서독인들은 동독에 입국할 때 여권을 소지할 의무가 없는데(동독은 입국 시 그것을 요구할지도 모르지만), 왜냐하면 동독은 "외국 영토"가 아니었기 때문이다. 서독 정부에 따르면, 이런 조항의 근본적인 이유는 양국 간의 경계가 "대외적인 국경이 아니라, 단지 점령군이 그어 놓은 경계선에 불과하다"는 데 있었다.[73] 제2차 세계대전을 마무리 짓기 위한 그 어떤 평화협정도 체결되지 않았다는 사실을 고려하면, 이 같은 입장에는 확고한 법적 근거가 있었다.

• 　서독 외무장관 발터 할슈타인(Walter Hallstein)이 1955년에 9월에 선언한 외교 원칙으로, 서독만이 독일의 유일한 합법 정부이며, 동독을 승인하거나 동독과 수교하는 국가(소련 제외)와는 관계를 설정하지 않겠다는 정책이다. 1970년대에 빌리 브란트가 동방정책을 추진함에 따라 사실상 이 원칙은 무력화되었다.

둘째, 서독 정부는 당초 서독과 외국, 즉, 동독 이외의 국가들 사이의 국경을 오가는 모든 사람에게 사증을 소지하도록 제안했다. 미국 상공회의소American Chamber of Commerce와 유사한 독일 상공회의소 Industrie- und Handelstag를 비롯해 정부안에 대한 비판자들은 독일인들에 대한 사증 소지 의무의 필요성에 의문을 제기했다. 최종적으로 정부는 오직 내무부 장관이 그 재량에 따라 서독에 출입국하는 외국인에게 사증을 의무화할 수 있는 권한을 갖는다는 제안에만 동의를 얻을 수 있었다. 이 결정은 동독과 서독이 "독일인들"이 자유롭게 이동할 수 있는 통일된 공간으로 남아 있다는 관념을 유지하는 데 도움이 되었지만, "독일인"과 외국인 사이의 경계를 한층 더 공고히 하는 것이었다.74

여권을 통해 국가의 감시 능력을 강화하는 문제는 1952년 법을 둘러싼 논쟁에서도 두드러진 위치를 차지했다. 이 문제는 연방의회의 공산당 의원들에게 특별한 관심사였다. 공산당 의원들은 특히 다음의 조항에 주목했다. 이는 "공공 안전이나 입헌적 민주 질서"가 위협받고 있다고 간주될 경우, 독일연방공화국의 출입국에 대해 특별한 조건을 부과할 수 있는 권한을 정부에 부여한다는 조항과 "독일연방공화국의 대내외적 안전을 위협하는" 사람들에 대한 여권 발급을 거부하는 권한을 정부에 부여한다는 조항이었다.

공산당 의원들에 따르면 이 조항들은, 그와 비슷한 법이 과거에 남용되었던 사례에서 살펴볼 수 있듯이, 주로 자신들에게 불리하게 사용될 것이었다. 한 사회민주당 의원은, 과거에 나치 지도자들의 출입국이 자유롭게 허용되었던 사례가 보여 주듯, 이런 조항들의 주된 목적이 공산주의자들의 자유를 제한하는 것이라고 주장하면서 공산당 의원들의 주장을 옹호했다.75 공산주의자들의 우려에는 합당한 이유가 있었다. 이는 마침 미국 정부가 1950년 "국내안전보장법"Internal

Security Act("파괴활동통제법"Subversive Activities Control Act 또는 "매캐런법"McCarran Act
이라고도 함)• 제6조에서 공산주의자에게 여권 발급을 거부하는 조항을
채택했기 때문이다.76

　　　정부안에는 냉전에 의해 자극받은 규제들 외에도, 이동을 전형적
으로 규제했던 19세기 초의 상황으로의 기묘한 역행이 포함되어 있었
다. 원안의 제11조에는 독일의 사증에 기재된 여정이나 목적지를 벗어
난 사람들에게 최장 1년간의 징역에 처할 수 있도록 하는 처벌 조항이
포함되어 있었다. 앞서 언급한 사회민주당 의원은 그런 조항이 일으킬
수 있는 황당한 상황을 스위스에 있는 독일 피서객에 관한 짧은 이야기
를 통해 강하게 비판했다. 즉, 만일 이 피서객이 취리히 대신 제네바로
가기로 결정하고 그 과정에서 프랑스의 샤모니 몽블랑에 관광차 잠시
들렀다면, 이는 법을 두 번이나 위반한 셈이라는 것이다.77 법률의 최종
안에서는 독일연방공화국의 국경을 통과하거나 한시적으로 거주하는
외국인에게만 그런 처벌이 부과되었다.

　　　정부가 여행자를 감시하는 데 집착하는 것에는 뭔가 이상한 점이
있었다. 제안된 법을 소개하는 과정에서, 서독의 내무부 장관은 그 시행
을 책임져야 할 관료였음에도 불구하고 여권을 통한 통제에 대해 상당
히 강도 높게 비판했다. 앞서 설명한 유럽평의회 법률위원회의 조사를

• 1950년 9월 22일 당시 해리 트루먼 대통령의 거부권 행사 후 미국 의회에서 재차
통과된 법으로 공산주의 조직들이 미국 법무부 장관에게 등록하는 것을 의무화했고,
파괴적인 활동에 관여하거나 파시스트 및 공산주의자로서 "전체주의적 독재"를 추
구하는 것으로 의심되는 사람들을 조사하기 위해 '파괴적 활동 통제 위원회'를 설립
했다. 공산주의 조직의 회원들은 시민이 될 수 없었고, 경우에 따라서는 미국으로의
입국이 금지되었다. 귀화 후 5년 이내에 이 법을 위반한 이민자들의 경우 그들의 시민권
을 취소할 수 있었다. 이 법은 1971년 미국 헌법 제1조를 위반한다는 이유로 폐지되었고,
1972년에는 의회에 의해 '파괴적 활동 통제 위원회'가 해산되었다.

예기하듯이, 그는 다음과 같이 단언했다.

> 모든 전문가는 기본적으로 정말 위험한 사람들은 거의 언제나 출입국
> 방도를 찾아낸다는 것을 인정하고 있습니다. 따라서 여권 소지 의무, 그
> 리고 특히 비자 소지 의무는 무고한 일반 여행자의 이동에 무거운 부담
> 을 지우는 것입니다. 소수의 악행을 저지르는 사람들을 잡기 위해 무고
> 한 사람들에게 수백만 개의 여권과 사증을 발급하는 것은 엄청나지만
> 대부분 쓸모없는 행정적인 노력이 들어갑니다.[78]

그럼에도 내무부 장관은 이 법을 독일연방공화국의 안보에 필수적인
것으로 옹호했고, 결국 연방의회에서 통과되었다. 여권이 공공의 안
전을 강화하는 데 (상당한 지출에도 불구하고) 한계가 있다는 것을 이 법을 지
지하는 사람들에게 납득시킬 수 있는 방도는 없었던 것으로 보인다.
독일 내무부 장관이 "정말 위험한 사람들"에 대한 여권 통제의 비효율
성에 대해 언급한 것은, 미국에서 제1차 세계대전 이후 무방비 상태에
있던 약 3220킬로미터(2000마일)의 [멕시코] 국경을 따라 여권을 통한 통제
를 시행하라는 요구가 있었을 때, 미국 이민국 조사관인 프랭크 버크셔
가 느꼈을 법한 허탈함을 상기시킨다.[79] 실제로 여권은 여권 심사를
받을 준비가 되어 있는 사람들의 이동만을 규제할 수 있을 뿐이다. 국경
검문소를 피하는 법을 알고 있는 사람들은 합법적인 "이동 수단"이 필
요 없을 것이다. 독일 내무부 장관은 표리부동한 모습을 보였지만, 이민
문제의 "위기"라는 분위기 속에서 독일의 내무부 장관과 유사한 지위
에 있는 사람이 여권의 유용성을 일축해 버리기는 오늘날에도 어려운
일이다.

    종전 후 영국에서는 초기 이민 "위기"가 출현할 조짐이 이미 나타

나고 있었는데, 이는 영국 식민지의 신민들이 갖고 있던 제국의 중심부로 이동할 특권에 기인한 것이었다. 식민지가 비정상적인 것이자 더는 옹호할 수 없는 것이라는 견해가 점점 더 강해지고 있었고, 더욱이 적어도 부분적으로는 외국인에 의한 지배라는 관념에 맞서 전쟁이 일어난 직후이기도 하기에, 식민지를 해방하는 과정은 가속화되었다. 비록 영연방 국가들의 시민은 영국의 신민으로서 공통의 지위(영연방 시민권으로 알려진)를 향유했지만, 1948년 영국 국적법에 따라, 영연방의 각 국가들은 각자의 시민권법을 제정해야 했다. 영연방 국가들 각각은 다른 영연방 국가들에 대해 자신들만의 시민권 정책과 이민정책을 수립할 수 있도록 허용되었지만(이는 오랜 관행이었다), 영국 자체는 영국이 지배하는 해외 영토로부터 입국하는 모든 사람들에게 개방되어 있었다. "이는 영연방에서 유일한 일방통행로였다."[80]

더욱이 아일랜드 공화국은 영연방의 일원이 아니었음에도 불구하고 영국과 여권 통합을 위한 협정을 맺었다. 이를 통해 양국 국민은 여권 없이 두 국가 사이를 왕래할 수 있게 되었다. 마지막으로 북서유럽 국가들의 여행자들이 영국에 입국하는 것을 수월하게 하기 위해, 영국 정부는 1960년에 영국방문증으로 알려진 신분증을 채택했다. 이 신분증은 영국에서 영국관광협회British Travel Association가 인쇄한 것으로 영국 방문증 사용 협정을 맺은 국가들의 여행사를 통해 무상으로 배포되었다. 이들 여행사들은 영국으로 여행하는 사람들의 요구에 따라 방문증을 제공했다. 방문증 사용 협정을 체결한 국가는 룩셈부르크, 네덜란드, 벨기에, 프랑스, 스위스, 그리고 독일연방공화국이었다. 관광 산업을 진흥하겠다는 경제적 동기를 갖고 있던 사람들에게 여권과 같은 여행 문서를 발급하는 권한을 부여했던 이런 협정은 그 허술함 덕택에 이런 문제에 관련된 많은 사람들에게 영국 국경이 위험할 정도로 취약한 것

처럼 보이게 만들었다.81

　　이 같은 허술함을 없애기 위한 노력은 우선 "1962년 영연방 이민법"Commonwealth Immigration Act of 1962의 형태로 나타났다. 이 법에 따라 영국에 입국하는 영연방 사람들의 권리는 크게 제한되었다. 아일랜드 공화국 시민들, 영국 보호령 사람들, 영연방 시민들은 이민 규제의 대상이 되었다. 이 이민법에 따라 오직 세 범주의 사람들만이 영국에 자유롭게 입국할 자격을 부여받았다. 이들은 영국에서 태어난 사람, 영국이나 식민지 시민으로서 영국 여권을 소지한 사람, 그리고 영국이나 아일랜드 공화국에서 발행한 여권을 소지한 영연방 시민이었다. 이 이민법의 목적은 1950년대에 걸쳐 카리브 해와 인도 대륙으로부터 이주한 비백인 이주 노동자의 지속적인 유입을 차단하기 위한 것이었다.82 이 법은 영연방의 특징인 충성과 특권이 복잡하게 얽혀 있는 매우 독특한 것이었는데, 이민법이 여권 소지 의무의 기반이기보다는 어떤 경우 여권을 소지하는 것이 이민법 적용 여부의 기반이 되었다는 점에서 그러했다. 이런 일련의 조항 밑바탕에는 본국과 밀접한 관계가 있는 영국의 신민 자격(즉, 영연방 시민권자, 영국 또는 아일랜드에서 발행한 영국 여권을 소지하고 있는 영연방 시민)이라는 개념이 깔려 있었다.

　　1967년과 1968년에 걸쳐 수천 명의 영국 여권 소지자들이 케냐에서 영국으로 이주할 가능성이 생겼을 때, 이 원칙을 근거로 하여 이민에 관한 일련의 이례적인 제안이 이뤄졌다. 당시 케냐 정부는 자국의 경제생활을 "케냐화"하겠다는 계획을 발표했는데, 이로 인해 케냐 내 상당수의 아시아계[인도, 파키스탄 계] 인구가 패닉 상태에 빠지면서 국적을 지닌 영국의 보호 아래 들어가려 했다. 7000여 명의 이런 불운한 사람들이 도착할 즈음인 1968년 2월 22일 내무부 장관은 "**이 나라와 적절한 자격 관계**'가 전혀 없이 영국 여권만을 소지하고 있는 영국 시민들의 이민을 통제"하기 위한 법을 제정할 것을 제안했다. 이 법안은 매우 창의적인 것이었지만, 이런 영연방 시민을 난민으로 만드는 것과 같은 불길한 모순도 안고 있었다. 왜냐하면 이 사람들은 1963년 케냐 독립을 둘러싼 협상에서 완전히 합법적으로 영국의 여권을 취득했기 때문이다. 이 협정에서 영국 국적을 지닌 아시아계 케냐인들은 1962년 영연방 이민법 규제에서 제외되었다. 내무부 장관은 잠재적으로 백만 명 이상의 사람들이 이민 규제 없이 영국에 입국할 수 있을 것이라고 내다보았다. 하지만, 적어도 그는 민주주의 국가에서는 자신이 하고 있던 일이 비교적 새로운 것이라는 점을 이해하고 있었던 것처럼 보인다. 이 법안을 하원에 제출하는 과정에서, 그는 다음과 같이 주장했다. "이는 독특한 상황입니다. 제가 아는 한 전례가 없는 일입니다. 이런 종류의 법률이 제안되는 첫 번째 사례가 될 것입니다." 물론 정확하게는, 그런 법률이 제안된 것은 이것이 처음은 아니었다. 독일에서는 1941년 11월 25일자 명령에 따라 독일 국외에 거주하는 모든 유대인의 독일 시민권을 박탈하고 독일에 있는 그들의 재산을 몰수하여 그들을 난민으로 만들었다.[83]

　영국 국적의 아시아계 케냐인들의 불안한 상황은 대안적인 목적

---

* 여기서 적절한 자격 관계(Qualifying connection to the United Kingdom)란 부모나 조부모 가운데 한 명이 영국에서 태어났거나 귀화·입양되었을 경우를 가리키며, 그렇지 않은 영연방 시민은 모두 이민 규제 대상으로 삼음으로써 아프리카·아시아인의 영국 유입을 막았다. 이에 대해서는, 장승진, "이민 통제와 국가 시민권의 형성: 1962~1981의 영국 이민정책 연구", 서울대학교 대학원 외교학과 정치학석사학위논문, 2002, 33쪽; 국사편찬위원회, "1960~70년대 이민법과 이민정책의 인종화", 국사편찬위원회 누리집(http://db.history.go.kr/id/oksr_016_0010_0020)에서 재인용. 케냐를 비롯해, 동아프리카 지역에 대거 이주한 아시아인들은 주로 영국 식민지였던 인도 출신 아시아인들이었다. 이들은 식민지 아프리카 대륙에 철도를 건설하기 위해 필요한 노동력으로 영국 식민지 시기 이 지역으로 대거 이주한 이들이었다.

지로 간주되던 인도 정부가 그들의 입국을 불허하겠다고 밝히면서 더욱 심각해졌다. 인도 정부에 따르면 이는 "보복 조치가 아니라, [영국 정부에] 출신국에 상관없이 개인들에게 시민으로서의 권리를 긴급히 부여할 필요가 있음을 강조하기" 위한 것이었다. 국제법률가위원회International Commission of Jurists는 이 법을 "인종주의적"이라고 불렀고 "자신이 국민인 국가의 영토에 입국할 권리를 박탈당한 영국 시민이라는 범주를 만들어 낸 전례 없는 차별"로 규정했다. 이런 강력한 항의로 말미암아 영국은 이 계획을 일부 단념해야 했고, 영국 정부는 해외에 있는 영국 시민, (시민권이 없는) 영국 국민, 그리고 이중 국적자가 아닌 영국의 보호민에게 영국으로의 귀환을 인정하는 증명서를 발급했다.84

그럼에도 불구하고, 이 사건은 탈식민화하는 영국에서 여권을 둘러싼 인종주의적 정치의 극단적인 폭발성과 영국의 다양한 신민들 가운데 누가 영국 영토에 제한 없이 입국할 수 있느냐는 좀 더 광범위한 문제를 극적으로 보여 주었다. 영국 정부는 1971년 이민법에서 영국 영토에 입국할 권리 문제를 다루었다. 이 이민법은 "영국 거주권을 가진 자"patrial와 "영국 거주권이 없는 자"non-patrial의 범주를 도입했으며, 이전에 영국에서 입국과 정착을 좌지우지했던 외국인과 영연방 시민들 간의 구분을 철폐한 포괄적인 법률이었다. 이후 유럽경제공동체 회원국 시민과 같은 몇 가지 중요한 예외는 있었지만, 오직 "영국 거주권을 가진 자"만이 영국에 입국할 권리를 가지게 되었다. 이 법에는 중요한 인종적 함의가 숨겨져 있었다. 왜냐하면 "영국 거주권을 가진 자"에는 영국에서 영국이 소유한 해외 영토로 이주했던 백인의 자손들이 포함되었던 반면, 이전에 영국 영토에 입국할 권리가 부여되어 있었던 영연방 시민권을 지닌 상당수의 사람들을 배제했기 때문이다. 영국에 입국하기를 희망하는 영국 거주권이 없는 사람들은 "고용부가 발급하는 노동 허가증"를 받아야 했는데, 여기에는 "기간과 고용주, 그리고 직업이 명시"되어 있었다. 다시 말해 "영국에 거주권이 없는 자"는 초청 노동자로 전환되었다. 실제로 이 법은 영국에 입국할 수 있는 사람의 수를 확대했지만, 그 주된 목적은 백인이 아닌 사람들의 입국을 제한하는 것이었다.[85] 이후의 상황을 보면 이 법이 이런 목적을 달성하는 데 별 도움이 되지는 않았던 것처럼 보인다.

전후에 이탈리아 여권법을 개정하도록 했던 쟁점들은 이탈리아에서 늘 그랬듯이 입국에 관한 것이 아니라 출국에 관한 것이었다. 실제로 전후 이탈리아에서 제안된 법은 외국인의 입국과는 아무런 관련이 없었다. 대신에 이 법의 목적은 이탈리아 여권법의 다양한 측면들을 근대화하고, 전후 이탈리아 헌법 조항에 따라 이탈리아 시민들의 출입국 자유를 보장하는 것이었다. 특히 이 법은 특정한 사람들에게 여권을 발급해 주는 문제와 여권을 발급받은 후에 그들이 갈 수 있는 곳을 결정하는 문제를 행정상의 재량권으로부터 분리하고자 했다.

후자의 문제와 관련해, 1967년 여권법은 여권이 이탈리아 정부가 인정한 모든 국가에서 유효하다고 규정하고, 그 결과 도항 가능한 국가의 명단을 각각의 사례로 작성했을 경우에 발생하는 자의성(그리고 초과 업무)의 가능성을 일소했다. 이 규정은 이탈리아인이 선택할 수 있는 도항지로 4개국(중국, 북한, 베트남, 동독)만을 제외했다. 지도상에 검은색으로 표시된 앞의 세 나라는 미국의 외교정책을 존중하는 차원에서 포함되었던 것처럼 보인다. 동독이 포함되었던 것은 아마도 할슈타인 원칙을 위반하지 않으려 했다는 점을 반영하는 것이었을 터인데, 앞서 언급했듯이 할슈타인 원칙은 동독과 외교 관계를 수립한 국가에 대해서 서독 정부가 보복할 것이라고 천명한 것이었다. 다른 측면들과 마찬가지로 이 점에 있어서도, 1967년 말에 최종적으로 채택된 여권법은 특히 독일과 미국에 대한 반주변부 노동 수출국이라는 이탈리아의 위상에서 비롯된 것이었다.

　동시에, 이 법을 둘러싼 논의에서 "관광산업의 급속한 발전"에 대한 언급이 있었던 것을 보면, 이탈리아에서 "경제 기적"이 자리를 잡아가고 있었으며, 이에 따라 더욱 많은 이탈리아인들이 전 세계적인 관광 명소로 여행을 떠나게 되었음을 알 수 있다.[86] 1967년 여권법은 사실상 전후 기간 내내 진행되었던 관행을 합리화한 것일 뿐이었는데, 왜냐하면 이탈리아의 노동력이 프랑스와 독일의 전후 경제 호황에 중요한 요소였기 때문이다. 유럽의 보다 발전된 지역에서 이탈리아 노동자들이 일자리를 얻을 수 있는 자유는 유럽공동체 국가들이 노동의 자유로운 이동을 강력히 약속함으로써 뒷받침되었고, 이는 확실히 이탈리아의 경제 도약에 기여했다. 이 점에서 이탈리아 여권 정책의 변화는 유럽공동체 내에서 진행되고 있던 이동의 자유화라는 더 큰 추세를 반영하고 있었을 뿐이다.

　전후 유럽에서 이동의 자유 확대를 목표로 한 움직임은 유럽 공동 시장의 창설을 목표로 한 활동과 밀접하게 관련되어 있으며, 특히 "협정을 체결한 다른 나라의 노동력에 의지"하려는 다양한 국가들의 열망과 관련되어 있었다.[87] 1957년 유럽경제공동체European Economic Community, EEC 창립 조약 제48조에는 유럽경제공동체 내에서 회원국 국민의 이동 제한에 대한 철폐가 제안되어 있었다. 이 같은 목적을 위해, 양자나 다자 협정의 형태로, 또는 유럽평의회, 유럽석탄공동체, 유럽경제공동체, 그리고 유럽연합에 의해 수많은 협정들이 그간 채택되어 왔다. 프랑스, 독일, 베네룩스 국가들 간에 1985년 체결된 소위 셴겐 조약Schengen Accords은 유럽공동체 국민들이 여권을 소지하지 않고 여행하는 것을 인정했고, 궁극적으로는 유럽 내에서 여권 없이 자유롭게 여행한다는 목적을 성취하기 위해 고안되었다. 그 동안 다른 나라들도 이 협정에 참여해 왔다.

독일연방공화국은 대체로 유럽 통합 프로젝트를 지원하는 데 앞장서 왔다. 1980년대 중반 연방의회에서 벌어진 논쟁에서 살펴볼 수 있듯이 서독 정부는 열정적으로 유럽 [단일] 여권을 도입하고자 했는데, 이는 유럽 통합의 상징으로서 유럽 여권이 가치가 있을 뿐만 아니라, 기계 판독이 가능한 문서의 도입을 가능케 하는 권한과도 관련되어 있을 것이다. 여권에 관한 새로운 법과 개인 신분증 사이의 밀접한 관계로 말미암아, 이 같은 기술을 사용하려는 정부의 열망은 연방의회에서 격렬한 논쟁을 불러일으켰다. 논쟁의 대부분은 독일 정치에서 새롭게 부상한 세력인 녹색당에 의해 제기되었는데, 그들은 개인의 신원 확인 문서가 나치즘이 작동하는 데 중심적인 역할을 해왔음을 간과하는 이 같은 시각에 반대했다. 이에 따라, 독일 정치에서 점차 중요한 문제가 되고 있던 "정보 보호"를 둘러싸고 수많은 논의가 제기되었다. 녹색당 의원들은 여권을 발급하는 과정에서 수집된 개인 정보가 정부에 의해 감시 목적으로 이용될 공산이 크다는 점을 강하게 비판했다. 게다가 원치 않는 사람들을 통제하는 데 있어 여권을 통한 통제가 효과적인가에 관한 보다 근본적인 의혹이 또 다시 제기되었다. 좀 더 보수적인 의원들의 생각에 그런 원치 않는 사람들 가운데 가장 핵심적인 이들은 바로 테러리스트였다.[88]

그러나 결국 "테러 위협"의 근절을 간절히 바라던 사람들이 더 많은 지지를 받았고, 독일연방공화국은 기계로 판독할 수 있고 (이른바) 위조가 불가능한 여권을 채택했다. 국내외의 압력이 뒤섞이면서 이 법을 제정하게 된 것이다. 개인 신분증이 유럽 내 여행에서 점차 여권 대신 받아들여지게 되었던 반면, 서독 정부는 이미 (추정상) 위조가 불가능하고, 기계로 판독할 수 있는 신분증을 도입하는 방향으로 움직이고 있었다. 결과적으로 정부는 여권을 기술적으로 낮은 수준으로 유지함으로써 [그렇지 않았으면 확보할 수 있을] "안보상의 이점"을 포기할 의사가 없었던 것이다. 만일 그랬더라면, 서독에서 출국하는 독일 여행자는 당국이 신분증보다 신뢰성이 떨어진다고 간주하는 여권을 소지하고 나라를 떠날 수도 있었을 것이다.[89]

　　현재의 시점에서 그 법과 그것을 채택하는 과정에서 벌어졌던 논쟁의 가장 두드러진 특징은 이탈리아의 1967년 여권법과 마찬가지로 그것이 타국으로부터의 이입 이민과는 사실상 전혀 관련이 없었다는 것이다. 그러나 이 두 법의 유사성은 이 같은 사실 말고는 없었다. 앞서 언급했듯이, 이탈리아의 규제는 유럽 지역 및 전 지구적 경제 체계에서 이탈리아가 차지하고 있던 종속적 지위를 반영하고 있으며, 그 목적은 주로 출국을 용이하게 하기 위한 것이었다. 반대로 독일의 법은 감시와 국내 안보에 대한 오랜 (중단되지 않았던 것은 아니지만) 집착을 표현한 것이었다.

　　서독의 새로운 여권법에 관한 1985~86년 논쟁에서 이입 이민에 대한 우려는 적었지만, 유럽공동체 내에서의 경계가 느슨해짐에 따라 유럽공동체와 외부 사이의 취약한 경계를 방비하는 문제에 대한 우려는 높아졌다. 예를 들어, 이 문제와 관련해, 1986년 말 영국의 내무부 장관은 영국의 경험에 근거한 의구심을 표명하며, 유럽공동체 내부에서의 국경에 대한 통제가 완화됨에 따라, 외부 경계에 대한 통제를 강화할 필요가 있다고 제안했다. 이에 대응해 유럽공동체는 이 문제를 검토하기 위한 실무 그룹의 창설을 발표했다.[90] 한 논평가에 따르면, "유럽공동체는 지난 50여 년 동안 유럽을 옥죄었던 여권을 통한 엄격한 통제를 약화시키는 산파 역할을 해왔다."[91] 그러나 이것이 유럽의 국경을 가로지르는 이동에 대한 여권을 통한 규제, 또는 이와 유사한 규제의 종말을 의미하는 것은 아니었다.

이에 따라 유럽에서 지역 통합의 가장 중요한 결과 가운데 하나로 적어도 국경 통제의 측면에서 인종적 구별에 대한 관심이 고조되어 왔다. 만일 여행자들이 국적을 증명하는 문서를 제시하도록 요구받지 않는다면, 그리고 시대착오적이라 할지라도 유럽의 많은 거주자들이 유럽 대륙을 "백인"의 것으로 간주하고 있다면, 그 대륙의 구성원 자격을 나타내는 것으로 간주되는 가시적인 표식들이 점점 더 중요하게 된다. 어떤 이가 유럽공동체 회원국의 국적자가 아닐 수 있기에 이동 통제의 대상이 되어야 할 수도 있다고 의심하는 이유로서 말이다. 피부색, 모발, 그리고 인종적 정체성에 관한 여타의 낙인들이 불가피하게 외부인을 식별하는 수단으로 전면에 등장했다.

국가가 국경에 대한 "통제를 상실"하고 있을지도 모른다는 현대의 우려를 제대로 평가하려면 이 같은 배경에 유의해야 한다.[92] 이 같은 주장은 대체로 두 가지 논거에 주로 의존한다. 하나는 자유주의 국가들에서 가족 재결합에 대한 압력이나, 추방과 같은 제한적인 조치들에 대한 불쾌감과 같은 인도주의적 우려가 증가함에 따라 [국가의 국경 통제가] 무력화되었다는 것이고, 다른 하나는 국가가 사람들의 유입을 통제할 행정적 역량이 부족하다는 것이다.[93] 인도주의적 우려에 관한 논거는 확실히 타당성을 지니고 있지만, 이것이 국가가 원치 않는 이민을 막을 수단이 없거나 국가가 원할 때 그런 수단을 쓸 수 없다고 말하는 것은 아니다.

예를 들어, 솅겐조약의 결과로 유럽공동체의 역내 국경이 느슨해짐에 따라 외부 경계의 취약성에 관한 우려가 급격히 높아졌고, 이에 상응하는 조치들이 취해졌다. 실제로 이주 연구자인 앤서니 리치먼드는 최근에 다음과 같이 주장했다. "경제적으로 가장 발전하고 풍요로운 국가들이 자신들의 특권적 지위를 보호하기 위해 함께 뭉치고 있다. 아프리카너Afrikaners·와 여타의 유럽계 혈통의 사람들이 남아프리카공화국에서 그들의 지배를 유지하려고 했던 것과 많은 면에서 동일한 방식으로 말이다." 이는 특히 다양한 문서들을 통한 이동 통제로 이뤄지고 있다.94 유럽연합 내에서 원치 않는 이민에 관한 우려의 대부분은 이탈리아에 초점을 맞추어 왔다. 이탈리아는 셴겐 국가들이 원치 않는 자들을 방어하는 데 있어 "약한 고리"로 인식되어 왔다. 이에 따라, 1990년대 후반에 이탈리아는 문서 소지 의무를 강화하고, 불법 이민자와 이주 밀수업자 모두를 처벌하며, 불법 체류자를 좀 더 신속하고 확실하게 추방할 수 있도록 한 새로운 이민법을 채택했다.95

특정한 국민국가가 제공하는 편익을 누릴 수 있는지를 결정하는 데 있어서 국민적 정체성이 변함없이 여전히 중요하다는 점은 국제적으로 국경 통제를 완화해 온 유럽 국가들이 회원국 국민이 아닌 사람들을 배제하는 데 여전히 사로잡혀 있다는 사실에 의해 충분히 드러난다.

나아가 유럽공동체 내의 국경을 횡단하기 위해 여권이 더 이상 필요하지 않더라도, 유럽연합 회원국의 국민은 여전히 자신의 국적을 증명하기 위한 문서(일반적으로는 국가 신분증)를 필요로 하고 있다. 그 이유는 국적이 문서에 의한 대조 없이는 증명될 수 없는 타고난 신분이기 때문이다. 유럽공동체의 회원국들은 자국의 영토에 회원국의 국민이 아닌 사람들이 입국하는 것을 차단하고자 하기 때문에, 국적을 증명할 필요성은 여전히 남아 있다. 실제로 국적의 표식으로서 여권에는 끊임없이 권리를 박탈하고 제한하는 성격이 있다. 따라서 오늘날 사람들이 난민 신청을 하는 과정에서 필사적으로 여권을 파기하는 일이 벌어지고

· 남아프리카에 사는 네덜란드계 백인.

있다. 그렇게 하지 않는다면, 그런 국적을 가진 사람들은 입국을 희망하는 나라에서 쫓겨나기 때문이다.[96]

　오히려, 국가가 원치 않는 이주에 대항해 구축해 온 문서를 통한 통제와 여타의 관료적인 방어책이 지속적으로 강화되고 합리화되어 왔다. 이 점에서 국제민간항공기구International Civil Aviation Organization의 활동은 주목할 만하다. 이 기구는 1944년에 항공 여행을 촉진하기 위해 설립되었는데, 현재 192개 국가가 참여하고 있다. 국제민간항공기구의 각국 대표들은 정기적으로 만나 여권을 표준화하고 그것을 기술적으로 향상시키고자 노력한다. 국제민간항공기구는 특히 회원국들에게 기계 판독이 가능한 여권과 비자를 채택하도록 권장해 왔는데, 이는 "출입국 수속의 속도를 높이고, 보안을 강화하며, 신원 정보의 변경이나 위조에 대한 추가적인 안전장치를 제공"한다.[97] 국가들이 몇몇 종류의 문서 소지 의무를 포기할 준비가 되어 있다는 증거는 거의 없는데, 정확하게는 그런 제한들이 변동하는 긴박한 정치경제적 상황에 대응해 이동을 규제하는 데 유연하게 활용될 수 있기 때문이다.

　국제 체계의 광범위한 구조적 특성이 단기적인 이민 흐름에 관한 분석에 초점을 둔 논의에서 사라지는 경향이 있지만, 이주 통제의 존재는 이주의 가능성과 실제 발생 정도에 심대한 영향을 미친다. 국가들이 이민에 대한 통제를 상실하고 있다고 주장해 온 사람들에 대한 답변으로 브루베이커는 다음과 같이 서술했다.

　전 지구적 관점에서, 출생이라는 도덕적으로 임의적인 우연성에 의해 특정인을 특정 국가에 결부시키는 시민권 제도는 사회적 봉쇄의 강력한 도구이자 삶의 기회에 관한 비자유주의적 결정 요인 역할을 한다. 분명히 국가들은 그 가장자리에서 다른 국가의 시민들에게 개방되어 있지만, 이는 오직 가장자리에서뿐이다. 밖에서 보기에 세계의 부유하고 평화로운 국가들은 지극히 배타적인 국가들이다.[98]

합법적 '이동 수단'의 국가 독점은 거의 해체되지 않았고, 만일 해체된다면 이주의 수가 극적으로 증가할 것이라는 점은 거의 의심의 여지가 없어 보인다.[99]

국제 인권 규범이 발전함에 따라, 점점 더 많은 나라에서, 국가가 자국에 단지 거주만 하고 있는 사람들에게도 완전한 시민권을 수여받은 사람들과 동등한 시민적 권리와 사회적 권리(비록 정치적 권리는 아니지만)를 부여하는 것이 사실일 수 있지만,[100] 대부분의 사람들에게 이 같은 발전이 반드시 "시민권의 쇠퇴"를 의미하는 것은 아니다.[101] 이런 주장들은 국가의 근간을 이루는 시민체를 구성하고 보충하는 인구의 중심 부분에 관한 것이 아니라 주로 이민자의 권리 접근에 관한 것이다. 따라서 이런 주장들은 사실 상대적으로 주변적인 현상의 중요성을 과장하는 경향이 있다. 이런 관점에서 "권리와 특권의 측면에서, [국적]은 더 이상 중요한 구조물이 아니"라고 주장하는 것은 상당히 과장된 것처럼 보인다.[102]

이것이 사실이라고 해도 반드시 바람직한 발전이라고는 할 수 없을 것이다. 왜냐하면 민족주의가 세상에 저질렀던 모든 죄악에도 불구하고, 아렌트가 "국민에 의한 국가의 정복"[103]이라고 부르기 이전에 국민국가가 원래 했던 약속은 적어도 명목상으로는 법적·정치적으로 평등하고, 궁극적으로는 사회적으로도 평등한 공동체를 창출하는 것이었기 때문이다.[104] 국가가 국경의 "통제력을 상실하고" 있다고 말하는 것과 동시에 현대의 "포드주의적"[케인스주의적] 복지 체제가 쇠퇴하고 있는 것은 합리적으로 잘 결합되어 있던 "품격 있는 공동체"communities of character의 악화가 "상호 부조"의 쇠퇴와 동시에 진행되고 있음을 보여 주는 것인지도 모른다.

　　마이클 왈저는 "국가의 벽을 허무는 것은 벽이 없는 세계를 만드는 것이 아니라, 천개의 작은 요새를 만드는 것"이라고 언급한 바 있다.105 어떤 이는 이것이 정확하게 우리가 미국, 라틴아메리카, 그리고 다른 곳들에서 외부인의 출입을 제한하는 빗장 공동체gated communities ─카롤링거왕조 이후 유럽의 성벽을 연상시키는 "요새화된 거주지"fortified enclaves ─ 의 확산을 통해 목도했던 것이라고 주장할지도 모를 일이다.106 합법적인 "이동 수단"의 국가 독점은 사적인 이동 규제에 자리를 내어 주고 있을지도 모른다. 이런 사적인 이동 규제는 요새화되고 사적으로 치안이 유지되는 거주지 내의 재산 소유에 기초한 것으로서, 1990년대 후반 미국에는 약 2만여 곳의 외부인 출입 제한 주택지가 있었는데, 이는 불과 35년 전에 거의 0에 가까운 수치에서 증가한 것이었다.107 만일 그렇다면, 공동체의 구성원 자격에 대한 (경제적 결정이라기보다는) 정치적 결정의 산물인 여권은 특정한 영역으로의 출입을 허용하는 "신원 확인"의 적절한 형태로서 화폐[부/재산]에 그 자리를 내어 줄 수도 있을 것이다. 만일 이 시나리오가 실현된다면, 우리는 진정으로 "탈국민적 구성원 자격"의 등장을 목도하게 될 것이다.

6장 "모든 것을 바꾼 날"

: 2001년 9월 11일 테러 공격 이후의 여권 규제

2001년 9월 11일 아침. 19명의 비행기 납치범들이 미국 동부에서 네 대의 비행기를 탈취해 미국의 세계 지배를 구현하고 있던 상징적인 건물 세 곳으로 날아갔다. 통상적으로 업무가 시작되는 오전 9시 무렵, 먼저 두 대의 비행기가 미국의 금융 자본주의를 상징하는 심장부인 뉴욕 월드무역센터의 쌍둥이 빌딩으로 날아들었다. 그 직후 세 번째 비행기는 워싱턴으로 방향을 틀어 미국의 군사력을 상징하는 펜타곤과 충돌했다. 분석가들에 따르면, 미국 의회 또는 백악관을 향하고 있었던 것으로 보이는 네 번째 비행기는 앞서 발생한 공격 소식을 휴대폰을 통해 알게 된 탑승객들이 비행기의 통제권을 되찾기 위해 납치범들과 몸싸움을 벌인 끝에 펜실베이니아의 시골 지역에 불시착하게 되었고, 탑승자 전원이 사망했다. 모두 합쳐 3000여 명의 사람들이 테러 공격으로 사망했고, 6000여 명의 사람들이 부상을 입었으며, 피해액은 수십억 달러에 달했다. 이슬람 테러 조직 알카에다가 즉각 용의선상에 떠올랐다. 이 단체는 이미 여러 차례 미국에 대한 공격을 감행했고, 예멘에서 미국 군함 콜Cole호를 공격한 지 채 1년도 되지 않았던 터였다. 이 같은 의심은 정확한 것이었다.

그날 이후로 많은 사람들은, 그날 "모든 것이 바뀌었다"[1]고 말했다. 납치범들이 외국인이었다는, 그리고 그들이 무슬림이었다는 사실로 인해, 미국에서는 무슬림뿐만 아니라 무슬림인 것처럼 보이는 어두운 피부색을 가진 사람들(터번을 두른 사람들은 시크교도이거나 이슬람교와는 다른 종교를 믿는 사람이었더라도, 무슬림으로 간주되었다)에 대한 대중적인 독설들이 난무했다. 조지 W. 부시 대통령은 테러 공격 3일 후에 비상사태를 선포 — 이후 공화당과 민주당 출신의 각기 다른 세 명의 대통령이 이를 매년 갱신했다 — 했다. 또한 대통령은 테러의 위협과 공격으로부터 미국을 방어하기 위해 국토안보국Office of Homeland Security을 신설했다. 펜실베이니아 주지사였던 톰 리지가 2001년 10월 8일 초대 국토안보국장으로 임명되었다. 국토안보국은 1년 후에 정부 부처 수준의 위상을 갖춘 국토안보부Department of Homeland Security가 되었다. "국토 안보"와 관련된 일을 담당하는 22개의 행정 기관들을 통합해 국토안보부를 창설한 것은, 이론의 여지는 있지만, 제2차 세계대전 이후 "안보 국가"national security state가 성립한 이래로 연방 정부에서 이뤄진 가장 중요한 조직 개편이었다.[2]

또한 미국 정부는 곧바로 기묘한 이름이 붙은 "테러와의 전쟁"War on Terror을 일으켰다. 이는 어떤 적과의 전쟁이라기보다는 어떤 전략[즉, 테러 전략]과의 전쟁으로, 이런 이름이 붙은 부분적인 이유는 적으로 인식할 수 있는 국가가 없었기 때문이었다. 어떤 전략에 대해 전쟁을 벌이면서 미국 정부는 전쟁과 평화 사이를 분간하기 어렵게 하는 데 일조했다. 이 같은 경계는 제2차 세계대전 이후 강대국들 간의 무력 분쟁이 전 세계적으로 벌어지는 수많은 게릴라 활동과 대반란전counterinsurgency*으로 대체됨에 따라 이미 흐릿해지고 있었다. 테러와의 전쟁이 초래한

---

* 반란이란 한 지역의 정치적 통제를 장악하거나, 무효화하거나, 그것에 도전하거나, 그것을 전복시키기 위해 폭력을 조직적으로 사용하는 것을 의미한다. 반면에 대반란전은 반란을 진압하고 그 근본 원인을 해소하기 위해 고안된 민간과 군의 포괄적인 노력을 의미한다. 이런 대반란전에서는 재래식 전쟁과는 달리 비군사적 수단이 가장 효과적인 요소로 간주되어 왔다.

가장 분명한 결과는 아마도 미국의 이라크 침략이었는데, 이후 이라크
는 9·11 비행기 납치범들 — 그들 중 15명은 사우디아라비아 출신이었
고, 두 명은 아랍에미리트, 한 명은 이집트, 그리고 마지막 한 명은 레바
논 출신이었다 — 과 아무런 관련이 없었던 것으로 입증되었다. 이라크
와 알카에다의 테러 사이의 연관성이 부족했기 때문에, 부시 행정부는
이라크의 지도자인 사담 후세인이 2001년 9월 11일 테러 공격의 배후
에 있는 악당이라는 점을 미국 국민들에게 확신시키기 위해 지루할 정
도로 긴 기간 동안 기만 캠페인[정보조작]을 벌일 필요가 있었다.

　　한편 격앙된 미국 의회는 신속하게 국가 안보를 강화하기 위한 조
치를 강구했다. 이런 초기 조치들 가운데 가장 중요한 것은 (머리글자를 따)
"패트리어트법"["애국자법"]USA PATRIOT Act*의 도입이었다. 잠재적 테
러리스트를 주요 대상으로 한 이 법은, 적의 전투원에 대한 고문을 공식
적으로 승인했으며, 쿠바의 관타나모만에 있는 군 교도소에 테러 용의
자를 구금할 수 있도록 한 포괄적인 법이었다. 이 법은 미국 사법부의
명예에 오점을 남겼고, 테러리스트들의 모집을 오히려 자극하는 조치
로서 광범위한 비판을 받았다. 대통령 법률자문실president's Office of Legal
Counsel의 법률가들은 테러범으로부터 정보를 얻기 위한 수단으로 고문
의 사용을 정당화했지만, 몇몇 비평가들과 의원들은 고문이 효과가 없
으며 ("잔혹하고 이례적인 처벌"**로서) 헌법에 위배된다는 이유로 그것을 맹렬

・　일명 패트리어트법은 미국 하원이 만든 법으로 2001년 10월 26일 당시 대통령이었던
　　조지 W. 부시가 서명함으로써 법적 효력을 갖기 시작했다. 원래의 명칭은 '테러를 막고
　　저지하는 데 필요한 적절한 수단을 제공해 미국을 통합하고 강화하는 것' (Uniting
　　and Strengthening America by Providing Appropriate Tools Required to Interc
　　ept and Obstruct Terrorism)으로, 이의 머리글자를 따, USA PATRIOT법으로 불려
　　왔다.
・・　이는 형사처벌과 같은 공권력 행사에서 개인의 인권을 보장하고 연방 정부의 권한을

히 비난했다. 고문을 활용해 테러 용의자로부터 정보를 얻는 것은 버락 오바마가 대통령으로 재직할 당시 중단되었다. 오바마는 2008년 대통령 선거에서 "관타나모" 수용소를 폐쇄할 것이라고 약속했지만, 이 약속은 10년이 지나서도 지켜지지 않았다. 패트리어트법과 관련된 광범위한 전자 감시 조치는 2015년까지도 지속되었다. [국가안보국NSA] 정보 분석가인 에드워드 스노든이 정부의 도청 활동을 폭로한 후, 미국 기관들이 소위 메타데이터(인터넷 사용자들에 관한 대량 데이터)라는 대량 정보를 미국 시민으로부터 수집하는 활동은 (약칭) 프리덤법[미국 자유법]USA FREEDOM Act*에 따라 2015년에 중단되었다.3 스노든의 폭로가 미국 정부의 감시 활동에 중대한 제한을 초래했지만, 많은 이들은 프리덤법하에서도 이 같은 감시가 비정상적이고 용인할 수 없는 것이었다고 믿고 있다.4

여기서 이 글의 관심사와 가장 관련 깊은 패트리어트법의 내용은 제4장 "국경 보호", 좀 더 구체적으로는 부제 B "이민 규정 강화"이다.5 제414항은 미국 정부가 완전하고 신속하게 1996년 불법 이민 개혁 및 이민자 책임법Illegal Immigration Reform and Immigrant Responsibility Act, IRAIRA에서 처음으로 제정된 "공항·항만 및 국경 출입을 위한 통합 입출국 데이터

제한하기 위해 보석금, 벌금 및 형벌 등에 대해 다루고 있는 미국 수정 헌법 제8조에 나오는 표현으로, '과도한 보석금을 요구하거나, 과도한 벌금을 부과하거나, 잔혹하고 이례적인 처벌을 받아서는 안 된다'고 규정하고 있다.

• 2015년 6월 2일 제정된, 패트리어트법의 일부 조항을 복원하거나 수정한 법이다. 특히 미국 정보기관들이 미국 시민으로부터 메타데이터를 수집하는 활동에 새로운 제한을 가한 반면, 테러리스트들을 추적하기 위한 도청을 허용했다. 원래 명칭은 '권리를 이행하고 2015년 감시법에 대한 효과적인 규율을 보장함으로써 미국을 통합하고 강화하는 것'(Uniting and Strengthening America by Fulfilling and Ensuring Effective Discipline Over Monitoring Act of 2015)이고, 머리글자를 따 USA Freedom법으로 불려 왔다.

체계를 시행"한다고 되어 있다. 서론에서 언급했듯이, 이 체계는 "미국을 떠나는 모든 외국인의 출국 기록을 수집하고, 그 출국 기록을 입국 기록과 맞춰" 보는 것이었다.6 나아가 제414항은 법무장관과 국무장관에게 "생체 인식 기술의 사용과 국경 출입 시 기계 판독이 가능한 위조 방지 문서의 개발에 초점"을 맞추도록 요구했다. 제417항은 기계 판독 여권의 개발 성과를 의회에 보고하도록 요구했다. 이런 조항들은 테러가 확산될 것처럼 보이는 위험한 상황에서 신원 확인 기술의 발전이 미국 시민들의 안보를 증진시켜 줄 것으로 기대했음을 보여 준다.

이런 조치들 가운데 상당수는 의회가 위임한 "9/11 위원회"9/11 Commission의 권고안을 따른 것이었다. 이 위원회는 2001년 9월 11일에 발생한 사건을 조사해, 테러 공격의 원인 및 이에 대한 대응과 관련된 장문의 보고서를 발표했다. 『9/11 위원회 보고서』9/11 Commission Report는 테러 공격 시점과 보고서 발간 시점 사이에 냉정함이 우세해졌다는 것을 시사한다. 『9/11 위원회 보고서』는 "국제적으로나 미국 내에서나, 테러범의 이동을 제한하는 것이 대테러 전략의 핵심이 되어야 한다"고 언급했다.7 동시에, 무역, 관광, 다른 나라들과의 교류 등을 위해, 전혀 위협이 되지 않는 사람들의 입국을 허용하는 국경 통제 체계를 구축하는 것이 필요했다. 이 가운데 많은 부분이 [첨단] 기술, 특히 생체 인식 기술을 통해 이뤄질 것이었다. 위원회는 "알고리즘으로 불리는 전자화된 통계가 …… 이제 막 활용되기 시작"한 상황에서, 여권에 포함된 생체 인식 식별자는 알카에다와 같은 테러리스트들을 물리치는 데 도움이 될 것이라고 언급했다. 전통적으로 알카에다와 같은 테러 조직들은 출입국을 입증하기 위해 사용되는 도장을 "위조할 수 있도록 그 조직원을 훈련"시켜 왔다.8 이에 대응하기 위한 몇 가지 조치들이 이미 2003년 미국 방문자 및 이민 신분 표시 기술United States Visitor and Immigrant Status

Indicator Technology: US-VISIT 프로그램의 개발과 더불어 진행되고 있었다.9 이 프로그램은 여행자들로부터 두 가지 생체 인식 정보— 즉 디지털 [안면] 사진과 양손 집게손가락 지문— 를 채취했다. 위원회는 "범주별 정보 수집"보다는 통합된 신원 조사 체계를 권고했고,10 심사는 "적절한 데이터 체계"와 연결되어 있어야만 한다고 언급했다.11 또한 위원회는 여행자들이 미국 국경에 도착했을 경우만이 아니라 미국으로 출발하기 전에도 심사가 이뤄져야 한다고 주장했다. 이는 아리스티드 졸버그가 이전에 말했던 "원격 통제"라는 개념을 상기시켰다. 마지막으로 위원회는 이 같은 목적을 달성하기 위해 개별적으로, 또한 국제민간항공기구International Civil Aviation Organization, ICAO를 통해 다른 국가들과 협력할 필요가 있다고 보았다. 즉, "우리는 여권의 기준을 향상시키기 위해 다른 이들과 협력해야만 하며," 이런 기준을 충족시키는 여권을 보급하기 위해 "이 같은 전환에 도움이 필요한 나라들에게 해외 원조를 제공해야만 한다."12 역설적이긴 하지만, 주권국가가 국경을 통제하기 위해서는 다른 국가들과의 협력이 필요하며, 특히 자신의 국가주권 가운데 일부를 불가피하게 양도해야만 하는 국제기구들과 협력할 필요가 있다.

　　『9/11 위원회 보고서』가 출간되자마자 의회는 장차 발생할 수 있는 외국 테러범들의 공격을 미연에 방지하기 위해 위원회의 권고들을 이행하려고 움직였다. 뒤이은 주요 입법안은 2004년 "정보 개혁과 테러 예방법"Intelligence Reform and Terrorism Prevention Act, IRTPA이었다. 이 법은 주로 국가정보국장Director of National Intelligence을 신설하기 위한 것이었는데, 이 자리는 9·11 테러범들이 법 집행 망을 빠져나갈 수 있도록 했던 정보기관들 사이의 혼선을 극복하기 위한 것이었다. 또한 이 법은 더욱 많은 인원을 충원하고 이에 소요될 예산을 확보함으로써 국경 통제와 세관의 역량을 강화했다. 특히 법안 가운데 다수의 조항이 국경 안보에서 여권이 맡은 역할과 관련되어 있었다. 그런 조치들 가운데 하나는 종종 범법자들이 도용하는 것으로 의심되던 분실된 여권이나 도난당한 여권을 어떻게 처리해야 할지를 결정하는 것이었다. 그러나 보다 두드러진 점은 이 법이 국토안보부 장관과 국무부 장관이 함께 협력해 "미국으로의 모든 이동에 대해 가능한 신속하게 여권이나 다른 문서, 또는 이런 문서들의 조합을 요구하는 계획을 개발하고 시행"할 것을 요구했다는 것이다. 이 같은 여권이나 문서들은 "국토안보부 장관이 판단하기에 신원과 시민권을 나타내기에 충분한 것이어야 한다. 이 계획은 국경 지역에 거주하는 사람들을 비롯해 국경을 자주 왕래하는 사람들의 이동을 신속하게 처리하고 그렇게 함으로써 여행자 등록 프로그램을 손쉽게 이용할 수 있도록 해야 한다."13 분명히 이 법의 입안자들은 현대 세계에서 문서를 통해 이동을 통제하고자 하는 노력 속에 들어 있는 다양하고 모순적인 요건들을 이해하고 있었다. 확실히 잠재적인 범법자들은 걸러 내야 하지만, 정당한 이동을 방해해 상업과 산업의 바퀴가 옴짝달싹 못하게 해서는 안 된다. 다시 말해, 위험은 걸러 내야 하지만, 상대적으로 방해받지 않는 [사람과 상품의] 흐름 역시 중요하다.

정보 개혁과 테러 예방법의 요건은 결과적으로 "서반구여행법"Western Hemisphere Travel Initiative, WHTI을 낳았다. 이 조치는 오늘날의 이동 규제에서 나타나는 야누스적 요구(한편으로 이동을 규제하고 다른 한편으로는 그것을 촉진하는)를 반영하는 것이었다. 2007년 1월 현재, 서반구여행법은 미국, 캐나다, 멕시코, 버뮤다 등지를 오가는 미국 시민 및 거주자, 그리고 여타 국가의 시민들이 "미국에 입국할 때" 유효한 여권 또는 "신원과 시민권을 증명하는 것으로 인정되는 그 외의 문서"를 제시하도록 의무화했다.14 이제 미국 입국을 규제할 뿐만 아니라 그것을 용이하게 만들기 위해 여권과 여타의 [신원 확인] 문서들, 또는 그것들의 조합이 사용되게 될 터였다. 비록 어떤 이가 어떤 경로 — 육로, 해로, 또는 항로 — 로 미국에 입국하느냐에 따라 허용되는 문서의 유형은 달라질 것이지만 말이다. "인정되는 그 외의 문서들"은 미국 관세국경보호청US Customs and Border Protection: CBP이 개설해 운영하는 "신원이 확인된 여행자"Trusted Traveler 프로그램과 결부되어 있었다. 관세국경보호청은 국토안보부 산하기관 가운데 가장 큰 법 집행기관으로, 2003년에 이민국, 국경 순찰대Border Patrol, 미국 관세청US Customs Service 등과 같은 국경 통제 기능을 수행했던 다수의 기관들을 합병해 만들어진 것이었다.

신원이 확인된 여행자 프로그램은 "사전에 승인된 위험도가 낮은 여행자"가 미국에 출입하는 것을 촉진한다. 이 프로그램에는 글로벌 엔트리, 넥서스, 센트리SENTRI, 패스트FAST, "Free and Secure Trade" 등이 포함되어 있다. 글로벌 엔트리는 몇몇 국가의 시민들[예컨대, 미국과 무인 자동 출입국 심사대 이용에 합의한 국가들]을 대상으로 관세국경보호청이 간소화해 운영하는 것으로 이들의 입국 절차를 용이하게 한다. 넥서스는 미국과 캐나다 간 여행을 위한 입국 절차를 간소화했다. 센트리는 육로를 통해 멕시코에서 미국으로 여행할 수 있도록 한다. 패스트는 멕시코나 캐나다로부터 미국으로 상품을 수입하는 여행자의 입국을 용이하게 하는 것이다.15 이 같은 신원이 확인된 여행자 프로그램Trusted Traveler programs 에는 미국 시민과 캐나다 국적 방문자를 대상으로 한 모바일 출입국 심사 어플리케이션Mobile Passport Control app 또한 추가되었는데, 스마트폰이나 태블릿 기기에서 사용할 수 있는 이 앱은 신원이 확인된 여행자 프로그램과 결부된 사전 조사와 사전 승인이 없이도 [사전에 또는] 미국 공항에 도착해 다운받아 사용할 수 있다.16 이뿐만 아니라 미국의 국제 공항에서 점점 더 많이 이용할 수 있게 된 무인 자동 입국 심사Automated

Passport Control, APC는 미국 시민과 캐나다인, 그리고 미국이 다수의 국가들(대부분 부유한 유럽과 아시아 국가들)에 적용하고 있는 사증 면제 프로그램 Visa Waiver program에 적합한 여행자들을 대상으로 신속한 입국 수속을 위해 고안되었다.17 무인 자동 입국 심사가 미국의 입국장에서 입국 심사관들을 완전히 사라지게 한 것은 아니지만, 그런 방향으로 나아가고 있다. 심지어 국경 경비조차도 기계가 하고 있는 마당에, 출입국 심사를 위한 로봇이 이보다 훨씬 뒤처져 있을 수 있겠는가?

이 같은 혁신의 결과로, 2007년 1월부터 캐나다, 멕시코, 버뮤다 및 미국 사이의 항공 여행에서 여행자들은 여권을 의무적으로 사용해야 하지만, 그 외에도 몇 가지 대안들이 가능하게 되었다. 예를 들어, 넥서스 카드 소지자나, 미군, 또는 미국 상선단US Merchant Marine business사업*에 종사하고 있어서 군인 신분증이나 상선단 문서를 소지한 사람들은 그것으로 충분하게 되었다. 영주권자("그린카드" 소지자)는 서반구여행법 채택 이후에도 이전과 마찬가지로 그린카드만 소지하고 여행할 수 있었다.

2009년 6월에는 육로와 바다를 통해 여행하는 사람들에 대한 새로운 규제가 발효되었다. 이에 따라 미국 시민이나 거주자뿐만 아니라 캐나다와 멕시코 시민들은 서반구 내에서 미국으로 입국할 때 서반구여행법을 준수하겠다는 서약서를 제출해야만 한다. 16세 이하의 미국 시민 자녀, 그리고 학교 또는 청소년 단체와 함께 여행하는 19세 이하의 청소년 및 아동들은 출생증명서만 제출하면 되었다. I-872 아메리칸 인디언 카드나 전자 부족 카드** 소지자는 ("사용 가능한 곳에서") 그것을

---

* 미국 상선단은 미국의 민간 선원들과 민간 및 연방 소유의 상선을 말한다. 정부와 민간 부문이 함께 관리하며, 평시에는 화물과 승객을 수송하고, 전시에는 미국 해군에 소속되어 군인과 군수물자를 수송할 수 있다.

** 미국 연방 정부나 부족들이 인디언이라는 것을 증명하는 카드로, 이제까지는 서반구를

사용할 수 있지만, 항공 여행의 경우에는 사용할 수 없게 되었다. 캐나다 시민, 버뮤다 시민, 멕시코 시민, 그리고 "왕복 유람선을 탄 미국 시민" 등은 여권 이외에도 추가적으로 다양한 문서들 사용할 수 있었지만, 어쨌든 그들 모두 **어떤** 형태로든 문서를 소지할 필요가 있게 되었다.[18] 그 이전만 해도, 미국과 이웃한 나라에 살던 사람들은 문서 소지 의무가 느슨했지만, 이제 더는 "시민권과 신원에 관해 구두로 주장하는 것만으로 미국에 입국할 수 없"[19]게 되었다. 이제 그 모든 것들과 작별을 고할 때다.

서반구여행법이 처음으로 제정된 이래, 여타의 문서들 역시 여권을 대체하는 것으로 인정되었다. "전자 운전면허증"Enhanced Driver's License 도 그런 문서 가운데 하나다. 운전면허증은 개별 주들이 발급하지만, 해외여행의 목적에 부합하도록 고안된 기술을 담고 있다. 운전면허증의 현대화는 9/11 위원회의 권고를 실행하려는 정보 개혁과 테러 예방법의 노력으로 거슬러 올라간다. 이 법의 제7212항은 주들이 연방 정부와 함께 공무를 수행하려면 그들이 발급하는 운전면허증과 신분증이 연방 정부의 기준을 충족시킨다는 것을 입증하도록 요구했다. 이런 기준은 문서가 변조, 변경, 위조에 내성을 가지고 있을 뿐만 아니라, 디지털 사진을 비롯한 여타의 고유한 식별자를 담고 있으며, 그런 정보들의 보안을 보장할 수 있어야 한다는 것이다.[20]

그러나 정보 개혁과 테러 예방법 제7212항은 2005년에 의회에서 통과된 리얼아이디법REAL ID Act에 의해 대체되었다.[21] 리얼아이디 법은 여권 및 기타 신분증의 발급이 가장 확실하고 기본적인 신원 증명

여행할 경우 여권을 대신해 사용해 왔다. 전자 부족 카드(Enhanced Tribal card)는 이 부족 카드에 전자화된 생체 정보를 입력한 것을 말한다.

문서를 토대로 이뤄지도록 했다. 따라서 예를 들어, 리얼아이디법을 준수하는 운전면허증에 표시된 이름은 면허증 신청서와 함께 제출된 미국 여권이나, 출생증명서, 또는 사회보장 카드 상의 이름으로 기재되어야만 한다. 더욱이 "리얼아이디법은 주들이 발급한 문서들의 유효성을 확인할 것을 요구한다." 출생 전자 검증 체계Electronic Verification of Vital Events system나 사회보장 온라인 검증 체계Social Security Online Verification system 등과 같은 메커니즘을 통해서 말이다. 이런 체계들은 운전면허증 신청자의 사회보장 번호를 실시간으로 확인할 수 있다.22 요약하면 리얼아이디법은 개별 주들이 발행하는 문서들에 보다 엄격한 요건을 부과했는데, 이는 그런 문서들이 연방 정부의 인정을 받기 위해서였다. 결과적으로 다수의 주들과 기관들은 이 같은 요건에 반대했다. 그들은 그것이 "연방 정부가 주들에게 아무런 보상 없이 부과하는 업무, 즉 재정 지원 없이 내리는 명령unfunded mandate"이 되거나, 국가 신분증을 사실상 도입하는 것이 될 것이라고 주장했다.23 9·11 공격의 여파 속에서 특히 오러클 사의 창립자인 래리 엘리슨이 전국적으로 표준화된 신분증의 도입을 주장했지만, 이 같은 요구가 상당한 비난을 초래했다는 사실도 주목할 만하다.24 그러나 이 같은 반대에도 불구하고 2017년 중반에 리얼아이디법이 포함했던 56개 주와 보호령 가운데 52개 주와 보호령이 그 법을 따르기로 하거나, 그 법을 따르기 위해 도입 기한 연장을 요청했다.25 게다가 신용평가회사인 에퀴팩스Equifax에서 대략 1억 4400만 명의 미국인에 대한 개인 정보가 유출된 이후, 트럼프 행정부는 "사람들의 신원을 확인하는 주요 방식으로 사회보장 번호를 대체할 수 있는 방안을 검토하고" 있다. 물론 이 같은 논의의 주된 내용은 최신 전자 보안 기술과 생체 인식 보안 기술 등으로 채워져 있다.26

국가 안보와 관련해 여권이 떠맡을 수 있는 역할에 대한 지속적인 관심에도 불구하고, 여권은 우리가 앞선 사례들에서 살펴보았던 정치적 차원을 계속해서 유지해 왔다. 예를 들어, 지보토프스키 대 케리[국무장관]Zivotofsky v. Kerry 소송(2015)*에서 대법원은 2002년에 통과된 법률, 곧 2003 회계연도 대외관계수권법Foreign Relations Authorization Act 제214d항의 합헌성을 다뤄야만 했다. 이 조항은 예루살렘에서 출생한 미국 시민이 예루살렘을 출생지로 신청할 경우 영사는 [국가명인] "이스라엘"을 [출생 기록이나 여권에] 기재해야 한다는 것이었다. 미국 국무부는 이 법에 따르기를 거부했는데, 이는 대단히 논쟁적인 그 도시의 주권과 관련된 미국 행정부의 중립 정책에 따른 것이었다. 그러자 예루살렘에서 태어난 한 소년의 부모가 [미국 행정부가 거부했던] 이 법의 시행을 위해 연방 대법원에 소송을 제기했다. 그 판결에서, 연방 대법원은 제214d항이 외국 정부를 승인하는 대통령의 행정적 권한을 의회가 위헌적으로 강탈한 것이라고 선언했고, 이에 따라 예루살렘의 주권에 관한 미국의 공식적인 중립 정책이 인정되었다.

이 소송은 처음부터 끝까지 완전히 정치적이었다. 조지 부시 대

---

* 2002년 연방 의회가 예산안에 여권 관련 조항을 삽입해 통과시키면서 벌어진 소송으로, 미국은 애초 예루살렘에서 태어난 미국 시민의 출생 기록이나 여권에 국가명인 이스라엘을 표기하지 않고, 지명인 예루살렘만을 표기하도록 하는 정책을 유지해 왔다. 이는 미국이 예루살렘을 이스라엘과 팔레스타인 간 분쟁 지역으로 인식하고, 예루살렘에 대한 그 어떤 정부의 자치권도 인정하지 않는다는 오랜 전통을 반영한 것이었다. 그러나 2002년 당시 공화당 의원들은 이스라엘 편을 들면서 정부 예산안을 통과시켜 주는 대가로 이스라엘이라는 국가명을 여권에 표시하는 법 조항을 끼워 넣었다. 이에 2002년 서예루살렘 병원에서 아들을 출산한 지보토프스키 부부가 아들의 출생 기록과 여권상 국적을 이스라엘로 기록해 달라며 정부를 상대로 소송을 내면서 시작됐다. 최종적으로 연방 대법원은 외국 정부의 정체성을 인정하는 권한은 어디까지나 행정부 수반인 대통령에게 독점적으로 있다고 판시하며 행정부의 손을 들어 주었다. 「예루살렘서 태어난 미국인들 '출생지-이스라엘' 표기는 위헌」, 『미주한국일보』(2015/06/09).

통령은 2002년에 제214d항이 포함된 법안에 서명을 하면서도, "만일 [이 조항이] 권고가 아니라 의무라면, 이는 외국 정부를 승인할 수 있는 …… 대통령의 헌법상 권한을 침해할 수 있다"는 단서를 법안에 서명 지침으로 달았고, "예루살렘에 관한 미국의 정책은 변하지 않았다"고 언급했다.27 따라서 부시 대통령은 이 조항이 초래할 수 있는 혼란을 정확하게 인식하고 있었던 것처럼 보인다. 그렇지만, 앤서니 케네디 대법관이 다수 의견에서 밝혔듯이, 부시 대통령의 서명 지침이 관련 당사자들을 안심시킨 것은 아니었다. 팔레스타인 당국은 이 법안에 정식으로 반대했고, 가자 지구의 거주자들은 항의 행진을 벌였다. 그들은 이법이 평화 과정에서 정직한 중개인으로서의 미국의 역할을 악화시킬 것이라고 보았다.28

이 법과 소송의 정치적 성격은 그 사건을 최초로 심리했던 컬럼비아 특별구 지방법원DC District Court에 의해서도 분명하게 인식되었다. 지방법원은 그 소송을 두 가지 근거에서 기각했다. 하나는 원고의 소명이 부족하다는 것이었고, 다른 하나는 그 문제가 미국 헌법에서 재판에 회부될 수 없는 "정치적 문제"라는 것이었다. 컬럼비아 특별구 항소법원Court Appeals for the DC Circuit은 원고의 소명이 부족하다는 하급법원의 판단을 뒤집었지만, 이 사례가 법원이 해결하기에는 적합하지 않은 정치적 문제를 제기한다는 하급법원의 견해를 확인했다. 대법원은 법원들이 제214d항의 타당성을 결정하는 것은 적절하다고 평결하며 기존의 판결을 무효로 했지만, 이 소송에 대한 연방 대법원 논리의 많은 부분은 그것의 정치적 차원과 파장에 기초하고 있었다. 이 사건 전체는 알렉시 드 토크빌의 다음과 같은 유명한 격언을 상기시킨다. "미국에서는 어떤 정치 문제든 조만간 사법 문제로 비화하기 마련이다."29

따라서 지보토프스키 대 케리 건은 여권이 본질적으로 정치적인 성격을 지닌다는 점을 상기시킨다. 이 같은 사실은 지보토프스키 대 케리 건의 다수 의견이 인용한 앞선 판례에서도 언급되었다. 즉 우르테티키 대 다시Urtetiqui v. D'Arcy 소송[1835]*에서 대법원은 "그 본성과 목적 상" 여권은 "정치적 문서의 특성을 가진 것으로 …… 간주되어야 한다" 고 말했다.30 이처럼 작고 평범해 보이는 여권은 국가 간 관계의 힘을 반영하고 있으며, 심지어 이를 구현한다. 그것은 한 국가의 구성원 자격 의 징표이자, 정치적, 의학적, 경제적 이유와 같은 다양한 이유 때문에 어떤 이가 다른 나라에 입국하거나 체류하는 것이 환영받지 못할 경우, 그를 어디로 되돌려 보내야 할지를 알려 준다. 극단적인 경우에 여권은 한 국가의 군사력이 그 국가의 개인을 보호할 것이라는 기대를 제공할 수 있다. 또는 한 국가가 다른 국가를 승인한다는 점을 보여 줄 수도 있다. 이는 그렇게 인정받기를 원하는 사람들에게는 중차대한 문제다. 이슬람 국가Islamic State, IS로 알려진 테러 집단이 여권을 발급할 수 있는 가능성은 이슬람 국가가 국제 질서의 정당한 구성원이 되었음을 표시하 는 하나의 단계로 간주될 것이다.31

요약하면 여권은 국제정치에서 중요하며, 지보토프스키 소송을 제기했던 사람들은 그것이 정치적 논란을 초래할 것임을 분명히 인식했 을 것이다. 그들의 소송은 이전부터 지속되었던 입법부와 행정부 사이 의 분쟁에 개입했다. 1995년에 미 의회는 미국이 통일된 예루살렘을 이스라엘의 수도로 인정해야 한다고 보았다. 2002년에 의회는 제214d 항을 채택하면서, 이에 덧붙여 예루살렘에 대한 이스라엘의 주권을 지 지하는 표시로서 대통령이 미국 대사관을 텔아비브에서 예루살렘으로 옮기는 조치를 취해야 한다고 주장했다.32 최종적으로 이 소송에 대한

---

* 미국 여권을 가진 사람을 미국 시민으로 인정할 수 있는가를 두고 진행된 소송.

판결은 중동의 평화 과정에 대한 미국과 이스라엘, 즉 버락 오바마와 베냐민 네탄야후 사이에 심각한 긴장이 감돌고 있는 와중에, 그리고 이란의 핵 능력 규제에 관한 미국과 이란 사이의 합의를 앞두고 결정되었다. 법원의 판결은 예루살렘의 지위에 관한 문제의 경우 예루살렘에 대한 주권의 문제가 해결될 때까지 기다려야 한다는 미국[행정부]의 입장을 강화하는 것이었다. 이는 이스라엘 정부나 그 소송의 원고들에게 기쁜 소식은 아니었다.

이런 점들은 여권이 국제정치에서 힘 관계를 반영할 뿐만 아니라, 국내 정치 역시 반영하고 있다는 점을 상기시킨다. 중국과 같은 곳에서처럼 정치가들은 이 작은 책자를 자신의 국민이 해외로 이동하는 것을 통제하기 위한 메커니즘으로 생각한다. 또 다른 정치가들은 여권을 도착지에서 입국을 용이하게 하는 "굿하우스키핑 인증서"•처럼 이해한다. 보다 많은 이탈리아 시민들이 미국에 입국하기를 바라며 이탈리아 정치가들이 1901년 여권법을 채택하면서 했던 것처럼 말이다. 마지막으로 지보토프스키 소송에서처럼, 여권은 개인의 이동을 규제하는 것과는 무관하게 외교정책의 목표를 둘러싼 분쟁에 휘말릴 수 있다. 위 소송에서 우리가 목격한 바는 여권의 주요 관심사인 규제보다는 여권의 외교적 측면일 것이다.

이 소송이 진행되는 과정에서 12세 소년이 된 메나헴 지보토프스키는 "저는 이스라엘 사람이고, 제가 이스라엘 사람인 것을 기쁘게 생각한다는 점을 사람들이 알아 주길 바랍니다"고 언급했다.[33] 조숙한 표현

• 『굿하우스키핑』*Good Housekeeping*은 1885년 5월 2일에 창간된 대표적인 미국 소비자 잡지 가운데 하나로, 집안을 꾸미는 데 도움이 되는 제품을 비롯한 다양한 정보를 소개하고 있으며, 1900년 설립된 굿하우스키핑 연구소(Good Housekeeping Institute)를 통해, 다양한 소비재 제품들을 테스트해 품질 인증 표시를 해오고 있다.

이긴 했지만, 이는 미국 시민권에 기반을 둔 문서를 요구하는 사람이 (또한?) 누군가 다른 사람이라고 주장한다는 점에서 분명 편향적인 말이었다. 이스라엘은 출생지주의가 아니라 혈통주의를 채택하고 있기 때문에, 어린 지보토프스키는 오직 혈통에 의해서만 이스라엘인이 될 수 있었다. 그의 부모는 2000년에 이스라엘로 이주한 (다시 말해, "알리야aliyah* 를 행한") 미국 시민이었다. 다시 말해서 지보토프스키는 미국 정부가 공식적으로 이스라엘의 일부로 인정하지 않는 지역에서 태어나, 이스라엘인이라고 주장하고 있었던 셈이다. 소송을 제기했던 그의 부모가 어린 지보토프스키의 머릿속에 앞서 그가 말한 것과 같은 생각["저는 이스라엘 사람입니다"]을 심어 주었을 것이라고 추정할 수 있다. 2002년 법과 마찬가지로 그들 역시 미국 정부가 이스라엘의 일부로서 예루살렘의 지위를 확인하도록 요구하고 있었다고 추정할 수 있다. [미국 최대의 유대인 단체인] 반명예훼손연맹Anti-Defamation League, ADL 및 다른 유대인 단체들은 지보토프스키의 입장을 지지하며 변론 취지서를 제출했고, 예루살렘이 이스라엘의 일부라는 관념을 제기하려고 노력했다. 그러나 다른 대부분의 사례들과 마찬가지로, 유대인 집단들 사이에는 이 소송에 대한 일치된 합의가 존재하지 않았다. 미국유대인위원회American Jewish Committee 의 한 변호사는 자신들은 이 소송에 참여하지 않을 것이라고 주장했다. 왜냐하면 미국유대인위원회는 "이스라엘-팔레스타인 분쟁의 모든 의제들은 미국 대법원이나 유엔의 일방적인 선언이 아니라 [당사자들 사이의] 협상 테이블에서 해결되어야 한다"고 생각했기 때문이다.[34] 하나부터 열까지 정치적이었던 지보토프스키 사례는 여권이 규제의 목적뿐만 아니라 국내외의 힘 관계와 외교적인 목적을 어떻게 체현하고 있는지를

* 디아스포라 상태의 유대인이 이스라엘로 이주한 것을 의미한다.

다시 한번 보여 주었다. 2017년 12월 도널드 트럼프 대통령은 예루살렘의 지위가 이스라엘과 팔레스타인 간의 평화 협상과 별개로 결정되는 것이 아니라 그런 협상의 일부로서 결정되어야 한다는 지난 수십여 년에 걸친 미국의 정책을 뒤엎어 버렸다. 트럼프는 예루살렘을 이스라엘의 수도로 인정했다. 지보토프스키 가족은 자신들이 제기했던 소송의 목표를 성취한 것처럼 보인다.

캐나다

9·11 테러 공격이 미국의 이웃 국가들과 동맹국들에 미친 파급효과는 즉각적이었고, 미국은 국경 안보를 강화하려는 목적으로 그들과의 협력을 끌어내기 위해 신속하게 움직였다. 미국과 캐나다 사이에서 이 같은 노력의 첫 번째 실질적 결과는 2001년 12월 12일에 체결된 스마트 국경 선언Smart Border Declaration이었다. 이 협약에는 주요하게 30가지의 "안전하고 스마트한 국경 실행 계획"Secure and Smart Border Action Plan이 포함되었는데, 여기에는 사람과 상품의 안전한 흐름, 안전한 기반 시설의 구축, "이런 목적을 달성하기 위한 협력과 정보 공유" 등에 관한 네 가지 주요 목표가 들어 있었다. 사람의 안전한 흐름은 넥서스 카드 및 영주자("그린")카드와 같은 "좀 더 스마트한" 신원 확인 문서를 통해 상당 부분 달성될 것이었다. 이 같은 신원 확인 문서들은 "공통된 생체 인식 식별자를 기반으로 빠르게" 전자화될 것이었다. 더불어 정보 공유와 협력 역시 강화될 터였는데, 이를 위해 캐나다 왕립 기마경찰Royal Canadian Mounted Police: RCMP 또는 "Mounted"(캐나다 국가 경찰)이 미국 연방 수사국FBI의 지문 데이터베이스에 실시간으로 접속할 수 있도록 했다.35 약 1년

후에, 양국은 "우리가 사용하는 생체 인식 기술을 위한 공통된 기준을 발전시키고, 이런 생체 인식을 판독하기 위해 정보 교환이 가능하고 호환 가능한 기술을 채택하기로 합의했다"는 개정안을 발표했다. 또한 "다양한 여행 유형에 두루 사용될 수 있는 카드를 발전시키기 위해, 다양한 생체 인식 기술을 저장할 수 있는 카드를 사용하는 데 합의했다." 넥서스-에어Nexus-Air 파일럿 프로그램·은 홍채 인식 기능을 테스트할 것이라고 했다.36 당사자들이 안보 문제를 해결하는 데 핵심적인 것으로 간주한 것은 기술이었다고 말하면 충분할 것이다. 기술은 상당히 효과적이라고 보이면 거의 자동적으로 받아들여지는 경향이 있다.

스마트 국경 선언이 발표된 지 몇 달 후, 캐나다 정부는 "2001년 9월 11일 사건에 대응하는 캐나다 정부의 중추 기관으로" 캐나다항공안전청Canadian Air Transport Security Authority, CATSA을 창설했다.37 캐나다항공안전청은 항공 승객과 수하물 검사를 담당하는 "정부 기관"Crown corporation으로서 항공사가 맡고 있던 "보안관 대리인"의 역할을 떠맡게 되었다. 2003년 말에는 국경 관리와 이민 통제를 좀 더 공고히 하기 위한 추가 조치로 캐나다국경관리청 Canadian Border Services Agency, CBSA이 창설되었다. 미국의 국토안보부 산하 관세국경보호청의 창설이 이전에 여러 기관들이 수행하던 수많은 안보 기능들을 집중시킨 것처럼, 캐나다국경관리청 역시 캐나다관세청Canadian Customs and Revenue Agency, 캐나다이민청Citizenship and Immigration Canada, CIC, 캐나다식품안전청Canadian Food

---

· 넥서스 프로그램은 미국과 캐나다 사이의 여행을 위해 양국 간의 합의에 따라 양국에서 입국 절차를 간소화한 프로그램을 말한다. 어떤 운송 수단을 통해 이동하느냐에 따라 넥서스-에어, 넥서스-랜드, 넥서스-마린 프로그램으로 구분되어 있고, 넥서스-에어는 항공을 통해 미국과 캐나다 사이를 여행하는 사람들을 위한 입국 절차 간소화 프로그램이다.

Inspection Agency 등 기존의 세 기관을 통합한 것이었다. 캐나다국경관리청은 캐나다의 대테러 전략에서 주요한 역할을 수행하는데, 여기서 "원격 통제"는 테러리스트들이 캐나다 영토에 접근하는 것을 차단하기 위한 핵심 요소다. 즉, "비정상적인 이주irregular migration와 싸우기 위해 캐나다국경관리청이 채택한 핵심 요소는 '복합적인 국경 전략'multiple border strategy이었다. 이는 '국경을 밖으로 좀 더 밀어내어' 캐나다의 안보와 번영에 해가 되는 사람들을 실제 국경으로부터 가능한 먼 곳에서 확인하는 것이다. 이상적으로는 한 개인이 출신국에서 출발하기 전에 말이다."38

캐나다국경관리청이 창설될 무렵 캐나다 정부는 매우 까다로운 소송으로 씨름하고 있었다. 이 소송은 젊은 시절 한때 급진적이었던 캐나다 시민 압둘라흐만 카드르가 2002년 아프가니스탄에서 체포된 것과 관련되어 있었다. 그는 쿠바 관타나모 수용소에 적 전투원으로 구금되었다가, 2003년 11월 캐나다로 귀국했다. 그의 형인 오마르Omar 역시 적 전투원으로 체포되었고, 2012년까지 관타나모에 구금되었다가 석방되어 캐나다로 돌아왔다. 2004년 7월, 압둘라흐만 카드르는 캐나다 여권을 신청했는데, 캐나다 정부는 그의 신청을 거부했다. 당시 시행 중이던 캐나다여권령Canadian Passport Order에는 여권 발급을 거부할 수 있는 사유로 국가 안보가 포함되어 있지 않았기 때문에, 정부는 발급 거부의 근거로 "국왕의 대권"royal prerogative•을 적용했다. "국가 안보"라는

• 국왕의 대권이란 영국 왕실의 신하가 비상 상황시 왕의 권한으로 특정 국사에 개입해 일을 처리하는 것을 말한다. 2004년 빌 그래엄 캐나다 외무부 장관은 "캐나다 국가 안보와 아프간 주둔 캐나다 군을 보호하기 위해" 카드르 씨에게 여권을 줄 수 없다며 '국왕의 대권'(Royal Prerogative)이라는 매우 낯선 방법으로 여권 신청서 접수를 거부했다. 『밴쿠버조선』(2006/08/30).

근거의 결여는 이후 정부로 하여금 여권령 제10.1항을 채택하도록 했는데, 이는 외무부 장관이 캐나다나 다른 국가의 국가 안보를 보호하는 데 필수적이라는 이유로 여권을 취소하거나 거부할 수 있도록 한 것이었다.39 카드르는 2006년에 여권을 재차 신청했고, 이는 또 다시 거부되었다. 이때는 바로 이 여권령 제10.1항의 "국가 안보" 규정이 그 근거가 되었다.

　　　이후 또 다른 신청자인 파테 카멜은 국가 안보를 이유로 여권 신청이 거부된 후 정부를 상대로 소송을 제기했다. 법원은 캐나다여권령 제10.1항이 캐나다인권자유헌장Canadian Charter of Rights and Freedoms을 위반했다고 판결하면서 카멜에게 유리한 판결을 내렸다. 연방 정부는 이에 불복해 항고했는데, 상급법원은 하급법원의 판결을 뒤집고, 제10.1항이 헌장에 부합하는 것으로 판결했다. 카멜은 캐나다 대법원에 항소하려고 했지만, 대법원은 사건의 심리를 거부했고, 이에 따라 수정된 여권령은 인정되었다. 2015년에, 제10.1항은 있을 수 있는 "테러 공격"을 근거로 여권을 철회하거나 거부할 수 있도록 수정되었다. 이제 그 판단은 공공 안전과 비상사태를 대비하는 장관에 의해 이뤄지게 되었다.40

　　　캐나다는 여권령에 "국가 안보"라는 표현을 채택한 것에 더해, 여권을 발급하는 양식도 바꾸었다. 2013년 초까지 캐나다 여권은 독립 기관인 캐나다여권국Passport Canada에서 발급되었다. 그러나 캐나다여권령의 개정으로 여권국은 사라지게 되었다. 이후 여권은 캐나다 이민부의 여권 프로그램Passport Program of Immigration, Refugees, and Citizenship Canada, IRCC에 의해서 발급될 것이었는데, 이는 2015년 캐나다이민청 CIC의 새로운 이름이었다. 스마트 국경 시행 계획의 규제적 측면을 따라, 캐나다 역시 생체 인식 식별자가 포함된 여권을 발급하기 시작했다. 동시에 캐나다국경서비스청 역시 위험하지 않은 여행자들의 이동을 용이하게 하기 위해 미국의 넥서스 프로그램에 상응하는 프로그램을 개발했다. 캔패스CANPASS는 "수시로 다니고, 위험도가 낮으며, 사전 승인된 미국 여행자들이 캐나다"를 쉽게 왕래할 수 있도록 했고, 캔패스 에어CANPASS Air의 경우에는 세계의 어느 곳으로부터든 캐나다로 입국 하는 것을 용이하게 한다.[41]

전통적인 "남성"과 "여성"을 넘어서는 성적 정체성의 범주에 대한 관심이 급증하자, 2017년 8월 캐나다 정부는 캐나다인이 자신의 성적 정체성을 "특정하지 않고 X"로 표시할 수 있도록 하겠다고 발표했다.[42] 그러나 캐나다 정부는 캐나다 역시 다른 주권국가들과 같은 세계에 살고 있음을 상기시키며, 그런 표시를 할 경우, "다른 국가의 국경 통제 당국이 입국이나 통과를 승인할 것이라고 보장할 수 없다"고 경고하며, "**당신이 생각하기에 가장 쉽게 여행할 수 있는 성性을 선택하세요**"라고 언급했다.[43] 말할 나위도 없이, 남성이나 여성을 선택하지 않는 것은 캐나다의 경우 하나의 선택지가 될 수 있겠지만, 캐나다를 제외한 상당수의 국가들은 당황할 것이고, 아마도 그런 표시를 인정하지 않을 것이다.

영국

2001년 9월 11일 공격 직후, 영국은 국가 신분증에 관한 새로운 논의를 통해 점증하고 있는 국가 안보에 대한 우려에 대처했다. 이 일을 주도했던 데이비드 블렁킷 내무부 장관은 그가 "자격증"[권리증]entitlement card이라고 부르는 것이 영국인들에게 필요하다고 주장했다. 이 용어는 그 당시에 영국이 처한 안보 문제에 대처하기 위해서뿐만 아니라, [늘어나고 있던]

망명 신청자와 사회복지 부정 수급 문제에 관한 우려를 불식시키고자 하는 바람에서 비롯되었다.44 더불어 동맹국들로부터의 압력은 제2차 세계 대전이 끝난 후 폐지[영국에서 신분증 제도는 1952년 폐지되었다]되었던 신분증 도입 논의를 다시금 정치적 의제로 꺼내는 데 도움을 주었다. BBC에 따르면, 당시 런던 주재 프랑스 대사는 "영국의 신분증 소지에 대한 거부"는 난민 신청자들이 영국으로 가기 위해, 그들이 적절한 양식에 맞춰 난민 신청을 해야만 하는, "다수의 '안전한' 유럽 국가들"을 횡단하는 여러 가지 이유들 가운데 하나라고 불평했다.45 신분증 소지 의무가 일상적이었던 대륙 사람들의 관점에서 볼 때, 영국의 이 같은 자유 지상주의적 태도는 다른 나라의 국경 안보에 위협이 되는 것이었다.

이 논의는 2002년 2월에 사회보장 혜택을 이용할 수 있는 관문으로 "자격증"을 도입하기 위한 제안이 제기된 후 얼마 동안 심화되었다. 영국 정부는 연장된 "협의 활동"consultation exercise• 이후에 신분증을 채택하겠다는 의사를 발표했는데, 그것은 보다 복잡하고 번거로운 [절차와 규정을 충족시켜야 하는] "자격증"이라기보다는 오늘날 간단히 "신분증"identity card으로 알려진 것이었다.46 이 계획은 영국 국가 [공인] 신분증British national ID card을 발급하는 것이었는데, 이는 국가 신원 데이터베이스인 국가신원등록부National Identity Register와 연계될 것이었다. 2004년 11월 29일 신분증 법안Identity Cards Bill이 하원에 제출되었고, 자유민주당의 반대와 일부 노동당 및 보수당 의원들의 지연 전략에도 불구하고, 세

• '공공 협의 활동'이라고도 부른다. 이는 대중에게 영향을 미치는 사안에 대해 대중의 의견을 구하는 규제 과정이다. 협의 활동의 주요 목표는 대규모 프로젝트나 법률 및 정책에 대한 효율성, 투명성, 대중의 참여를 개선하는 것이다. 통상, 통지(협의 사항의 공표), 협의(정보와 의견 교환), 그리고 참여(정책 형성이나 입법에 이익집단들의 참여)를 수반한다.

번의 법안 심의 독회가 진행되었다. 또한 이 법안은 런던정경대학London School of Economics 연구원들이 수행한 연구 결과로 말미암아 난관에 봉착하기도 했다. 연구원들은 "신원 도용이 비용을 증가시킨다는 정부의 주장은 근거 없는 것"이고 "신분증을 발급해 '국제적 의무'를 충족시켜야만 한다는 보안 당국의 말은 영국에 구속력이 없다"고 주장했다.[47]

법안의 통과는 2005년 4월 선거에 의해 연기되었지만,[48] 이 법안을 지지했던 블레어 정부가 법안을 다시 상정했고, 2006년 3월 마침내 채택되었다. 이 법에 따르면 여권을 갱신하는 모든 이들은 국가신원등록부에 등록될 터이지만, 다음번 예정된 선거 이후인 2010년 이전에 신분증을 실제로 발급받아야 하는 것은 아니었다. 이 같은 규정은 이 법안에 투표하는 사람들에게 보다 큰 호소력을 갖도록 특별히 포함된 것이었다.[49] 2006년 신분증법의 채택으로 기존의 여권국Passport Service과 내무부 신원국Home Office's Identity Cards program이 합병해, 새로운 기관인 여권청Identity and Passport Service이 만들어졌다. 생체 인식 신분증을 의무화했던 이 법은 50여 가지의 생체 인식 정보 범주들을 명시했는데, 이런 범주들은 국가신원등록부가 각 시민에 대해 보유할 수 있는 것들이었다. 여기에는 열 손가락의 지문, 디지털화된 안면 스캔, 홍채 스캔뿐만 아니라 개인의 거주지와 관련된 정보도 포함되어 있었다.[50] 그러나 만일 어떤 시민이 2006년 여름 이전에 여권을 갱신할 경우, 이 사람의 신원 정보는 국가신원등록부에 기록되지 않았다. 신분증 반대 운동 단체인 NO21D는 "데이터베이스 국가에 반대한다"라는 모토로 "자유를 갱신하자"라는 캠페인을 전개하며 새로운 법에 반대했다.[51] 이 단체는 자신들이 반대하는 것은 신분증 자체라기보다는 신원등록부[에 생체 정부가 기록되는 것]와 관련되어 있으며, 따라서 자신들은 해당 법의 이 같은 측면을 주로 반대하는 것이라고 주장했다.[52] 2007년

10월에 약 2500만 명에 달하는 사람들의 개인 정보가 누출되는 데이터 유출 사건이 발생하면서 국가신원데이터베이스에 대한 공적 신뢰는 더욱 악화되었다.[53]

이 같은 배경에서 야당들은 2010년 총선을 앞두고 국가신원등록부를 폐지하겠다는 의사를 표명했다. 앞서 언급했던 런던정경대학 연구원들은 지속적으로 연구를 수행하면서 신분증과 데이터베이스를 둘러싼 논의에서 중요한 역할을 했던 것으로 보인다. 특히 그들은 "생체인식 여권"을 만드는 것이 필요하다는 정부의 주장에 대해 해석의 여지가 있다고 주장했다. 그들은 영국 여권이 이미 국제 기준을 충족시키고 있으며 "1998년 보안 조치 이래로 영국 여권에는 코팅된 사진을 붙이기보다는 여권에 직접 이미지를 인쇄하는 방식을 채택해 왔고, 2006년 10월 26일부터는 신원 및 여권청이 미국의 비자 면제 프로그램 요건을 준수하는 전자 여권을 발급해 왔다"고 주장했다.[54] 노동당은 선거에서 패배했고 그 뒤를 이은 토리-자유당 연립정부는 신분증 제도를 없앨 것이라고 발표했다. 2010년 신원문서법Identity Document Act of 2010은 2006년 신분증법을 폐지하고 기존 신분증을 무효화했으며, 더 이상의 발급을 금지했을 뿐만 아니라 "국가신원등록부에 기록된 모든 정보를 폐기"하도록 명령했다. 여권 신청자가 자신의 신원에 관한 "관련 정보"를 제공하도록 공식적인 요청을 받았을 때 이를 준수하도록 요구했던 2006년 법 조항은 이 새로운 법에서도 유지되었다.[55] 궁극적으로 2013년, 여권청은 황실여권국Her Majesty's Passport Office으로 개명되었는데, 이는 여권청과 당시 평판이 좋지 못했던 신분증 제도의 연관성을 떼어놓기 위함이었다.[56] 전체적으로 이 사건은 "관료제란 파괴하기 가장 어려운 사회구조 가운데 하나"라는 베버의 주장이 틀릴 수도 있다는 점을 시사한다.[57]

9·11 테러 공격에 대한 프랑스의 첫 주요 대응은 2001년 11월에 채택된 "일상의 안전에 관한 법"Loi relative à la sécurité quotidienne의 형태로 나왔다. 이 법은 주로 테러를 조장할 수 있는 무기 밀매와 자금 이체의 문제들을 다루었지만, 거주자의 동의 없이도 — 비록 매우 엄격한 법적 조건하에서이긴 하지만 — 가택을 수색할 수 있도록 했다.58 2002년 8월에는 국가 안보를 강화하기 위한 정부 계획의 개요인 "안보 지침 및 계획에 관한 법"Loi d'orientation et de programmation pour la sécurité이 프랑스 정보기관들과 프랑스 국경 및 공항의 경찰 병력 사이의 협력을 강화할 것을 주문했다. 또한 이주의 흐름을 관리하고 신분(중) 위조에 대응하기 위해 정보 기술을 현대화하도록 지시했다. 특히 이 법은 기계 판독이 가능한 여권 및 신분증이 필요하다는 점과 프랑스 국경에 생체 인식 기술을 도입해야 한다는 점을 강조했다.59 그러나 사실 기계 판독이 가능한 여권은 이미 1999년에 도입된 상태였다. 또한 관련법은 여권의 발급과 관련된 개인 정보를 자동으로 데이터베이스화할 것을 의무화했다.60

그 후 2005년 12월 30일자 법령은 전자 여권의 작성 및 전자 여권을 신청한 사람들의 개인 정보를 자동으로 데이터베이스화하는 것에 대해 규정했다.61 "테러와의 싸움 및 국경 안보 통제"를 촉진하기 위해, 2006년 1월 24일자 법률은 항공과 해상 여행자들에 대한 데이터베이스를 구축하도록 하는 규정을 추가했다.62

2005년 12월 법령을 개정한 2008년 4월의 새로운 법령은 유럽연합과 궁극적으로는 미국의 바람에 발맞추어 생체 인식 여권의 발급을 인가했다. 이 조치는 부분적으로 유럽연합 회원국들이 발행하는 여권 및 여행 문서에 포함되는 보안 장치[및 생체 인식 정보]의 표준과 관련된 2004년 12월 13일자 유럽 이사회 규정 제2252항European Council Regulation 2252의 요건을 준수하기 위한 것이었다.63 이 규정은 회원국들에게 생체 인식 정보가 들어가 있으며, 기계 판독이 가능한 여행 문서만을 발급하도록 요구한 국제민간항공기구 문서 제9303호ICAO's Doc 9303에 명시된 새로운 기준을 구현하기 위한 시도였다.64 이 새로운 기준은 2001년 9월 11일 공격이 초래한 안보 문제와 전자 여권을 소지한 여행자에게만 사증을 면제하겠다는 미국의 압력에 대한 대응이었다.65 이 법령으로 만들어진 여권에는 소지자의 디지털 사진과 지문이 저장된 전자 태그Radio Frequency Identification, RFID가 내장되어 있다.66 "보안전자신원문서"Titres Électroniques Sécurisés, TES로 불리는 새로운 데이터베이스 역시 만들어졌는데, 영국과 마찬가지로 이 데이터베이스 역시 반대에 부딪혔다. 이 같은 반대는 정보학 분야에서 정부의 조치가 개인의 자유에 미치는 영향을 분석하는 책임을 맡고 있던 [법무부 산하] 국가정보자유위원회Commission nationale de l'informatique et des libertés, CNIL로부터 제기되었다. 이 위원회는 여권 발급을 좀 더 안전하게 하고 신분(증) 위조와 싸우기 위한 것이라는 해당 법령의 목적이 전적으로 합당한 것이기는 하지만, 이것이 생체 인식 데이터를 포함하는 자동화된 국가 데이터베이스 구축을 정당화하지는 못한다고 주장했다. 위원회는 "개인의 자유에 대한 지나친 편견"을 우려했다. 덧붙여 위원회는 영국의 사례에서 정부 데이터베이스에 대한 반대자들이 주장했듯이, 법령에 구현된 변화들이 "프랑스가 유럽에 실제로 약속한 것보다 훨씬 더 많은 것"이라고 주장했다.67 이후 2012년 3월 27일자 법은 "신원 보호"와 관련해 모든 여권과 신분증에 소지자의 개인 정보 데이터가 들어 있는 전자 칩을 사용하도록 요구했다. (미국의 연방 대법원에 해당하는) 헌법재판소는 프랑스 국민이 신분증을 사용해 온라인 행정 서비스에 접속해야 한다는 등의 일부 조항들을 파기했다.[68] 그럼에도 분명한 사실은 프랑스인들이 신원 문서와 관련해 국제적으로 진화하고 있는 기술 표준에 뒤처지지 않으려고 최선을 다하고 있었다는 것이다.

그러나 이것이 2015년에 파리와 인근 지역에서 발생한 테러 공격을 미연에 방지할 수 있을 정도로 충분한 것은 아니었다. 우선, 그해 1월, 풍자 전문 주간지 『샤를리 에브도』Charlie Hebdo의 사무실이 테러 공격을 받아, [기자와 경찰관 등] 열두 명이 사망하고, 열두 명이 부상을 당했다. 파리 교외의 한 유대인 식품점 역시 공격당했다. 그날의 사망자는 17명에 이르렀다. 공격자는 프랑스 태생의 무슬림이었지만, 아라비아 반도에 있던 테러 조직 알카에다가 그 공격의 배후에 자신들이 있다고 주장했다. 이 그룹은 프랑스가 대반란 작전에 참여하고 있는 지역에서 활발하게 활동하고 있던 한 "상위 조직"의 분파였는데, 이들은 『샤를리 에브도』의 저널리스트들이 예언자 무하마드의 풍자 만화를 게재했다는 이유로 그들을 표적으로 삼았다.[69] 2015년 11월 13일과 14일에 벌어진 또 다른 일련의 조직적인 공격은 프랑스를 더욱 혼란에 빠뜨렸다. 우선, 자살 폭탄 테러범들이 파리 근교 생드니 Saint-Denis에 있는 프랑스 국립 경기장이자 유럽에서 가장 큰 경기장 가운데 하나인 스타드 드 프랑스Stade de France를 공격했다. 뒤이어 무장한 테러범들이 유명한 음악 공연장인 바타클랑Bataclan에 난입해 헤비메탈 공연 와중에 총기를 난사하기 시작했다. 이 공격들로 130여 명이 사망했는데, 이는 제2차 세계대전 이후 프랑스에서 일어난 테러 가운데 가장 많은 사망자 수였고, 2004년 마드리드 폭탄 테러 이후 유럽에서 발생한 테러 가운데 가장 많은 사망자 수였다. 이 결과 프랑스 정부는 더욱 예방적인 차원에서 대응하기 시작했다.

공격 다음날 프랑수아 올랑드 대통령은 5일간의 비상사태를 선포했다. 2015년 11월 20일 의회는 비상사태를 3개월 연장했고, 이후 이 같은 연장 조치가 정기적으로 뒤따랐다. 이런 비상사태에서 내무부 장관은 개인들을 가택 구금하고 그들의 여권을 취소할 권한을 갖게 되었다.[70] 이제 정부는 보안전자신원문서TES 데이터베이스의 창설을 의무화하는 법령을 다시 한번 채택했다. 의회에서 논의조차 되지 않았던 이 법령은 상당한 논란을 불러일으켰는데, 이는 부분적으로 이 법령이 여권 발급에 필수적인 것처럼 보이지 않았던 정보를 제공하도록 의무화했기 때문이었다. 그것은 또한 약 6000만 명에 달하는 모든 프랑스 국민에 관한 개인 정보를 포함하는 것이었다.[71] 그리고 국가정보자유위원회는 재차 그것에 반대했다.[72] 실제로 이 계획은 『뉴욕 타임스』 편집국이 공개적으로 입장을 표명해야겠다고 느낄 정도로 격렬한 반응을 초래했다. 『뉴욕 타임스』에 따르면, "정부는 새로운 데이터베이스가 오직 신원을 확인하는 데만 사용될 것이라고 주장하지만, 여권과 신분증에 개인의 데이터 칩을 내장하자는 제안은 거부했다. 그런 제안이 시민들의 사생활을 침해하지 않으면서도 동일한 목적에 기여할 수 있음에도 말이다. 이런 조치는 프랑스 전역에 대한 정부의 대규모 감시에 길을 터줄 위험이 있고 시민들의 개인적인 정보가 해킹될 수 있는 위험을 증가시킨다."[73] 결국 2017년 10월, 의회는 진행 중이던 비상사태 조치들 가운데 상당 부분을 법으로 통합하고 영구화했다. 예외적인 것이 일상이 되어 버린 것이다. 이 같은 법으로 말미암아, 프랑스 역시 일종의 제약 없는 테러와의 전쟁에 매진하게 되었다.[74]

독일연방공화국은 오랫동안 세계 최고의 여권 가운데 하나를 보유한 것으로 유명했다. 실제로, 내가 이 책의 초판을 쓰기 위해 연구하고 있을 무렵, 미국으로 돌아오면서 만난 어느 국경 순찰 대원에게 내가 이탈리아에 살고 있으며 여권과 관련된 연구를 수행하고 있다고 말한 적이 있다. 그는 즉시 "좋은 여권을 보고 싶다면, 독일인과 일본인의 것을 살펴보"라고 단언했다. 독일 여권의 질과 보안에 대한 명성은 현재까지도 지속되고 있다. 2005년 11월, 독일 정부는 생체 인식 여권을 도입했다. 이는 2004년 유럽연합이 모든 회원국들에게 그와 같은 여권을 발급하도록 요구했던 시한인 2006년 10월보다 앞선 것이었다.75 새로운 독일 여권은 국제민간항공기구의 여권 기준에도 부합했다. 독일 여권에는 디지털 사진이 포함되는데, 이 전자 여권에는 개인의 데이터를 저장하는 비접촉식 칩,• 그 데이터가 칩에 저장되는 표준화된 논리적 데이터 구조logical data structure, LSD, 그리고 그 칩에 대한 접근을 보호하기 위한 공개 키 기반 구조Public Key Infrastructure: PKI 설계가 내장될 것이었다.76 이 공개 키 기반 구조••는 칩에 저장된 데이터에 대한 접근을 규제한다.77

    오토 실리 내무부 장관처럼 생체 인식 문서를 옹호하는 사람들은

• 전자 여권에 내장된 칩은 비접촉식(contactless)으로 칩의 정보는 5센티미터 이내 근거리에서 특수 판독 장비를 통해서만 열람이 가능하다.

•• 공개 키 기반 구조(Public Key Infrastructure, PKI) 기술이란, 기본적으로 인터넷과 같이 안전이 보장되지 않은 공중망 사용자들이 신뢰할 수 있는 공인 인증 기관(CA)에서 보증된 한 쌍의 공개 키와 개인 키를 사용, 안전하게 정보를 교환할 수 있게 하는 기술이다. PKI는 한 개인이나 기관을 식별할 수 있는 공개 키 인증서와, 인증서를 저장했다가 필요할 때 불러다 쓸 수 있는 디렉토리 서비스 등을 제공한다. 「지문, 홍채 등 생체 정보 저장한 전자 여권 도입」, <사이언스타임즈 네이버포스트>(2007/02/27).

그것이 여권에 대한 확인을 좀 더 신뢰할 수 있게 하며, 신분증 위조를 예방하는 데 도움이 된다고 믿었다. 그러나 그것에 반대하는 사람들은 생체 인식 스캐너를 사용한 안면 인식 테스트가 완벽하지 않으며[15~25퍼센트가량 인식에 실패했고], 지문은 라텍스로 위조될 수 있다고 주장했다. 비평가들 역시 여권 칩에 내장된 데이터가 데이터베이스에서 오용될 수 있다고 우려했다. 이 같은 반대의 일환으로, 개인 정보 보호 활동가들은 좌파 정치에서 오랜 역사를 지닌 녹색당을 창당한 실리 장관에게 빅브라더 평생 공로상Big Brother Lifetime Award˙을 수여하기도 했다.78 게르하르트 슈뢰더의 사회민주당 정부에서 앙겔라 메르켈의 기독교민주당 정부로 정권이 교체됨에 따라, 실리는 정계에서 은퇴했고, 생체 보안 문서의 제작과 관련된 회사의 이사가 되었다.79

2017년 3월에 독일은 다시 한번 세계에서 가장 기술적으로 세련되고 안전한 여권 가운데 하나로 간주되는 새로운 여권을 발급하기 시작했다. 토마스 데메지에르 독일 내무부 장관은 새로운 여권의 보안 조치들에 관해 자랑스럽게 이야기했다. 그는 새로운 여권이 "신뢰할 만한 위조 방지" 기술을 제공할 것이라고 주장했다. 한 문서 기술 옵서버에 따르면, 독일은 이 새로운 문서로 "세계에서 가장 많이 위조된 여권 가운데 하나라는 오명에서 벗어나"고자 했다.80 분명한 점은 여권의 안전과 신뢰성에 대한 독일의 명성이 보편적으로 공유되는 것은 아니라는 점이다. 한 업계 내부자의 이런 노골적인 논평에도 불구하고, 2015

˙ 빅 브라더상은 정치 및 민간 조직들 중 개인의 프라이버시를 위협하는 데 가장 큰 역할을 한 인물이나 조직에 수여하는 상으로서 조지 오웰의 소설인 『1984년』의 등장인물은 '빅 브라더'의 이름을 따서 지어졌다. 1998년부터 지속적으로 사람들의 프라이버시를 위협·침해하거나, 제3자에게 개인 정보를 공개하는 행위를 해온 당국, 기업, 단체 및 개인에게 매년 수여되고 있다.

년에 독일 여권을 제조하는 민관 독립체인 연방인쇄소Bundesdruckerei: Federal Printing Press는 국제민간항공기구의 입찰에서 승리해 공개 키 디렉토리Public Key Directory 생산자가 되었다.81

결론

이 장에서는 비록 포괄적이지는 않지만 2001년 9월 11일 테러 공격에 대한 대응들을 어느 정도 이해할 수 있도록 정리했다. 테러 공격은 부유한 국가들 사이에서 국경 통제와 국내 안보에 대한 커다란 관심을 불러일으켰다. 테러와의 무한 전쟁은 이 같은 공격의 결과였고, 여권이나 여타의 신원 확인 문서들에 그것이 미친 영향은 심오한 것이었다. 테러와의 전쟁이 끝날 것이라는 그 어떤 징후라도 있는가? 이는 이슬람 세계에서의 발전뿐만 아니라, 테러에 대한 서구의 대응과 관련해 보다 냉정한 사람들이 승리하는 데 달려 있다. 결국 이슬람만의 문제가 아닌 것이다.

    이슬람의 영향을 받은 테러가 상당히 많았다는 것은 확실하다. 서구 미디어는, 여타의 폭력 행위들 — 강대국들 사이의 전쟁, 전장에서의 사망률, 그리고 미국의 경우에는 살인에 의해 측정되는 대인간의 폭력 — 이 쇠퇴하고 있는 반면, 이슬람의 영향을 받은 테러가 증가하고 있다는 점을 상세히 보도하고 있다.82 동시에 중동과 북아프리카에서 이슬람 국가와 알카에다 분파들이 자행하고 있는 광범위한 약탈을 고려한다면 이슬람 극단주의의 희생자들 가운데 수적으로 가장 많은 희생자는 다른 무슬림들이었다는 점 역시 사실이다. 테러에 관한 전 세계적인 우려는 최근에 만장일치로 통과된 유엔 안보이사회 결의안에 반영되어 있다. 이 결의안은 "모든 국가에게 항공 승객의 데이터를 수집하고, 테러범으로 알려져 있거나 의심되는 사람들의 감시 목록을 유지 관리하며, 외국인 전투원들이 비행기 탑승을 시도할 경우 이들을 탐지하는데 도움을 줄 수 있는 지문과 같은 생체 인식 정보를 수집할 것"을 요구했다.[83] 2001년 9월 11일에 뉴욕에서 일어난 테러 공격과 마드리드, 런던, 베를린, 리옹, 파리 등지에서 발생한 테러 공격은 확실히 서구의 대중들이 (무슬림이 소수집단으로서 그 수가 적기는 하지만 계속해서 증가하고 있는 곳에서) 안보의 문제를 전면에 놓도록 그리고 가장 중요한 일로 생각하도록 할 것이다. 따라서 우리는 신원과 이동을 규제하기 위해 사용되는 여권과 여타의 문서들이 앞으로도 계속해서 합법적인 "이동 수단"에 대한 국가의 독점을 시행하는 데 중요한 역할을 할 것이라고 확신할 수 있다.

결론

나는 앞에서 여권과 같은 신원 확인 문서가 개인들을 "장악"하고, 이를 통해 합법적인 "이동 수단"을 전유하기 위한 근대국가의 노력에서 핵심적인 역할을 했다는 것을 입증하고자 했다. 우리는 지난 두 세기에 걸쳐 문서를 통해 이동을 통제하는 "범위"가 상대적으로 소규모 공간(지방자치체)에서 "국가적" 공간으로, 최근에는 유럽연합이라는 "국가를 넘어선" 수준으로 이동해 왔다는 것을 살펴보았다. 이와 관련된 문서들은 국가 건설 활동에서 핵심적인 역할을 수행하는데, 그런 활동들은 구성원 자격이라는 측면에서 누가 "내부자"이고 누가 "외부자"인지를 확인하고, 따라서 누가 구성원으로서 누릴 수 있는 권리와 혜택을 정당하게 요구할 수 있는지를 구별하는 데 도움이 된다. 이 장에서는 다양한 문서 유형의 본성을 좀 더 상세히 설명하고, 그런 문서들과 사람들의 이동을 규제할 권리를 독점하고자 하는 국가 사이의 관계를 분석할 것이다.

그런 문서에는 기본적으로 세 가지 종류가 있다. (대외적) 여권과 대내적 여권 혹은 "통행증"passes은 전자가 후자로부터 상당한 정도로 진화한 것처럼 보이지만, 이 둘이 동일한 것은 아니다. 오늘날 자유민주주의 국가의 사람들에게 가장 익숙한 대외적 또는 국제 여권은 국경을 넘나드는 이동과 관련된 문서들이다. 그것들은 통상 소지자의 국적에 대한 분명한 증거이다. 이와는 대조적으로, 대내적 여권 또는 통행증은 한 국가의 관할권 내에서 이뤄지는 이동을 규제하기 위해 고안되었다. 신분증은 유럽 대륙의 여러 사회들과 유럽인들에 의해 식민 지배를 겪은 사회들에서 공통적으로 볼 수 있는 것으로서, 이동을 통제하는 역할과 특권 및 혜택에 대한 시민의 접근을 보장한다는 점에서 다른 두 가지 [대외적 여권과 대내적 여권] 사이에 위치한 "혼합" 유형이다.

　"대내적" 여권과 "대외적" 여권 간의 차이에 관한 법적 함의는 광범위하다. 자신의 나라를 떠나고 그곳으로 **되돌아올** 권리는 국제 인권법(실제로는 종종 무시되곤 하지만)에서 널리 인정되는 특권이다. 여기서 주의해야 할 점은, 그와 같은 "권리"에 대한 선언이 그 자체로 국가들과 국가 간 체계가 우리 시대에 합법적인 이동 수단을 몰수하고 독점해 온 정도를 나타낸다는 사실이다. 널리 인정되고 있는 떠나고 되돌아올 권리와는 대조적으로, 한 나라 **안에서** 이동할 수 있는 권리는 주권국가의 국내법 문제로, 주권국가가 국제 인권 규범과 체결한 협약에 의해 제약을 받을 수 있지만, 이 같은 제약은 상대적으로 약하며 대체로 강제력이 없는 것이다. 잔혹 행위를 미연에 방지하기 위해 한 국가의 내정에 군사적으로 개입하려는 성향이 점점 증가하고 있음에도 불구하고, "일단 한 인구가 [어느 국가의] 국민으로 완전히 통합된다면, 국민국가에게 그 인구를 종속시킬 수 있는 거의 완전한 권한이 주어진다"는 것은 여전히 사실이다. "국가는 외부의 개입을 상대적으로 두려워하지 않은 채 국민을 수탈하고, 살상하며, 굶주리게 할 수 있다."1 말할 필요도 없이, 이런 권한은 국경 내에 있는 사람들의 이동에 대한 국민국가의 통제로까지 이어진다.

　　오늘날 사람들 사이에서 익숙한 것으로 받아들여지고 있는 국가의 입국 통제권은 주권의 핵심적인 특징 가운데 하나로 이해되고 있다. 그러나 이런 특권이 널리 받아들여지게 된 것은 상당히 최근에 이뤄진 것이라는 점에 주목하는 것이 중요하다. 독일의 국제 여권 체계 분석가인 베르너 베르텔스만은 제1차 세계대전 직전 시기에 지배적이었던 국제법적 견해를 조사한 적이 있는데, 이 연구에서 그는 국가가 외국인이 자국 영토에 입국하는 것을 금지할 명백한 권리를 가지고 있다는 견해에 대한 그 어떤 합의도 발견하지 못했다.[2]

여권과 통행증은, 상이한 법 체제에 의해 운영되었음에도 불구하고, 경계선에 의해 구획되는 공간 안쪽에서 이뤄지는 이동과 그 경계선을 가로지르는 이동을 규제할 수 있는 기능이 있으며, 그렇게 함으로써 경계가 있는 영토에 대한 국가의 통제를 확인하고, 인구를 장악하며, 원치 않는 국외자를 배제하는 국가의 권한을 강화하는 기능 등을 공유한다. 이와는 대조적으로 신분증은 통상적 이동을 규제하는 데 우선적으로 사용되는 것이 아니라, 치안 및 행정, 그리고 국가가 분배하는 혜택에 접근하기 위해 소지자의 신원을 증명하는 데 사용된다. 이제 각각의 문서를 차례대로 살펴보자.

국제 여권

현대의 국제 여권은 일차적으로 근대 국민국가가 합법적인 이동 수단에 대한 국가의 배타적 독점권을 주장하려는 노력의 표현이다. 오늘날 여권의 주된 기능이 국가 통제 메커니즘인 것은 분명하지만, 여권이 전적으로 통제 메커니즘으로 환원될 수 있는 것은 아니다. 사람과 영토에 대한 관료적 지배가 강화되기는 하지만, 여권은 그 소지자가 다른 국가의 관할권 아래에 있는 동안 그것을 발급한 국가의 지원과 원조를 받을 수 있도록 보장해 준다. 따라서 여권의 소지는 해당 여권을 발급한 국가의 대사관 및 영사관이 제공하는 원조와 서비스(극단적인 경우 군사력까지도)를 정당하게 요구할 수 있는 사실상의 징표이다.

여행자에게 근대 여권은 또한 통행증으로도 기능하는데, 이는 부분적으로 여권이 외교상의 관행에 그 기원을 두고 있다는 것을 증명한다. 예를 들어, 미국에서 발급된 여권에는 다음과 같은 내용이 담겨 있다.

미합중국 국무부 장관은 여기에 기재된 이름의 미국 시민/국민이 지체 없이 또는 방해받지 않고 통과하도록 허용해 줄 것과 필요 시 모든 법적 지원과 보호를 제공해 줄 것을 요청합니다.

따라서 개별 여행자들은 특정 국가의 준-외교사절로 변모하게 되는데, 이는 여권 발급 국가가 이동을 승인할 권한을 [특정 개인이나 단체들로부터] 빼앗았고, 그리하여 해당 여행자를 국민국가의 시민으로 "장악"했기 때문이다.

여권의 이 같은 양가성은 이런 문서들을 정부의 통제 수단으로만 간주할 수 없음을 시사한다. 다시 한번 미국 여권의 문구를 사용하면, "여권은 귀중한 시민권이자 신원 문서"로, "조심히 보관해야 합니다. 여권의 분실은 [여권 소지자에게] 불필요한 문제를 야기할 수 있습니다." 근대 여권은 그 전신인 안전통행증safe-conducts이나 통행증laissez passers 등과 마찬가지로 타국이 통제하는 공간에 들어가거나 나가는 것을 용의하게 한다. 미국의 경우 여권 **발급**은 국무부가, 출입국 시 여권 **심사**는 법무부의 한 부서인 이민국이 한다는 사실은 여권이 가진 이 같은 양가적 중요성을 잘 보여 준다.3

이 같은 양가성에도 불구하고, 오늘날 개별적인 이동에 대한 국가 통제는 분명히 여권의 주된 목적이다. 오늘날 국가 간 여행에서 여권이 수행하는 기능은 다음과 같이 요약할 수 있다.

국경을 넘는 일상적 여행은 세 가지 과정으로 이뤄진다. 첫째, 개인은 자신의 출신국에서 출발해야 한다. 국제법상 이 같은 권리가 광범위하게 인정되고 있음에도 불구하고, 자국을 떠날 수 있는 허가를 받는 것은 상당수의 사람들에게 결코 쉬운 일이 아니다.[4] 어떤 나라의 국민은 자신들에게 해외여행을 할 수 있는 권리가 있다는 것을 당연한 것으로 가정할 수 없다. 이는 대부분의 국가들이 오늘날 출국 여권을 요구한다는 사실에 의해 분명해진 상황이다. 또한 여권은 통상 다른 나라에 입국할 경우에도 필요하기 때문에, 자국 정부로부터 여권을 발급받을 수 있는 권리는 사실상 해외여행을 할 수 있는 권리와 동일한 것이 되었다. 예를 들어, 인도 대법원은 1967년에 인도 시민이라면 해외로 여행할 수 있는 헌법상의 권리가 있으며, 이에 따라 정부는 여권을 신청하는 시민 누구에게라도 발급을 보류할 권한이 없다는 점과 여권 발급의 보류는 기본권을 부정하는 것을 의미한다고 판결했다.[5] 이 같은 판결 취지에 따라, 적어도 민주국가의 시민은 대체로 자신이 필요로 할 경우 언제든 여권을 취득할 수 있을 것이라고 생각하게 되었다.

  이런 사항들은 여권을 취득할 수 있는 권리와 국가 시민권이 통상적으로 연결되어 있다는 것을 가리킨다. 여권법에 관해, 1990년에 수행된 독일의 한 연구는 이 문제를 다음과 같이 서술했다.

  각국은 그 국가와 밀접하고 실질적인 관계에 있는 사람들에 대해서만 여권을 발급할 수 있다. 그러므로 원칙상 여권은 기본적으로 해당 국가의 국민에게 발급된다. 영토 내에 체류하고 있는 외국인에게 여행 문서가 발행되는 경우는 지극히 예외적인 경우뿐이다.[6]

시민권과 한 국가의 여권 소지 사이에 추정되는 이 같은 연관성으로 말미암아, 일상적인 대화 속에서 여권의 소지는 그 나라의 시민권을 보유하고 있다는 징표로 언급된다.

그러나 공식적인 시민권이 여행을 위해 여권 발급을 요구할 수 있는 유일한 근거인 것은 결코 아니다. 앞서 인용했던 미국 여권에 적힌 문구와 같이 국가는 시민은 아니지만 **국민인 사람들**noncitizen nationals*(국가가 지배하고 있는 비시민권자의 예로는 미국령 사모아의 원주민들을 들 수 있다)에게 국가 간 여행을 위한 여권을 발급해 줄 수 있다. 원칙적으로 국가는 자신이 선택한 사람에게 여권을 발급할 수 있고, 이는 국제법과 협약, 그리고 자신의 법적 결정에 의해서만 제약을 받을 뿐인데, 여기서 국가 자신의 법적 결정은 그런 사람들이 해외에 있을 경우 국가의 보호를 어떤 사람들에게까지 제공하길 원하는가와 관련되어 있다. 국제 이민법 분야에서 손꼽히는 한 전문가에 따르면, 실제로,

> 여권 발급에 관한 국가의 관행은 매우 다양하기 …… 때문에 여권 발급과 국적 취득이나 보유 사이의 연관성을 국제법상으로 확립하는 것은 불가능하다. 문제는 상당수 국가들이 외국 국적의 여행자들에게 다양한 종류의 여행 문서를 발행한다는 데 있는 것뿐만 아니라, 일부 국가의 경우 엄격한 의미의 여권을 특정한 부류의 외국인들에게도 발급한다는 데 있다.[7]

• 미국의 경우 미국 시민은 아니지만 국민인 경우가 있다. 대표적으로 미국 인디언, 미국령 사모아의 원주민, 푸에르토리코인, 미국령 괌의 원주민 등을 들 수 있다. 일반적으로 이들은 미국 시민과는 달리 미국 연방 선거에 참여할 수 없지만, 연방 세금을 납부하지도 않는다.

국제법상으로 여권의 주된 기능이 소지인의 신원과 국적을 증명하는 것이라 할지라도, 이는 시민권과 여권 취득 권리 사이의 연관성에 대한 일반적인 가정으로부터 크게 벗어난 것이자 그런 가정이 틀렸음을 입증하는 것이다. 국가와 국가 간 체계가 국제적 이동을 규제할 힘을 독점했기 때문에, 국경을 넘어 여행하려 하는 사람들은, 여권 발행처가 어디든, 일반적으로 여권을 소지해야 한다. 이 같은 상황은, 특정한 국가에 소속되어 있다고 주장하기 어려운 사람들에게, 비정상적인 상황을 초래하고 있다.

반대로 국가는 법적 지위(시민, 거주자 등)와 상관없이 특정인들에게는 여권을 발급하지 않기로 결정할 수 있다. 자유로운 출국과 귀국 [의 권리를] 박탈하는 국가들은 일반적으로 근대 시민권이나 인권 규범과 결부된 다른 수많은 권리들 역시 부정한다. 예를 들어, 아파르트헤이트 시기인 1982년 남아프리카공화국 법원들은 여권을 취득할 수 있는 권리는 흑인과 백인 모두의 권리가 아니라 백인들만의 특권이며, 정부는 그 어떤 이유나 항소 없이도 여권을 취소할 수 있다고 판결했다.8 그러나 민주적인 국가조차도 특정 집단의 시민들에게 해외여행용 여권을 발급하지 않기도 한다. 예를 들어, 앞서 언급했듯이 미 국무부는 1950년 국내안전보장법•에 의거해 공산당 당원들에게 여권 발급을 거부할 수 있었다.9 이런 사례들은 정치적 또는 이데올로기적 이유에서 국가가 합법적인 통행을 허가하는 권한을 독점하려 했음을

• 국내안전보장법은, 이를 제안한 상원의원 패트릭 매캐런(Patrick Anthony McCarran)의 이름을 따 매캐런법으로도 불린다. 공산주의 단체와 그 구성원들의 활동을 규제하기 위한 법률이었다. 이 법에 따르면 공산주의 단체들은 의무적으로 법무부에 등록해야 하며, 여기에 등록된 단체의 회원들은 연방 정부나 방위산업체에 근무할 수 없었고, 해외여행이 금지되었다. 1964년 연방 대법원은 공산당원들에게 여권을 발급하지 못하도록 한 국내안전보장법 조항은 위헌이라는 판결을 내렸다.

보여 준다.

여권뿐만 아니라, 상당수의 나라들은 해외여행자가 그 여행자(이민자?)의 출국을 국가가 승인했다는 증거로 출국 사증을 취득해야 한다고 주장한다. 이 같은 규제의 저변에는 "두뇌 유출"에 대한 통치자의 우려가 깔려 있다. 그 결과, 특히 저개발 국가들은 이들 국가가 국민에게 지출한 교육비와 훈련비를 [예컨대, 국가 발전을 위해] 활용하기 위해서는 자국민의 출국을 통제할 수 있어야 한다고 주장해 왔다.[10] 졸버그가 언급했듯이, 출국 규제 정책은 정치적이거나 경제적인 의미에서 그 국민에게 특별한 과업을 부과하는 나라에서 흔히 시행된다. "만일 사람들이 두 발로 투표 [즉, 나라를 떠남으로써, 정부 정책에 반대 의사를 표명하는 것]할 수 있다면, 국가의 과한 요구를 따르도록 하는 것은 거의 불가능하다."[11] 출국 사증을 요구하는 것은 이처럼 자유롭게 두 발로 투표하는 것을 더욱 어렵게 만든다.

따라서 이동의 자유와 시민권의 권리는 의미심장하고 예기치 않은 방식으로 갈라질 수 있다. 근대국가들은 종종 그 시민들이 자유롭게 해외여행을 할 권리를 거부해 왔다. 그리고 시민의 자유로운 여행을 거부할 수 있는 국가의 역량은 여권이나 관련 문서들의 배포를 국가가 통제함으로써 확보되는데, 이런 문서들은 이미 많은 나라에서 입국 허가를 받기 위한 선행 조건이 되었다.

입국

여행자가 출국에 성공했다면, 이제 목적지 국가에 입국할 수 있어야 한다. 주권을 가장 근본적인 원칙으로 간주하는 국가 간 체계에서 그 어떤 여행자도 수용국receiving state이 그 영토에 입국하는 것을 당연히 허용할 것이라 추정할 수 없다.12 불특정 다수의 사람들이 단지 합법적으로 규정된 체류 기간을 초과해 체류했다는 이유로 "이민자"가 되는 상황에서, 영토에 입국할 수 있는 권리를 제한하는 것은 국가가 비국적자들에 대해 잠재적으로 많은 비용이 소요되는 일련의 의무를 피할 수 있는 피하는 최상의 방법이다.13 여권과 사증 통제는 이 같은 목적을 위한 핵심 메커니즘이자, 원치 않는 자들의 입국에 대처하는 제1의 방어선이다. 실제로 국제법의 관점에서 여권의 근본적인 목적은 수용 국가에 분명한 보증을 제공하는 것이다. 이 보증은 목적지 국가가 추방하거나 받아들이길 원치 않는 외국인을 받아들일 준비가 되어 있는 또 다른 국가[곧 그 외국인에게 여권을 발급한 국가]가 있다는 것이다.14

외국 영토에 입국하기 위해 여권이 필요하다는 것은 어느 정도 보편적으로 받아들여지고 있지만, 입국 허가를 얻는 데는 여권만으로 충분치 않을 수 있다. 국제 여행 과정에서 입국을 위해서는 여권 이외에 입국 사증이 필요할 수도 있다. 이 경우, 여권은 주로 신원 확인 증명서의 역할을 수행하며, 입국하는 사람이 여권에서 말하는 바로 그 사람이라는 점을 보장한다. 필요한 경우 사증은 입국 허가를 기록하는 문서가 된다. 즉, 여권은 합법적으로 국경을 넘는 데 필요하지만, 그것만으로 충분치 않을 수 있다.

특정 국가의 시민권을 소지하는 것이 국가 간 이동에서 장벽이 될 수 있듯이, 국가 없는 상태인 국적의 **부재** 역시 국가 간 체계가 개별적인 이동에 대해 부과한 제한들을 통과하고자 하는 사람들에게 심각한 문제를 초래할 수 있다. 국민국가의 정통성이 아주 강하게 남아 있는 세계에서, 국적의 부재는 실제로 재앙이 될 수 있고, 이에 따라 유엔은 무국적 상태의 확산을 줄이기 위한 협약들의 체결을 주도했다. 그러나 앨런 다우티는 "이런 노력이 광범위한 호응을 얻지는 못했다"고 비관적으로 결론지었다.15 자신들의 권리를 보장해 주는 국가를 가지고 있지 않은 공동체는 20세기 초부터 통상 종족민족적인 용어로 정의되었는데, 누가 입국할 수 있는지를 규제하기 위해 문서 소지를 의무화하고 있는 국가로 입국할 수 있는 그들의 역량은 특히나 심각한 손상을 입었다.

귀국

마지막으로 본국으로 되돌아가고자 하는 여행자는 자신이 재입국 자격을 갖춘 대상자라는 분명한 증거로 여권이 필요하다. 국제법상, 국가는 자신의 시민을 (그리고 오직 그들만을) 입국시킬 의무가 있다. 그러나 이 같은 의무는 개인의 권리와는 관련이 없다. 오히려, "퇴각강제권제한"restricted returnability의 원칙은 어떤 국가가 그 국가의 국적자를 원치 않는 외국인으로서 추방하려는 다른 국가의 합법적인 활동을 방해할 수 있는 상황을 피하기 위해 자국의 시민을 받아들여야만 한다는 것을 함의한다. 개인의 관점에서 볼 때, 보다 광범위하게 인정되고 있는 자신의 본국으로 돌아갈 권리는 개인의 천부인권에서 나오는 것이 아니라, 국가 간 체계에서 주권의 절박한 필요성으로부터 나온다. 여권이란 것이 여권 소지자가 목적지 국가에서 입국이 거부되거나 그곳으로부터 추방될 경우 여권을 발급한 국가가 여권 소지자를 받아들일 것이라는 분명한 증거인 것처럼, 여권은 발급 국가로 되돌아가겠다는 주장의 분명한 증거가 된다.

　　따라서 결국 여권은 다른 나라에 입국 허가를 받기 위해서가 아니라, 본국으로 되돌아가기 위해 필요한 것이자 **충분한** 것이다. 여권이 진본이라면, 이는 소지자가 그것을 발급한 국가가 통제하는 영토에 입국할 명백한 권리를 가지고 있다는 것을 나타낸다. 이 뜻밖의 사실은 먼 이국에서 여권을 분실했을 때 해외여행자를 사로잡는 공포를 설명해 준다. 이 불운한 여행자는 여권이 없으면 다른 나라를 여행하는 것이 어렵다는 사실 이상으로, 본국으로 되돌아가는 것이 힘들거나 심지어 불가능할 수 있다는 점을 특히나 두려워한다. 구명줄은 끊기고 여행자는 국가들이 통행을 허가할 권한을 독점한 세계에서 표류할 수밖에 없다.

　　따라서 대외적 또는 국제 여권은 상당한 양가성을 지닌 문서라는 것을 알 수 있다. 합법적인 이동 수단을 독점하려는 근대국가의 노력이 문서상으로 표현되어 있는 여권에는 특히 19세기 이래로 진화해 왔던 개인에 대한 근대국가의 엄청난 통제 능력이 집약되어 있다. 이와 동시에, 이 문서의 소지자들은 불확실하고 잠재적으로 적대적인 세계에서 국가가 그들에게 제공할 수 있는 보호를 받을 수 있다. 따라서 근대 국제 여권은 외교 기능과 국가 통제 메커니즘을 결합한 것이다. 제1차 세계대전 기간과 그 이후 시기 — 이 시기는 민족주의적 열정이 최고조에 이르렀고, 대중들의 여행 기회가 확대되었으며, 국민국가들이 영토와 인구에 대한 통제를 강화했던 시기였다 — 에 여권이 확산되고 보다 엄격히 시행되었다는 사실은 통제 기능이 지배적이라는 점을 나타낸다. 그럼에도, 만일 여권이 순전히 국가 통제의 목적만을 위해 의도된 것이었다면, 전 세계적으로 수많은 암시장에서 그처럼 높은 가격으로 팔리지는 않을 것이다.16 이에 대조적으로, 대내적 여권은 오직 이동에 대한 국가의 통제 기능만을 수행한다.

　　대내적 여권

대내적 여권 또는 "통행증"은 국제 여권과 유사점이 거의 없다. 국제 여권은 그것의 소지자가 외국 영토에 들어 갈 권리가 있다는 것과 외국의 관할권 하에 있는 영토에 머무는 동안 그것의 소지자가 발급 국가의 보호를 받을 수 있는 권리가 있다는 의미를 갖고 있다. 대내적 여권은 국가 통제를 강화하고 그 소지자에게 다양한 권리와 면책을 제공하는 문서로서 국제 여권이 가지고 있는 특유의 양가성을 결여하고 있다. 대신에 대내적 여권은 권리와 특권의 측면에서 국민을 구별하기 위한 국가의 주요 수단이 될 수 있다. 특히 통행증은 특정 집단의 이동을 규제하고, 이들이 특정 지역에 들어가는 것을 제한하며, 주거지(또는 아파르트헤이트 시기 남아프리카공화국의 광산 지역과 도시지역 같은 인가된 거주 지역)를 떠날 자유를 박탈하기 위해 사용될 수 있다. 소련에서 대내적 여권은 주거지를 등록하는 프라피스카[거주 등록]propiska 체계와 결합되어 국민의 이동과 거주를 제한했는데, 특히 특정 도시 지역에 거주할 자유를 억제하고 집단농장의 농민들이 농촌 지역에서 이탈하는 것을 제한했다.[17]

근대국가가 자신의 관할권 내에 거주하는 사람들을 장악하기 위해 행정 역량을 확장함에 따라, 국내에서의 이동(및 거주)에 대한 통제 역시 강화되었다. 오늘날 어떤 정부가 국경 내에서 이동을 통제하기 위해 대내적 여권을 사용하는 것은, 그 정부가 국민 위에 군림하며 그들을 억압하고 공포에 질리게 하는 불법적이고 권위주의적인 정부라는 증거이다. 대내적 여권과 통행증[의 사용]은 20세기에 이르러 민주적인 국민국가들이 일반적으로 포기했던 관행으로 회귀하는 것이다. 민주주의 국가들은 일반적으로 국내 이동에 대해 당국의 승인을 받아야 하는 의무를 폐기하는 대신, 개인들이 당국의 요구가 있을 때 자신의 신원을 증명하는 방식을 선호했다. 따라서 그런 국가들에서는 국내 여행 문서보다 신분증이 훨씬 더 중요한 것으로 간주되었다.

신분증 때문에 우리는 문서의 "회색 지대"와 직면한다. 이동 자체를 승인하는 대내적 여권과는 달리, 신분증은 당국이 이동을 간헐적으로 조사하는 데 사용될 수 있다. (대체로 16세 이후에) 그런 문서를 소지해야 할 의무가 있는 사람들은 사회질서 유지를 담당하는 기관의 요구가 있을 경우, 이를 제시해야 하며, 그렇게 하지 않으면 처벌을 받을 수도 있다. 이 같은 규제가 어느 정도까지 허용될 수 있는지는 법적 분쟁의 소지가 될 수 있지만, 심지어 민주적 국가에서도 이 같은 신분(증) 확인은 특정 영역에 대한 접근을 통제하는 데 사용될 수 있다. 그러나 이런 신원 문서들은 민주적 참여(예를 들어, 투표), 공공서비스(예를 들어, 의료보험), 이전 지출("복지") 등과 같은 특정한 권리들을 보장받기 위해 필요한 것일 수 있다. 따라서 국가가 이동을 통제하기 위해 사용할 수 있는 대내적 신원 확인 문서들은 종종 해외여행용 여권이 가진 일부 특징들을 공유하며, 특정 국가에서 그 소지자들이 시민권과 결부된 혜택을 누릴 수 있도록 해준다.

　　근대 민주주의 국가는 전형적으로 몇 가지 종류의 신원 확인증을 요구하는데, 이 같은 신원 확인증(독일의 신분증명서Personalausweis, 프랑스의 신분증carte d'identité, 미국의 운전면허증이나 사회보장증Social Security Card 등)은 구성원으로서의 혜택을 누리는 데 매우 중요한 반면, 이동을 규제하기 위해 사용되는 경우는 매우 드물다. 이와는 대조적으로, 권위주의 국가들은 다수의 주민들에 대한 이동을 통제하고 있으며, 특히나 이 같은 통제를 좀 더 규칙적이고 엄격하게 시행한다. [권위주의 국가들에서] 이런 문서들은 사회복지를 비롯해 시민으로 누릴 수 있는 혜택을 제공하기 위해서라기보다는 사회통제를 주된 목적으로 하는 것처럼 보인다. 대내외적 여권과 함께 국내의 신분증들은 근대국가들이 그들의 인구를 장악하고 합법적인 이동에 대한 통제를 독점하려는 노력의 일환으로 생각하는 것이 가장 유용할 것이다. 그러나 이 모든 문서들이 공통적으로 공유하는 것은 행정적 목적을 위해, 문서를 사용해 [개인들에 대한] 항구적인 신원 정보를 구축하고 유지한다는 점이다. 즉, 국가가 개인을 장악하기 위해 문서를 사용한다는 것이다.

궁극적으로, 여권과 신분증[의 도입]은 [국가가] 상당히 편협한 생각을 하고 있음을 드러낸다. 여기에는 그 소지자들이 신원 확인 요청을 받았을 때 기꺼이 자신의 신원을 밝히기를 꺼려한다는 가정이 깔려 있다. 즉, 사람들에게 그들이 누구이며 무엇을 하는지를 물었을 때, 그들이 거짓말을 할 것이라는 국가의 근본적인 의구심 때문에, 국가는 그런 문서를 사용한다는 것이다. 또한 그런 문서의 사용은 국가가 계속해서 스스로를 유지하려면 이런 문제들을 확인할 수 있는 독립적인 수단들을 이용할 수 있어야 한다는 점을 드러낸다. 잠재적으로 불안정하고 위조 가능성이 있는 신원에 직면해 국가는 행정적, 경제적, 정치적 목표들을 성취하기 위해 개인들에게 항구적인 신원을 부과하려고 한다. 이동을 허가하고 신원을 확립하는 여권과 여타의 문서들은 국가가 인증한 신원에 부합하지 않는 신원[정체성]을 사람들이 선택하지 못하도록 한다.

여권과 신분증 같은 문서들은 행정상의 목적을 위해 우리의 신원을 증명하고, 국가가 그 공동체에 출입이 허용된 사람들을 확실하게 장악하며, 그들을 다른 사람들과 구별하는 것을 가능케 한다. 우리가 일상적으로 받아들이는 "여권이라는 애물단지"passport nuisance[18]와 우

- '여권이라는 애물단지'(passport nuisance)는 미국에서 1920년대 초부터 발전했던 여권 소지 의무에 대한 미국 시민들의 부정적인 반응과 인식을 가리킨다. 이런 인식의 형성에는 여권 발급에 따른 비용 문제, 개인 정보와 관련된 프라이버시 문제, 연방 정부에 대한 불신, 여권 신청 절차의 난맥 등이 영향을 미쳤다.

리에게 신분증을 만들라는 공무원들의 빈번한 요구는 국가가 이동을 규제하고, 따라서 일반인들이 왕래할 수 있는 자유를 제한하는 역량뿐만 아니라, 잠재적인 침입자를 확인하고 이를 억제할 수 있는 역량을 독점하는 데 성공했다는 징후이다. 따라서 합법적인 이동 수단의 국가 독점은 인류 역사에서 전례가 없는 방식으로 개별 여행자의 이동을 (사적인 것에 반대되는) 국가의 규제에 의존하도록 만들었다. 이 점에서 사람들은 얼마간 신원의 포로가 되었고, 이는 법적 관할 공간[다시 말해, 국경]jurisdictional space을 가로질러 왕래하는 사람들의 기회를 분명히 제한할 수 있다.

　　여권과 신원 확인 문서들은 사람들을 확인하고 그들의 이동을 규제하는 정교한 관료제를 통해 사회적 삶의 놀라운 전환을 가능케 했다. 이는 마르크스가 자본가에 의한 생산수단의 독점을 분석했을 때, 그리고 베버가 국가에 의한 합법적인 폭력 수단의 독점을 논의했을 때, 확인했던 것과 유사한 전환이다. 우리는 근대 세계를 이해하기 위해 이 두 가지 사항에 세 번째 유형의 "독점," 즉 근대국가와 보다 광범위하게는 국가 체계에 의한 합법적인 이동 수단의 독점을 추가해야만 한다. 빈틈이 전혀 없는 것은 아니지만, 근대 세계에서 국가와 국가 간 체계 전체에 의한 합법적인 이동 수단의 독점은 인구 이동을 규제하고, 누가 어디에 속하는지를 구분하는 데 있어 대단히 성공적이었다. 따라서 이는 추정상 동질적인 "국민들"을 구성하기 위한 국가들의 노력에 대단히 중요한 것이었다. 비록 그것의 본성상 이를 성취하는 것은 불가능한 것이었지만 말이다.

감사의 글

"여권의 역사"에 관한 책이 기발한 생각이라는 점은 처음부터 의심의 여지가 없었지만, 이것이 정말로 중요한 주제인지에 대해 그다지 확신이 있었던 것은 아니었다. 따라서 이 책은 일찍이 이 작업이 정말 가치 있는 일이 될 것이라고 나를 북돋아 준 여러 역사가들에게 큰 빚을 지고 있다. 폴 애브리치, 에릭 홉스봄, 스티븐 컨, 유진 웨버, 로버트 울 등이 바로 그들이다. 로버트 울과는 이 책을 처음으로 구상했던 1994년 여름 국립인문학재단National Endowment for the Humanities의 후원으로 열린 지식인과 정치에 관한 세미나에서 심도 깊은 대화를 나눌 수 있는 행운을 누렸다. 반면 다른 이들은 생면부지의 젊은 학자가 무턱대고 던진 질문에 너그럽게도 응답을 해주었다. 이런 관대함 덕택에 그들에 대한 나의 존경심(애당초 내가 그들에게 편지를 쓴 이유)은 더욱 커졌다. 토드 기틀린 역시 이 책의 발상에 열정적으로 반응해 주었다. 이 프로젝트와 내 작업에 대한 토드의 지지와 지원은 지난 10여 년 이상 내게 커다란 행복을 주었다. 그의 우정과 격려에 경의를 표한다. 이들의 아량이 없었다면, 이 프로젝트는 단지 쓸데없는 호기심 이상은 될 수 없었을 것이다.

내가 이 프로젝트에 본격적으로 착수했을 때, 제라르 누아리엘과 제인 캐플런은 그들의 열정과 내가 만들어 내고 싶었던 종류의 학문에 관한 훌륭한 귀감이 되었다. 프랑스에서 이민, 시민권, 신분증의 역사에 관한 누아리엘의 연구는 내게 중요한 영감을 주었다. 본문에서 인용한 그의 작업은 내가 학문적으로 진 빚의 빙산의 일각일 뿐이다. 이 프로젝트에 대한 제인 캐플런의 지원은 근대국가가 개인을 식별하기 위해 발전시켰던 관행과 관련된 문제들에 대한 협업으로 빠르게 이어졌고, 이는 다른 곳에서 출판될 것이다. 그녀와 함께 일하는 것은 학문적 전문성에서의 진정한 즐거움과 대가 없이 이뤄진 집중적인 개인 교습이었다. 나는 우리를 만나게 해준 데이비드 에이브러햄에게 깊은 고마움을 느낀다. 그는 여권에 대한 나의 연구와 문신에 대한 제인의 연구가 "같은 종류의 일"이라는 것을 어느 정도 직감하고 있었다.

다음으로, 나는 특히 아리스티드 졸버그에게 큰 빚을 지고 있다. 근대 세계에서 국제 이주의 동학에 관한 그의 작업은 이 문제들에 대한 나 자신의 사유에 깊은 영향을 주었다. 일전에 두어 번 만났고, 이 주제에 대한 그의 글들을 잘 알고 있었지만, 내가 이주 과정에 대한 아리스티드의 접근법을 더욱 자세히 파악하게 된 것은 1996년과 1997년 여름 동안 아리와 오스트리아의 인상적인 이주 학자인 라이너 뮌츠가 함께 조직한 이민, 통합, 그리고 시민권에 관한 독미학술원 및 사회과학연구원 여름학교German American Academic Council-SSRC Summer Institute on Immigration, Integration, and Citizenship에 참여한 결과였다. 그의 생각들은 이 책에 퍼져 있고, 이 책이 이주 과정의 형성에서 국가의 역할에 관한 그의 연구에 유용한 보완책을 제공해 줄 수 있기를 바랄 뿐이다.

감사하고 싶은 사람들의 목록은 길지만, 나는 이것이 자기만족으로 간주되지 않기를 바란다. 이 사람들과 기관들이 세 대륙의 여러 나라에 걸쳐 있다는 사실은 내가 이 프로젝트를 수행하면서 누렸던 행운의 척도이자 학자들의 국제 공동체가 건재함을 보여 주는 증거이다. 나는 그런 공동체의 일원이라는 것에 짜릿한 기분을 느낀다.

이 책을 위한 연구의 많은 부분은 피렌체 유럽대학연구소European University Institute에서 1995~56년 장 모네 연구비Jean Monnet Fellowship를 받

을 동안 수행되었다. 세계에서 가장 아름다운 도시에 도착하자, 젊은 법사학자 스테파노 매노니는 내가 하고자 했던 연구를 수행할 곳은 운 좋게도 로마의 판테온Pantheon에서 아주 가까운 곳에 자리 잡고 있는 의회도서관Library of the Chamber of Deputies이라고 단언했다. 스테파노는 나를 대신해 그의 친구이자 특임 사서였던 마리오 디 나폴리에게 전화를 걸어 주었고, 그 길로 모든 일이 일사천리로 진행되었다. 마리오의 동료인 실바노 페라리에게도 큰 신세를 지게 되었다. 그는 나를 위해 출처가 모호했던 자료들을 찾아 주었고, 그가 찾을 수 없는 경우에는 폐가식 서가에서 그와 함께 찾을 수 있도록 나를 초대해 주었다. 유럽대학연구소에서, 내 프로젝트에 대한 라파엘 로마넬리가 보여 준 뜨거운 관심은 얼마간의 불확실한 시간들을 버티는 데 도움이 되었다. 친구인 크리스티앙 요프케는 내가 앞으로 나아가도록 격려해 주었으며, 많은 좋은 동료들을 소개해 주었다.

친절, 지원, 제안, 환대, 인용, 비판 그리고 때때로 그들이 보여 준 놀란 표정과 관련해, 나는 다음과 같은 이들에게 진심으로 감사를 표한다. 피터 벤다, 디디에르 비고, 스콧 버스비, 키티 칼라비타, 크레이그 칼혼, 마티외 드플렘, 게리 프리먼, 베르나르 게노, 쟈넷 길보이, 필 고르스키, 발렌딘 그뢰브너, 버지니 기로돈, 데이비드 제이콥슨, 데이비드 라이틴, 레오 루카센, 마이클 만, 존 맥코믹, 밥 뮐러, 대니얼 노드만, 지오반나 프로카치, 마리안 스미스, 페기 서머스, 야세민 소이살, 앤서니 리치몬드, 팀 태킷, 사라 바르네케, 故 마이런 위너, 브루스 웨스턴. 이 책을 법과 사회에 관한 케임브리지 시리즈Cambridge Series on Law and Society로 출간할 수 있도록 나를 초대해 준 수전 실베이에게 특히나 감사를 표한다.

이 책을 저술하는 과정에서, 여러 다른 기관들의 후원으로부터 많은 도움을 받았다. 이들은 연구를 위한 기금이나 학문적 의무에서 벗어날 시간, 이 프로젝트를 수행하기 위한 적절한 환경 등을 제공해 주었다. 미국에서 인문학에 대한 공적 지원이 공격받고 있는 시점에, 나는 내가 특별한 영예로 여겼던 국립인문학재단의 연구비 수여에 관해 각별히 언급하고 싶다. 독일마셜기금German Marshall Fund이 나의 작업의 가치를 발견하고 지원해 준 것 역시 더 없이 기쁜 일이었다. 파리에서는 프랑스혁명사연구소Institut de l'Histoire de la Revolution Française의 카트린 뒤프라 교수의 도움을 받았으며, 쉬게의 집/인간학의 집Maison Suger/Maison des Sciences de l'Homme의 환대를 누렸다. 특히 모리스 에말 국장은 가장 큰 도움이 되었다. 캘리포니아 어바인대학University of California at Irvine이 나와 이 프로젝트를 지원해 준 것에 대해서도 감사를 표한다.

나는 여기에 표시하기에는 너무 많은 장소에서 이 프로젝트에 관해 이야기했지만, 그럼에도 불구하고 이 기회를 빌어 하버드 유럽연구센터Center for European Studies at Harvard의 찰스 마이어 센터장과 프랑스사회과학고등연구원Ecole des Hautes Etudes en Sciences Sociales의 저명한 이주사가인 낸시 그린에게 감사한다. 그들은 각자의 연구소에서 이 프로젝트에 관해 발표하도록 초대해 주었고 도움이 되는 유익한 논평들을 받도록 해 주었다.

이 책 1장은 이 책의 결론과 함께 「왕래: 정당한 '이동 수단'의 국가 독점에 관하여」 Coming and Going: On the State Monopolization of the Legitimate 'Means of Movement' 라는 제목으로 먼저 출간되었다[Sociological Theory 16(3)(November 1998): 239-259] 이 논문은 「왕래: 정당한 이동 수단의 국가 독점」 Aller et venir: le monopole ètatique des 'moyens légitimes de circulation이라는 제목으로 프랑스어로도 출간되었다[Cultures et Conflits 31 – 32 (Autumn-Winter 1998): 63 – 100]. 3장의 일부도 「여권 통제와 순환의 자유: 19세기 독일의 사례」 Le contrôle des passe-ports et la liberté de circulation: Le cas de l'Allemagne au XIXe siècle라는 제목으로 프랑스어로 출간되었다[*Genèses: Sciences sociales et histoire* (March 1998): 53 – 76].

나는 또한 내 연구 조교인 데릭 마틴과 샤론 맥코넬에게 감사한다. 그들은 붕괴 직전에 바닥에 난 작은 문틈으로 내가 빠져나갈 수 있도록 도와주었다. 아, 해리슨 포드가 주연한 영화 속 장면과는 달리, 마지막 영웅적 행위를 위한 시간이 있을 때까지 그 문은 열린 채로 남아 있지 않았다. 케임브리지대 출판부의 필립파 맥기니스와 샤론 멀린스가 이 프로젝트에 보여 준 열의와 그들이 원했던 것보다 좀 더 오랫동안 문을 열고 기다려 준 것에 대해서도 감사를 표한다. 이 책이 결실을 맺은 것은 그들의 인내가 정당했음을 분명히 보여 주는 것이었다.

옮긴이의 글

이 책은 2018년에 출간된 존 토피의 『여권의 발명: 감시, 시민권 그리고 국가』*The Invention of the Passport: Surveillance, Citizenship and the State* 제2판을 완역한 것이다. 2000년에 출간된 초판과는 달리, 이 제2판에서는 초판이 출간된 이후 이 책과 관련된 논쟁과 주제의 발전 방향 등을 다룬 제2판 서문과 초판이 다루지 못했던 2001년 9월 11일 테러리스트 공격 이후 미국을 비롯한 캐나다, 영국, 프랑스, 독일 등지에서의 국제 이주 통제와 여권의 변화 양상을 다룬 독립된 장章을 포함하고 있다.

　이 책의 제목인 '여권의 발명'이 시사하고 있듯이, 이 책은 '탄생'이나 '기원'으로서의 여권을 다루는 것은 아니다. 여권이나 그와 유사한 기능을 수행하는 여행증명서, 혹은 신분증이나 신원을 드러내는 표식 등은 이 책이 출발점으로 삼고 있는 프랑스혁명 이전부터 존재해 온 것이었다. 비록 그 대상은 지극히 제한적이긴 했지만, 왕이나 군주뿐만 아니라 지역의 지배자나 영주, 상단이나 종교적 권위체 등은 이런 종류의 신분증들을 오랫동안 발급해 왔다. 대신에, 이 책은 프랑스혁명 이후 근대 국민국가들 및 국제 국가 체계의 성장과 발전 과정에서 국가의 경계를 넘어 이동하는 사람들을 대상으로 여권이라는 형태의 문서를 통한 통제가 어떻게 구축되어 왔으며, 현재에 이르기까지 어떻게 광범위하게 확산되어 왔는가를 서구를 중심으로 조망한다.

　'여권의 발명'은 그것이 '발명'이라는 점에서 전통이라고 간주되는 것들이 실제로는 최근에야 시작된 것이고, 국민성이나 민족주의, 혹

옮긴이의 글

321

은 국민 정체성의 창조를 통하여 국가적 통합을 촉진하기 위해 지배 엘리트들이 만들어 낸 것이었다는 에릭 홉스봄의 '전통의 발명'the invention of tradition과 그 맥을 같이 한다. 실제로 현재와 같이 국제 이동을 위해 여권이 필수적인 문서로서 본격적으로 사용되기 시작한 것은 불과 100여 년 전인 제1차 세계대전 직후부터였다. 물론 그 이전에도 국내외의 이동을 통제하기 위하여 여권의 소지가 의무화된 경우도 있었고, 현재와는 달리 외국인에게도 여권이 발급되기도 하였다. 또한 여권법이 제정되고 시행되기도 하였다. 그러나 19세기 중반부터 20세기 초반까지 서구의 자유화 시대(혹은 근대의 첫 번째 지구화 시대)에 최소한 서구에서나 서구 국가들 간에는 여권을 통한 국내외의 이주 통제 장벽이 현저하게 완화되거나 폐지되었다. 여권에 관해 제1차 세계대전이 고지한 것은 프랑스혁명 이후 서구의 근대화 과정에서 국내외의 이동을 통제하기 위해 간헐적으로나 일시적으로 사용되었던 여권을 통한 이동의 통제가 이제 영구적인 것처럼 보이게 되었다는 점이다.

그러나 좀 더 중요한 점은 홉스봄의 '전통'과 토피의 '여권'이 근대국가의 상이한 측면들에 초점을 맞추고 있다는 것이다. 홉스봄의 '전통'이 근대국가와 지배 엘리트들이 만들어 내는 국민성이나 민족주의 혹은 국민 정체성의 창조와 사회의 동원에 초점을 맞추고 있다면, 토피의 '여권'은 이동하는 사람들에 대한 국가들의 통제와 감시, 그리고 그런 사람들의 신원identity과 국적nationality으로 표현되는 소속 및 시민권에 초점을 두고 있다. 즉, 홉스봄의 '전통'이 국민성이나 민족주의 혹은 국민 정체성으로 표현되는 집합적인 정체성collective identity을 구성하는 데 중요한 역할을 했다면, 토피의 '여권'은 국가가 이동하는 개인 혹은 집단의 신원identity을 확인하고 그들을 장악하는 데 일조했다. 이는 그런 국가의 활동을 위한 관료적 인프라스트럭처infrastructure의 구축과 발전을 수반하는 것이기도 했다.

그렇다면 이런 과정은 어떻게 이해할 수 있는가? 토피는 이런 과정을 여권이라는 문서를 통한 합법적인 이동 수단의 국가 독점 과정으로 이해한다. 마르크스가 자본주의 발전 과정을 자본가가 생산수단을 독점하는 과정으로 이해했고, 베버가 근대국가의 발전 과정을 합법적인 폭력의 국가 독점 과정으로 이해했듯이 말이다. 이런 과정은 한편으로 국가가 봉건 영주나 지방자치체, 종교적 권위나 상단 등이 가지고 있던 이동 수단을 독점화하는 과정이었고, 다른 한편으로는 국내외의 이동과 통행을 위해 필요한 여권이나 신분증, 통행증 등의 문서를 통해 이동하는 사람들을 장악하는 과정이었다. 특히 후자의 과정은 인구센서스나 등록과 같은 인구 파악 제도들과 함께 국가가 존속하는 데 필요한 자원을 사회로부터 획득하거나 추출하는 국가와 사회 간의 관계를 구축하고 유지하는 데 일조했다. 나아가 국가는 국가들로 구성된 국제 국가 체계에서 각 국가에 속한 상이한 국민을 구분하는 역량을 개발·구축하면서 국제 인구 이동 통제 체계를 발전시켜 왔다. 동시에 이런 국제 여권 체제의 발전은 자국 여권 소지자들이 이동하는 다른 나라들에게 그들의 안전과 이동상의 편의를 요청하는 국제적인 관행을 정착시켰다.

이런 발전은 지금도 계속해서 진행되고 있다. 특히 2001년 9월 11일 뉴욕과 워싱턴에 대한 테러 공격과 연이은 서유럽 각국에서의 이슬람 테러 공격들은 국제 인구 이동에 대한 통제를 뚜렷하게 강화시켰다. 이에 따라 미국과 서유럽 국가들의 주도하에 기존의 여권을 대체하는 새로운 여권들이 개발되었다. 이제 기계 판독이 가능한 여권을 넘어, 여권에 여권 소지자의 생체 정보를 내장한 전자 여권이 전 세계적으로 광범위하게 확산되었고, 현재 전 세계 110여 개 국가가 국제 인구 이동의 수단으로 전자 여권을 채택하고 있기도 하다.

분석적 차원에서 근대 국제 인구 이동 현상을 국제 인구 이동에 대한 통제와 (이민) 정착으로 구분하고 각각의 독자성뿐만 아니라 그 관계를 살펴보는 데 관심을 기울여 온 내게 이 책은 근대 국제 인구 이동의 통제와 그 기원, 그리고 발전에 관한 탁절한 비교역사사회학적 관점을 제시해 주는 것이었다. 특히 국제 인구 이동 혹은 이민에 관한 많은 연구들이 (이민) 정착에 관한 문제, 즉 이민자들의 주류 사회로의 포함(혹은 통합)이나 주류 사회로부터의 배제의 문제에 천착해 왔다는 점에서, 여권이라는 합법적인 이동 수단의 국가 독점과 이를 바탕으로 한 국제 국가 체계의 발전을 비교역사적으로 다룬 이 책의 출간은 근대 국제 인구 이동을 다른 각도에서 살펴볼 수 있는 좋은 기회가 아닐 수 없다.

이 책이 다루고 있지 않지만, 한국이 지정학적으로 위치한 동아시아 역시 19세기 중반부터 (비록 부침은 있었지만) 광범위한 국제 이주 현상을 경험해 왔다. 이 지역에서 벌어졌던 전통적인 국가 체계의 붕괴, 러시아의 확장과 일본의 제국주의 및 식민주의, 전쟁과 냉전, 탈식민화, 공산주의 국가 및 발전 국가의 형성과 발전, 개혁과 개방, 민주화, 해외여행 자유화, 1980년대 이후의 새로운 국제 이주(이민) 체계의 형성 등은 비단 국제적인 인구 이동뿐만 아니라 국내의 인구 이동에 대한 다양한 국가 통제를 겪어 왔다. 이 지역의 국가들 역시 합법적인 이동 수단의 국가 독점을 기반으로 이 지역에서의 인구 이동의 경로를 만들어 내거나 그렇게 하려는 시도를 이어 왔다. 이 점에서 이 책은 이 지역에서의 국가에 의한 인구 이동 통제를 이해하기 위한 중요한 이론적 자원들과 비교를 위한 풍부한 사례(서유럽과 미국)를 제시하고 있다.

이 책의 번역은 2018년 이 책의 제2판이 출간되기 전에 시작되었다. 2000년에 출간된 이 책 초판에 대한 초역을 진행 중이던 2018년 초에 제2판이 출간된 것이라는 소식을 접했고, 후마니타스와의 논의를 거쳐 제2판을 번역하기로 결정했다. 2018년 가을에 제2판이 출간되었다는 것을 확인하고 2019년부터 다시 번역에 착수하여 이제야 출간에 이르게 되었다. 이 책의 공동 역자인 임금희 선생은 이 책의 초판 번역부터 함께했고, 또 다른 공동 역자인 강정인 선생은 제2판 번역부터 참여했다. 그러나 강정인 선생은 제2판 초역을 마친 후 2019년 7월 불의의 사고로 재역과 교정 과정에 참여할 수 없게 됐다. 재역과 교정을 위한 회복의 시간을 열어 두었지만, 그 시간은 좀처럼 오지 않았다. 초역의 과정을 반추하자면, 강정인 선생님은 이 책을 통해 집합적인 정체성collective identity과 여권에 표기되는 개인의 신원individual identity으로서 국적과의 관계 및 그 함의를 살펴보는 데 관심을 기울였다.

마지막으로 책임 역자로서 이 책의 번역에 관심을 기울여 주신 모든 분들에게 감사드린다. 일일이 열거하지는 못하더라도 그런 관심은 오랜 기간 진행된 번역 과정을 지탱하는 데 큰 힘이 되었다. 서강대학교 글로컬 연구소는 물심양면으로 이 책의 번역에 큰 도움을 주었다. 이 책의 추천사를 써주신 류석진, 설동훈, 이철우 선생께도 감사의 마음을 전한다. 추천사뿐만 아니라 번역에 있어서도 중요한 점들을 제시해 주었다. 이 책을 출간하는 후마니타스는 편집과 출간의 전 과정에서 세심한 도움을 주었다. 후마니타스에서는 지난 2001년 번역 출간한 『작은 것들의 정치: 혁명 전통의 잃어버린 보물』 이후 근 10년 만에 이 책을 출간하게 되었지만, 언제나 변치 않는 도움에 고마움을 전한다.

전북대 사회과학연구소에서
책임 역자 이충훈

제2판 서문

1 국경 통제에서의 변화에 관한 샤하의 견해는 그녀가 비판하는 국경에 관한 프레임, 즉 "정태적" 관점 대 "소멸"의 관점이라는 프레임에 대한 매우 유용한 대안이다. 그러나 그녀가 잠재적 침입자들이 목적지 국가로 여정을 떠나기도 전에 그들을 저지하려는 노력들을 묘사할 때, 그녀는 최근 나타난 수많은 현상들을 아리스티드 졸버그가 오래전에 "원격 통제"(remote control)라고 불렀던 것과 관련되어 있는 것으로 간주하는 것 같다.

서론

1 "Law to Track Foreigners Entering US Postponed," *New York Times* (West Coast edition), 4 October 1998: A4; "Agreement Resolved Many Differences Over Policy as Well as Money," *New York Times* (West Coast edition), 16 October 1998: A17 참조.

2 Brubaker 1992, Chapter 1; Crowley 1998 참조.

3 특히 Wiener 1998 참조.

4 Soysal 1994 참조.

5 나는 이 같은 목표를 향해 나아가려는 시도들을 조직하는 데 참여해 왔다. 비록 그 시간적 틀과 지리적 범위가 궁극적으로 우리가 원했던 것보다 여전히 제한적이었지만 말이다. Caplan & Torpey 2000 참조.

6 이 문제에 대한 내 생각은 Bull 1995[1977]로부터 큰 영향을 받았다.

1장

1 Meyer 1987: 53.

2 Foucault 1979; 1980b; 1991 참조.

3 예를 들어, Zolberg 1978; 1983 참조. 졸버그의 주장은 최근에야 주목을 받고 있는

것으로 보인다. 예를 들어, Skran 1995 참조.

4   Anderson 1991[1983] 참조. 마이클 만(Mann 1993, 218)은 다양한 국민들의 공동
    체가 제도화되지 않은 상황에서도 "앤더슨의 '프린트 자본주의'는 다양한 국민들의
    공동체만큼이나 쉽게 초국가적인 서구를 산출할 수 있었다"고 언급했다.

5   "신원 확인 혁명"에 관해서는 Noiriel 1991을 참조. 그는 "카드와 코드"의 개념을 개진
    했다(1996, 2장). 제인 캐플런(Jane Caplan 2001)은 작명(作名)과 관련된 법률들
    에 대한 책에서, 19세기에 "신원 확인의 문화"가 출현했다고 언급한다.

6   이동에 대한 통제 체계로서 노예제와 농노제에 관한 비교 분석으로는 Kolchin 1987,
    특히 제1장 "노동 관리"(Labor Management) 참조.

7   한 국가에서 그런 개인들에 관한 면밀한 연구로는 Beier 1985 참조.

8   Polanyi 1944, 104[국역본, 325쪽](강조는 인용자); 또한 Chambliss 1964 참조.

9   근대 빈민 구제 제도에 관한 분석으로는 Gorski 1996; 1997 참조. 독일에서 빈민
    구제의 "국가화"에 대해서는 Steinmetz 1993 참조. 연방 수준에서 주 수준으로 책임
    을 전가한 미국 복지법상에서 최근에 나타난 변화들이 이 같은 경향을 역전시키기
    시작한 것이었는지에 대해서는 의심의 여지가 있다.

10 그런 조직들에 관해서는 Spruyt 1994 참조.

11 소련과 중국에서의 여권 통제에 관해서는 Torpey 1997 참조.

12 이 문제에 관해서는 Gilboy 1997 참조.

13 예를 들어, Mann 1993; Skocpol 1978; Tilly 1990 참조. 랜들 콜린스는 마이클 만의
    발표에 대한 논평에서 "침투"라는 용어를 근대국가의 핵심적인 활동을 이해하기 위한
    일종의 압축적 표현으로 사용했다. The Center for Social Theory and
    Comparative History, UCLA, 27 January 1997.

14 Habermas 1987 참조.

15 Mann 1993: 60.

16 Ibid. 61.

17 Scott 1988 참조. 스콧이 어떻게 그와 스티븐 마글린이 국가의 기능에 관해 거의 유사
    한 견해에 도달했는지를 묘사할 때 사용했던 은유를 빌려 온다면, 스콧과 나는 서로
    다른 기차를 타고 동일한 목적지로 갔던 셈이다. 그러나 그의 열차는 "완행"이었던
    반면, 내 열차는 "급행"이었다. 즉, 스콧은 근대국가가 사회를 "알아볼 수 있게" 만들려
    고 해왔던 다양한 방식들을 탐구했던 반면, 나는 그런 노력의 특정한 한 측면 — 즉,
    이동의 규제를 위해 사용된 신분 확인 문서들 — 에 초점을 맞추었다.

18 Douglas 1966: 121[국역본, 193쪽].

19 Brubaker 1996: 24; 또한 Powell and Dimaggio 1991 참조.

20 Noiriel 1996: 45.

21 rubaker 1992 참조.

22 Weber 1978: 922.

23 Brubaker 1996: 16, 19.

24 Tilly 1990: 25[국역본, 56쪽].

25 Giddens 1987: 47[국역본, 63쪽]. 더들리(Dudley 1991)에 따르면, (고대 수메르에서) 글쓰기의 기원은 연설을 기록하는 수단으로서가 아니라 과세를 용이하게 하기 위해서였다.

26 Goffman 1963 참조.

27 Goffman. 1961 참조.

28 Foucault 1979; 1980a 참조. 시각 능력에 관한 최근 프랑스 사회철학의 부정적 평가와 투명성, 광체, 계몽 등을 강조하는 계몽주의적 사유 방식에 대한 프랑스 사회철학의 공격에 대한 비판적 논의로는 Jay 1993 참조.

29 1996 California Driver Handbook, Department of Motor Vehicles, State of California [n.p., n.d]. 강조는 필자.

30 근대사회에서의 감시를 이해하는 데 있어 최근의 발전에 관한 논의로는 Lyon 1994 참조. 라이언의 설명은 비단 국가뿐만 아니라 사적인 경제 주체들도 감시에 한층 더 관심을 갖고 있다는 것을 분명하게 보여 주었다. 이 책은 오직 국가가 이동을 통제하기 위해 감시 기술을 사용하고 그것에 의존하는 방식에 관한 것이다.

31 Foucault 1979: 189.

32 Nordman 1996: 1123-1124.

33 Anderson 1974: 37-38[국역본, 64쪽].

34 Bertelsmann 1914, 17-18.

35 Raeff 1983, 74, 89-90.

36 5 R. II, stat. 1, c. 2 (1381) section 7, Plender 1988: 85 n. 12에서 재인용.

37 Warneke 1996 참조.

38 14 Charles II c. 12. 칼 폴라니는 이 법을 정주법(Act of Settlement)이라고 언급했다[국역본, 250쪽].

39 Bendix 1978: 501ff.

40 Matthews 1993: 1-2.

41 Kolchin 1987 참조.

42 이 과정에 관해서는 Burke 1997; Elias 1978; 1982; Tilly 1990 참조.

43 Brubaker 1992: 37 참조. 한 역사가에 따르면, "여권"이라는 용어가 이 시기에 프랑스에서 처음으로 사용되었다고 하는데, 이는 매우 시사적이다. Nordman 1987: 148 참조.

44 Polanyi 1944: 63-67. 내가 여기서 발전시키고자 하는 분석을 위해 폴라니의 고전적 저작이 유용하다는 점을 상기시켜 준 폐기 서머스에게 감사한다.

2장

1 Woloch 1994: 130, 393; 또한 Woloch 1986 참조.

2 Burguiere & Revel 1989: 66; Grossi 1905: 145; Nordman 1996: 1123 참조.

3 Cobb 1970: 243.

4 Hufton 1974: 229.

5 *Cahiers des États Généraux* (Paris: Librairie Administrative de Paul Dupont, 1868) [이하에서는 *Cahiers*], vol. 4: 759; 또한 the *cahiers* of the bourg d'Ecouen, Paris hors les murs, *Cahiers*, vol. 4: 509 참조.

6 *Cahiers*, vol. 4: 21

7 Lefebvre 1962: 107.

8 테니스 코트 서약에 관해서는 Lefebvre 1947, 84-85 참조.

9 *Le Moniteur*, vol. 2: 22-23.

10 Greer l951: 26.

11 Lefebvre 1962: 180-181.

12 *Collection complète des lots, décrets, ordonnances, réglements, etc.*, ed. J. B. Duvergier [이하에서는 *Collection complète*], vol. 1 (Paris: A. Guyot, 1834): 195-196.

13 Le Moniteur, vol. 5: 242-243. 푀셰는 아마도 1789년 『백과전서』*Encyclopédie méthodique*에서 경찰에 관한 부분 — 공공 행정의 이론과 실천 — 을 편집하고 서문을 썼던 푀셰와 동일 인물인 것으로 보인다. 키스 베이커는 그를 "근대사회의 가치를 방어하는 데 열정적인" 사람으로 묘사했다. Baker 1990: 240 등등. 이런 연관성을 지적해 준 얀 골드스타인에게 감사를 표한다.

14 *Le Moniteur*, vol. 5: 351-352.

15 Greer 1951: 24.

16 Lefebvre 1962: 170.

17 "Décret qui ordonne d'arrêter toutes personnes quelconques sortant du

royaume, et d'empêcher toute sortie d'effets, armes, munitions, ou espèces d'or et d'argent, etc." 1791년 6월 21일, *Collection complète*, vol. 3: 53. 국왕의 도피 사실이 알려졌을 때 의회의 망연자실한 반응에 관해서는 Archives parlementaires de 1787 a 1860 [이하에서는 AP], 1. Serie, vol. 27 (Paris: Societé d'imprimerie et librairie administratives Paul Dupont, 1887): 358.

18 이 구절과 다음 구절은 *Le Moniteur*, vol.8: 741-743의 내용에 토대를 둔 것이다.

19 Lefebvre 1962: 207-208.

20 *Le Moniteur*, vol. 8: 737

21 Ibid. 738.

22 Ibid.

23 "Décret qui indiqué les formalités a observer pour sortir du royaume" 1791년 6월 28일, *Collection complète*, vol. 3: 68-69.

24 *AP*, 1. Serie, vol. 27: 563-564 참조.

25 Greer 1951: 26; "Décret du ler-6 août 1791, relatif aux émigrants," AP, 1. Serie, vol. 29: 8-89와 "Décret portant abolition de toutes procedures instruites sur les faits relatifs a la révolution, amnestie generale en faveur des hommes de guerre, et revocation du décret du ler août dernier, relatif aux émigrans, 14-15 septembre 1791," *Collection complète*, vol. 3: 267-268 참조.

26 그 예로는 Lefebvre 1962: 187-188, 191-192 참조.

27 ibid. 105에서 재인용.

28 Brubaker 1992: 47에서 재인용.

29 이 과정에 대한 논의로는 Guiraudon 1991; Wahnich 1997 참조.

30 Noiriel 1996: 46.

31 프랑스에서 '데파르트망의 설치'에 관해서는 Woloch 1994: 26-31 참조. 위 인용은 p. 27.

32 1791년 중반까지 이와 관련해 취해진 조치들의 결과에 대한 논의는 *AP*, 1. Serie, vol. 28: 722 참조; 이 논의는 다음의 글에 대한 서문이었다. "Décret pour l'exécution du tarif des droits d'entrée et de sortie dans les relations du royaume avec l'étranger, 6 août (28 juillet et) -22 août 1791," *Collection complète*, vol. 3: 182-202.

33 Lefebvre 1964: 295.

34 Constitution franchise, *Collection complète*, vol. 3: 241.

35 175년 후에, 미국 대법원은 공산주의자로 의심을 받고 있는 사람이 출국을 원할 때

여권 발급을 거부하는 것은 헌법에 위배된다는 판결과 더불어 "여행의 자유는 언론 및 결사의 자유를 향한 권리와 밀접히 관련된 헌법상의 자유"로 간주하게 될 것이었다. 주요 판결이 내려진 사례로는 *Kent v. Dulles* (1958)와 Aptheker v. Secretary of State (1964). Plender 1988: 103; Turack 197 참조.

36 *AP*, 1. Serie, vol. 30: 621.

37 Ibid. 632.

38 Greer 1951: 26-27.

39 "Décret relatif aux émigrans," *Collection complète*, vol. 4: 14-15.

40 Lefebvre 1962: 213-215.

41 "Arrêté pris par le directoire du département du Nord, le 17 décembre 1791," Wahnich 1997: 96에서 재인용.

42 *AP*, 1. Serie, vol. 37: 608-609.

43 Wahnich 1997: 96-97.

44 *AP*, 1. Serie, vol. 36: 618; Wahnich 1997: 107-108에서 재인용.

45 Lefebvre 1962: 217.

46 "Arrêté relatif aux certificats de residence (Extrait du registre des deliberations du corps municipal, du lundi, 9 Janvier 1792)," *Le Moniteur*, vol. 11: 114.

47 *Le Moniteur*, vol. 10: 622.

48 *AP*, 1. Serie, vol. 37: 149.

49 Ibid. vol. 38: 14-27.

50 Polanyi 1944: 106, 140. 르페브르는 "벤담이 사법 개혁을 위한 계획을 구상했는데, 이는 미라보가 제헌의회에 제출했던 것이었다"라고 서술했다(Lefebvre 1962: 185). 그러나 프랑스혁명사연구소의 베르나르 게노는 (1997년 9월 20일의 개인적인 대화에서) 이에 대해 의혹을 제기했다. 물론 판옵티콘은 나중에 푸코가『감시와 처벌』에서 충분히 밝힌 바대로 감시와 교정의 제도이다.

51 Caratini 1988: 379의 간략한 전기를 참조.

52 Lefebvre 1962: 213.

53 위 두 단락은 *AP*, 1. Serie, vol. 37: 608-9의 내용에 기반을 둔 것이다.

54 이하의 설명에서 토대가 된 여권 법안에 관한 논의는 *AP*, 1. Serie, vol. 37: 691-694에 나타나 있다.

55 "Décret relatif a l'organisation d'une police municipale et correctionelle,

19-22 juillet 1791," Collection complète, vol. 3: 114 이하.

56 *AP*, l. Serie, vol. 37: 691-694.

57 *AP*, 1. Serie, vol. 38: 38-45.

58 *AP*, 1. Serie, vol. 37: 691-694. 강조는 저자.

59 Soboul 1989: 1089.

60 이하의 설명은 *AP*, 1. Serie, vol. 38: 14-27의 내용을 토대로 한 것이다.

61 Noiriel 1996: xvii-xviii.

62 『라 뤼미에르』*La Lumière*의 1854년 7월 22일자 기사(p. 156)에서는 리슈부르그 지역이 여권 사진이라는 아이디어를 도입했다고 주장한다. 이 점을 알려 준 제인 캐플런에게 감사한다.

63 이 조항을 주장했던 주동자들은 이 법령을 1791년 1월 19일자 법이라고 잘못 언급하고 있다.

64 Caratini 1988: 522.

65 Lefebvre 1962: 215.

66 Fussell 1980: 28.

67 "Décret relatif aux passeports," 1 février - 28 mars 1792, *Collection complète*, vol. 4: 55-56.

68 이 설명은 *AP*, 1. Serie, vol. 38: 14-27 참조.

69 "Décret relatif aux passeports," 1 février - 28 mars 1792, *Collection complète*, vol. 4: 55-6.

70 "Décret relatif aux passeports," 28-29 juillet 1792, *Collection complète*, vol. 4: 272.

71 이 부분과 관련해서는 Brubaker 1992: 67 참조.

72 "Décret relatif au retablissement de la libre circulation des personnes et des choses dans 1'intérieur," 1792년 9월 8일, AP, 1. Serie, vol. 49: 472-473.

73 AP, 1. Serie, vol. 50: 149; "Décret relatif à la libre circulation des personnes et des choses dans 1'intérieur," 1792년 9월 19일, *Collection complète*, vol. 4: 470.

74 Nordman 1987: 149-50.

75 Noiriel 1996: xviii; "Loi que détermine le mode de constater l'état civil des citoyens, du 20 septembre 1792," *Le Moniteur*, vol. 14, pp. 173—6. 누아리엘은 나폴레옹 시기에 정부는 모든 개인에게 "한 개의 성을 사용하고, 그 사용과 계승의

규칙을 제정해야 할 의무"를 부과하면서, 행정적 목적을 위해 신원을 고정하는 쪽으로 나아갔다는 점에 주목했다.

76 Brubaker 1992: 8.

77 "Décret qui bannit a perpetuité les émigrés français, 23-25 octobre 1792," *Collection complète*, vol. 5: 27.

78 "Décret qui oblige les émigrés rentrés en France a sortir du territoire français, 10 novembre 1792," *Collection complète*, vol. 5: 42.

79 "29 novembre – ler decembre 1792, Décret qui leve la suspension des certificats de residence en ce qui concerne les négocians, les marchands et leurs facteurs, connus pour être dans l'usage de voyager pour leurs affaires de commerce," *Collection complète*, vol. 5.

80 "7 decembre 1792, Décret relatif aux passeports à accorder à ceux qui seraient dans le cas de sortir du territoire francais pour leurs affaires," *Collection complète*, vol. 5: 69. 흥미롭게도 같은 날 이 법령에 뒤이어 다음 법령이 뒤따라 나왔다. "Décret qui abolit toutes les servitudes réeles ou conditions portees par les actes d'inféodation ou d'acensement, et qui tiennent à la nature du regime féodal."

81 *AP*, 1. Serie, vol. 54: 404.

82 "22-27 Janvier 1793, D" 22-27 Janvier 1793, Décret relatif a la nouvelle forme des congés des bâtimens de commerce français et des passeports a delivrer aux bâtimens étrangers," *Collection complète*, vol. 5: 118.

83 *Le Moniteur*, vol. 15: 498, 531-2; vol. 16: 52; Guiraudon 1991: 595; Soboul 1989: 198.

84 *AP*, 1. Serie, vol. 59: 270.

85 *Collection complète*, vol. 5: 173.

86 Ibid. 175.

87 "10 avril 1793, Decrets relatifs aux passeports," *Collection complète*, vol. 5: 245.

88 Lefebvre 1964: 45-8; "Décret concernant les peines portées contre les émigrés, 28 mars-5 avril 1793," *Collection complète*, vol. 5: 218-28.

89 "Décret relatif aux passeports des agens du conseil exécutif et du comité du salut public," *Collection complète*, vol. 5: 279.

90 "22-26 juin 1793, Décret relatif aux citoyens servant dans les armées dirigées

contre les rebelles," *Collection complète*, vol. 5: 350.

91 *AP,* 1. Serie, vol. 81: 626.

92 Lefebvre 1964: 68; "Décret relatif aux gens suspects, 17 septembre 12 août 1793," *Collection complète*, vol. 6: 172.

93 *Le Moniteur*, vol. 18: 333.

94 Wahnich l997: 117.

95 Guiraudon 1991: 595. 와니히는 완장이 1793년 8월 3일 외국인법 제7조(Loi sur les Strangers)에서 제안된 것이었을 뿐, 실제로 실행된 적은 없다고 주장했다 (Wahnich 1997: 12, 21).

96 Lefebvre 1964: 47; Wahnich 1997: 119-120.

97 Lefebvre 1964: 40.

98 Cobb l970: 95.

99 Lefebvre 1964: 294.

100 *Le Moniteur*, vol. 19: 134-135.

101 *Le Moniteur*, vol. 21: 571.

102 파리시 자치행정을 억압하는 조치들은 혁명력 2년 프뤽티도르[과일 맺히는 달] 14일에 취해졌다. Soboul 1989: 811 참조.

103 *Le Moniteur*, vol. 22: 106. 이동을 규제할 권한을 두고 벌어진 파리시와 중앙정부 사이의 논쟁에 대해서는 *Le Moniteur*, vol. 23: 250-251 참조.

104 "Decret interpretatif de celui du 6 fructidor, concernant les passeports," *Collection complète*, vol. 7: 287.

105 혁명력 3년 방토즈[바람 부는 달](Ventôse Year III) 5일(1795년 2월 24일)의 엄격한 법 참조. 이 법은 그들을 해임하고, 테르미도르[뜨거운 달] 10일(1794년 7월 28일) 이후 직위에서 해제된 사람들을 지위고하를 막론하고 그들의 본래 지방정부에서 감시를 받도록 했다. *Le Moniteur*, vol. 23: 548-549. 1795년 경작자, 예술가, 상인을 위한 이 같은 엄격한 규제의 완화에 대해서는 *Le Moniteur*, vol. 23: 693 참조.

106 Greer 1951: 97.

107 *Le Moniteur*, vol. 24: 365.

108 Lefebvre 1964: 144-145.

109 "Arrêté du comité de sûreté général, du 17 messidor, l'an III de la république française une et indivisible [5juillet 1795]," *Le Moniteur*, vol. 25: 180.

110 *Le Moniteur*, vol. 25: 421.

111 "23 messidor an III (11 juillet 1795), Décret qui ordonne aux étrangers nés dans les pays avec lesquels la République est en guerre de sortir de France, s'ils n'y sont pas domiciliés, avant le premier Janvier 1792," *Collection complète*, vol. 8: 185.

112 *Collection complète*, vol. 8: 301-302.

113 "24 vendémiaire an II (15 octobre 1793), Décret contenant des mesures pour l'extinction de la mendicité," *Collection complète*, vol. 6: 229-233.

114 "2 germinal an 4 (22 mars 1796) - Arrêté du Directoire exécutif, contenant des mesures relatives a l'exécution des lois," *Collection complète*, vol. 9: 66-67.

115 Cobb 1970: 95-96.

116 *Le Moniteur*, vol. 27: 535.

117 이 발언자는 Jean-Gérard Lacuée라고 함. *Biographie nouvelle des contemporains*, vol. 10: 261-262 참조.

118 이 설명은 *Le Moniteur*, vol. 27: 627-630에 토대를 두고 있다. 법안 자체에 관해서는 "공화력 4년 방토즈[바람 부는 달] 14일(1796년 3월 4일), Loi qui détermine le mode de délivrance des passeports à l'étranger," *Collection complète*, vol. 9: 53 참조. 이 조치를 채택하면서 정부는 명의 도용자에 대한 여권 발급을 줄이고, 이에 연루된 자들을 처벌하기 위해 만들어진 또 하나의 조치를 즉각적으로 채택했다. "17 ventôse an IV(1796년 3월 7일), Loi contenant des mesures pour empêcher les délivrances des passeports sous des noms supposés," *Collection complète*, vol. 9: 53-54.

119 공화력 4년 방토즈[바람 부는 달] 24일(1796년 3월 14일) 500인 위원회에서 수에 (Souhait)의 언급 참조. *Le Moniteur*, vol. 27: 710.

120 "4 nivôse an 5(1796년 12월 24일), Arrêté du Directoire exécutif, qui present des mesures relatives aux passeports des étrangers arrivant en France," Collection complète, vol. 9: 250. 공화력 2년 플로레알[꽃피는 달] 말(1794년 5월 후반)에 공안위원회는 일반 업무국(The Bureau Ministry of General)을 창설했다. Lefebvre 1964: 122.

121 "21 germinal an 5(1797년 4월 10일), Arrêté du Directoire exécutif, concernant les passeports délivrés par les ministres et envoyés des États-Unis d'Amerique," *Collection complète*, vol. 9: 339.

122 아마도 가장 잘 알려진 반응은 에드먼드 버크의 『프랑스혁명에 관한 성찰』 *Reflections on the Revolution in France*(1790)일 터인데, 이는 신랄하면서도,

상층 엘리트의 입장이 상당히 반영된 것이었다.

123 Greer 1951: 102-3; Lefebvre 1964: 197-201.

124 Plender 1988: 65; 법의 요약으로는 *Le Moniteur*, vol. 29: 22, 29, 33, 39, 43 참조.

125 *Collection complète*, vol. 10: 79-80.

126 Tocqueville 1955: x[국역본, 40쪽].

3장

1 이 점에 관해서는 Sheehan 1989: 232-233의 논의를 참조.

2 Lüdtke 1989: 46.

3 H. H. 1866: 222 참조, 여기서 저자는 "여권(통행증)이 처음으로 '여권'(Passporten)이라는 이름으로 언급된 것은 1570년 슈파이어(Speyer)의 기사명부 제89항에서 발견된다"고 기록하고 있다. 이런 귀중한 자료를 발견하는 데 마티외 드플렘에게 많은 신세를 졌다.

4 H. H. 1866: 224-225.

5 Grossi 1905: 136.

6 H. H. 1866: 225.

7 Grossi 1905: 122.

8 Hansen 1961: 50.

9 Hansen 1961: 50 참조; 인용은 p. 301.

10 Koch 1985: 18.

11 "Allgemeines Paßreglement fur gesammte Königlich-Preussische Staaten, vom 20. März 1813," *Gesetzsammlung fur die koniglichen preussischen Staaten* [이하에서는 Gesetzsammlung으로 표기]] 1813: 47-57.

12 Bertelsmann 1914: 18.

13 Koch 1985: 23.

14 "Allgemeines Paßreglement fur gesammte Königlich-Preussische Staaten, vom 20. März 1813," *Gesetzsammlung* 1813: 47-57.

15 Sheehan 1989: 317-18; 인용은 p. 318.

16 "Deklaration des Pass-Reglements vom 20. März 1813 in Ansehung der Frachtfuhrleute, Handwerksgesellen und Viehhaendler. Vom 20. Februar 1814," *Gesetzsammlung 1814: 10-12*. 칙령은 트루아의 국왕 전시 사령부에서

국왕과 하르덴베르크의 이름으로 공포되었다.

17 Sheehan 1989: 401-406 참조.

18 "Allgemeines Paßedikt für die Preussische Monarchic," 22 June 1817, in *Gesetzsammlung* 1817: 152 이하.

19 H. H. 1866: 229-230.

20 Lüdtke 1989: 82.

21 Brubaker 1992: 69-70. 이동의 자유를 향한 더욱 큰 움직임은 연방의 경계 자체를 벗어날 정도까지 확대되었다. 예를 들어, "ErklärungwegenAusdehnung der seit 1812 zwischen der königlichen Preussischen Regierung und der Schweizerischen Eidgenossenschaft bestehenden Freizügigkeits-Übereinkunft, auf sämmtliche jetzige Königliche Preussische und zur Schweizerischen Eidgenossenschaft gehörige Lande," October 25, 1817, in Gesetzsammlung 1817: 1 참조.

22 Brubaker 1992: 69-70.

23 Walker 1964: 75.

24 Ibid. 13-20, 29-30; 인용은 p. 30.

25 Hansen 1961: 110.

26 Walker 1964: 20, 24, 30; 인용은 p. 20.

27 Walker 1971 참조.

28 Hansen 1961: 170.

29 Ibid. 155-156.

30 Polanyi 1944: 77-78, 88-89 참조; Hansen 1961: 128-129도 참조.

31 스핀햄랜드 제도의 중요성에 대한 역사 사료상의 논쟁에 관한 간략한 논의로는 Marshall 1985 참조. 여기서 인용은 p. 43. 이 참고 문헌에 대해서는 필 고르스키에게 감사한다.

32 MacDonagh 1961: 26. "초국가주의"(transnationalism) 현상을 최근에야 발견한 사람들 또는 그것을 새로운 현상이라고 생각하는 사람들은, 이 시기에 '북대서양'을 사이에 두고 두 개의 대륙에 걸쳐 있던 아일랜드인 사회의 현실 — 특히 중국인의 해외 식민지를 포함하여, 인용될 수 있는 다른 수많은 사례들과 함께 — 을 참작해야만 한다.

33 Saggar 1992: 31.

34 최초의 영국 여객법(43 Geo. Ill, cap. 56); MacDonagh 1961: 61-64 참조.

35 Hobsbawm 1962: 211 참조; MacDonagh 1961: 64-5.

36 Hansen 1961: 104에서 인용.

37 Hansen 1961: 97; MacDonagh 1961: 64-5.

38 Hansen 1961: 129-30, 242.

39 "Magna Carta, 1215," Rothwell 1975: 320-1.

40 Hansen 1961: 131-135.

41 6 & 7 Will. IV, c. 11, *Statutes Revised*, vol. VII, 2 & 3 William IV to 6 & 7 William IV, A. D. 1831-1836: 975-8.

42 Saggar 1992: 27.

43 Bergmann & Korth 1985: 13-14.

44 이주 중상주의로서의 혈통주의는 혈통에 의해 시민권을 획득할 수 있는 원래의 인구가 "우리"를 구성한다고 가정하는 경향이 있다는 점에 주목하자. 이후 의심스런 "타자들"의 대규모 이민이라는 맥락에서, 혈통주의는 그들과 그들의 후손들을 완전한 시민권으로부터 배제하는 수단이 된다. 물론, 다른 정치적 고려들, 특히 이민자들에 대한 개방성 문제와 관련된 국민 신화는 이런 문제들에서도 일정한 역할을 수행한다. 시민권을 부여하는 데 있어서 출생지주의의 원칙이 구체제에서 지배적이었으며, 따라서 브루베이커가 주장했듯이 "공화주의적"인 발상이 아니었다는 점을 지적해 준 파트리크 베유에게 감사한다.

45 Brubaker 1992: 69-70.

46 데이비드 블랙번(David Blackbourn)은 남서부 독일에서 공동체의 시민권에 대한 규정을 바꾸는 데 대한 저항이 격렬했으며, 이는 오직 1860년대에 이르러서야 극복되었다고 지적했다. Blackbourn, "The Discreet Charm of the Bourgeoisie: Reappraising German History in the Nineteenth Century," Blackbourn & Eley 1984: 191-192 참조.

47 Walker 1971: 267.

48 Bergmann & Korth 1985: 14.

49 Brubaker 1992: 71.

50 Ibid. 65.

51 Walker 1964:95 참조.

52 Steinmetz 1993: 113-114.

53 Ibid. 114.

54 Grossi 1905: 135-136; Tammeo 1906: 141; Walker 1964: 138, 142-143,

150-151.

55 Hansen 1961: 288-290, 304 참조.

56 이 구절과 다음 구절은 H. H. 1866: 230-232의 설명에 기초한 것이다. "독일 국가들"
이라는 용어의 폭넓은 범위에 주목해 보자. 이 시기에는 통상 오스트리아가 포함되어
있었다. 독일에서의 "국민 통일"의 의미에 대해서는 이 장 뒷부분을 참조.

57 국가 시민(Staatsbürger)과 대립되는 의미로서 국적 소유자(Staatsangehörige)
및 그것의 구체적인 권리들에 대해서는 T. H. Marshall (1964) 참조.

58 Grossi 1905: 139-140.

59 H. H. 1866: 232-233, 238 이하. 프리덴탈 박사의 논평, Stenographische Berichte
über die Verhandlungen des Reichstages des Norddeutschen Bundes, I.
Legislatur-Periode, Session 1867[이후로는 Verhandlungen으로 표기], 1.
Band, Berlin, 1867: 177 참조.

60 H. H. 1866: 240-241. 19세기 철도 여행의 부상과 관련된 연구는 Schivelbusch
1980 참조.

61 Hamerow 1969: 98-9.

62 Ibid. 160-1.

63 Ibid. 98.

64 Hansen 1961: 280.

65 Hobsbawm 1975: 193-195 참조.

66 Lüdtke 1989: 77-78; pp. 78-79, 82, 87, 110도 참조.

67 조약의 본문은 H. H. 1866: 251-3 참조.

68 이 점에 관해서는 Lüdtke 1989: 79 참조.

69 Craig 1978: 11, 12, 18-19.

70 Steinmetz 1993: 9-10.

71 *Verhandlungen*, 2. Band, Anlagen, Berlin, 1867: 23.

72 1865년 여권법의 3항도 이런 규정을 포함하고 있다. 그러나 베르크만과 코르트
(Bergmann and Korth 1990: 5)는 여권 및 시민권법에 관한 최근 논문에서 1867년
법에 이르기까지의 이와 같은 자유주의적 혁신을 추적하고 있는데, 아마도 이는 1867
년 법이 이후 제국의 여권법으로 채택되었기 때문일 것이다.

73 Tocqueville 1969, 특히 제2권을 참조.

74 이 점에 관해서는 *Verhandlungen*, 2. Band: 24 참조.

75 이런 수정제안들에 대해서는 *Verhandlungen*, 2. Band: 72-73, 85의 Aktenstücke

26, 31, 33, 35, 39 참조.

76 토론 기록은 *Verhandlungen*, 1. Band: 177-189.

77 Hobsbawm 1975: 196 참조.

78 Aktenstück 39, *Verhandlungen*, 2. Band: 85.

79 Craig 1978: 68-69.

80 "Gesetz uber das PaBwesen," 12 October 1867, in *Bundesgesetzblatt des Norddeutschen Bundes, 1867* (Berlin, 1868): 33-5. 2개의 간략한 법적 주석은 Brunialti 1915: 679; Grossi 1905: 141 참조.

81 *Verhandlungen*, 1. Band: 183

82 "Gesetz uber die Freizugigkeit," 1 November 1867, *Bundesgesetzblatt des Norddeutschen Bundes, 1867* (Berlin, 1868): 55.

83 Steinmetz 1993: 4.

84 Hobsbawm 1975: 36

85 Tocqueville, "Speech in the Chamber of Deputies, 27 January 1848," Appendix III, Tocqueville 1969, pp. 749-758 참조. Tocqueville(1971)은 *Recollections*: 16-19의 관련 부분에서 인용하고 있다.

86 이 시기 사회주의 운동의 허약함에 관해서는 Hobsbawm 1975: 108-115 참조. 그럼에도 불구하고, 노동자 투쟁의 물결은 1868년 대륙을 휩쓸었고, 독일에도 영향을 미쳤다. ibid. 112 참조.

87 "Verordnung, betreffend die vorubergehende Einfuhrung der PaBPflichtigkeit fur Berlin, 26 June 1878," *Reichsgesetzblatt 1878*: 131. 이 조치가 일시적이라는 것을 분명히 밝히고 있음에도 불구하고, 나는 그 어떤 폐지령도 발견하지 못했다.

88 나는 데이비드 블랙번과 제프 일리(Blackbourn & Eley 1984)의 선구적인 저술에서 제시된 19세기 독일 역사학의 전환에 대한 조지 스타인메츠(George Steinmetz)의 다음과 같은 평가를 공유한다. "일리와 블랙번은 프로이센 독일 국가에 관한 연구에서 높은 수준의 개념적 명료함과 엄격함을 보여 주었다. 그들은 이상화된 중산층 자유주의의 취약성을 탓하는 것으로 시간을 낭비하는 대신에, 제국 시기 동안 독일 자유주의가 실제로 했던 것이 무엇인가를 이해하는 문제로 관심을 돌렸다. 그들은 정치적이고 이데올로기적인 '상부구조'를 결정하는 경제적 '토대'라는 확신을 거부하고, 광범위한 지배계급의 동맹을 구축하는 데 있어서 독일 정부의 성공과 실패 모두에 대해 세심한 주의를 기울였다. 그들은 상당히 많은 증거를 구비하여 프로이센 독일 국가가 부르주아적 토대 위에 수립되었고, 비스마르크주의가 부르주아의 직접적인 대표조차 없는 가운데 자본주의를 촉진했으며, 1890년 이후에서가 부르주아가 점점 더 국가의

특권적인 정치 파트너가 되어 갔다고 주장했다."Steinmetz 1993: 85.

89 이와 관련된 확장된 논의는 Geoff Eley, "The British Model and the German Road: Rethinking the Course of German History Before 1914," Blackbourn & Eley 1984를 참조; 인용은 pp. 144-145.

90 이 단락과 앞 단락의 요점에 관해서는 Hobsbawm 1975: 88; Steinmetz 1993: 5-6 참조.

91 Hobsbawm 1975: 35-39 참조. 인용은 pp. 35-36[국역본, 62-63쪽]. Brunialti 1915: 679도 참조.

92 Plender 1988a: 67에서 인용.

93 Zeldin 1973: 198-199 참조.

94 인용은 *La grande encyclopedie*(1900년경 전집으로 출간되었음), vol. 26: 57; Brunialti 1915: 676; Burguière & Revel 1989: 67; Plender 1988: 90 n. 132; Vattel 1863: 514 n. 1 등도 참조.

95 Bolis 1871, 1901년 이탈리아 여권법에 관한 논쟁에서 피에란토니(Pierantoni) 상원의원에 의해 인용, Atti Parlamentari delta Camera dei Senatori: Discussioni, Legislatura XXIa, la Sessione 1900-1901 (Rome: Forzani e C. Tipografi del Senato, 1901): 922.

4장

1 Higham 1988[1955]: 8; Zolberg 1978: 250–251 참조.

2 Hansen 1961[1940]: 102; Zolberg 1978: 256.

3 Hansen 1961[1940]: 102; Zolberg 1978: 256.

4 Salyer 1995: 4. 보증 시스템(bonding system)에 관해서는 Hansen 1961 [1940]: 257; MacDonagh 1961: 51 참조.

5 Hansen 1961[1940]: 260; Salyer 1995: 4.

6 "An act regulating the diplomatic and consular systems of the United States," August 18, 1856, Sec. 23, US Statutes at Large, vol. 11: 60–61. 또한 US Department of State, Passport Office 1976: 9, 26, 31; Hunt 1898: 37–41; 인용은 p. 41.

7 Bensel 1990: ix. 남북전쟁 이전에 미국에서 관권(官權)을 구축하는 데 있어서의 어려움에 관해서는 Lipset 1979 [1963]: 34-35 참조.

8 Foner 1970: 134-138 참조. 역사의 아이러니 가운데 하나로, '주들의 권리'에 대한

주장은 연방의 1850년 도망노예법(Fugitive Slave Act of 1850)에 반대하는 공화당의 반노예제 선동과 관련을 맺게 되었다. 포너는 전통적으로 친노예제적 관념인 주들의 권리에 대한 급진적인 공화당원들의 관심은 "남북전쟁 이후 재건 시대에 나타난 급진주의자들의 행동을 고려하면 상당히 주목할 만한" 것이었다고 간결하게 언급한다(pp. 137-138).

9   Moore 1966, chapter 3 참조. 전쟁에 대한 링컨의 견해에 대해서는 McPherson 1991 참조.

10 크랜들 대 네바다주 소송에 대한 판결. Hall 1992: 877 참조.

11 전 지구적 관점에서 흥미로운 논의로는 McNeill 1983 참조.

12 Higham 1988[1955]: 15-17 참조.

13 Coolidge 1969[1909]: 77, 148; Zolberg 1997: 299-301 참조.

14 인용은 Coolidge 1969[1909]: 160. 또한 Chan 1990: 62; Zolberg 1997: 300-301 참조.

15 19세기 후반 프랑스에서의 반이민 정책에 대한 프랑스 외무부 장관의 반대에 대해서는 Noiriel 1991: 94-95 참조.

16 Fitzgerald 1996: 114.

17 Salyer 1995: 7. 캘리포니아에서 중국인에 대한 노동계급의 반대와 중국인 배제법을 제정하는 데 있어서의 그들의 역할에 관해서는 Saxton 1971 참조.

18 이 법은 단순히 중국 제국의 신민이 아니라 중국 '인종'에 적용되었다. 이는 캐나다 등 다른 나라와 맺은 조약에 위배되는 것으로, 캐나다는 미국의 입국 허가를 받지 못한 중국인들을 "계속 머물게"해야 한다고 반발했다.

19 Salyer 1991: 86, n. 14.

20 Coolidge 1969 [1909]: 169 참조.

21 Salyer 1991: 60-61; 1995: 17-19 참조.

22 Coolidge 1969 [1909]: 183-185; 인용은 p. 185. 또한 Salyer 1995: 19-20 참조.

23 Chan 1990: 62; Coolidge 1969 [1909]: 190-208 참조.

24 Salyer 1995: 22-23.

25 Coolidge 1969[1909]: 233. 이 단락과 앞선 두 단락에 대해서는 Coolidge 1969[1909]: 209-233 참조.

26 Salyer 1995: 26에서 인용. 미국으로의 이민과 이 시기 동안 그것을 제한하려는 노력에 관한 훌륭한 논의로는 Chan 1990 참조.

27 Salyer 1991: 61-62; 1995: 32.

28 Chan 1990: 62–64; Salyer 1995: 32; US Department of Justice, Immigration and Naturalization Service 1991: 6. "An Act to amend sections four thousand and seventy-six, four thousand and seventy-eight, and four thousand and seventy-five of the Revised Statutes." June 14, 1902. US *Statutes at Large.* vol. 32, Part I: 386. 샐리어는 중국인의 이민이 1903년 이민국의 창설과 함께 일반적인 이민 규제의 대상이 되었다고 주장하는 반면, 피츠제럴드는 1900년 6월 6일자 국가비용지출법(Sundry Civil Act)에 의해 그렇게 되었다고 주장한다. Fitzgerald 1996: 126 참조. 플렌더(Plender 1988[1972]: 139-140)에 따르면, 필리핀인들에게 미국 여권을 발급하는 관행은 1936년 반필리핀인 배제주의자들(anti-Filipino exclusionists)과 필리핀의 독립을 주장하는 사람들 사이의 뜻밖의 연합이 1936년 미국의 지배권으로부터 필리핀의 독립을 달성했을 때 종료되었다.

29 Fitzgerald 1996: 116, 120–123 참조. 또한 US Department of Justice, Immigration and Naturalization Service 1991: 5–6.On the overseas medical examination of would-be emigrants that was prompted by American immigration rules, see the report of the Dillingham Commission in US Congress, Senate, Committee on Immigration 1911b: 71ff 참조.

30 Brubaker 1992: 69–70 참조.

31 이 점에 관해서는 Clark 1984: 33 참조.

32 Law no.23 on emigration and Royal Decree no.36 on passports,both of January31,1901, in Raccolta Ufficiale delle Leggi e dei Decreti del Regno d'Italia, 1901, vol. 1 (Roma: Stamperia Reale, 1901) [이하, Raccolta Ufficiale]: 50–78 and 218–239. 이민법에 관한 다양한 입장에 대한 논의로는 Foerster 1919: 477–486 참조.

33 Remarks of Eugenio Valli in *Atti del Parlamento Italiano*, Camera dei Deputati,Sessione 1900, 1. della XXI Legislatura, vol. 1 (Roma: Tipografia della Camera dei Deputati,1900): 604. 미국의 이민 규제와 이에 대한 미국 노동운동의 지지에 관해 극히 비판적이었던 당대의 이탈리아인의 견해로는 Tameo 1908: 108 참조.

34 Pantano's remarks during the debate of November 30,1900, in *Atti del Parlamento Italiano*, Camera dei Deputati, Sessione 1900, 1. della XXI Legislatura, vol. 1: 770.

35 이 기간 동안 외국인 급진주의자들의 이민을 규제하기 위한 노력에 관해서는 Preston 1963 참조.

36 이 시기에 이민에 대한 이탈리아 엘리트들의 태도에 관해서는 Foerster1919:475–476 참조. 이민율이 높은 지역들에서 좌파 득표의 하락에 관해서는 Dowty 1987:

50-51 참조, MacDonald 1963-1964에서 재인용.

37 이탈리아 민족주의자인 엔리코 코라디니로부터 인용. Foerster 1919: 495. 트리폴리 전쟁에 대해서는 Clark 1984: 153-156 참조.

38 이탈리아의 제국주의적 기획의 실패와 이민에 대한 그 결과, 그리고 1912년 시민권법에 관해서는 Foerster 1919: 406-501 참조.

39 "민족주의적"과 '국수주의적' 사이의 구분에 관해서는 Mann 1993: 32-33 등 참조.

40 Brubaker 1992: 85-86 등등; Noiriel 1996[1988]: 55 참조.

41 Noiriel 1991: 89.

42 Noiriel 1996[1988]: 57 참조.

43 Noiriel 1991: 166-169.

44 Dallier 1914: 32-33; Noiriel 1996 [1988]: 66-68 참조.

45 Dallier 1914: 43; Noiriel 1996 [1988]: 60.

46 Dallier 1914: 56-61; 인용은 p. 58; 또한 Noiriel 1996[1988]: 60-61 참조. 노마드 수첩에 관해서는 Kaluszynski 2001 참조.

47 Bergmann and Korth(1990: 5)가 제안하듯이 제1차 세계대전은 아니다.

48 "Verordnung, betreffend die Paßpflichtigkeit der aus Rußland kommenden Reisenden," February 2, 1879, in Reichsgesetzblatt 1879: 9.

49 "Verordnung, betreffend die Paßpflichtigkeit der aus Rußland kommenden Reisenden," June 14, 1879, Reichsgesetzblatt 1879: 155.

50 "Verordnung, betreffend die Paßpflichtigkeit der aus Rußland kommenden Reisenden," December 29, 1880, Reichsgesetzblatt 1881: 1.

51 "Verordnung, betreffend die Paßpflichtigkeit der aus Rußland kommenden Reisenden," June 30, 1894, Reichsgesetzblatt 1894: 501.

52 노동 수입의 결과로 동부 독일의 "폴란드화"에 대한 논쟁에 관해서는 Herbert 1990: 9-37 참조. 인용은 pp. 12-13.

53 Brubaker 1992: 133 참조.

54 Weber 1988b[1893]: 456.

55 Weber 1988a[1894]: 504 참조.

56 Knoke 1911: 78; 인용은 Herbert 1990: 32.

57 Herbert 1990: 34-44; 인용은 p. 43.

58 이 시기 동안 러시아로 입국하기 위해 준수해야 했던 여권 소지의 의무의 이례적인 엄중함에 관해서는 Bertelsmann 1914, "Einleitung"; Brunialti 1915 [?]: 679 참조.

59 Preussische Verordnung of December 1, 1892, 인용은 Bertelsmann 1914: 20–21.

60 Bertelsmann 1914: 18–19.

61 Lucassen 1997: 2 참조.

62 Plender 1988[1972]: 90, n. 132; 또한 Burguière and Revel 1989: 67 참조.

63 Noiriel 1996 [1988]: 61, 273–274.

64 졸버그(Zolberg 1997: 312-313)는 1905년 이전 영국에서 "'이민자'는 빠르게 유대인과 동의어가 되었고, 경멸받고 있던 아일랜드인과 비교해서도 더 떨어지는 것으로 간주되었으며, [대중적으로는] 중국인과 가까운 존재로 분류될 정도로 달갑지 않은 집단이었다"고 언급한다.

65 4 & 5 Geo. 5, c. 12, August 5, 1914, The Public and General Acts, 1914: 26–28. 제2차 세계대전 이후 영국 역사에서 다시 반복될 패턴으로, 거의 비슷한 시기에 제정된 1914년 영국 국적과 외국인의 지위에 관한 법은 "영국 국적과 외국인 지위에 관한 법률을 통합하고 강화하기 위한 법"으로 묘사되었는데, 이 법의 제정 동기는 "외국인 규제를 위해, 누가 외국인인지를 정확하게 결정할 필요"에 있었다.

66 "Verordnung, betreffend die vorübergehende Einführung der Paßpflicht," July 31, 1914, Reichsgesetzblatt 1914: 264–265.

67 "Verordnung, betreffend anderweite Regelung der Paßpflicht," December 16, 1914, Reichsgesetzblatt 1914: 521–522.

68 "Verordnung, betreffend anderweite Regelung der Paßpflicht," June 21, 1916, Reichsgesetzblatt 1916: 599–601.

69 "Bekanntmachung, betreffend Ausführungsvorschriften zu der Paß verordnung," June 24, 1916, Reichsgesetzblatt 1916: 601–609.

70 "R. decreto del 6 agosto 1914, n. 803, che sospende la facoltà di emigrare ai militari del R.esercito e della R. Marina," Raccolta Officiale, 1914, vol. 3 (Rome: Stamperia Reale): 2804–2805.

71 "R. decreto 2 maggio 1915, n. 635, concernente l'espatrio per ragioni di lavoro," Raccolta Ufficiale, 1915, vol. 2 (Rome: Stamperia Reale): 1723–1727. "Decreto Luogotenenziale 23 dicembre 1915, n. 1825, che proroga sino alla fine della guerra il termine di validità stabilito nell'art. 12 del R. decreto 2 maggio 1915, n. 635, circa l'espatrio per ragioni di lavoro" (Raccolta Ufficiale, 1915, vol. 5 [Rome: Stamperia Reale]: 4623–4624)에 따르면, 일하기 위해 해외로 가는 사람들이 그렇게 하기 전에 노동 계약서를 제출해야 하는 요건은 전쟁이 끝나면 폐지될 것이었다.

72 "Decreto-legge del 2 maggio 1915 [n. 634], concernente il soggiorno degli stranieri in Italia," Raccolta Ufficiale, 1915, vol. 2 (Rome: Stamperia Reale): 1708–1722.

73 "Decreto Luogotenenziale 16 marzo 1916, n. 339, che sospende temporaneamente il rilascio dei passaporti per l'estero," Raccolta Ufficiale, 1916, vol. 1 (Rome: Stamperia Reale): 643–644.

74 "Decreto Luogotenenziale 23 luglio 1916, n. 895, che approva le norme relative all'entrata e all'uscita di persone dal Regno," Raccolta Ufficiale, 1916, vol. 2 (Rome: Stamperia Reale): 1896–1918.

75 "Decreto Luogotenenziale 27 agosto 1916, riguardante la concessione dei passaporti per l'interno," Raccolta Ufficiale, 1916, vol. 3 (Rome: Stamperia Reale): 2369–2371.

76 제1차 세계대전에서 이탈리아가 배치했던 군대의 특징에 관해서는 Clark 1984: 186–188 참조.

77 "Verordnung, über die Abänderung der Verordnung vom 21. Juni 1916, betreffend anderweite Regelung der Paßpflicht," June 10, 1919, Reichsgesetzblatt 1919: 516–517. 이 3주 전에, 독일 정부는 여권법 위반과 국경 통제와 관련된 적절한 절차의 다양한 위반에 대해 처벌을 강화하겠다고 발표했다. "Verordnung, betreffend Strafbestimmungen fur Zuwiderhandlungen gegen die Paßvorschriften," May 21, 1919, Reichsgesetzblatt 1919: 470–471 참조.

78 Aliens Order 1920, March 25, 1920, The Statutory Rules and Orders and Statutory Instruments Revised to 31 December 1948, vol. II (London: His Majesty's Stationery Office, 1950): 1–48.

79 "Decreto-legge Luogotenenziale 18 maggio 1919, n. 1093, che stabilisce l'obbligo del passaporto per i cittadini che sono considerati o si presumono emigranti, fissando altresì norme per il suo rilascio e le penalità da infliggersi ai contravventori, "Raccolta Ufficiale, 1919, vol. 3(Rome: Tipografia delle Mantellate, 1919): 2381–2384.

80 International Labour Office 1928: 85.

81 Dowty 1987: 83.

82 Executive Order No. 2285, December 15, 1915.

83 Chan 1990: 63; Higham 1988[1955]: 203–204; 법의 조문은 39 Stat. 874 (1917). 이 시기 동안 미국의 인종 분류에 관한 법적 문제에 관해서는 Haney-Lopez 1996.

84 US Statutes at Large, vol. 40, Part I: 559; Executive Order No. 2932, August

8, 1918.

85 Public Law #79, "An Act to regulate further the entry of aliens into the United States," November 10, 1919, *US Statutes at Large*, vol. 41, Part I: 353.

86 인용은 Commissioner General of Immigration Anthony Caminetti in US Department of Labor, Bureau of Immigration 1919: 67–68. 19세기 후반 캘리포니아 출신 하원의원이었던 카미네티는 중국인 범죄자들을 추방하기 위해 적극적인 노력을 기울였다. Coolidge 1969 [1909]: 230 참조.

87 Paxton 1975: 95 참조.

88 Letter of F. W. Berkshire, Supervising Inspector, Mexican Border District, El Paso, Texas, to Commissioner General of Immigration, February 5, 1918, US Department of Labor, Immigration Service File No. 54261/276.

89 US Department of Labor, Bureau of Immigration, 1918: 321 참조.

90 남서부 지역의 농업에 노동 공급을 보장하는 데 있어서의 이민귀화국(INS)과 국경 순찰대의 역할에 관해서는 Calavita 1992 참조. 또한 대담(1998년 8월 12일)을 통해 국경 순찰대의 기원에 관한 나의 이해를 명확히 해준 칼라비타 교수에게 감사한다.

91 이와 관련된 상세한 역사에 대해서는 Higham 1988 [1955]: chapter 11. 캐나다인과 라틴아메리카 사람들은 할당 제약으로부터 면제되었다.

92 US Department of Labor, Immigration and Naturalization Service 1934: 2.

93 Zolberg 1997: 308–309; 또한 Fitzgerald 1996: 132; Higham 1988[1955]: 324 참조. 이 시스템의 작동에 대한 구체적인 설명으로 US Department of Labor, Immigration and Naturalization Service 1934: 2ff 참조.

94 Noiriel 1996 [1988]: chapter 2 참조.

95 20세기 "보호주의 국가"라는 관념에 관해서는 Strikwerda 1997 참조.

96 "하부구조적 권력"이라는 개념과 19세기 이래 유럽 국가들의 새로움을 이해하는 데 있어 그 중요성에 관해서는 Mann 1993: 59–61 참조.

97 이 기간 동안 이민 제한을 촉진하는 데 있어 복지국가와 그 수혜자 집단인 노동운동이 수행한 역할에 관한 논의로는 Lucassen 1998 참조.

98 이는 Mann 1993의 중심 주제다. 프랑스 사례에 대해서는 Noiriel and Offerlé 1997 참조. 여기서 나의 주장은 졸버그(Zolberg, 1997: 293, 304)의 주장과 유사하다. 그는 존 하이엄과 같은 미국의 자유주의자들이 제시했던 이민 제한에 관한 "국내주의적" 분석들은 19세기 후반과 20세기 초반에 전 지구적으로 나타났던 이민 규제의 특성을 설명할 수 없으며, 이민자 집단이라는 경쟁자에 대한 노동운동의 반감을 들먹이는 설명들 역시 노동운동이 통상 자신들의 이해관계를 입법적 행위로 강제할 힘이 부족했다는 사실을 무시한다고 주장한다.

5장

1 Reale 1930: 1-2 참조.

2 Arendt 1973[1948]: 277, 295[국역본, 503, 531쪽].

3 Skran 1995 참조.

4 Zolberg 1978: 267.

5 Kulischer 1948: 56 참조. 이 기간 동안 국경을 가로질러 이동한 총 인구의 추정치는 1000만 명에 이른다.

6 Skran 1995: 36, 102.

7 "R. Decreto 18 marzo 1923, n. 590, relativo al rilascio dei passaporti per l'estero agli inscritti di leva ed ai militari in congedo," *Raccolta Ufficiale, 1919*, vol. 3 (Rome: Tipografia delle Mantellate, 1923): 1915-1917. 파시스트 민병대의 창설에 관해서는 Clark 1984: 222 참조.

8 1927년 3월 31일 연설. Oblath 1931: 808에서 재인용.

9 Levi 1947 참조. 물론 안토니오 그람시(Antonio Gramsci)의 『옥중 수고』도 파시스트 정권의 맥락 아래에서 등장했지만, 그람시는 남부로 유배되지 않고 감옥에 수감되었다. 이는 파시스트 정권이 토리노 출신의 의사에게 국내 유배는 충분한 처벌로 생각했지만, 남부 출신의 이탈리아 혁명가에게 있어서는 그렇지 않게 생각했기 때문이다.

10 Skran 1995: 55-56; Zolberg 1978: 272 참조.

11 밀레트 제도에 관해서는 Kymlicka 1995: 156-158 참조.

12 Skran 1995: 41-45.

13 Arendt 1973[1948]:274-275[국역본 1권, 500-501쪽]. 베르사유 조약의 결과에 관한 맥카트니(Macartney)의 논평은 정곡을 찌르는 것이었다. "평화 정착의 결과로 다민족 주민 벨트의 모든 국가가 이제 …… 스스로를 국민국가로 간주하게 되었다. 그러나 실제로는 그렇지 않다.…… 한 국가 안에 모여 살고 있는 민족은 하나도 없었던 것처럼, 그 가운데 어떤 국가도 실제로 단일민족이 아니었다." 인용은 Arendt 1973[1948]: 274,n.14[국역본, 499쪽].

14 Marrus 1985: 92-94 참조.

15 Skran 1995: 104-105 참조.

16 Arendt 1973[1948]: 282, n. 33[국역본, 512쪽].

17 Marrus 1985: 94; Skran 1995: 105.

18 Marrus 1985: 94; Skran 1995: 106-108 참조. 특히 서명국에는 미국, 영국, 이탈리아가 포함되어 있지 않았다. 물론 이탈리아는 첫 협정 체결 이후 파시스트의 지배하에

놓이게 되었다.

19 Skran 1995: 108–109, 113 참조.

20 Marrus 1985: 95.

21 Skran 1995: 105.

22 Hobsbawm 1990: 132[국역본, 173쪽].

23 Polanyi 1944: 202[국역본, 509쪽].

24 Matthews 1993: 5.

25 Fitzpatrick 1994: 92.

26 Shelley 1996: xv.

27 Hall 1992: 877–878; Kulischer 1948: 18 참조.

28 Turack 1972: 9 참조.

29 Herf 1984에서 이 용어와, 나치가 이것을 혼합했던 방식에 대한 생각을 가져왔다.

30 Aly and Roth 1984: 55, 58–59 참조. 몇 가지 단점에도 불구하고, 이 책은 독일인들이 유대인 "문제"를 "해결하기 위한" 프로젝트에서 직면했던 복잡한 행정적 난점들을 가장 잘 다루고 있다. 현재의 논의는 이 글에 크게 의존하고 있다.

31 "Gesetz über den Widerruf von Einbürgerungen und die Aberkennung der deutschen Staatsangehörigkeit," July 14, 1933, Reichsgesetzblatt 1933, Part I: 430ff.; 1933년 7월 26일자 시행령은 Reichsgesetzblatt 1933, Part I: 538ff. 이 법과 시행령의 요점에 관해서는 Walk 1981: 36, 42; 또한 Bergmann and Korth 1985: 27 참조. 이 법과 그 중요성에 관한 간략한 논의로는 Schleunes 1970: 110–111 참조.

32 Schmid et al. 1983, 1:97–100 참조.

33 Aly and Roth 1984: 44–45. 나치의 "노동 수첩"과 소련의 국내 여권 사이의 유사성이 우연적인 것인지 의식적인 모방의 결과인지에 관해서는 규명할 수 없었다. 1930년대 초반 소련의 "여권화"(passportization)에 관해서는 Garcelon 2001; Torpey 1997 참조.

34 Ayass 1988: 219–221; Treuberg 1990: 89–90 참조.

35 "Gesetz über das Paß-, das Ausländerpolizei-, und das Meldewesen sowie über das Ausweiswesen," May 11, 1937, Reichsgesetzblatt 1937, Part I: 589. 1938년 독일이 오스트리아를 합병한 직후 오스트리아에 대해 유사한 명령이 취해졌다. "Verordnung über die Einführung des Gesetzes über das Paß-, Ausländerpolizei- und das Meldewesen sowie über das Ausweiswesen vom 11. Mai 1937 im Lande Österreich vom 10. Mai 1938," Reichsgesetzblatt 1938,

Part I:511 참조. 내무부 장관이 여권 발급에 대한 권한을 가지게 되었다는 것이 나치 정권의 유례없이 소름끼치는 특성과 관련되어 있는 것은 아니었다. 유럽의 다른 국가들과 미국의 경우 관행상 시작부터 여권의 문제는 외무부 장관의 소관이지만, 독일의 경우에 이 책임은 언제나 내무부의 범위에 속하는 것이었고 이는 오늘날까지도 그렇게 남아 있다.

36 최초의 규정과 이후 개정안들의 주요 요소들에 대해서는 Schulze 1942 참조. 또한 Aly and Roth 1984: 39-40 참조.

37 Schulze 1942: 3; Aly and Roth 1984: 141-142 참조.

38 F. Bürgdorfer, "Die Juden in Deutschland und in der Welt: Ein statistischer Beitrag zur biologischen, beruflichen und sozialen Struktur des Judentums in Deutschland," Forschungen zur Judenfrage, Bd. 3, Hamburg 1938: 162-163, Aly and Roth 1984: 62-63에서 재인용.

39 Aly and Roth 1984: 41-42에서 재인용.

40 "Kennkartenzwang (3. Bekanntmachung vom 23. 7. 1938)," Aly and Roth 1984: 75-76, 78에서 재인용.

41 Aly and Roth 1984: 53-54.

42 "Ausländerpolizeiverordnung," August 22, 1938, *Reichsgesetzblatt 1938*, Part I: 1053-1056.

43 Schleunes 1970: 229-230 참조.

44 이 설명은 Skran 1995: 211-214에 기반을 두고 있다. 또한 Yahil 1990 [1987]: 94-95 참조.

45 "Verordnung über Reisepässe von Juden," October 5, 1938, Reichsgesetzblatt 1938: 1342; Burleigh and Wippermann 1991: 87; Yahil 1990 [1987]: 108-109.

46 Wyman 1968, 1984 참조.

47 Rubinstein 1997: 17. 강조는 필자.

48 이 단락과 다음 단락에 관해서는 Skran 1995: 75-76, 113-114, 196-198 참조.

49 Rubinstein 1997: 36-37. 말할 필요도 없이, 루빈스타인은 다니엘 요나 골드하겐의 견해를 공유하지 않는다. 이는 독일의 유대인들이 유대인을 "제거하려는" 피에 굶주린 반유대주의자들에 둘러싸여 있었으며, 유대인들은 오랫동안 기다리지 않고 그런 사람들로부터 도망가려고 했을 것이라는 것이다. 나 역시 이런 견해를 공유하지 않는다.

50 Aly and Roth 1984: 75.

51 Aly and Roth 1984: 44-46 참조.

52 Aly and Roth 1984: 25–26, 78–79.

53 인용은 Aly and Roth 1984: 51.

54 "Vorschriften über das Meldewesen," September 6, 1939, Reichsgesetzblatt 1939, Part I: 1688, also in Schulze 1942: 71–78; 인용은 서문 p. 71 참조.

55 이 편지의 인용은 Aly and Roth 1984: 42–43.

56 Browning 1986 참조. 인용은 p. 501과 p. 512.

57 Friedman 1955: 50.

58 Friedman 1955: 50, 그리고 Schwan 1997: 116–118에서의 논의 참조.

59 홀로코스트의 "근대성"에 관해서는 Bauman 1991[1989] 참조.

60 인용은 Aly and Roth 1984: 52–53.

61 Aly and Roth 1984: 66–67 참조.

62 Kipphardt 1983: 114.

63 이 단락은 Zolberg, Suhrke, and Aguayo 1989: 21–22 참조.

64 Marrus 1985: 310, 317–324 참조.

65 Zolberg et al. 1989: 22–26 참조.

66 1951년 난민 협약의 난민 지위에 관한 27조 및 28조 참조. 나는 1999년 1월 11일에 워싱턴에 소재한 유엔 난민 고등판무관실의 제인 코흐먼 법률 고문과의 전화 인터뷰와 유엔 난민 고등판무관실이 1998년 4월 29일자로 발행한 "여행 문서"에 대한 조언에 근거해 난민에게 여행 문서를 제공하는 데 있어서의 유엔 난민 고등판무관실의 역할을 분명하게 이해할 수 있었다.

67 Plender 1988 [1972]: 206, 274, 288 참조.

68 Turack 1972: 53.

69 Turack 1972: 68–69.

70 "Begründung" of the Gesetzentwurf der Bundesregierung, Entwurf eines Paß gesetzes, Deutscher Bundestag, 10. Wahlperiode, Drucksache 10/3303, 7. Mai 1985 참조.

71 1953년 9월 23일자 법률위원회의 보고서는 Council of Europe, Consultative Assembly, Fifth Session, Third Part, 15–26 September 1953, Documents, Doc. 201에서 발견할 수 있다. Turack 1972: 70에서 재인용.

72 "Erste Beratung des Entwurfs eines Gesetzes über das Paßwesen," Verhandlungen des deutschen Bundestages [hereafter Verhandlungen], 164. Sitzung, Mittwoch, den 26. September 1951: 6650–6651, and "Zweite und

dritte Beratung des Entwurfs eines Gesetzes uber das Paßwesen," Verhandlungen, 176. Sitzung, Donnerstag, den 22. November 1951: 7223–7235. 인용은 p. 6650.

73 서독 정부의 "Begründung" of the "Entwurf eines Bundesgesetzes über das Paßwesen," Anlagen zu den Verhandlungen des deutschen Bundestages [이후로는 Anlagen] (1951), Drucksache 2509: 6 참조.

74 "Änderungsvorschläge des Bundesrates zum Entwurf eines Bundesgesetzes über das Paßwesen," Anlagen (1951), Drucksache 2509: 8 참조. 호페(Hoppe) 의원의 발언에 대해서는 rapporteur of the Ausschuß für Angelegenheiten der inneren Verwaltung, "Zweite und dritte Beratung des Entwurfs eines Gesetzes über das Paßwesen," Verhandlungen, 176. Sitzung, Donnerstag, den 22. November 1951: 7224. 이 법의 최종안에 대해서는 "Gesetz über das Paßwesen," March 4, 1952, Bundesgesetzblatt 1952, Part I: 290–292. 이 시기의 상공회에 관한 보도는 그 조직이 해외로 떠나는 독일인들에 대한 출국 비자 요건을 막으려는 그 목적을 달성하는 데 성공적이었다는 것을 언급한다. Deutscher Industrie- und Handelstag (DIHT), Tätigkeitsbericht für das Geschäftsjahr 1951/52(n.p.,n.d.): 39 참조. 이 문제에서 상공회의 입장을 결정했던 이유를 파악할 수는 없었는데, 이는 이 조직의 법무국장인 위르겐 뮐러링 박사에 따르면 상공회의 기록 보관서에 그 해의 자료가 남아 있지 않기 때문이다. 뮐러링 박사와의 개인적 소통 (1996년 1월 19일).

75 공산당의 폴(Paul) 의원과 사회민주당의 마이어(Maier) 의원의 발언에 대해서는 "Zweite und dritte Beratung des Entwurfs eines Gesetzes über das Paßwesen," Verhandlungen, 176. Sitzung, Donnerstag, den 22. November 1951: 7225–7226, 7232 등.

76 US Statutes at Large, vol. 64, part I: 993.

77 마이어 의원의 발언과 뉴메이어(Neumayer) 자유민주당 의원의 유사한 비판에 대해서는 "Zweite und dritte Beratung des Entwurfs eines Gesetzes über das Paßwesen," Verhandlungen, 176. Sitzung, Donnerstag, den 22. November 1951: 7230 and 7233.

78 Verhandlungen, 164. Sitzung, Mittwoch, den 26. September 1951: 6650. 사회민주당 의원인 몸머 박사는 이 문제에 대한 내무부 장관의 견해에 동감을 표했다. "Zweite und dritte Beratung," p. 7227 참조.

79 이 책 4장 참조.

80 Plender 1988 [1972]: 22, 24. Turack 1972: 118에서 재인용.

81 Turack 1972: 61, 118–119.

82 Plender 1988 [1972]: 25, 83; Saggar 1992: 48; Turack 1972: 119.

83 "Verordnung zum Reichsbürgergesetz," November 25, 1941, Reichsgesetzblatt 1941, Part I: 722ff., Bergmann and Korth 1990: 27에서 재인용.

84 앞 단락들은 Plender 1988[1972]: 135-136, Turack 1972: 120-121 참조.

85 1971년 이민법에 관해서는 Miles and Phizacklea 1984: 69-73 참조.

86 대통령, 내무, 외무 위원회의 합동 위원회가 제안했던 이 법에 관한 보고서에 관해서는 Senato della Repubblica, IV Legislatura, "Relazione e testo degli articoli approvati dalle Commissioni Riunite: 1a (Affari della Presidenza del Consiglio e dell'Interno) e 3a (Affari Esteri) (Relatore Battino Vittorelli)," N. 1775-A, sul Disegno di Legge presentato dal Ministro degli Affari Esteri di concerto col Ministro dell'Interno, di Grazia e Giustizia, ecc, nella Seduta del 13 Luglio 1966, communicata alla Presidenza il 24 luglio 1967 참조.

87 유럽경제협력기구(OEEC)의 유럽 경제협력을 위한 협약(Convention for European Economic Co-operation) 제8조. Turack 1972: 53에서 재인용.

88 이와 함께, 이 법에 대한 녹색당의 다양한 수정안들에 대해서는 "Erste Beratung des von der Bundesregierung eingebrachten Entwurfs eines Paßgesetzes," Deutscher Bundestag, 10. Wahlperiode, 149. Sitzung, den 27. Juni 1985, and "Zweiteunddritte Beratung des Passgesetzes," Deutscher Bundestag, 10. Wahlperiode, 202. Sitzung, den 28. Februar 1986 참조.

89 Bergmann and Korth 1990: 6-7.

90 Plender 1988[1972]: 214.

91 Turack 1972: 115.

92 Sassen 1996 참조.

93 이 점에 관해서는 Cornelius, Hollifield, and Martin 1994 참조.

94 Richmond 1994: 216.

95 "Centri speciali prima dell'espulsione," Corriere della Sera, February 20, 1998: 3 참조.

96 이 점을 나에게 알려준 수전 스테렛에게 감사한다.

97 "The Convention on International Civil Aviation, Annexes 1 to 18"(n.p.: International Civil Aviation Organization, 1991); 또한 "Memorandum on ICAO: The Story of the International Civil Aviation Organization" (Montreal: ICAO, 1994); "Machine Readable Travel Documents, Part I: Machine

Readable Passports," 3rd edn. (Montreal: International Civil Aviation Organization, 1992).

98 Brubaker 1994: 230.

99 이민에 대한 통제의 유효성에 관한 분석으로는 Zolberg forthcoming 참조.

100 이는 Soysal(1994)의 주요 요지이다.

101 Jacobson 1997 참조.

102 Soysal 1994: 159.

103 Arendt 1973 [1948]: 230[『전체주의의 기원 1』, 431쪽].

104 이 같은 이슈에 관해서는 Marshall 1964 참조.

105 Walzer 1983: 39.

106 Caldeira 1996 참조.

107 Blakely and Snyder 1997: 7.

6장

1 "On This Day" 2017.

2 Andreas 2003.

3 USA Freedom Act 2015.

4 Gessen 2017.

5 USA PATRIOT Act of 2001.

6 IIRIRA 1996; US Code 2011.

7 *9/11 Commission Report* 2004: 385.

8 *9/11 Commission Report* 2004: 386.

9 US-VISIT 2008.

10 *9/11 Commision Report* 2004: 387.

11 *9/11 Commision Report* 2004: 388.

12 *9/11 Commision Report* 2004: 389.

13 IRTPA 2004a.

14 US CBP 2017a.

15 US CBP 2017b.

16 US CBP 2017c.

17 US CBP 2017d; US Department of State. n.d. "Visa Waiver Program website" https://travel.state.gov/content/travel/en/us-visas/tourism-visit/visa-waiver-program.html.

18 US CBP 2017a.

19 Krajewska 2017: 183.

20 IRTPA 2004b.

21 Homeland Security 2018.

22 Krajewska 2017: 171.

23 Krajewska 2017: 177.

24 McCullagh 2001.

25 Krajewska 2017: 181. 어떤 주가 그 법을 따랐는지, 기한 연장을 받았는지, 검토 상태에 있었는지, 혹은 그 법을 따르지 않았는지에 관한 보다 최근의 정보에 대해서는 the REAL ID website: www.dhs.gov /real-id 참조.

26 Syeed and Dexheimer 2017.

27 Statement on Signing the Foreign Relations Authorization Act, Fiscal Year 2003, Public Papers of the Presidents, George W. Bush, Vol. 2, Sept. 30, 2002, p. 1698 (2005).

28 *Zivotofsky ex rel. Zivotofsky v. Kerry* 2015.

29 Tocqueville 2000: 257[국역본, 458쪽].

30 Urtetiqui v. D'Arcy 1835.

31 Arango 2015.

32 Sherman 2015.

33 Lerner 2015.

34 Ain 2011.

35 US and Canada Smart Border Declaration 2001.

36 US and Canada Smart Border Declaration 2002.

37 Canadian Air Transport Security Authority. n.d. Website: www.catsa.gc.ca/about-us.

38 Government of Canada 2013.

39 Canadian Passport Order 2015.

40 Canadian Passport Order 2015.

41 Canada Border Service Agency 2016.

42 Government of Canada 2017a.

43 Government of Canada 2017b: 강조는 필자.

44 Blunkett 2002.

45 "A Question of Identity" 2001.

46 Identity Cards 2003.

47 Electronic Frontier Foundation 2010.

48 Wintour 2005.

49 "Deal Paves the Way" 2006.

50 The Identity Cards Act 2006.

51 NO2ID n.d.

52 "Deal Paves the Way" 2006.

53 "UK's Families Put on Fraud Alert" 2007.

54 LSE Elections Experts 2015.

55 "Identity Card Scheme" 2010; Identity Documents Act of 2010.

56 Government of the UK 2013.

57 Weber 1946: 228.

58 Loi relative à la Sécurité Quotidienne 2001.

59 Loi d'Orientation et de Programmation pour la Sécurité Intérieure 2002.

60 Arrêté Portant Création par le Ministère de l'Intérieur 1999.

61 Décret Relatif aux Passeports Electroniques 2005.

62 Loi Relative à la Lutte contre le Terrorisme 2006.

63 Council Regulation on Standards for Security Features 2004; Gooas, Friedewald, Webster ,and Leleux 2015: 51–100.

64 Dehm 2018.

65 "Germany Introduces Biometric Passports" 2005.

66 Décret n° 2008–426 2008.

67 Commission Nationale de l'Informatique et des Libertés 2007: 11.

68 Loi Relative à la Protection de l'Identité 2012.

69 CNN Library 2017.

주

70 Décret n° 2015–1475 2015.

71 Décret n° 2016–1460 2016.

72 Commission Nationale de l'Informatique et des Libertés 2016.

73 "The Risks of France's Big New Database" 2016.

74 Loi Renforçant la Sécurité Intérieure et la Lutte Contre le Terrorisme 2017.

75 "Germany Introduces Biometric Passports" 2005.

76 Küchler 2005; McMunn 2007.

77 Bundesdruckerei 2007.

78 "Germany Introduces Biometric Passports" 2005.

79 "Ex-Innenminister Schily wird Aufsichtsrat der Biometric Systems AG" 2006.

80 "The New German Passport" 2018.

81 "Bundesdruckerei Makes Global Travel More Secure" 2015.

82 Max Roser, "Our World in Data," "War & Peace": https://ourworldindata.org/war-andpeace 참조, 미국에서의 살인율에 관해서는 www.bjs.gov/content/pub/pdf/htu s8008.pdf. 참조.

83 Schmitt 2018.

결론

1 Meyer 1987: 52.

2 Bertelsmann 1914: 13-17.

3 이 책의 초판이 출간된 이래, 논의되고 있는 기관은 변경되었다. 미국에 도착해 통관 절차를 거칠 때, 이제 여권은 국토안보부 산하 부서인 미국 관세 및 국경 보호국에 의해 심사된다. 이 점은 패트리어트법의 결과이자 법무부로부터 국토안보부로의 여권 심사 기능의 이관만으로 강화되었다.

4 Hannum 1987 참조.

5 Turack 1972: 8-9 참조. 여기서 언급한 사례는 *Satwant Singh Sawhney v. Assistant Passport Officer, Government of India*, 10 April 1967. 역설적이게도 이 판결의 결과는 인도 정부가 신청자에게 여권 발급을 거부할 수 있는 구체적인 근거 들을 나열한 1967년 여권법(Passport Act 1967)이었다. 이 법은 이전까지 자의적으로 남겨진 문제에 관한 최초의 법적 규제였다.

6 Bergmann & Korth, 1990: 4.

7   Plender 1988: 150.

8   Dowty 1987: 171.

9   Ibid. 128.

10 Bhagwati 1976 참조.

11 Zolberg 1978: 271.

12 자유주의 정체가 자국 영토에 대한 입국을 제한하고자 하는 이유에 대한 사려 깊은 논의로는 Whelan 1988을 참조.

13 1959년 — "초청 노동자들"이 유럽에 도착해 시민권과 다양한 권리의 취득 사이의 관계가 재편된 시기 이전인(Soysal 1994 참조) — 에 국제법상 국적이 수행하는 역할에 관한 손꼽히는 분석가는 다음과 같이 말했다. "입국 허가, 특히 입국하는 국가에 거주하기를 원하는 사람들의 입국 허가는 많은 면에서 귀화(때론 귀화로 귀결된다)와 유사하다. 이렇게 해서 외국인은 지역의 법률 공동체에 들어간다. 거주나 실제 체류를 통해 국적으로부터 발생하는 권리 및 의무와 유사한 권리 및 의무가 성립한다"(Van Panhuys 1959: 55).

14 Goodwin-Gill 1978: 26.

15 인권선언(1948) 15조는 다음과 같이 무덤덤하게 기술한다. "모든 사람은 국적에 대한 권리를 지닌다"(UN Department of Public Information 1985). 무국적자의 지위에 관한 협약(Convention Relating to the Status of Stateless Persons)은 1954년에 채택되었고, 무국적의 감소에 관한 협약(Convention on the Reduction of Statelessness)은 1961년에 채택되었다. Dowty 1987: 109에서 재인용.

16 개인적인 대화를 통해 이 점을 지적해 준 데이비드 레이틴(David Laitin)에게 감사를 표한다.

17 Garcelon 2000 참조; Fitzpatrick 1994; Matthews 1993; Torpey 1997; Zaslavsky & Luryi 1979.

18 Fussell 1980: 24.

The 9/11 Commission Report: Final Report of the National Commission on Terrorist Attacks upon the United States. 2004. New York, NY: W. W. Norton.

About, Ilsen, James Brown, and Gayle Lonergan. 2013. *Identification and Registration Practices in Transnational Perspective: People, Papers, and Practices.* New York, NY: Palgrave Macmillan.

Ain, Stewart. 2011. "Suit: U.S. Discriminates against Jerusalem in Passport Dispute." The Jewish Week. New York, August 2.
www.thejewishweek.com/news/national/suit_us_discriminates_against_jerusale m_passport_dispute

Aly, Goetz and Karl-Heinz Roth. 1984. *Die restlose Erfassung: Volkszählen, Identifizieren, Aussondern im Nationalsozialismus.* Berlin: Rotbuch Verlag.

Anderson, Benedict. 1991 [1983]. *Imagined Communities: Reflections on the Origin and Spread of Nationalism.* Revised edn. New York, NY: Verso.

Anderson, Perry. 1974. *Lineages of the Absolutist State.* New York, NY: Verso[『절대주의 국가의 계보』, 김현일 옮김, 현실문화, 2014].

Andreas, Peter. 2003. "Redrawing the Line: Borders and Security in the Twenty-First Century." *International Security* 28(2) (Fall): 78–111.

Arango, Tim. 2015 "ISIS Transforming into Functioning State That Uses Terror as Tool." *New York Times.* July 21.
www.nytimes.com/2015/07/22/world/middleeast/isis-transforming-into-functi oning-state-that-uses-terror-as-tool.html

Arendt, Hannah. 1973 [1948]. *The Origins of Totalitarianism.* New edn. New York, NY: Harcourt, Brace & Company[『전체주의의 기원 1, 2』, 이진우·박미애 옮김, 한길사, 2006].

Arrêté portant création par le ministère de l'intérieur d'un traitement automatisé d'informations nominatives relatif à la délivrance des passeports. 1999. JORF n°279, page 17940, texte n° 43, November 2.

Ayass, Wolfgang. 1988. "Vagrants and Beggars in Hitler's Reich." In Richard J. Evans, ed., *The German Underworld: Deviants and Outcasts in German History.* New York, NY: Routledge: 210–237.

Baker, Keith. 1990. *Inventing the French Revolution: Essays on French Political Culture in the EighteenthCentury.* New York, NY: CambridgeUniversity Press.

Barkey, Karen. 2008. *Empire of Difference: The Ottomans in Comparative Perspective*. New York, NY: Cambridge University Press.

Bauman, Zygmunt. 1991 [1989]. *Modernity and the Holocaust*. Ithaca, NY: Cornell University Press[『현대성과 홀로코스트』, 정일준 옮김, 새물결, 2013].

Beier, A. L. 1985. *Masterless Men: The Vagrancy Problem in England, 1560–1700*. London: Methuen.

Bendix, Reinhard. 1978. *Kings or People?: Power and the Mandate to Rule*. Berkeley, CA: University of California Press.

Bensel, Richard Franklin. 1990. *Yankee Leviathan: The Origins of Central State Authority in America, 1859–1877*. New York, NY: Cambridge University Press.

Bergmann, Wilfried and Jürgen Korth. 1985. *Deutsches Staatsangehörigkeitsund Paßrecht: Praxishandbuch mit synoptischen Gesetzestexten*. Cologne: Carl Heymanns Verlag.

_____. 1990. *Deutsches Staatsangehörigkeits- und Paßrecht: Praxishandbuch mit vollständigen Gesetzestexten*. Revised and expanded edn. 2. Halbband: PaBrecht. Cologne: Carl Heymanns Verlag.

Bertelsmann, Werner. 1914. *Das Passwesen: eine völkerrechtliche Studie*. Strasburg: J. H. Ed. Heitz.

Bhagwati, Jagdish N. 1976. *The Brain Drain and Taxation: Theory and Empirical Analysis*, vol. 2. New York, NY: American Elsevier Publishers.

Blackbourn, David and Geoff Eley. 1984. *The Peculiarities of German History: Bourgeois Society and Politics in Nineteenth-Century Germany*. New York, NY: Oxford University Press[이 책은 저자들이 먼저 쓴 독일어판을 보완해 출간한 것으로, 국내에는 독일어판이 번역되어 있다. 『독일 역사학의 신화 깨트리기』, 최용찬 옮김, 푸른역사, 2007].

Blakely, Edward J. and Mary Gail Snyder. 1997. *Fortress America: Gated Communities in the United States*. Washington, DC: Brookings Institution Press/Lincoln Institute of Land Policy.

Block, Fred and Margaret R. Somers. 1984. "Beyond the Economistic Fallacy: The Holistic Social Science of Karl Polanyi." In Theda Skocpol, ed., *Vision and Method in Historical Sociology*. New York, NY: Cambridge University Press: 47–84.

Blunkett, David. 2002. "Foreword." Entitlement Cards and Identity Fraud: A Consultation Paper. http://image.guardian.co.uk/sys-files/Politics/documents/2002/07/03/idcard.pdf

Bolis, Giovanni. 1871. La polizia e le classi pericolose della società. Bologna/ Modena.

Breckinridge, Keith and Simon Szreter. 2012. *Registration and Recognition: Documenting the Person in World History*. Oxford: Oxford University Press.

Browning, Christopher. 1986. "Nazi Resettlement Policy and the Search for a Solution to the Jewish Question, 1939–1941." *German Studies Review* 9: 497–519.

Brubaker, Rogers. 1992. *Citizenship and Nationhood in France and Germany*. Cambridge,

MA: Harvard University Press.

———. 1994. "Are Immigration Control Efforts Really Failing?" In Wayne Cornelius, James F. Hollifield, and Philip L. Martin, eds., *Controlling Immigration: A Global Perspective*. Stanford, CA: Stanford University Press: 227–231.

———. 1996. *Nationalism Reframed: Nationhood and the National Question in the New Europe*. New York, NY: Cambridge University Press.

Brunialti, Attilio. 1915 [?]. "Passaporti." In Pasquale Stanislao Mancini, ed., *Enciclopedia Giuridica Italiana*, vol. 13, Part I. Milan: Società Editrice Libraria: 674–685.

Bull, Hedley. 1995 [1977]. *The Anarchical Society: A Study of Order in World Politics*. 2nd edn. New York, NY: Columbia University Press.

Bundesdruckerei. 2007. E-Fibel 2007: Informationen zum elektronischen Reisepass. www.reisepass.org/wp-content/uploads/2015/12/epass_fibel.pdf

2015. "Bundesdruckerei Makes Global Travel More Secure." July 2. www.bundesdruckerei.de/en/4015-bundesdruckerei-makes-global-travel-mor e-secure

Burbank, Jane and Fred Cooper. 2010. *Empires in World History*. Princeton, NJ: Princeton University Press.

Burguière, André and Jacques Revel, eds. 1989. *L'Espace français* (vol. 1 of Histoire de la France). Paris: Editions Seuil.

Burke, Victor Lee. 1997. *The Clash of Civilizations: War-Making and State Formation in Europe*. Cambridge, MA: Polity Press.

Burleigh, Michael and Wolfgang Wippermann. 1991. *The Racial State: Germany 1933–1945*. New York, NY: Cambridge University Press.

Calavita, Kitty. 1992. *Inside the State: The Bracero Program, Immigration, and the INS*. New York, NY: Routledge.

Caldeira, Theresa P. R. 1996. "Fortified Enclaves: The New Urban Segregation." *Public Culture* 8(2): 303–328.

Canada Border Service Agency. 2016. CANPASS. www.cbsa-asfc.gc.ca/prog/canpass/menu-eng.html

Canadian Passport Order. 2015. Section 10.1 http://laws-lois.justice.gc.ca/eng/regulations/SI-81-86/FullText.html

Caplan, Jane. 2001. "'This or That Particular Person': Protocols ofIdentification in Nineteenth-Century Europe." In Jane Caplan and John Torpey, eds., *Documenting Individual Identity: The Development of State Practices in the Modern World*. Princeton, NJ: Princeton University Press.

Caplan, Jane and Edward Higgs. 2013. "Afterword: The Future of Identification's Past: Reflections on the Development of Historical Identification Studies." In Ilsen About, James Brown, and Gayle Lonergan, eds., *Identification and Registration Practices in Transnational Perspective: People, Papers, and Practices*. New York, NY: Palgrave Macmillan: 302–308.

Caplan, Jane and John Torpey, eds. 2001. *Documenting Individual Identity: The Development of State Practices in the Modern World*. Princeton, NJ: Princeton University Press.

Caratini, Roger. 1988. *Dictionnaire des personnages de la Revolution*. Paris: Le Pre aux Clercs.

Chambliss, William. 1964. "A Sociological Analysis of the Law of Vagrancy." *Social Problems* 11(1): 67–77.

Chan, Sucheng. 1990. "European and Asian Immigration into the United States in Comparative Perspective, 1820s to 1920s." In Virginia Yans-Mclaughlin, ed., *Immigration Reconsidered: History, Sociology, Politics*. New York, NY: Oxford University Press: 37–75.

Clark, Martin. 1984. *Modern Italy, 1871–1982*. New York, NY: Longman.

CNN Library. 2017. "2015 Charlie Hebdo Attack Facts," CNN World, December 25 www.cnn.com/2015/01/21/europe/2015-paris-terror-attacks-fast-facts/index.html.

Cobb, Richard C. 1970. *The Police and the People: French Popular Protest 1789–1820*. Oxford: Oxford University Press.

Commission Nationale de l'Informatique et des Libertés. 2007. Annual Activity Report. "Gusts of Wind, Rain Showers and Sunny Spells." www.cnil.fr/sites/default/files/typo/document/CNIL-AnnualReport-2008.pdf

_____. 2016. Délibération n° 2016-292, September 29. www.legifrance.gouv.fr/affichTexte.do?cidTexte=JORFTEXT000033318979&dateTexte=&categorieLien=id

Coolidge, Mary Roberts. 1969 [1909]. *Chinese Immigration*. New York, NY: Arno Press and The *New York Times*.

Cornelius, Wayne, James F. Hollifield, and Philip L. Martin, eds. 1994. *Controlling Immigration: A Global Perspective*. Stanford, CA: Stanford University Press.

Council Regulation on standards for security features and biometrics in passports and travel documents issued by Member States. 2004. (EC) No 2252/2004, December http://eur-lex.europa.eu/legal-content/EN/TXT/?uri=uriserv:OJ.L_.2004.385.0 1.0001.01.ENG&toc=OJ:L:2004:385:TOC

Craig, Gordon. 1978. *Germany, 1866–1945*. New York, NY: Oxford University Press.

Crowley, John. 1998. "Where Does the State Actually Start? Border, Boundary & Frontier Control in Contemporary Governance." Paper presented atthe annual meeting of the International Studies Association, Minneapolis, MN, March 18–20.

Dallier, G. 1914. *La police des Étrangers à Paris et dans le département de la Seine*. These de droit. Paris: A. Rousseau.

"Deal Paves the Way for ID Cards." 2006. BBC News. March 30.

  http://news.bbc.co.uk/2/hi/uk_news/politics/4856074.stm

"Décret n° 2008–426 modifiant le décret n° 2005–1726 du 30 décembre 2005relatif aux
    passeports électroniques." 2008. April 30.

  www.legifrance.gouv.fr/affichTexte.do?cidTexte=JORFTEXT000018743961&cate
    gorieLien=id"Décret n° 2015–1475 portant application de la loi n° 55–385 du 3 avril
    1955." 2015. November 14.

  www.legifrance.gouv.fr/affichTexte.do?cidTexte=JORFTEXT000031473404&cate
    gorieLien=id

"Décret n° 2016–1460 autorisant la création d'un traitement de données àcaractère personnel
    relatif aux passeports et aux cartes nationalesd'identité". 2016. October 28.

  www.legifrance.gouv.fr/eli/decret/2016/10/28/INTD1619701D/jo/texte/fr"Décr
    et relatif aux passeports électroniques". 2005. Decret 2005–1726,December 30.

  www.legifrance.gouv.fr/affichTexte.do?cidTexte=JORFTEXT000000268015&cate
    gorieLien=id

Dehm, Sara. 2018. "The Passport." In Jessie Hohmann and Daniel Joyce, eds., *The Objects
    of International Law*. New York, NY: Oxford University Press: 4–5, n. 13.

Douglas, Mary. 1966. *Purity and Danger: An Analysis of Concepts of Pollution and Taboo*.
    London: Routledge & Kegan Paul[『순수와 위험』, 유제분·이훈상 옮김, 현대미학사,
    1997].

Dowty, Alan. 1987. *Closed Borders: The Contemporary Assault on Freedom of Movement*.
    New Haven, CT: Yale University Press.

Dudley, Leonard M. 1991. *The Word and the Sword: How Techniques of Information and
    Violence Have Shaped Our World*. Cambridge, MA: Basil Blackwell.

Electronic Frontier Foundation. 2010. "Success Story: Dismantling UK's Biometric
    Database."

  www.eff.org/pages/success-story-dismantling-uk%E2%80%99s-biometric-id-d
    atabase

Elias, Norbert. 1978 [1939]. *The Civilizing Process*, vol. 1: The History ofManners.
    Translated by Edmund Jephcott. New York, NY: Pantheon.

_____. 1982 [1939]. *The Civilizing Process, vol. 2: Power & Civility*. Translated by Edmund
    Jephcott. New York, NY: Pantheon.

Ex-Innenminister Schily wird Aufsichtsrat der Biometric Systems AG. 2006. August 11.
    www.ngo-online.de/2006/08/11/reisepass-mit-biometrischenmerkmalen

Fitzgerald, Keith. 1996. *The Face of the Nation: Immigration, the State, and the National
    Identity*. Stanford, CA: Stanford University Press.

Fitzpatrick, Sheila. 1994. *Stalin's Peasants: Resistance and Survival in the Russian Village
    after Collectivization*. New York, NY: Oxford University Press.

Foerster, Robert. 1919. *The Italian Emigration of Our Times*. Cambridge, MA: Harvard University Press.

Foner, Eric. 1970. *Free Soil, Free Labor, Free Men: The Ideology of the Republican Party before the Civil War*. New York, NY: Oxford University Press.

Foucault, Michel. 1979. *Discipline and Punish: The Birth of the Prison. Translated by Alan Sheridan*. New York, NY: Vintage.

_____. 1980a. "The Eye of Power." In Michel Foucault, *Power/Knowledge: Selected Interviews and Other Writings, 1972-1977*, edited by Colin Gordon. New York, NY: Pantheon: 146-165.

_____. 1980b. "Questions on Geography." In Michel Foucault, *Power/Knowledge: Selected Interviews and Other Writings, 1972-1977*, edited by Colin Gordon. New York, NY: Pantheon: 63-77.

_____. 1991. "Governmentality." In *The Foucault Effect: Studies in Governmentality*, edited by Graham Burchell, Colin Gordon, and Peter Miller. London: Harvester Wheatsheaf: 87-104.

Friedman, Philip. 1955. "The Jewish Badge and the Yellow Star in the Nazi Era." *Historia Judaica* 17: 41-70.

Furet, Francois and Mona Ozouf. 1989. *A Critical Dictionary of the French Revolution. Translated by Arthur Goldhammer*. Cambridge, MA: Belknap/Harvard.

Fussell, Paul. 1980. *Abroad: British Literary Traveling between the Wars*. New York, NY: Oxford University Press.

Garcelon, Marc. 2001. "Colonizing the Subject: The Genealogy and Legacy of the Soviet Internal Passport." In Jane Caplan and John Torpey, eds., *Documenting Individual Identity: The Development of State Practices in the Modern World*. Princeton, NJ: Princeton University Press.

"Germany Introduces Biometric Passports." 2005. *Deutsche Welle*. November 11. www.dw.com/en/germany-introduces-biometric-passports/a-1762338

Gessen, Masha. 2017. "The Reichstag Fire Next Time: The Coming Crackdown." Harper's. July. https://harpers.org/archive/2017/07/the-reichstag-fire-next-time

Giddens, Anthony. 1987. *The Nation-State and Violence*. Berkeley, CA:University of California Press[『민족국가와 폭력』, 진덕규 옮김, 삼지원, 1991].

Gilboy, Janet. 1997. "Regulatory Relaxation: International Airlines, the Immigration Service, and Illegal Travelers." Paper presented to the Annual Meeting of the Law and Society Association, St. Louis, MO (May).

Goffman, Erving. 1961. "On the Characteristics of Total Institutions." In Erving Goffman, *Asylums: Essays on the Social Situation of Mental Patients and Other Inmates. Garden City*, NY: Anchor Doubleday: 1-124[『수용소: 정신병 환자와 그 외 재소자들의 사회적 상황에 대한 에세이』, 심보선 옮김, 문학과지성사, 2018].

_____. 1963. *Stigma: Notes on the Management of Spoiled Identity.* New York, NY: Simon & Schuster. Gooas, Kerstin, Michael Friedewald, William Webster, and Charles Leleux[『스티그마: 장애의 세계와 사회적응』, 윤선길 옮김, 한신대학교출판부, 2009].

_____. 2015. "Co-Evolution of Surveillance Technologies and Surveillance Practices." In David Wright and Reinhard Kreissl, eds., *Surveillance in Europe*, New York, NY: Routledge.

Goodwin-Gill, Guy S. 1978. *International Law and the Movement of Persons between States.* Oxford: Clarendon Press.

Gorski, Philip Steven. 1996. *The Disciplinary Revolution: Calvinism and State Formation in Early Modern Europe, 1550-1750.* Ph.D. dissertation, Department of Sociology, University of California, Berkeley.

_____. 1997. "Sixteenth-Century Social Reform: Why Protestantism Mattered." Typescript, Department of Sociology, University of Wisconsin, Madison. Government of Canada. 2013. "Building Resilience against Terrorism: Canada's Counter-Terrorism Strategy."

www.publicsafety.gc.ca/cnt/rsrcs/pblctns/rslnc-gnst-trrrsm/index-en.aspx#s8

Government of Canada. 2017a. "Minister Hussen Announces Major Step Forward in Gender Equality by Making Changes to Passports and Immigration Documents." August 24. www.canada.ca/en/immigrationrefugees-citizenship/news/2017/08/minister_hussen_announcesmajorstepforwardingenderequalitybymakin.html

Government of Canada. 2017b. "Change the Sex on Your Passport or Travel Document." August 31.www.canada.ca/en/immigration-refugees-citizenship/services/canadian-passports/ change- sex.html

Government of India. 2016. "Unique Identification Authority of India." https://uidai.gov.in Government of the United Kingdom. 2013. "Introducing HM Passport Office." May 13. www.gov.uk/government/news/passports-introducingher-majestys-passport-office

Greer, Donald. 1951. *The Incidence of Emigration during the French Revolution.* Cambridge, MA: Harvard University Press.

Grossi, Vincenzo. 1905. "Emigrazione." In V. E. Orlando, ed., *Diritto Amministrativo Italiano.* Milan: Società Editrice Libraria: 119-209.

Guiraudon, Virginie. 1991. "Cosmopolitism and National Priority: Attitudes towards Foreigners in France between 1789 and 1794." *History of European Ideas* 13(5): 591-604.

H. H. 1866. "Die Entwicklung und Reform des deutschen Passwesens." *Deutsche Vierteljahrs-Schrift* 29(1): 219-253.

Habermas, Jürgen. 1987. *The Theory of Communicative Action, vol. 2: Lifeworld and System: A Critique of Functionalist Reason.* Translated by Thomas McCarthy.

Boston, MA: Beacon Press.

Hall, Kermit L., ed. 1992. *The Oxford Companion to the Supreme Court of the United States*. New York, NY: Oxford University Press.

Hamerow, Theodore. 1969. *The Social Foundations of German Unification, 1858–1871, vol. 1: Ideas and Institutions*. Princeton, NJ: Princeton University Press.

Haney-Lopez, Ian. 1996. *White by Law: The Legal Construction of Race*. New York, NY: New York University Press.

Hannum, Hurst. 1987. *The Right to Leave and Return in International Law and Practice*. Dordrecht/Boston/Lancaster: Martinus Nijhoff Publishers.

Hansen, Marcus Lee. 1961 [1940]. *The Atlantic Migration, 1607–1860*. New York, NY: Harper Torchbooks.

Herbert, Ulrich. 1990. *A History of Foreign Labor in Germany, 1880–1980: Seasonal Workers/Forced Laborers/Guest Workers*. Translated by William Templer. Ann Arbor, MI: University of Michigan Press.

Herf, Jeffrey. 1984. *Reactionary Modernism: Technology, Culture, and Politics in Weimar and the Third Reich*. New York, NY: Cambridge University Press.

Higham, John. 1988 [1955]. *Strangers in the Land: Patterns of American Nativism, 1860–1925*. New Brunswick, NJ: Rutgers University Press.

Hobsbawm, E. J. 1962. *The Age of Revolution: Europe 1789–1848*. London: Weidenfeld and Nicolson[『혁명의 시대』, 정도영 옮김, 한길사, 1998].

_____. 1975. *The Age of Capital, 1848–1875*. London: Weidenfeld and Nicolson[『자본의 시대』, 정도영 옮김, 한길사, 1998].

_____. 1990. *Nations and Nationalism since 1780*. New York, NY: Cambridge University Press[『1780년 이후의 민족과 민족주의』, 강명세 옮김, 창작과비평사, 1998].

Homeland Security. 2018. "The Real ID Website." www.dhs.gov/real-id

Hufton, Olwen. 1974. *The Poor of Eighteenth-Century France, 1750–1789*. Oxford: Clarendon Press.

Hunt, Gaillard. 1898. *The American Passport: Its History and a Digest of Laws, Rulings, and Regulations Governing Its Issuance by the Department of State*. Washington, DC: US Government Printing Office.

"Identity Cards: A Summary of the Consultation Exercise on Entitlement Cards and Identity Fraud." 2003.
http://webarchive.nationalarchives.gov.uk/20131205103507/http://www.archive2.official-documents.co.uk/document/cm60/6019/6019.pdf

The Identity Cards Act. 2006. Government of the United Kingdom.
www.legislation.gov.uk/uksi/2009/2795/contents/made

"Identity Cards Scheme Will Be Axed 'Within 100 Days.'" 2010. BBC News.May 27.
http://news.bbc.co.uk/2/hi/uk_news/politics/8707355.stm

Identity Documents Act of 2010. 2010. Sections 1–3, 10.
https://publications.parliament.uk/pa/cm201011/cmbills/001/2011001.pdf

Illegal Immigration Reform and Immigrant Responsibility Act of 1996
(IIRAIRA). 1996. Section 110, "Automated Entry and Exit Control System."
www.uscis.gov/sites/default/files/ocomm/ilink/0-0-0-10948.html#0-0-0-1111

Intelligence Reform and Terrorism Prevention Act of 2004. 2004a. Section7209 "Travel
document." Public Law No: 108-458.
www.gpo.gov/fdsys/pkg/PLAW-108publ458/pdf/PLAW-108publ458.pdf

Intelligence Reform and Terrorism Prevention Act of 2004. 2004b. Section 7212 "Driver's
licenses and personal identification cards." Public Law No: 108-458, Dec. 17.
www.gpo.gov/fdsys/pkg/PLAW-108publ458/pdf/PLAW-108publ458.pdf

International Labour Office. 1928. Migration Laws and Treaties, vol. 1: Emigration Laws and
Regulations. Geneva: International Labour Office.

Jacobson, David. 1997. Rights across Borders: Immigration and the Decline of Citizenship.
Baltimore, MD: Johns Hopkins University Press.

Jay, Martin. 1993. *Downcast Eyes: The Denigration of Vision in Twentieth Century French
Thought*. Berkeley, CA: University of California Press.

Kaluszynski,Martine. 2001. "The Republic's Identity." In Jane Caplan and John Torpey, eds.,
*Documenting Individual Identity: The Development of State Practices in the
Modern World*. Princeton, NJ: Princeton University Press.

Kim, Jaeeun. 2016. *Contested Embrace: Transborder Membership Politics in
Twentieth-Century Korea*. Stanford, CA: Stanford University Press.

Kipphardt, Heinar. 1983. *Bruder Eichmann*. Reinbek bei Hamburg: Rowohlt.

Knoke, Anton. 1911. *Ausländische Wanderarbeiter in Deutschland*. Leipzig: A. Deichert.

Koch, Rainer. 1985. *Deutsche Geschichte 1815–1848: Restauration oder Vormärz?*.
Stuttgart: W. Kohlhammer.

Kolchin, Peter. 1987. *Unfree Labor: American Slavery and Russian Serfdom*. Cambridge,
MA: Harvard University Press.

Krajewska, Magdalena. 2017. *Documenting Americans: A Political History of National ID
Card Proposals in the United States*. New York, NY: Cambridge University Press.

Krasner, Stephen. 1999. *Sovereignty: Organized Hypocrisy*. Princeton, NJ: Princeton
University Press.

Küchler, Teresa. 2005. "Germany Introduces US-Required Biometric Passport." EU
Observer. November 2. https://euobserver.com/justice/20230

Kulischer, Eugene M. 1948. *Europe on the Move: War and Population Changes, 1917–1947*.
New York, NY: Columbia University Press.

Kymlicka, Will. 1995. *Multicultural Citizenship: A Liberal Theory of Minority Rights*. New
York, NY: Oxford University Press.

Lefebvre, Georges. 1947. *The Coming of the French Revolution*. Translated by R. R. Palmer. Princeton, NJ: Princeton University Press.

_____. 1962 [1957]. *The French Revolution*, vol. 1: From Its Origins to 1793. Translated by Elizabeth Moss Evanson. New York, NY: Columbia University Press.

_____. 1964 [1957]. *The French Revolution, vol. 2: From 1793 to 1799*. Translated by John Hall Stewart and James Friguglietti. New York, NY: Columbia University Press.

Lerner, Adam B. 2015. "Supreme Court Sides with Obama Administration in Jerusalem Passport Case." Politico. July 8. www.politico.com/story/2015/06/jerusalem-passport-case-supreme-court-ruling-118737.html

Levi, Carlo. 1947. *Christ Stopped at Eboli: The Story of a Year. Translated by Frances Frenaye*. New York, NY: Farrar, Strauss and Company[『그리스도는 에볼리에 머물렀다』, 박희원 옮김, 북인더갭, 2019].

Lipset, Seymour Martin. 1979 [1963]. *The First New Nation: The United States in Historical and Comparative Perspective*. New York, NY: W. W. Norton.

Loi d'Orientation et de Programmation pour la Sécurité Intérieure. 2002. Law 2002-1062. November 15. www.legifrance.gouv.fr/affichTexte.do?cidTexte=JORFTEXT000000780288&categorieLien=id

Loi relative à la lutte contre le terrorisme et portant dispositions diverses relatives à la sécurité et aux contrôles frontaliers. 2006. Law 2006-64. January 23. www.legifrance.gouv.fr/affichTexte.do?cidTexte=JORFTEXT000000454124&categorieLien=id

Loi Relative à la Protection de l'Identité, 2012. Loi 2012-410. March 27 www.legifrance.gouv.fr/affichTexte.do;jsessionid=74496BC468A00398EAD9CC07CD1425CE.tplgfr31s_1?cidTexte=JORFTEXT000025582411&idArticle=&categorieLien=id

Loi relative à la Sécurité Quotidienne. 2001. Law 2001-1062. November 15. www.legifrance.gouv.fr/affichTexte.do?cidTexte=JORFTEXT000000222052&categorieLien=id

Loi renforçant la sécurité intérieure et la lutte contre le terrorisme. 2017. n° 2017-1510 October 30. www.legifrance.gouv.fr/affichTexte.do?cidTexte=JORFTEXT000035932811&dateTexte=&categorieLien=id

LSE Elections Experts. 2015. "Identity Cards, Identity Databases, Biometric Passports, and Compulsion: Some Clarifications." April 15. https://web.archive.org/web/20100417231455/http://blogs.lse.ac.uk/election/?tag=id-cards

Lucassen, Leo. 1997. "The Invention of the Alien: Immigration Controls in an Emerging Welfare State and the Implementation at the Local Level in the Netherlands (1918–1940)." Paper presented at the AnnualMeeting of the Social Science History Association, Washington, DC, October 16–18.

_____. 1998. "The Great War and the Origins of Migration Control in Western Europe and the United States (1880–1920)." In Anita Böcker et al., eds., *Regulation of Migration: International Experiences*. Amsterdam: Het Spinhuis: 45–72.

Lüdtke, Alf. 1989. *Police and State in Prussia, 1815–1850*. Translated by Pete Burgess. New York, NY: Cambridge University Press.

Lyon, David. 1994. *The Electronic Eye: The Rise of Surveillance Society*. Minneapolis, MN: University of Minnesota Press.

_____. 2008. "Filtering Flows, Friends, and Foes: Global Surveillance." In Mark Salter, ed., *Politics at the Airport*. Minneapolis, MN: University of Minnesota Press: 29–49.

MacDonagh, Oliver. 1961. *A Pattern of Government Growth, 1800–1860: The Passenger Acts and Their Enforcement*. London: Macgibbon and Kee.

MacDonald, John S. 1963–1964. "Agricultural Organization, Migration, and Labour Militancy in Rural Italy." *Economic History Review* 2dser. 16: 61–75.

Mann, Michael. 1993. *The Sources of Social Power, vol. 2: The Rise of Classes and Nation-States, 1760–1914*. New York, NY: Cambridge University Press.

Marrus, Michael. 1985. *The Unwanted: European Refugees in the Twentieth Century*. New York, NY: Oxford University Press.

Marshall, J. D. 1985. *The Old Poor Law, 1795–1834*. 2nd edn. London: Macmillan.

Marshall, T. H. 1964. "Citizenship and Social Class." In T. H. Marshall, *Class, Citizenship, and Social Development*. Garden City, NY: Doubleday: 65–122.

Matthews, Mervyn. 1993. *The Passport Society: Controlling Movement in Russia and the USSR*. Boulder, CO: Westview Press.

McCullagh, Declan. 2001. "The Oracle of ID Cards." Wired. October 27. www.wired.com/2001/10/the-oracle-of-national-id-cards

McMunn, Mary. 2007. "Machine Readable Travel Documents with Biometric Enhancement: The ICAO Standard." Secure ID News. March 22. www.secureidnews.com/news-item/machine-readable-travel-documents-with -biometric-enhancement-the-icao-standard

McNeill, William. 1983. *The Great Frontier: Freedom and Hierarchy in Modern Times*. Princeton, NJ: Princeton University Press.

McPherson, James M. 1991. *Abraham Lincoln and the Second American Revolution*. New York, NY: Oxford University Press.

Meyer, John. 1987 [1980]. "The World Polity and the Authority of the Nation-State." In George M. Thomas, John W. Meyer, Francisco O. Ramirez, and John Boli, eds., *Institutional*

Structure: Constituting State, Society, and the Individual. Newbury Park, CA: Sage.

Miles, Robert, and Annie Phizacklea. 1984. *White Man's Country: Racism in British Politics*. London: Pluto Press.

Moore, Barrington, Jr. 1966. *Social Origins of Dictatorship and Democracy: Lord and Peasant in the Making of the Modern World*. Boston, MA: Beacon Press. "The New German Passport." 2018. Keesing Technologies. https://keesingdocumentchecker.com/new-german-passport

NO2ID, "Stop the Database State." n.d. www.no2id.net

Noiriel, Gérard. 1991. *La tyrannie du national: Le droit d'asile en Europe, 1793–1993*. Paris: Calmann-Levy.

_____. 1996 [1988]. *The French Melting Pot: Immigration, Citizenship, and National Identity*. Translated by Geoffroy de Laforcade. Minneapolis, MN: University of Minnesota Press.

Noiriel, Gérard and Michel Offerlé. 1997. "Citizenship and Nationality in Nineteenth-Century France." In Jytte Klausen and Louise A. Tilly, eds., *European Integration in Social and Historical Perspective: 1850 to the Present*. New York, NY: Rowman & Littlefield: 71–84.

Nordman, Daniel. 1987. "Sauf-Conduits et passeports, en France, à la Renaissance." In Jean Céard and Jean-Claude Margolin, eds., *Voyager à la Renaissance: Actes du colloque de Tours 30 juin–13 juillet 1983*. Paris: Maisonneuve et Larose: 145–158.

_____. 1996. "Sauf-Conduits et passeports." In Lucien Bely, ed., *Dictionnaire de l'Ancien Regime*. Paris: Presses Universitaires de France: 1122–1124. Oblath, Attilio. 1931. "Italian Emigration and Colonisation Policy." International Labour Review 23 (June): 805–34.

"On This Day When Everything Changed." 2017. New York Daily News. September 11. www.nydailynews.com/opinion/day-changed-article-1.3481328

Paxton, Robert. 1975. *Europe in the Twentieth Century*. New York, NY: Harcourt Brace Jovanovich.

Plender, Richard. 1988 [1972]. *International Migration Law*. 2nd revised edn. Dordrecht: Martinus Nijhoff.

Polanyi, Karl. 1944. *The Great Transformation: The Political and Economic Origins of Our Time*. Boston, MA: Beacon Press[『거대한 전환: 우리 시대의 정치. 경제적 기원』, 홍기빈 옮김, 길, 2009].

Powell, Walter W. and Paul Dimaggio, eds. 1991. *The New Institutionalism in Organizational Analysis*. Chicago, IL: University of Chicago Press.

Preston, William. 1963. *Aliens and Dissenters: Federal Suppression of Radicals, 1903–1933*. Cambridge, MA: Harvard University Press.

"A Question of Identity." 2001. BBC News. September 25.

http://news.bbc.co.uk/2/hi/uk_news/1562427.stm

Raeff, Marc. 1983. *The Well-Ordered Police State: Social and Institutional Change through Law in the Germanies and Russia, 1600–1800.* New Haven, CT: Yale University Press.

Reale, Egidio. 1930. *Le régime des passeports et la société des nations.* Paris: Librairie A. Rousseau.

Richmond, Anthony. 1994. *Global Apartheid: Refugees, Racism, and the New World Order.* New York, NY: Oxford University Press.

"The Risks of France's Big New Database." 2016. *New York Times.* November11 www.nytimes.com/2016/11/11/opinion/the-risks-of-frances-big-newdatabase. html

Robertson, Craig. 2010. *The Passport in America: The History of a Document.* New York, NY: Oxford University Press.

Rothwell, Harry. 1975. *English Historical Documents, 1189–1327,* vol. 3. London: Eyre & Spottiswoode.

Rubinstein, William D. 1997. *The Myth of Rescue: Why the Democracies Could Not Have Saved More Jews from the Nazis.* New York, NY: Routledge.

Saggar, Shamit. 1992. *Race and Politics in Britain.* Hemel Hempstead: Harvester Wheatsheaf.

Salter, Mark. 2003. Rights of Passage: The Passport in International Relations. Boulder, CO: Lynne Rienner.

———, ed. 2008. *Politics at the Airport.* Minneapolis, MN: University of Minnesota Press.

Salyer, Lucy. 1991. "'Laws as Harsh as Tigers': Enforcement of the Chinese Exclusion Law, 1891–1924." In Sucheng Chan, ed., *Entry Denied: Exclusion and the Chinese Community in America, 1882–1943.* Philadelphia. PA: Temple University Press: 57–93.

———. 1995. *Laws Harsh as Tigers: Chinese Immigrants and the Shaping of Modern Immigration Law.* Chapel Hill, NC: University of North Carolina Press.

Sassen, Saskia. 1996. *Losing Control? Sovereignty in an Age of Globalization.* New York, NY: Columbia University Press.

Saxton, Alexander Plaisted. 1971. *The Indispensable Enemy: Labor and the Anti-Chinese Movement in California.* Berkeley, CA: University of California Press.

Schivelbusch, Wolfgang. 1880. *The Railway Journey: Trains and Travel in the Nineteenth Century.* Oxford: Basil Blackwell.

Schleunes, Karl A. 1970. *The Twisted Road to Auschwitz: Nazi Policy towards German Jews, 1933–1939.* Urbana, IL: University of Illinois Press.

Schmid, Hans-Dieter, et al. 1983. *Juden unterm Hakenkreuz: Dokumente und Berichte zur Verfolgung und Vernichtung der Juden durch die Nationalsozialisten 1933–1945.* 2 vols. Düsseldorf: Schwann.

Schmitt, Eric. 2018. "Defeated in Syria, ISIS Fighters Held in Camps Still Pose a Threat." *New York Times.* January 24.

www.nytimes.com/2018/01/24/world/middleeast/isis-syria-militants-kurds.html

Schulze, Georg. 1942. *Die Reichsmeldeordnung und die sonstigen Vorschriften über das Meldewesen und über die Volkskartei.* 2. (vermehrte) Auflage. Dresden: Kommunal-Verlag Sachsen Kurt Gruber K.-G.

Schwan, Gesine. 1997. *Politik und Schuld: Die zerstörerische Macht des Schweigens.* Frankfurt am Main: Fischer.

Scott, James C. 1998. *Seeing Like a State: How Certain Schemes to Improve the Human Condition Have Failed.* New Haven, CT: Yale University Press.

_____. 2017. *Against the Grain: A Deep History of the Earliest States.* New Haven, CT: Yale University Press.

Shachar, Ayelet. 2009. "The Shifting Border of Immigration Regulation." *Michigan Journal of International Law* 30(3): 809–839.

Sheehan, James J. 1989. *German History, 1770–1866.* New York, NY: Oxford University Press.

Shelley, Louise I. 1996. *Policing Soviet Society: The Evolution of State Control.* New York, NY: Routledge.

Sherman, Mark. 2015. "US Supreme Court: Jerusalem-Born Americans Can't List Israel as Birthplace." *Times of Israel.* June 8

www.timesofisrael.com/ussupreme-court-jerusalem-born-americans-cant-list -israel-as-birthplace

Skocpol, Theda. 1978. *States and Social Revolutions: A Comparative Analysis of France, Russia, and China.* New York, NY: Cambridge University Press.

Skran, Claudena. 1995. *Refugees in Inter-War Europe: The Emergence of a Regime.* Oxford: Clarendon Press.

Soboul, Albert, ed. 1989. *Dictionnaire Historique de la Révolution Française.* Paris: Presses Universitaires de France.

Soysal, Yasemin. 1994. *Limits of Citizenship: Migrants and Postnational Membership in Europe.* Chicago, IL: University of Chicago Press.

Spruyt, Hendrik. 1994. *The Sovereign State and Its Competitors.* Princeton, NJ: Princeton University Press.

Steinmetz, George. 1993. *Regulating the Social: The Welfare State and Local Politics in Imperial Germany.* Princeton, NJ: Princeton University Press.

Strikwerda, Carl. 1997. "Reinterpreting the History of European Integration: Business, Labor, and Social Citizenship in Twentieth-Century Europe." In Jytte Klausen and Louise A. Tilly, eds., *European Integration in Social and Historical Perspective: 1850 to the Present.* New York, NY: Rowman & Littlefield: 51–73.

Syeed, Nafeesa and Elizabeth Dexheimer. 2017. "The White House and Equifax Agree: Social

Security Numbers Should Go." Bloomberg News. October 3.
www.bloomberg.com/news/articles/2017-10-03/white-house-and-equifax-agr
ee-social-security-numbers-should-go

Tammeo, Giuseppe. 1906. "Emigrazione." In Pasquale Stanislao Mancini, ed., *Enciclopedia Giuridica Italiana: Esposizione Ordinata e Completa dello Stato degli ultimi Progressi della Scienza, della Legislazione e della Giurisprudenza*, vol. 5, Part 2. Milan: Società Editrice Libraria: 1-160.

Tilly, Charles. 1990. *Coercion, Capital, and European States, A. D. 990-1992.* Oxford: Basil Blackwell[『유럽 국민국가의 계보 990-1992』, 지봉근 옮김, 그린비, 2018].

Tocqueville, Alexis de. 1955 [1856]. *The Old Regime and the French Revolution. Translated by Stuart Gilbert.* Garden City, NY: Anchor Doubleday[『구체제와 프랑스혁명』, 이용재 옮김, 일월서각, 1989].

_____. 1969 [1835/1840]. *Democracy in America.* Translated by George Lawrence. Edited by J. P. Mayer. Garden City, NY: Anchor Doubleday[『아메리카의 민주주의 1, 2』 이용재 옮김, 아카넷, 2018].

_____. 1971 [1893]. *Recollections.* Translated by George Lawrence. Edited by J. P. Mayer and A. P. Kerr. Garden City, NY: Anchor Doubleday.

_____. 2000 [1835/1840]. *Democracy in America*, trans. and ed. by Harvey Mansfield and Delba Winthrop. Chicago, IL: University of Chicago Press[『아메리카의 민주주의 1, 2』, 이용재 옮김, 아카넷, 2018].

Torpey, John. 1997. "Revolutions and Freedom of Movement: An Analysis of Passport Controls in the French, Russian, and Chinese Revolutions." *Theory and Society* 26: 837-868.

Treuberg, Eberhard von. 1990. *Mythos Nichtseßhaftigkeit: Zur Geschichte des wissenschaftlichen, staatlichen, und privatwohltätigen Umgangs mit einem diskriminierten Phänomen.* Bielefeld: Verlag Soziale Hilfe.

Turack, Daniel C. 1972. *The Passport in International Law.* Lexington, MA: Lexington Books.

"UK's Families Put on Fraud Alert." 2007. BBC News, November 20.
http://news.bbc.co.uk/2/hi/uk_news/politics/7103566.stm

United Nations, n.d. *Human Rights Fact Sheet No. 20: Human Rights and Refugees.* New York, NY: United Nations.

United Nations. Department of Public Information. 1985. *The International Bill of Human Rights.* New York, NY: United Nations.

US Code. 2011. Title 8, Chapter 12, Subchapter II, Part IX, Section 1365a "Integrated entry and exit data system." US Government Printing Office
www.gpo.gov/fdsys/pkg/USCODE-2011-title8/html/USCODE-2011-title8-chap
12-subchapII-partIX-sec1365a.htm

US Congress, Senate Committee on Immigration. 1911a. *Abstracts of Reports of the*

Immigration Commission [aka the Dillingham Commission]. Committee on Immigration, US Senate, 61st Congress, 3rd session. December 5, 1910. Washington, DC: US Government Printing Office.

US Congress, Senate Committee on Immigration. 1911b. *Reports of the Immigration Commission, vol. 4: Emigration Conditions in Europe*. Washington, DC: US Government Printing Office.

US Customs and Border Protection. 2017a. "Western Hemisphere Travel Initiative", Nov 27. www.cbp.gov/travel/us-citizens/western-hemisphere-travel-initiative

US Customs and Border Protection. 2017b. "Trusted Traveler Programs", Oct. 2. www.cbp.gov/travel/trusted-traveler-programs

US Customs and Border Protection. 2017c. "Mobile Passport Control", Aug. 18. www.cbp.gov/travel/us-citizens/mobile-passport-control

US Customs and Border Protection. 2017d. "Automated Passport Control (APC)", March 28. www.cbp.gov/travel/us-citizens/apc

US Department of Justice, Immigration and Naturalization Service. 1991. *An Immigrant Nation: United States Regulation of Immigration, 1798–1991*. Washington, DC: US Government Printing Office.

US Department of Labor, Bureau of Immigration. Multiple years, 1917–1921. *Annual Report of the Commissioner General of Immigration to the Secretary of Labor*. Washington, DC: US Government Printing Office.

US Department of Labor, Immigration and Naturalization Service. 1934. "American Consular Procedure and Technical Advisers in Immigration Work." Lecture No. 9, April 2, by Thomas J. Murphy, Supervisor, Immigration and Naturalization Service.

US Department of State, Passport Office. 1976. *The United States Passport: Past, Present, and Future*. Washington, DC: US Government Printing Office.

US Visitor and Immigrant Status Indicator Technology Program "US-VISIT". 2008. US Citizenship and Immigration Services. www.uscis.gov/ilink/docView/FR/HTML/FR/0–0–0–1/0–0–0–145991/0–0–0–1658 20/0–0–0–184407.html

US and Canada Smart Border Declaration 2001: www.legislationline.org/documents/id/7543

US and Canada Smart Border Declaration. 2002. Thirty-Point Action Plan Update: https://2001-2009.state.gov/p/wha/rls/fs/18128.htm

USA Freedom Act of 2015. 2015. Public Law No: 114–23, June 2. www.congress.gov/bill/114th-congress/house-bill/2048

Uniting and Strengthening America by Providing Appropriate Tools Required to Intercept and Obstruct Terrorism (USA PATRIOT ACT)Act of 2001. 2001. Public Law No: 107–56, October 26.

www.uscis.gov/ilink/docView/FR/HTML/FR/0–0–0–1/0–0–0–145991/0–0–0–1658 20/0–0–0–184407.html

Urtetiqui v. D'Arcy. 1835. 34 U.S. Supreme Court. 692, 699.

Van Panhuys, H. F. 1959. *The Role of Nationality in International Law: An Outline.* Leyden: A. W. Sythoff.

Vattel, Emmerich de. 1863. *Le Droit du Gens: ou Principes de la loi naturelle.* Revised edn. by P. Pradier-Fodéré. Paris: Guillaumin et Cie., Libraires.

Wahnich, Sophie. n.d. [1998]. "L'identification de l'étranger pendant la Révolution Française." Unpublished ms. Paris, CNRS.

_____. 1997. *L'impossible citoyen: l'étranger dans le discours de la Révolution française.* Paris: Albin Michel.

Walk, Joseph. 1981. *Das Sonderrecht für die Juden im NS-Staat: Eine Sammlung der gesetzlichen Maßnahmen und Richtlinien.* Heidelberg: Möller Juristicher Verlag.

Walker, Mack. 1964. *Germany and the Emigration, 1816–1885.* Cambridge, MA: Harvard University Press.

_____. 1971. *German Home Towns: Community, State, and General Estate, 1648–1871.* Ithaca, NY: Cornell University Press.

Walzer, Michael. 1983. *Spheres of Justice: A Defense of Pluralism and Equality.* New York, NY: Basic Books.

Warneke, Sara. 1996. *A Coastal "Hedge of Laws": Passport Control in Early Modern England.* Studies in Western Traditions Occasional Papers No. 4, School of Arts. Bendigo, Australia: La Trobe University.

Weber, Max. 1946. "Bureaucracy." In Hans Gerth and C. Wright Mills, eds., *From Max Weber.* New York, NY: Oxford University Press: 196–244.

_____. 1978. *Economy and Society.* 2 vols. Edited and translated by Guenther Roth and Claus Wittich. Berkeley, CA: University of California Press.

_____. 1988a [1894]. "Entwickelungstendenzen in der Lage der ostelbischen Landarbeiter." In Max Weber, *Gesammelte Aufsätze zur Sozial und Wirtschaftsgeschichte,* edited by Marianne Weber. Tübingen: J. C. B. Mohr (Paul Siebeck): 470–507.

_____. 1988b [1893]. "Die ländliche Arbeitsverfassung." In Max Weber, *Gesammelte Aufsätze zur Sozial- und Wirtschaftsgeschichte,* edited by Marianne Weber. Tübingen: J. C. B. Mohr (Paul Siebeck): 444–469.

Whelan, Frederick G. 1988. "Citizenship and Freedom of Movement: An Open Admissions Policy?" In Mark Gibney, ed., *Open Borders? Closed Societies? The Ethical and Political Issues.* Westport, CT: Greenwood Press: 3–39.

Wiener, Antje. 1998. *"European" Citizenship Practice: Building Institutions of a Non-State.* Boulder, CO: Westview.

Wintour, Patrick. 2005. "Casino and ID Bills Hit in Deal on Legislation." *The Guardian*. April 5. www.theguardian.com/uk/2005/apr/06/communities.houseofcommons#article _continue

Woloch, Isser. 1986. "Napoleonic Conscription: State Power and Civil Society." *Past and Present* 111: 101–129.

_____. 1994. *The New Regime: Transformations of the French Civic Order, 1789–1820s*. New York, NY: W. W. Norton.

Wyman, David. 1968. *Paper Walls: America and the Refugee Crisis, 1938–1941*. Amherst, MA: University of Massachusetts Press.

_____. 1984. *The Abandonment of the Jews: America and the Holocaust, 1941–1945*. New York, NY: Pantheon.

Yahil, Leni. 1990 [1987]. *The Holocaust: The Fate of European Jewry*. New York, NY: Oxford University Press.

Zaslavsky, Victor and Yuri Luryi. 1979. "The Passport System in the USSR and Changes in Soviet Society." Soviet Union/Union Sovietique 6, part 2: 137–153.

Zeldin, Theodore. 1973. *France, 1848–1945, vol. 1: Ambition, Love, and Politics*. New York, NY: Oxford University Press.

Zivotofsky ex rel. Zivotofsky v. Kerry. 2015. 135 Supreme Court. 2076 https://scholar.google.com/scholar_case?case=17117596505584994057&hl=en &as_sdt=6,33&as_vis=1

Zolberg, Aristide. 1978. "International Migration Policies in a Changing World System." In William H. McNeill and Ruth Adams, eds., *Human Migration: Patterns and Policies*. Bloomington, IN: Indiana University Press: 241–286.

_____. 1983. "The Formation of New States as a Refugee–Generating Process." *Annals of the American Academy of Social and Political Science* 467 (May): 24–38.

1997. "The Great Wall against China: Responses to the First Immigration Crisis, 1885–1925." In Jan Lucassen and Leo Lucassen, eds., *Migration, Migration History, History: Old Paradigms and New Perspectives*. New York, NY: Peter Lang: 291–315.

_____. 1999. "Matters of State: Theorizing Immigration Policy." In Charles Hirschman, Philip Kasinitz, and Josh DeWind, eds., *The Handbook of International Migration: The American Experience*. New York, NY: Russell Sage.

Zolberg, Aristide, Astri Suhrke, and Sergio Aguayo. 1989. *Escape from Violence: Conflict and the Refugee Crisis in the Developing World*. New York, NY: Oxford University Press.

찾아보기

여권의 발명

1판1쇄 | 2021년 2월 22일

지은이 | 존 토피
옮긴이 | 이충훈, 임금희, 강정인

펴낸이 | 정민용
편집장 | 안중철
편집 | 강소영, 윤상훈, 이진실, 최미정

펴낸곳 | 후마니타스(주)
등록 | 2002년 2월 19일 제2002-000481호
주소 | 서울 마포구 신촌로14안길 17, 2층 (04057)
전화 | 편집_02.739.9929/9930 영업_02.722.9960 팩스_0505.333.9960

블로그 | humabook.blog.me
트위터, 페이스북, 인스타그램 | @humanitasbook
이메일 | humanitasbooks@gmail.com

인쇄 | 천일문화사_031.955.8083
제본 | 일진제책사_031.908.1407

값 18,000원

ISBN 978-89-6437-366-8 93300

이 저서는 2017년 대한민국 교육부와 한국연구재단의 지원을 받아 수행된 연구임
(NRF-2017S1A3A2065772)
This work was supported by the Ministry of Education of the Republic of Korea
and the National Research Foundation of Korea (NRF-2017S1A3A2065772)